Andreas Ott

500 Jahre jüdisches Leben in Odernheim am Glan
Dokumentation einer Spurensuche

500 Jahre jüdisches Leben in Odernheim am Glan

Dokumentation einer Spurensuche

Rediroma-Verlag

Bibliografische Information der Deutschen Nationalbibliothek:
Die Deutsche Nationalbibliothek verzeichnet diese Publikation in der Deutschen Nationalbibliografie; detaillierte bibliografische Daten sind im Internet über http://dnb.ddb.de abrufbar.

ISBN 978-3-96103-442-0

Umschlagmotiv: Heiratskontrakt von 1758, Odernheim am Glan

www.rediroma-verlag.de
19,50 Euro (D)

Inhalt

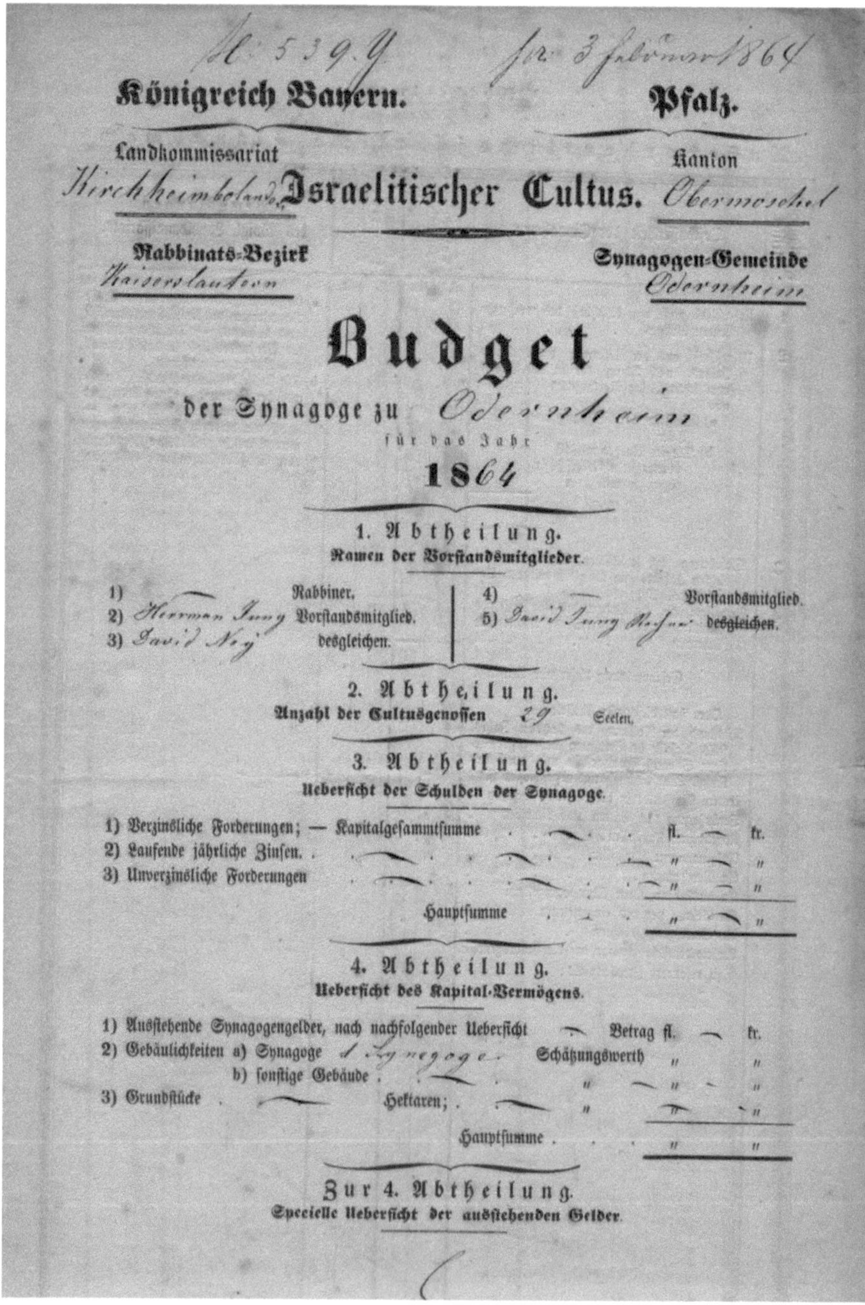

№ 539.9 pr. 3 Februar 1864

Königreich Bayern. **Pfalz.**

Landkommissariat Kirchheimbolanden — **Israelitischer Cultus.** — Kanton Obermoschel

Rabbinats-Bezirk Kaiserslautern — Synagogen-Gemeinde Odernheim

Budget

der Synagoge zu Odernheim

für das Jahr

1864

1. Abtheilung.

Namen der Vorstandsmitglieder.

1) — Rabbiner.
2) Herrman Jung Vorstandsmitglied.
3) David Ney desgleichen.
4) — Vorstandsmitglied.
5) David Jung Kassier desgleichen.

2. Abtheilung.

Anzahl der Cultusgenossen 29 Seelen.

3. Abtheilung.

Uebersicht der Schulden der Synagoge.

		fl.	kr.
1) Verzinsliche Forderungen; — Kapitalgesammtsumme	—	—	—
2) Laufende jährliche Zinsen	— —	—	—
3) Unverzinsliche Forderungen	— —	—	—
Hauptsumme	—	—	—

4. Abtheilung.

Uebersicht des Kapital-Vermögens.

			fl.	kr.
1) Ausstehende Synagogengelder, nach nachfolgender Uebersicht	—	Betrag	—	—
2) Gebäulichkeiten a) Synagoge	1 Synagoge	Schätzungswerth	"	"
b) sonstige Gebäude	—	"	—	—
3) Grundstücke —	Hektaren; —	"	—	—
Hauptsumme			"	"

Zur 4. Abtheilung.

Specielle Uebersicht der ausstehenden Gelder.

Grußworte

500 Jahre jüdisches Leben in Odernheim am Glan

Liebe Leserinnen und Leser,

mit der Dokumentation zur wechselseitigen Geschichte des jüdischen Lebens in Odernheim am Glan in den vergangenen 500 Jahren ist es Andreas Ott gelungen, hoch interessante historische Gegebenheiten zu Papier zu bringen. Es ist wirklich beeindruckend zu sehen, wie weit die Geschichte sich heute noch zurückverfolgen lässt und welche Herausforderungen die jüdische Bevölkerung in 500 Jahren in Odernheim am Glan zu überstehen hatte.
Die Zeit des Dritten Reichs ist mit all seinen Gräueltaten an unseren jüdischen Mitbürgerinnen und Mitbürgern durch Geschichtsunterricht, Veröffentlichungen oder Zeitzeugenberichte noch sehr präsent. Jedoch wird die Zahl jener, die dieses wohl dunkelste Kapitel deutscher Geschichte persönlich miterleben mussten, immer kleiner. Umso wichtiger ist es, dass spätere Generationen nicht vergessen und verdrängen dürfen, was in unserem Land nie wieder passieren darf. Dieses furchtbare Erbe unserer Geschichte bildet aber nur einen Teil dessen, was der Autor dank hervorragender Recherche in diesem Werk wiedergibt.

So erfährt man, dass im Jahr 1771 über 50 Personen jüdischen Glaubens in Odernheim am Glan lebten. Anfang des 19. Jhd. erbaute die israelische Kultusgemeinde Odernheim am Glan eine Synagoge und erlangte die Anerkennung als öffentliche Körperschaft.

In den letzten 500 Jahren hat sich die Welt zwar scheinbar nicht so schnell gedreht wie heute, aber sie hat sich gedreht – oftmals mit schrecklichen Geschehnissen, die niemals in Vergessenheit geraten dürfen. Diese Dokumentation hilft dabei, wofür ich sehr dankbar bin.

Denn es muss unser aller Anliegen sein, ein friedliches Miteinander zu fördern und Hass keine Bühne zu geben.

Liebe Leserinnen und Leser,

ich wünsche Ihnen viele interessante Einblicke in die Geschichte des Judentums in Odernheim.

Herzliche Grüße

Ihre Bettina Dickes
Landrätin

Grußwort

Beschäftigt man sich mit jüdischer Geschichte, wird diese überlagert durch die Schrecken des Holocausts. Dabei gerät eine lange Zeit des wechselvollen gemeinsamen Lebens in derselben Umgebung leicht in Vergessenheit. Das vorliegende Buch zur Geschichte der Juden in Odernheim fördert vieles zutage was in der Bevölkerung gänzlich unbekannt ist.

Neben der bereits bestehenden Ortschronik hat dieses Werk nicht nur Bedeutung für die alteingesessenen und die neuen Bürger Odernheims; es vermittelt einen tiefen Einblick in die gesellschaftliche Entwicklung des Judentum und das Leben und Wirken jüdischer Familien und Bürger in unserer Gemeinde.

Herrn Andreas Ott gebührt Dank und Anerkennung dafür, dass er nach einem umfangreichen Studium von Urkunden und Chroniken, der Auswertung von Verwaltungsakten, nach vielen Gesprächen, der Sammlung von Aufzeichnungen und Fotos sowie von Darstellungen das Buch "500 Jahre jüdisches Leben in Odernheim“ verfasst hat und herausgibt. Über 400 Seiten Informationen über das Judentum in Odernheim sind eine beeindruckende Leistung. Der sehr gut geschriebene Text und ein umfassendes Register machen es leicht immer wieder reinzulesen und sich Abschnitte vorzunehmen.

Es ist sicher gut, dass man sich heute wieder mehr mit der Vergangenheit beschäftigt, auch um Erkenntnisse daraus zu gewinnen und Zuversicht sowie Kraft zu schöpfen, Gegenwart und Zukunft besser zu bewältigen.
In diesem Sinne hoffe ich, dass das Buch von Andreas Ott viele Leser findet und auch späteren Generationen noch einen besonderen Einblick in die Vergangenheit und Entwicklung unseres Heimatortes gibt.

Achim Schick
-Bürgermeister der Ortsgemeinde Odernheim-

Glückwunsch!

Bisher war Odernheim in der Forschung zur jüdischen Geschichte des Ortes ein weißer Fleck, auch regionalgeschichtlich tat sich hier kaum etwas. Ebenso die heimatkundlichen Veröffentlichungen des Landkreises Bad Kreuznach, stark gefördert durch den ehemaligen Landrat Hans Schumm, erwähnten jüdische Geschichte in Odernheim nicht. Das sog. Synagogenheft von 1988 sowie die beiden Bände von Edgar Mais zur Judenverfolgung aus dem Jahr 1988 und zur Wiedergutmachung von 1992 gaben zu Odernheim keine Informationen. Der vielbeachtete Band zu den „Jüdische(n) Grabstätten im Kreis Bad Kreuznach" von 1995 verschweigt bei Meisenheim leider die Geburtsorte der Bestatteten, zumal dieser Gemeinschaftsfriedhof im Bauwald auch von Odernheimern belegt wurde. Lediglich in „Alemannia-Judaica" hat Dr. Joachim Hahn einige Sätze mit vielen Fragezeichen, einige Namen und immerhin 7 Opfer zusammengetragen. Außerdem weist er auf die schwierige Grenzsituation zwischen Bayern und Preußen hin.
Im Zusammenhang mit dem Disibodenberg wurde eher die antisemitische Heimatsage „Der Schatz auf dem Disibodenberg" gepflegt, von dem armen Juden aus Odernheim, der für seine Kinder nicht sorgen konnte. Auch konnte er natürlich – wie alle Juden! – dem Glanz des Geldes nicht widerstehen. Ganze Generationen von Schülern wurden auch nach dem II. Weltkrieg noch mit diesem Gedankengut gefüttert.
Zwei Tatsachen machten Odernheim für Historiker erheblich schwierig und damit teilweise auch uninteressant. Es gab im III. Reich keine spektakulären „Judenaktionen", nur eine Familie lebte noch in Odernheim. Für weiter zurückliegende jüdische Geschichte waren die Zeugnisse wegen der wechselnden Zugehörigkeit des Ortes breit gestreut. Außerdem rühmte man sich in Odernheim lieber des „Dichters Karl Schworm", der von sich behauptete dort die 1. Ortsgruppe der NSDAP in der Nordpfalz gegründet zu haben.
Daher ist die Arbeit von Andreas Ott zum jüdischen Leben seines Dorfes – er ist gewissermaßen ein Neubürger – ein längst überfälli-

ges Unterfangen. Über drei Jahre hat er im gut ausgestatteten Archiv des Odernheimer Rathauses und dem standesamtlichen Archiv in Bad Sobernheim sowie allen erreichbaren Archiven der weiteren Umgebung geforscht.
So ist eine umfangreiche Quellensammlung entstanden, die für jüngere Benutzer auch den Vorteil hat, dass Ott die wichtigsten Quellen transkribierte. Mit Kommentaren bleibt er zurückhaltend, schon fast schüchtern. Er betont vielmehr mit Quellen die Bedeutung der jüdischen Gemeinde im 18. Jh., als Odernheim sogar einen Judenoberschultheiß besaß.
Auf diese Weise schuf er ein Werk, das sich hervorragend als Quellenband für gymnasiale Oberstufen eignet, eine Fundgrube auch zur Sozialgeschichte einer oft ausgegrenzten Bevölkerungsgruppe vieler Jahrzehnte und Jahrhunderte. Dieser Band gehört in jedes Odernheimer Haus und sollte auch in Schulen und heimatwissenschaftlichen Büchereien vertreten sein.

Hans Eberhard Berkemann
vom Arbeitskreis Synagoge
des Kulturforums Bad Sobernheim e.V.

Vorwort

„Sie haben eine Epoche Odernheimer Geschichte dem Vergessen entrissen"

so der Kommentar des Archivars der Heimatwissenschaftlichen Zentralbibliothek in Bad Kreuznach Hr. Julius Reisek anlässlich eines Gesprächs zu der hier vorliegenden Arbeit.

Der zufällige Fund einer Akte im Gemeindearchiv Odernheim über die Körperschaft einer hiesigen israelischen Kultusgemeinde aus dem 19. Jhd. war der Anstoß, mich näher mit der Geschichte der jüdischen Einwohner Odernheims zu beschäftigen.

Nach gezielter Suche fanden sich weitere Dokumente im Gemeindearchiv Odernheim, die bis Ende des 17., Anfang des 18. Jahrhunderts das jüdische Leben in Odernheim am Glan belegen und dokumentieren. Diese im Gemeindearchiv Odernheim gefundenen Dokumente wurden zum Ausgangsmaterial zu diesem Buch.

Es folgte die Sichtung und Auswertung von ca. 1500 historischen Dokumenten alleine schon im Odernheimer Archiv. Im Anschluss folgte eine aufwendige Recherche im Bundesarchiv Koblenz und in den Landesarchiven Rheinland-Pfalz, Hessen und Bayern sowie in den Archiven der angrenzenden Verbandsgemeinden. Die Standesamtlichen Aufzeichnungen der Gemeinde Odernheim waren ebenfalls aufschlussreich.

Die Literaturrecherche ergab, dass über die jüdischen Einwohner von Odernheim recht wenig bekannt war.

Den überwiegenden Teil an Informationen zum jüdischen Leben in Odernheim entnahm ich den Dokumenten.

Erst wenn der Zugang zu Originalquellen nicht möglich war, bediente ich mich der Sekundärquellen in der Literatur.

Alle jüdischen Einwohner von 1798 bis 1945 wurden erfasst und nach Familienname gelistet.

Dieses Buch hat nicht den Anspruch, die Geschichte des Judentums dazustellen. Der Inhalt des Buches folgt den vorhandenen historischen Dokumenten im Odernheimer Gemeindearchiv. Die Dokumente sprechen vielfach für sich. Geschichtliche Zusammenhänge und Ereignisse, soweit sie zum Verständnis der Odernheimer historischen Dokumente notwendig sind, wurden dargestellt.

Jüdische Rituale, Feiertage und Feste sind nur in Bezug auf die in den Dokumenten vorgefundenen Erwähnungen und Ereignisse erläutert.

Die neu erschlossenen Dokumente können Grundlage für die Erforschung weiterer heimatwissenschaftlicher Themen sein.
Während der Recherchen ergab sich eine große Anzahl Zufallsfunde bzw. Beifunde in den Akten und Dokumenten. So sind z.B. Verbrechen an den Opfern der NS-Euthanasie in Odernheim, die in keiner Weise aufgearbeitet sind, entdeckt worden. Akten der Gestapo Neustadt über die Verfolgung politischer Gegner, aber auch Denunziation sowie strafrechtliche Verfolgung zeittypischer Vergehen wie z.B. den Arm zum deutschen Gruß nicht gehoben etc., die Auflösung der politischen Parteien in Odernheim und andere Themen aus der Odernheimer NS Zeit warten in den Landesarchiven auf ihre Aufarbeitung.
Die strafrechtliche Aufarbeitung der Nachkriegsjustiz und schließlich der Umgang der jungen Bundesrepublik mit den Opfern der NS-Diktatur und während der Wiedergutmachungsverfahren machten mich sehr nachdenklich.
Es waren meist die gleichen Beamten, die unter der NS-Diktatur Enteignungen und nach dem Zusammenbruch 1945 die Rückübereignungen, zuerst unter alliierter später unter bundesrepublikanischer Gesetzgebung, durchführten.
Ein Anliegen der vorliegenden Dokumentation ist es, an die jüdischen Einwohner von Odernheim am Glan zu erinnern, die während der NS-Diktatur ermordet wurden. Das Erinnern schließt jüdische Mitbürger ein, die in Odernheim geboren wurden oder hier lebten. Ebenso die jüdischen Einwohner, welche die Deportation und Internierung überlebten und dadurch für den Rest ihres Lebens mit schwerwiegenden psychischen Folgen infolge des Erlebten beeinträchtigt waren.

Odernheim im Oktober 2018
Andreas Ott

Frühes jüdisches Leben

Die Geschichte der Juden in Odernheim sollte im Zusammenhang mit der Geschichte der Besiedlung des Rheinlandes sowie auf dem Gebiet des heutigen Rheinland-Pfalz durch Juden im 4. und 5. Jhd. gesehen werden.

Mit Sicherheit nachweisbar ist jüdisches Leben in der Pfalz ab dem 4. Jhd. durch archäologische Funde.
Die ältesten datierbaren jüdischen Grabsteine befinden sich auf den jüdischen Friedhöfen in Worms und Mainz. Diese sind um 1000 n. Chr. datiert. Im Gefolge der Römischen Expansion kamen auch Juden in die Rheinmetropolen Speyer,Worms und Mainz.
Mit den Kreuzzügen 1096 bis 1099 kam es auch in der heutigen Pfalz, in Mainz und Worms zu regelrechten Massaker an Juden, die fast zur vollkommenen Auslöschung der jüdischen Gemeinden führten.
Kaiser Heinrich IV[1] stellte sie daraufhin unter seinen Schutz.
1220 schlossen sich die Rabbiner und Vorsteher der Jüdischen Gemeinden von Speyer, Worms und Mainz, die bis heute die Schum[2]-Städte genannt werden, zu einem Bündnis zusammen. Es entstanden bedeutende Talmundschulen, die befugt waren, jüdisches Recht zu sprechen.
Zwischen dem 13. und 16. Jhd. sahen sich die Juden in England, Deutschland, Spanien, Böhmen und Italien vor die Entscheidung gestellt: Konversion oder Vertreibung[3]. Da viele Juden sich für Emigration entschieden, begann eine große Wanderbewegung aus den Städten in die ländlichen Räume.
Fast zeitgleich wanderten viele französische Juden, die ebenfalls Pogromen ausgesetzt waren, über das Elsaß in die Pfalz und den Hunsrück ein und fanden Schutz in den sich zahlreich entstandenen Territorialstaaten.
Die Folge dieser Vertreibungen war, dass Juden sich in den Territorialstaaten, die in der Entstehung begriffen waren, niederließen. Für Juden bot sich die Gelegenheit wegen der Vielzahl kleinerer Territorien, Schutz und eine Bleibe zu finden.

---

[1] Heinrich IV. (* 11. November 1050 vermutlich in Goslar; † 7. August 1106 in Lüttich) aus der Familie der Salier war der älteste Sohn des Kaisers Heinrich III. und der Kaiserin Agnes. Ab 1053 war er Mitkönig, ab 1056 römisch-deutscher König und von 1084 bis zu seiner durch seinen Sohn Heinrich V. erzwungenen Abdankung am 31. Dezember 1105 Kaiser.
[2] Schum setzt sich aus den Hebräischen Anfangsbuchstaben der Städte Speyer, Worms und Mainz zusammen
[3] Hilberg Raul: Die Vernichtung der europäischen Juden Band 1,Frankfurt 1990, S:13

Für die Territorialherrschaft bedeutete dies durch die den Juden aufgezwungenen Schutzgelder und unterschiedliche Steuern zumeist eine zusätzlich dringend benötigte Einnahmequelle. Zudem stärkten jüdische Kaufleute und Geldverleiher mit ihren oft weitreichenden Geschäftsverbindungen die regionale Wirtschaftskraft, handelten mit wichtigen Gütern und halfen in finanzielle Not geratenen Territorialfürsten aus.

Erste Erwähnung von Juden in Odernheim am Glan

Was auf die Pestpogrome 1348-1349 folgte, waren Hetzjagden auf die jüdische Bevölkerung, viele Juden wurden bestialisch ermordet, jüdische Gemeinden nahezu ausgelöscht.
An ca. 85 Orten wurden Juden ermordet und verfolgt. Im Rheinland allein wurden ca. 6000 Juden ermordet.[4,5]. Häuser und Guthaben der Ermordeten fielen den Landesherren zu[6]."
Während der Pestpogrome gewährte Pfalzgraf Ruprecht I[7]. Flüchtlingen aus Speyer und Worms Schutz.
Die in den Memorialbüchern[8] enthaltenen Verzeichnisse machen etwa 85 Orte für Mord und Verfolgung namhaft. Festgehalten ist dort, dass es 1349 in Rockenhausen, Sobernheim, Odernheim, Kreuznach, Kaiserlautern zu Massakern im Rahmen der Pestpogrome[9] an der jüdischen Bevölkerung kam.
Es ist naheliegend, dass es sich bei dem genannten Odernheim um Odernheim am Glan handelt. Die auffällige Nennung der Orte, an denen Pestpogrome stattfanden, lässt sich regional eingrenzen und

---

[4] Matheus, M., Juden in Deutschland, S:24
[5] Wiesemann/Kober, Rheinland, S: 23
[6] Pies, Christof: Jüdisches Leben im Rhein-Hunsrückkreis, Schriftenreihe des Hunsrücker Geschichtsvereins e.V., Nr. 40, S. 13
[7] Ruprecht I., der Rote, von der Pfalz (* 9. Juni 1309 in Wolfratshausen; † 16. Februar 1390 in Neustadt an der Weinstraße) war Pfalzgraf und Kurfürst von der Pfalz (1329–1390) und Gründer der Universität Heidelberg.
[8] Die im Text genannten Orte werden in dem in Mainz befindlichen Nürnberger Memorbuch schon bei den Verfolgungen unter Rindfleisch 1298 erwähnt. Das Buch befand sich bis 1937 in Mainz und ist heute in London und befindet sich in Privatbesitz.
[9] Arnold, Hermann, Von Juden in der Pfalz, Speyer,1967, S:14

ist ein deutlicher Hinweis auf die Anwesenheit von Juden in Odernheim am Glan. Mehrere Literaturquellen zitieren diese Aufzeichnungen der Memorialbücher, einige Autoren sind sicher, dass es sich dabei um Odernheim am Glan handelt.
Nur in wenigen ehemals jüdischen Metropolen ließen sich nach den Pestpogromen wieder Juden nieder (Mainz-Speyer-Worms-Köln), Vertreibungen aus den Städten, z.B. aus dem Erzstift Trier 1418, veranlasste viele Juden, auf stadtnahe Orte auszuweichen.

Das Landjudentum

Die Epoche des Landjudentums begann. Isoliert und vereinzelt lebten sie fortan unter befristeten Schutzverträgen und waren in ihren bisherigen Wirtschaftstätigkeiten stark eingeschränkt. Die kulturelle und religiöse Infrastruktur musste neu geschaffen bzw. organisiert werden. Vertreibungsedikte und immer wieder aufflammende Pogrome, aber auch Duldung, prägten das Leben der Juden jener Zeit[10].

Judenpolitik in der Pfalz- Zweibrückischen Herrschaft

Es lebten nur wenige Juden in den Gemeinden der pfalzzweibrückischen, kurpfälzischen und speyerischen Herrschaft, infolge der in den Herrschaften betriebenen restriktiven Judenpolitik.
In seinem Testament verfügte Pfalzgraf Wolfgang [11](* 1526 reg. von 1543 - +1569), 1569 dass sich in der Stadt und im Oberamt Meisen-

---

[10] Pies, Christof: Jüdisches Leben im Rhein-Hunsrückkreis, Schriftenreihe des Hunsrücker Geschichtsvereins e.V., Nr. 40, S. 13

[11] Wolfgang von Pfalz-Zweibrücken (* 26. September 1526 in Zweibrücken; † 11. Juni 1569 in Nexon) war ab dem Jahre 1532 Pfalzgraf und Herzog von Pfalz-Zweibrücken sowie ab 1557 auch Herzog von Pfalz-Neuburg. Sein Vater war Ludwig II. von Pfalz-Zweibrücken und seine Mutter Elisabeth von Hessen (die Tochter Wilhelms des Älteren von Hessen). Bis zu seiner Volljährigkeit 1543 führte der jüngere Bruder seines Vaters, Ruprecht, die Regentschaft. Anschließend kam es zur Teilung der Linie in Pfalz-Zweibrücken mit Wolfgang und Pfalz-Veldenz, das Ruprecht erhielt. Im Herbst 1543 wurden Überlegungen zu einer Eheschließung Herzog Wolfgangs mit Anna Walburga von Neuenahr (1522–1600) angestellt, die jedoch zu keinem Ergebnis führten.1545 heiratete er Anna von Hessen, die Tochter von Philipp, dem Großmütigen. 1557 erhielt er die Junge Pfalz gemäß den Bestimmungen des Heidelberger Vertrags der von Kurfürst Ott-

heim mit Ausnahme der Hoffaktoren[12] keine Juden niederlassen dürfen. Des Weiteren verfügte er, dass seine Nachfahren und Erben keine Juden im Herzogtum Pfalz-Zweibrücken zu dulden hätten:

Testament des Pfalzgrafen Wolfgang

Testament vom 18. August 1568, Meisenheim.

(.......) Es ist auch zum 25. Unser Wille und Meinung, daß unsere jüngste drei Söhne auch andere, so Gott ferner bescheren mögte, in deren Ämbtern und Plätzen, so sie inhaben werden, in Kirchen, Policeien- und anderen Landesordnungen, so allbereit publiciret oder künftig publiciret werden möchten, keine Neuerung anrichten, sondern bei der allgemeinen unserer Fürstentumb Ordnung gänzlich und ruhig bleiben und sich dawider etwas Neues ins Werk zu bringen mitnichten bewegen lassen, auch für sich selbst darüber ernstlich halten sollen, damit dieselbe in Ehren und Würde bleiben und dawider nichts fürgenommen werde, als lieb ihnen ist, diese unsere vatterliche Disposition zu vollstrecken, auch ihrer und ihrer Untertanen selbst eigene Weitläufigkeit zu verhüten, insonderheit nachdem die Juden als ein Volk, so unseren eigenen Seligmacher Jesum Christum vielfältiglich verlästern, auch sonst die Christen in mehr als einem Wege verderbt und beschweret, in beiden unsern Fürstentümern[13] ausgeschafft: So legen wir allen unseren fünf Söhnen, auch ihren Nachkommen und Erben hiemit ernstlich auf, daß ihr keiner einige Juden oder Judengenossen in seinem Gebiet wiederumb einkommen lassen. (.....)[14]

---

heinrich von der Pfalz initiiert, und 1553 zwischen den verschiedenen Linien des Hauses Wittelsbach geschlossen worden war. Mit Wolfgangs Tod teilte sich die Linie ein weiteres Mal in die Linien Pfalz-Neuburg-Hilpoltstein, Pfalz-Zweibrücken, Pfalz-Sulzbach, Pfalz-Parkstein und Pfalz-Birkenfeld. Sein Grab befindet sich in der evangelischen Schlosskirche von Meisenheim.

[12] Ein Hoffaktor war ein an einem höfischen Herrschaftszentrum bzw. Hof beschäftigter Kaufmann, der (Luxus)waren, Heereslieferungen oder Kapital für den Herrscher beschaffte. Viele Hoffaktoren waren Juden, für die der zeitgenössische Quellenbegriff Hofjude verwendet wurde.

[13] Pfalz-Zweibrücken und Pfalz- Neuburg

[14] KSchA (Kirchenschaffnei Archiv) Zweibrücken Best. VI Nr. 369

Herzog Wolfgang war gegen Ende seines Lebens ein dogmatisch-eifernder Lutheraner, sowohl in der Auseinandersetzung mit den Reformern, als auch in seiner Feindschaft gegenüber den Juden. Diese Feindschaft stand im engen Zusammenhang mit der Sichtweise Luthers auf das Judentum. Luther hatte erwartet, dass die Juden nachdem er die päpstliche Irrlehren beseitigt hatte, sich nunmehr dem reinen und wahren Glauben zuwandten. Als dies nicht geschah, prangerte er die „Verstocktheit“ der Juden an. Die Lutherische Schrift „Von den Juden und ihren Lügen“ von 1543[15] gibt Einblicke in seine Gedankenwelt.

Bereits 1617 hatte Herzog Johann II 12 Juden wieder die Erlaubnis gegeben im Fürstentum zu:

„reisen, wandern, gehen (.....) zulässige Hantierung treiben, doch sollte keiner sich mit häuslicher Wohnung in unserem Fürstenthum niederschlagen (......) zum höchsten drey Tag und Nacht zu verharren und auszuhalten“[16].

Die im Testament Herzog Wolfgangs verfügten Duldungs- und Niederlassungsverbote für Juden hielten Herzog Johann II (1604-1635) nicht davon ab,einer begrenzten Zahl Juden Schutzbriefe auszustellen:

„ins Land zu lassen“ - „lieber deren etliche in Schutz zu nehmen, an denen man sich allenfalls ergreifen könnte, als denen fremden durch Übermacht autorisierten Juden freien Lauf zu geben [17]*“.*

Der Dreißigjährige Krieg hatte die Bevölkerung im Fürstentum Pfalz-Zweibrücken sehr dezimiert. Die Landwirtschaft und damit die Ernährungsgrundlage kam zum Erliegen. Die Folge waren Hungersnöte, Krankheiten und Seuchen.

Durch den Zuzug von Juden erhoffte sich Johann II eine Wiederbelebung der Wirtschaft, sowie zusätzliche Staatseinnahmen aus Schutzgeldern, Leibzöllen, Steuern und Abgaben.

---

[15] Salomon, Udo, Meisenheim, Eine kleine Stadt und ihre Bewohner in den Spannungsfeldern der europäischen Geschichte, Meisenheim, 2015, S: 98ff.

[16] Arnold, Hermann, Juden in der Pfalz, Speyer,1988, S. 22 f

[17] Arnold, Hermann, Juden in der Pfalz, Speyer,1988, S. 22 f

Judenpolitik des Herzogtums Pfalz-Zweibrücken im 18. Jahrhundert

Im Herzogtum Pfalz-Zweibrücken kam in verschiedenen Oberämtern aufgrund der restriktiven Judenpolitik der Handel zum Erliegen. Wie im Oberamt Meisenheim 1788 belegt, waren die Juden so verarmt, dass sie keinen Handel betreiben konnten und sich bei den Bauern Geld ausleihen mussten. Die Verarmung der jüdischen Händler liegt in der judenfeindlichen Landes- und Fiskalpolitik der Pfalz-Zweibrückischen Herzöge in der zweiten Hälfte des 18. Jahrhunderts begründet, die als traditionell judenfeindlich bezeichnet werden kann[18].

Verhältnismäßig viele jüdische Familien siedelten dagegen in den Leiningischen[19] Territorien, dem Fürstentum Nassau-Weilburg und anderen gräflichen oder adligen Kleinterritorien. Besonders in den Adelsdörfern erreichte der jüdische Bevölkerungsanteil oft mehr als 10 bis 25 Prozent. Legt man statistische Übersichten vom Anfang des 19. Jhdts., also wenige Jahre nach dem Ende des Feudalsystems in der Pfalz zugrunde, weisen zwei Dutzend pfälzische Gemeinden einen jüdischen Bevölkerungsanteil von mindestens 10 Prozent auf. Zu ihnen zählten u.a. Albersweiler, Böchingen, Carlsberg, Erlenbach, Essingen, Grünstadt, Kirchheim an der Weinstraße, (Nieder-) Hochstadt, Rodalben, Rülzheim, Steinbach am Donnersberg und Steinbach

---

[18] Arnold, Hermann, Von Juden in der Pfalz, Speyer,1967, S. 442

[19] Das Haus Leiningen ist ein weitverzweigtes Grafen- bzw. Fürstengeschlecht aus dem pfälzischen Raum (im heutigen Bundesland Rheinland-Pfalz), das als ehemals reichsunmittelbares Haus dem Hochadel angehörte. Seinen belegbaren Ausgang nahm das Geschlecht von der im 12. Jahrhundert errichteten Burg Leiningen im nordöstlichen Pfälzerwald; die Burg wurde später „Altleiningen" genannt, als im 13. Jahrhundert, am fünf Kilometer entfernten Ostrand des Pfälzer Waldes zur Rheinebene hin, die Schwesterburg Neuleiningen hinzukam. Unterhalb der Burg Altleiningen im Tal des Eckbachs liegt die Gemeinde Altleiningen, während die Gemeinde Neuleiningen sich auf der Anhöhe um die gleichnamige Burg herum entwickelt hat. Das Stammland der Leininger um die beiden Burgen trägt heute den Namen Leiningerland und deckt sich weitgehend mit den Verbandsgemeinden Grünstadt-Land und Hettenleidelheim sowie der Stadt Grünstadt.

am Glan und Teschenmoschel. Etwa ein Dutzend Gemeinden verzeichneten gar Bevölkerungsanteile von über 15 Prozent (in Klammer der jeweilige Anteil). Dazu gehörten Dörfer wie Busenberg (19%), Sembach (21%), Altdorf (22%), Gauersheim und Wallhalben (je 26%) oder Ingenheim (29%). Dabei war es weniger die religiöse Toleranz und der aufgeklärte Reformwille als ein ausgeprägtes fiskalisches Interesse der Territorialherren, die sie dazu bewogen, Juden in ihren Territorien zu dulden.

Wirtschaftliche Situation der Juden im 18. und Anfang des 19. Jahrhunderts im Herzogtum Pfalz-Zweibrücken

Die pfälzischen Juden des 18. und frühen 19. Jahrhunderts, von denen allein ein Siebtel eine wirtschaftlich eher kümmerliche Existenz am Rande oder außerhalb der Gesellschaft führte, waren wegen der von ihnen zu errichtenden Schutz- und Leibzollgelder sowie Sonderabgaben finanziell erschöpft.

Als Einnahmequelle waren Juden eine willkommene Bevölkerungsgruppe, um das häufig defizitäre Budget der herzoglichen Kasse aufzufüllen.

Diese zusätzlichen Zölle und Abgaben mussten erst mit hohem Aufwand von der Judenschaft erwirtschaftet werden. Durch die mit den Bevölkerungszählungen erhobenen Daten in Bezug auf das Vermögen und den Besitz, insbesondere der jüdischen Bevölkerung, konnte die steuerliche Belastung maximal angepasst werden.

Durch die von den Christen erlassenen Berufsverbote und Beschränkungen wurden die Juden jahrhundertelang vom Ackerbau und den zünftigen Handwerken ausgeschlossen.

Auch in der Pfalz hatte dies zur Folge, dass sich die jüdische Erwerbstätigkeit in den Handelsberufen konzentrierte. Besonders unter den Vieh-, Wein- und Tabakhändlern waren viele Juden zu finden. Ansonsten ist ein hoher Anteil von Kleinhändlern, Metzgern, Alt- und Gebrauchtwarenhändlern und Hausierern zu verzeichnen. Die übergroße Mehrheit lebte in den bescheidensten Lebensverhältnissen.

Erst 1784 entschloss sich die pfalz-zweibrückische Regierung, Juden die Möglichkeit zu geben, *„bürgerliches Gewerbe“* auszuüben, jedoch wieder mit Einschränkungen.

Erlaubnis zur Ausübung eines bürgerlichen Gewerbes für Juden in der erneuerten Zunftverordnung für das Fürstentum Pfalz-Zweibrücken 13. Juli 1784, Zweibrücken

„Von wegen des Durchlauchtigsten Fürsten und Herrn, Herrn Carl des Zweiten, Pfalzgrafen bei Rhein, in Bayern, zu Jülich, Cleve und Berg Herzogen (.......) etc., Unseres gnädigsten Fürsten und Herrn, wir zu Höchst dero nachgesetzten pfalz-zweibrückischen Regierung gnädigst verordnete Präsident, Canzler, Geheime und Regierungsräte, fügen hiermit zu wissen:

Nachdeme Höchstbesagt ihro Hochfürstliche Durchlaucht aus landesväterlicher Vorsorge vor dero getreue Untertanen, um deren Nahrungszustand, Handel und Wandel aufzuhelfen und unter sämtlichen im Herzogtum bereits angesessenen oder künftig in derselben sich niederlassenden Professionisten, Fabrikanten und übrigen Untertanen Ordnung und Gleichförmigkeit einzuführen, sich gnädigst bewogen gefunden haben, denenselben nachstehende gemeine Zunftartikel vorzuschreiben und uns dabei gnädigst befohlen, solche durch den Druck zu jedermanns Wissenschaft zu bringen:

(......)

42. Von Juden. Allen inländischen Schutzjuden wird hierdurch erlaubt, bürgerliches Gewerb, mithin auch allerlei Gattungen von Handwerkern zu treiben, und sollen dieselbe nach Art der armen Professionisten, nach Maßgab des 23. Artikels, behandelt werden[20]*. Nur werden dieselbe vor unfähig erkannt, das Bäcker- und Metzgerhandwerk ordentlich zu treiben. Wegen letzteren sind ihnen in den Metzger (zunft) artikeln ihre Grenzen, wie weit sie gehen können, genau bestimmt".* [21]

Ein bedeutender Einschnitt in der Geschichte und der Entwicklung

---

[20] Dieser Artikel schrieb vor, dass arme Handwerker, die nicht im Stande waren, Meister zu werden, trotzdem nach erteilter Erlaubnis seitens der Regierung und gegen eine jährliche Gebühr in Höhe eines Reichtalers ihrem Beruf nachgehen durften, jedoch ohne Lehrlinge oder Gesellen zu halten.

[21] StadtA Zweibrücken Best. Herzogliche Verordnungen Bd. V, fol. 17 ff. (Nr. 1079)

des pfälzischen Judentums bildete die „Franzosenzeit".

Franzosenzeit

Als am 28. September 1791 die Pariser Nationalversammlung die sofortige und uneingeschränkte Befreiung der Juden aus allen feudalstaatlichen Zwängen und Beschränkungen beschloss und sie damit zu den Christen gleichgestellten Staatsbürgern machte, sollte dies einige Jahre später mit der Besetzung und dem darauf folgenden Anschluss der linksrheinischen Gebiete an Frankreich auch ab 1797 den „Israeliten", *deren es im Departement Donnersberg sehr viele gebe*, wie ein hoher Verwaltungsbeamter der Mainzer Präfektur damals urteilte, die *„Emanzipation"* bescheren.

Zwischen der militärischen Eroberung und Besetzung 1794 bis zu einer staatsrechtlichen Eingliederung an Frankreich 1801 war die jüdische Bevölkerung zwischen dem alten und feudalen Status und der verfassungsrechtlichen französischen Gesetzgebung in einem Rechtsvakuum. So wurden die Schutzgelder, die Juden für ihren Schutzstatus zahlten, Steuern und Abgaben, die früher dem Landesherren zuflossen, von den Franzosen vereinnahmt, die darüber hinaus weitere Steuern und Abgaben erhoben. Der Status war für die jüdische Bevölkerung mehr als (rechts-) unsicher.

Gleichstellung der Juden

Zwischen 1801 und 1808 galten Juden verfassungsrechtlich als gleichgestellt. Die rechtliche Gleichstellung bedeutete in vielen Fallen nicht, dass das verbriefte Verfassungsrecht zu einer Gleichstellung in der christlich geprägten Gesellschaft führte. Die Vorurteile und Vorbehalte der christlichen Bevölkerung wurden durch die französische Gesetzgebung nicht beseitigt. Dies zeigte sich auch in der Lebenspraxis oft sehr deutlich. Der jüdischen Bevölkerung ging es um die Vollberechtigung und Anerkennung innerhalb der Gesellschaft.

Ab 1806 verschlechterte sich die staatsbürgerliche Situation der Juden wieder, da es im Elsass und in Frankreich zu antijüdischen Ausschreitungen kam, in deren Folge wieder die alten Vorurteile, die zum Teil ihren Ursprung im Mittelalter hatten, der Bevölkerung wieder in Erinnerung gebracht wurden. Infolge dieser Ereignisse erließ Napoleon 1806 ein Dekret, dass den angeblichen jüdischen Wucher verhindern sollte.

Das Napoleonische Dècret infâme von 1808

Am 17. März 1808 erließ Napoleon zwei Dekrete, die zur Folge hatten, dass Juden unter die staatliche Kontrolle gezwungen wurden. Die Juden nannten diese Dekrete „Dècret infâme", diese sollten 10 Jahre Gültigkeit haben. In dieser Frist sollten Juden, so der Wille Napoleons, den Beweis erbringen, dass sie zur Gleichstellung herangereift und somit einer Gleichstellung „würdig" wären.
Im weiteren wurde die Organisationsstruktur der israelischen Glaubensgemeinschaft straff, streng nach dem Vorbild der protestantischen Kirche gesetzlich geregelt und unter staatliche Kontrolle gestellt.
Juden waren Jahrhunderte nur als „Schutzjuden" geduldet. Der freiheitliche Geist der französischen Revolution brachte den pfälzischen Juden mehr bürgerliche Freiheiten, die im Gegensatz zu dem feudalherrschaftlichen Umgang mit der jüdischen Bevölkerung enorme Freiheiten gestattete. Von einer vollständigen Gleichberechtigung der jüdischen Einwohner kann man aber nicht sprechen. Noch im Jahre 1831 beschrieb der demokratische Publizist und Anwalt der pfälzischen Freiheiten Georg Friedrich Kolb in seiner „Statistisch-topographische Schilderung von Rheinbayern" die Nachwirkungen der französischen Zeit wie folgt:
„Wie viel bei uns in Rheinbayern anders als im jenseitigen Deutschland ist, davon kann eine Vergleichung des Religionswesens z.B. einen Begriff geben. Wir haben nicht nur keine herrschende Kirche, sondern der Grundsatz vollkommener Gewissensfreiheit wird auch in Wirklichkeit ausgeführt. Es besteht eine in jeder Beziehung bemerkenswerte Vereinigung der Protestanten, die Katholiken diesseits sind durch die bestehende Gesetzgebung – Abschaffung der vielen Feiertage etc. – in mancher Hinsicht anders geworden, als sie waren. Die Mennoniten haben gleiche Rechte mit den übrigen Confessionen und sind, eine Folge dessen, helldenkender in ihren kirchlichen Einrichtungen geworden, die Juden endlich genießen alle staatsbürgerlichen Rechte (.........)"
Dabei lässt der Autor außer Acht, dass den Juden schon in napoleonischer Zeit für die Dauer von zehn Jahren durch das berüchtigte „Dècret infâme" im Jahre 1808 ein großer Teil ihrer bürgerlichen

Freiheit erdrückend reglementiert und eingeschränkt wurde.
Die seit 1816 bayrische Verwaltung der bayrischen Rheinpfalz hob dieses französische Dekret nicht auf, sondern verschärfte es teilweise noch (Bayrisches Judenedikt 1813). Dennoch verfügten die pfälzischen Juden immer noch über größere Freiheiten als ihre Glaubensbrüder im rechtsrheinischen Bayern.
Es bedurfte jahrzehntelanger Eingaben und Kämpfe, bis 1851 fast sämtliche Ausnahmebestimmungen im bürgerlichen Recht für Juden in allen bayrischen Landesteilen aufgehoben wurden. Mit der Gesetzesregelung von 1851, die immer noch die Minderung der politischen Rechte (z.B. passives Wahlrecht) zuließ, war dennoch ein wichtiger Schritt getan. Die Vorenthaltung des passiven Wahlrechts bezog sich jedoch nicht auf den kommunalen Bereich, so saßen nicht selten auch jüdischen Bürger in den pfälzischen Gemeinderäten.
In Ingenheim, das zeitweise einen jüdischen Bevölkerungsanteil von gut einem Drittel aufwies, stellte man von 1869-1884 mit Bernhard Roos den Bürgermeister. Volle staatsbürgerliche Gleichberechtigung trat erst durch das Reichsgesetz vom 22. April 1871 ein. Dass mit der unbeschränkten rechtlichen Gleichstellung nicht auch automatisch eine gesellschaftliche Gleichberechtigung eintreten würde, hatte 1857 schon H.W. Riehl, der Begründer der deutschen Volks- und Landeskunde, erkannt:
„Wenn der gemeine Mann hier theoretisch auch noch so tolerant gegen die Juden ist, so hält er sich doch, wie überall in Deutschland, im stillen für etwas viel besseres als den vornehmsten Hebräer; die Zeugnisse alter Judenverachtung in Volkssprache und gemeinen Redebildern sind noch in vollem Glanz lebendig."
Ein Beispiel für diese Art von Missachtung dürfte auch der Osterbrauch „Jud verbrennen" in Rodalben zählen, bei der man eine Strohpuppe verbrannte und der bis 1945 ausgeübt wurde.

Namensänderung 1808

Eine wichtige Veränderung brachte ein weiteres napoleonisches Dekret des Jahres 1808, dass die Annahme fester Familiennamen, gesetzlich vorschrieb. Bis dahin war es unter den Juden üblich, dem eigenen Rufnamen lediglich den Rufnamen des Vaters hinzuzufügen. In der Verordnung hieß es daher:

„Diejenigen Juden unseres Reiches, die den hebräischen Gottesdienst befolgen und die bisher keine fixen Geschlechts- und Vornamen hatten, sollen verpflichtet sein, solche binnen drei Monaten nach Publikation unsers gegenwärtigen Decrets anzunehmen und sie vor dem Beamten des Zivilstands der Gemeinde, wo sie ansässig, zu erklären."
So wurden die traditionellen jiddischen Vornamen abgelegt und aus einer Abraham Jüdgen in Alsenz eine Jeanette Goldschmidt oder aus einer Baisgen Herz eine Elisabeth Gottschau, aus einem Eisic Isaak in Schifferstadt ein Isaak Landmann, in Billigheim aus einer Gundel Gutsch eine Esther Aberlin, aus Moyses Gola eine Katharina Rindsfuss, aus einem Nathan Seckle ein Isack Becker und aus einem Elias Emanuel ein Peter Schwarz. Neben auch in anderen Gegenden Deutschlands häufig vorkommenden angenommen jüdischen Familiennamen wie Weil, Levi, Löb, Adler, Strauß oder Stern sind Namen festzustellen, deren Träger fast ausschließlich in der Pfalz zu finden sind. Zu diesen typischen jüdisch-pfälzischen Familiennamen gehören Beitmann, Bodenheimer, Bohrmann, Dellheim, Emsheimer, Felsenthal, Haas, Dornberger, Kern, Kohlmann, Maas und Reinach.[22]

[22] http://www.christen-und-juden.de/html/kukatz2.htm

Beginnendes jüdisches Leben in Odernheim

1349 erhielt Odernheim am Glan das Stadtrecht.

1403 Aufnahme von Juden in Odernheim am Glan

Ruprecht III. gestattete der Stadt Odernheim 1403 die Aufnahme von Juden[23]
In dem benachbarten Kreuznach und Münster am Stein bestanden schon früh jüdische Niederlassungen.[24]
Das Herzogtum Pfalz- Zweibrücken wurde 1444 konzipiert, endgültig 1453/59 eingerichtet und bestand unter der Herrschaft der Wittelsbacher bis 1801

1462 Jud Etzing

Am 18. November 1462 wird in einer Urkunde dem Juden Etzing gestattet sich auf 5 Jahre in Odernheim niederzulassen und einen *„lermeister"* zu sich zu nehmen mit der Bedingung *„doch das ir zu hauff über zwey hussgesesse nit sin"*. 1468 wird diese Erlaubnis auf weitere 5 Jahre verlängert[25]

Beginn der Aufzeichnungen in Odernheim 1538

Aus den Einträgen im Gerichtsbuch und den Bürgermeisterrechnungen (die Bürgermeisterrechnungen sowie die Gerichtsakten liegen in transkribierter Form vor) von Odernheim/Glan ist zu schließen, dass einzelne jüdische Bürger schon in der Zeit um 1462 in Odernheim ansässig waren.
Die genannten und zitierten Textstellen in den Gerichtsakten nennen Juden als Grundstückseigentümer. Es werden unter anderem explizit Grundstücksgrenzen beschrieben oder in einem anderen Eintrag in

---

[23] Arnold, Hermann, Von Juden in der Pfalz, Speyer,1967, S:14
[24] Arnold, Hermann, Von Juden in der Pfalz, Speyer,1967, S:14
[25] Löwenstein Leopold: Beiträge zur Geschichte der Juden in Deutschland Bd.1, Geschichte der Juden in der Kurpfalz, Frankfurt/Main 1895, S: 25

das Gerichtsbuch der Verkauf einer Scheuer (Schewer) an einen Juden. Ebenso sind vier Namen von jüdischen Bürgern benannt, der vom *Juden Meyer*, dem *Juden Hertz*, dem *Juden Anselm* sowie dem *Juden Samuel*, wobei bei letzterem nicht aus dem Gerichtsprotokoll hervorgeht, ob dieser in Odernheim ansässig war. Die Namen der Juden Samuel und Anselm kommen in verschiedenen Urkunden dieser Zeit vor, lassen sich aber nicht mit Bestimmtheit als Odernheimer Juden zuordnen.

Verträge wurden damals vor dem Stadtgerichtsbeamten verhandelt und protokolliert.

Die Bürgermeister Rechnungen (1538-1558) belegen, dass Juden in Odernheim „fron, fröhne[26]" zahlen mussten, folglich hier geduldet lebten und wirtschafteten. Der rechtliche Status war der von Fremden oder Ausländern. Sie bezahlten Steuern und Abgaben, ebenso spezielle Judenabgaben, hatten aber keine bürgerlichen Rechte.

In den frühen Dokumenten, vor allem im 16. und 17. Jahrhundert, werden die ansässigen Juden nur mit einem Namen genannt z.B. *„Meyer Jud"* oder *„Judden Anselm"*. Da nur wenige Juden in Odernheim ansässig waren, waren diese bekannt. Wird in dem Dokument nur der „Jud" genannt, ist anzunehmen, dass zu dem Zeitpunkt der Niederschrift nur ein Jude in Odernheim am Glan ansässig war.

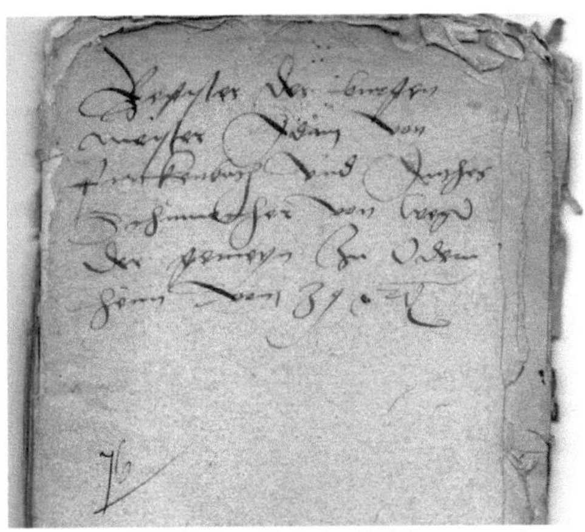

Abb.: Erste Datierung 1538 der Original Bürgermeisterrechnungen[27]

[26] Frönen bedeutete ursprünglich als Abhängiger einem Grundherrn Dienst, Arbeit leisten.

[27] Gemeindearchiv Odernheim Akte R / 1

„Register der burgen Meystern Bytzelnn hansen vnd ~~hab erß ge~~ Clen henrichen von wegen der gemeyn Zu Odernheim Jm Jar dußentt pfunffhundert dreyßigt achten Jar"

Ursprünglich war der Frondienst eine persönlich zu erbringende Dienstleistung von Einwohnern und Bauern für ihre Territorialherren. Frondienste wurden auch oft zur Saat- oder Erntezeit eingefordert und stellten dadurch ein großes Problem für die Bauern dar, die ja gerade zu diesen Zeiten auf ihren eigenen Feldern viel Arbeit zu bewältigen hatten. Zu den Frondiensten gehörte es auch, Straßen, Wege und Brücken zu bauen. Aber auch die Stadtmauer wurde mit Frondiensten instand gehalten. Mit der aufkommenden Geldwirtschaft konnte der Abhängige sich vom Fron freikaufen, Fron mit Geld abgelten. Fron zu entrichten konnte auch bedeuten, Abgaben und Steuern zu entrichten. Juden mussten neben dem Schutzgeld die allgemeinen Abgaben sowie spezielle Judenabgaben entrichten.
In Odernheim bezahlte der *Meier Judden* seinen Fron in die Stadtkasse ein, was auch in den Bürgermeisterrechnungen ordnungsgemäß verzeichnet wurde.

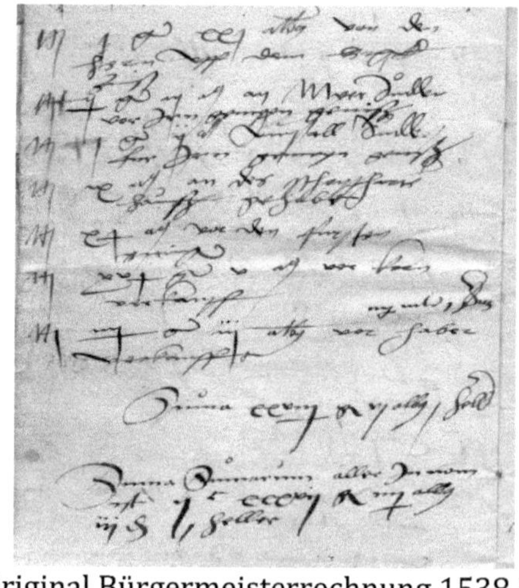

Abb. Original Bürgermeisterrechnung 1538 N° 14[28]

[28] Gemeindearchiv Odernheim Akte R / 1

Bürgermeisterrechnung von 1538 No 14

„Item 1½ g(ulden) 3 Albus[29] an *Myer Judden* vor irn Gemeyn genieß[30]"

Bürgermeisterrechnung von 1540 No 22

„1½ g(ulden) von *Meier Judden* vor Fron entphangen[31]"
1541 wird das Odernheimer Rathaus erbaut.

Bürgermeisterrechnung von 1541 No 38

„1½ g(ulden) 3 Alb vom *Meier Judden* emtphangen vor sein Fröne"
„1g(ulden) 2 Alb dermaß vom Judden Anselm entphangen[32]"

Pfalz-zweibrückische Judenpolitik und Lebensbedingungen im 16. Jahrhundert

1560 wurde das Testament des Herzog Wolfgang[33] von seinem Kanzler Sitzinger[34] erstellt und 1568 von Herzog Wolfgang unterzeichnet

---

29 Albus war eine seit dem Spätmittelalter in den Teilen des deutschen Reiches, vor allem im Rheinland, verbreitete Währung. Der Name *albus* stammt aus dem Latein und bedeutet weiß. Wegen des höheren Silbergehalts differenzierte sich diese hellere Münze farblich von den anderen minderwertigen Münzen. Daraus resultierte der Name *denarus albus* (weißer Pfennig).

30 Bürgermeisterrechnungen von Odernheim/Glan 1538-1558 Bearbeitet von Manfred Daum, Uelzen 1991: S: 8; Nr.: 14;1538,Original Gemeindearchiv Odernheim/Glan

31 Bürgermeisterrechnungen von Odernheim/Glan 1538-1558 Bearbeitet von Manfred Daum, Uelzen 1991: S: 12; Nr.: 12;1540 ; Original Gemeindearchiv Odernheim/Glan

32 Bürgermeisterrechnungen von Odernheim/Glan 1538-1558 Bearbeitet von Manfred Daum, Uelzen 1991: S: 20; Nr.: 38;1541 ; Original Gemeindearchiv Odernheim/Glan

33 Wolfgang von Pfalz-Zweibrücken (* 26. September 1526 in Zweibrücken; † 11. Juni 1569 in Nexon) war ab dem Jahre 1532 Pfalzgraf und Herzog von Pfalz-Zweibrücken, sowie ab 1557 auch Herzog von Pfalz-Neuburg. Sein Vater war Ludwig II. von Pfalz-Zweibrücken und seine Mutter Elisabeth von Hessen (die Tochter Wilhelms des Älteren von Hessen). Bis zu seiner Volljährigkeit 1543 führte der jüngere Bruder seines Vaters, Ruprecht, die Regentschaft. Anschließend kam es zur Teilung der Linie in Pfalz-

und regelte die Aufenthaltsrechte von Juden, im Sinne des streng lutherischen Landesherrn so, dass er seinen Erben auftrug, keine Juden im Land zu dulden.
Dieses nahmen jedoch, wie schon erwähnt, seine Erben Johann I und Johann II schon nicht mehr so wörtlich, und erlaubten Juden die Durchreise, tageweise Aufenthalte, für die ein Leibzoll[35] erhoben wurde, und später auch wieder eine Niederlassung im Herzogtum Pfalz-Zweibrücken.
Die unverheiratete Prinzessin Christina (*1546 - +1619 in Odernheim) die älteste Tochter Herzog Wolfgangs lebte von 1591 – zu ihrem Tode 1619 im Wittelsbacher Schlösschen in Odernheim, das ihr Vater Herzog Wolfgang 1567 erbauen ließ.

Der Dreißigjährige Krieg

Die Zeit des Dreißigjährigen Krieges (begann 1618 mit dem Prager Fenstersturz und endete 1648 mit dem westfälischen Frieden) brachte der Stadt Odernheim und deren Bürgern Zerstörung, Ausplünderung, Tod, Seuchen, Krankheiten und Hungersnöte.
Die Bürger der Stadt Odernheim mussten die Besatzungskosten der jeweiligen Kriegsparteien tragen, die aufgrund des wechselnden Kriegsglücks die Stadt Odernheim besetzten.

Zweibrücken mit Wolfgang und Pfalz-Veldenz, das Ruprecht erhielt. Im Herbst 1543 wurden Überlegungen zu einer Eheschließung Herzog Wolfgangs mit Anna Walburga von Neuenahr (1522-1600) angestellt, die jedoch zu keinem Ergebnis führten.1545 heiratete er Anna von Hessen, die Tochter von Philipp, dem Großmütigen. 1557 erhielt er die junge Pfalz gemäß den Bestimmungen des Heidelberger Vertrags, der 1553 zwischen den verschiedenen Linien des Hauses Wittelsbach von Kurfürst Ottheinrich von der Pfalz federführend geschlossen worden war. Mit Wolfgangs Tod teilte sich die Linie ein weiteres Mal in die Linien Pfalz-Neuburg-Hilpoltstein, Pfalz-Zweibrücken, Pfalz-Sulzbach, Pfalz-Parkstein und Pfalz-Birkenfeld. Sein Grab befindet sich in der evangelischen Schlosskirche von Meisenheim.

[34] Doktor Ulrich Sitzinger * 3.4.1523 in Worms, Pfalz-zweibrückischer Kanzler von 1555-1561
[35] Der Leibzoll wurde für Durchreisende Juden erhoben. Handel war erlaubt und die Übernachtungen im Herzogtum Pfalz-Zweibrücken begrenzt, meist wurde ein dreitägiger Aufenthalt mit Übernachtung genehmigt.

1620 besetzten die Kaiserlichen katholischen spanischen Truppen unter Marquis Ambrosius Spinola die Pfalz von Kreuznach kommend. Spinola, eroberte Böckelheim, das Oberamt Meisenheim und Glan Odernheim, deren Bürger sich kampflos ergaben. Herzog Johann II von Pfalz-Zweibrücken erklärte das Herzogtum für neutral, was aber von den spanischen Truppen missachtet wurde. Spinola richtete eine Garnison auf dem Disibodenberg ein. Die Odernheimer Bürger mussten die Kosten der Besatzung tragen und gerieten dabei selbst in existenzielle Not. Missernten, Hunger Krankheiten, Seuchen beschleunigten die Verarmung oder gar Verelendung der Bevölkerung. Zahlreiche Belege, die in Form der Bürgermeisterrechnungen erhalten sind, zeugen von enormen finanziellen Aufwendungen und Belastungen. Konnten diese nicht erbracht werden, hielten sich die Besatzer an Naturalien schadlos. Die Besatzer forderten neben Lebensmitteln Futter für die Tiere, sowie Zugtiere für ihren Tross.
Das Ziel des katholischen Feldzuges von M. Spinola war die Rückbekehrung der Lutheraner zum Katholizismus.
Die Besetzung endete 1622. Als starke protestantische Truppen im Anmarsch waren, zog sich Spinola mit seinen Truppen zurück.

Juden wurden in diesen unsicheren Zeiten als Fremde und Ausländer behandelt, sie hatten eventuell ein Niederlassungsrecht und Gewerberecht, für das sie Schutzgeld bezahlten. Juden bezahlten darüber hinaus ihre Steuern und Abgaben sowie Sonderumlagen zur Deckung der Besatzungskosten und Kriegslasten. Wenn kein Geld vorhanden war, wurden Kriegslasten auch in Naturalien bezahlt, was die Versorgungslage im Allgemeinen zuspitzte. Der Handel, von dem die Juden überwiegend lebten, kam im Verlaufe des Krieges zunehmend zum Erliegen. Durch die Kriegseinwirkungen war die Landwirtschaft nicht mehr in der Lage zu produzieren. Der Warenverkehr mit handelbaren Gebrauchsgütern, aber auch der Handel mit lebensnotwendigen Erzeugnissen war fast nicht möglich. Ebenso fehlte es an Arbeitskräften.
Die Anzahl der Juden, die während des Dreißigjährigen Krieges in Odernheim lebten, lässt sich nicht mit Bestimmtheit feststellen. In den Schutzbriefen und Urkunden sind nur die Haushaltsvorstände die sog. Schutzjuden benannt, es fehlen die Angaben zu Ehefrau und Kindern. In Einzelfällen sind Familienangehörige in Dokumenten

genannt (Heiratsurkunden, Heiratskontrakt, Vermögensaufstellung etc.)

Wie und wo die in Odernheim lebenden Juden ihren religiösen Erfordernissen und Bedürfnissen nachgingen, ist nicht bekannt. Die Vermutung liegt sehr nahe, dass ein Bethaus in einem der von Juden bewohnten Häusern vorhanden war.

Die Hinweise auf die Anwesenheit von Juden zu Zeiten des Dreißigjährigen Krieges in Odernheim sind sehr selten, zumal davon auszugehen ist, dass Aktenbestände im Gemeindearchiv von Odernheim, vernichtet wurden oder durch die damaligen Kriegseinwirkung verloren gingen.

Gerichtsbuch von 1630

Den 19 Augustj 1630 erscheint vor Gericht Samuel Judt alß Anwalt Gehrhardt Adam Weylers, zeigt an, wie Gehrgardt Adam Weylers vndt seine Haußfraw Christina vffrecht vndt redlich verkaufft haben, dem ersammen Gothardt Brusten Burgern alhie, sein theil in der Bornwieß so 1 vtl vndt im ¼ viertel, gef. eineseit vnden ihm selbsten, anderseit Johann: Wacken, vor vndt vmb 17 f. bahr an 8½ f. daß überige nechst küfftigen Herbst mit wein zuebezahlen, thun einander hiemit vfftrag, wie alhie breüchlich p."[36]

Mit dem Ende des dreißigjährigen Krieges wurde es Juden im Herzogtum Pfalz-Zweibrücken wieder zunehmend erlaubt, sich niederzulassen. Gründe hierfür war die durch den Dreißigjährigen Krieg dezimierte Bevölkerung, die Wirtschaft lag am Boden. Für die Entwicklung des Herzogtums Pfalz-Zweibrücken bedeutete dies einen herben Rückschlag. Das Herzogtum Pfalz-Zweibrücken war als eines der größten protestantischen Territorien sehr stark betroffen. So erhoffte sich die Regierung des Herzogtums durch den kontrollierten Zuzug von Juden eine Belebung der regionalen Wirtschaft und reichlich sprudelnde Geldquellen.

---

[36] VFTRAGS BUCH ZU ODERNHEYM ANGEFANGEN MITWUCHS NACH ANDREE ANNO XVC XLIIII Bearbeitet von Manfred Daum, Uelzen 1993: S: 404 1630 ; Original Gemeindearchiv Odernheim/Glan

Abb.: Dreck- Odernheim am Glan Merian 1645[37]

Statistik von 1679

Der Jude Josub wird als ein in Odernheim ansässiger Jude genannt[38] Dies geht aus einer Aufstellung der sich im Schutz befindlichen Juden des Herzogtums Pfalz-Zweibrücken aus dem Jahre 1680 hervor.

Unruhige Zeiten

1675 wurde Odernheim von französischen Truppen unter dem Oberbefehl von Marschall Turenne, Befehlshaber der französischen Truppen am Rhein, ausgeplündert und niedergebrannt. Es sollen noch ca. 15 Häuser gestanden haben.
Frankreich annektierte 1680 neben anderen Gebieten auch das Herzogtum Pfalz-Zweibrücken. Frankreich gliedert das Herzogtum Pfalz-Zweibrücken in die Saarprovinz ein.
1691 nach dem Tode Herzog Friedrich Ludwigs fiel das Herzogtum Pfalz-Zweibrücken dem schwedischen König Karl XI aus der Linie Pfalz- Kleeburg zu.
Im „Regensburger Stillstand" von 1684 wurde die Souveränität über das Herzogtum Pfalz-Zweibrücken Frankreich zugesprochen[39]

---

[37] Bild: Andreas Ott 2018: Dreck Odernheim, Kupferstich von Merian 1645
[38] Kopp, A.,Die Dorfjuden der Nordpfalz. Dargestellt an der jüdischen Gemeinde Alsenz ab 1655, Meisenheim, 1967, S. 431
[39] Scholl, Rochus: Juden und Judenrecht, Frankfurt 1996

Pfälzischer Erbfolgekrieg

Von 1688-1697 wurde die Pfalz durch den Pfälzischen Erbfolgekrieg erschüttert, der mit dem Rijswijker Frieden endete. Odernheim wurde 1689 bis auf fünf Häuser, so die Überlieferung, niedergebrannt. Die Niederbrennung geschah infolge von Kampfhandlungen im Pfälzischen Erbfolgekrieg, in und um Odernheim am Glan.
Auch in dieser Zeit hatten die Odernheimer Bürger mit den Folgen des Kriegsgeschehens ihre Not, ihre Existenzen zu sichern.
Das Herzogtum Pfalz-Zweibrücken wurde fortan von den schwedischen Königen regiert, die das Herzogtum Pfalz-Zweibrücken durch Statthalter/in verwalten ließen.
Die nachfolgenden Einträge des Gerichtsbuches von 1691 und 1692 dokumentieren, dass der „Mayer Jud(t)" in Odernheim ansässig und Grundbesitzer war.

Gerichtsbuch von 1691 No 139

„Neben vnd vorn die Gemeinden Gaß, hinden Meyer Judt, vnden er Jörig Eckstein selbsten mit einem Verfallenen Platz so er Von Peter Hardy erkaufft (........)"[40]

Gerichtsbuch von 1692 No 140

„1692 den 11ten Jannuarj zeigt Peter Hardy Burger allhier bey sitzendem Gericht an, wie daß er ein öffentlichen vnd redtlichen Tausch mit Meister Jörig Jochim Baumann auch Burgern allhier getroffen habe, also vnd der Gestalt, nemlich es vbergibt er Hardy sein Hauß, Hoff, Schewer, Ställplatz sampt seiner Gerechtigkeit, wie ers vom Peter Bayern ertaust ~~sam~~ gef. oben der Fewer Keller genandt, vnden Hanß Mathes Melchior hinden Meyer Jud mit seinem Garten vnd Nickel Pforten(.......)"[41]

---

[40] VFTRAGS BUCH ZU ODERNHEYM ANGEFANGEN MITWUCHS NACH ANDREE ANNO XVC XLIIII Bearbeitet von Manfred Daum, Uelzen 1993: S: 210 1691 Nr.: 139; Original Gemeindearchiv Odernheim/Glan

[41] VFTRAGS BUCH ZU ODERNHEYM ANGEFANGEN MITWUCHS NACH ANDREE ANNO XVC XLIIII Bearbeitet von Manfred Daum, Uelzen 1993: S: 212 1692 Nr.: 140; Original Gemeindearchiv Odernheim/Glan

Gerichtsbuch von 1696 No 165

„So vnd dergestaldt verhandelt nemblich er Hanß Jacob Gräff vertauscht vndt übergibt ime sein Wohnhauß vor Eygenthumbl. Gegen vndt vor hanß Georg Eckstein Wohnhauß gelegen einseit Henrich Wydner, anerseit die Pfarrgarten, hinden zu Meyer Judt in dem Hauß so von Peter Beyer herrührend ein jedesmit seiner dazugehörigen Gerechtigkeit vndt gibt Hanß Georg Eckstein, Hanß Jacob Gräffen ahn bahrem geldt zu(.........)“[42]

Die jüdische Bevölkerung musste sich an den Folgekosten des Pfälzer Erbfolgekrieges beteiligen und musste Kriegssteuern an die Regierung des Herzogtums Pfalz-Zweibrücken bezahlen.

Kriegssteuern von Juden betr. 28. Januar 1704, Zweibrücken

„Auch sollen solche (Anm. die Juden) zu denen extraordinairen Kriegsbeschwerden und Kriegsgeldern mit beitragen.“[43]

Gerichtsbuch von 1711 No 92

„Eodem hat Benedict Luther einen Kauffbrieff vorgezeigt, wie er die Scheuer welche Nicklaus Kauff dem Hertz Juden verkaufft hat, sambt einem Platz dabey zwischen dießer Scheuer vnd Joh: Henrich Weydners Hauß gelegen die Scheuer aber neben Petern Deckern vor vnd vmb Einhundert vndt drey Gülden ich sage = 103 f. Ihme hertz Juden habe abgelößt vnd bezahlt, weiln nun ein Bürger die loßung ahn einem Juden zutun hat, als Ist Ihme hiemit bey Gericht gebührender Vftrag gegeben worden[44]*“.*

---

42 VFTRAGS BUCH ZU ODERNHEYM ANGEFANGEN MITWUCHS NACH ANDREE ANNO XVC XLIIII Bearbeitet von Manfred Daum, Uelzen 1993: S: 250 1696 Nr.: 165; Original Gemeindearchiv Odernheim/Glan

43 KSchA Zweibrücken Best. II Nr. 1078

44 VFTRAGS BUCH ZU ODERNHEYM ANGEFANGEN MITWUCHS NACH ANDREE ANNO XVC XLIIII Bearbeitet von Manfred Daum, Uelzen 1993: S: 135 1711 Nr.: 92; Original Gemeindearchiv Odernheim/Glan

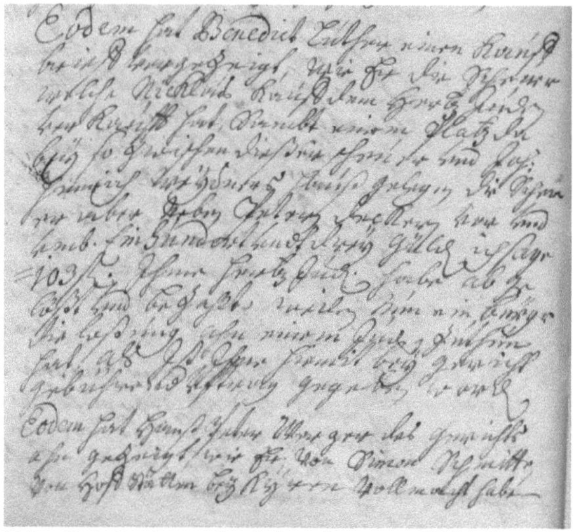

Abb.: Originaltext Gerichtsakte von 1711 Nr. 92[45]

Gerichtsbuch von 1711 No 95

„ Zwischen dießem gantzen Hauß vndt des Meyer Juden Stall gelegen wie solcher abgesteint vnd der Kauffbrieff außweißt, vertauscht habe, mit Johann Lenhard Haasen dem Schmidt, gegen Johann Lenhard haasen seinen Platz welcher gegen Lorentz Henrichen vber gelegen sambt der kleinen Wohnung so darzugehörig vnd neben Simon Mathiasen gelegen(......)“[46].

Die Akte VIII / 1 im Gemeindearchiv Odernheim[47] enthält Bevölkerungstabellen aus der Zeit von 1728-1815. Die Akte umfasst ca. 500 Seiten. In diesen Tabellen, die der Feststellung der Bevölkerungszahlen zu statistischen Zwecken dienten, sind neben den Namen und Vornamen, die Konfessionen differenziert nach Reformatorisch, Lutherisch, Protestantisch, Katholiken, Mennoniten sowie Juden erfasst. Weiterhin geben die Bevölkerungstabellen Auskunft über das Ver-

[45] Gemeindearchiv Odernheim Akte B / 2 Gerichtsakten

[46] VFTRAGS BUCH ZU ODERNHEYM ANGEFANGEN MITWUCHS NACH ANDREE ANNO XVC XLIIII Bearbeitet von Manfred Daum, Uelzen 1993: S: 141 1692 Nr.: 95; S:140-141; Original Gemeindearchiv Odernheim/Glan

[47] Akte: VIII/1 Gemeindearchiv Odernheim

mögen, den Immobilienbesitz und das ausgeübte Gewerbe der erfassten Familienvorstände. So wäre es möglich, sich einen Überblick über die in der Anzahl wechselnde jüdische Bevölkerung, die je nach normativen Vorgaben in der Judenpolitik schwankte, zu verschaffen. Auf Bitten der Judenschaft des Herzogtums Pfalz-Zweibrücken ordnete die Regierung des Herzogtums 1711 an, dass der Rabbiner die Verteilung und Höhe der außerordentlichen Abgaben festlegen solle. Hierzu war es im Einzelfall notwendig, das Vermögen von ansässigen Juden zu bestimmen. Über die Höhe der Abgaben gab es des Öfteren Streit, so musste ebenfalls das Vermögen des ungerecht behandelten Juden festgestellt werden.

Regierungsreskript an die Oberämter Meisenheim und Lichtenberg die Umlegung der Beiträge zu außerordentlichen Abgaben der Juden betr. 21.April 1711, Zweibrücken

21. April 1711, Zweibrücken

„Demnach die Judenschaft des Amtes Meisenheim supplicando eingekommen und demütig gebeten, daß die Repartition der angesetzten Extraordinair- Beitragsgelder, so sie und die Judenschaft zu Lichtenberg, ergangenen Reskripten nach, entrichten sollen, durch ihren beiderseitigen Rabbiner geschehen möge, aus welcher den Handel und das Vermögen eines jeden genau kennet und erforschen könnte, in welchem petito man denenselben, so viel die noch zahlende terminis betrifft, zu willfahren resolviret, was aber den ersten bereits verflossenen Termin anlanget, es dabei bewenden zu lassen vor gut befunden hat:

Als wird solches dem Amt N. hiermit rescribirt, um es denen sämtlichen Juden im Amt wissend zu machen und durch der Juden Rabbiner wegen der folgenden Terminen eine billigmäßige Austeilung unter sämtlicher Juden beider Ämter Meisenheim und Lichtenberg uf die ihnen angesetzte Summ in Zeiten zu traffen, und wo etwa einem oder dem anderen zu viel geschehen, durch denselben remediren zu lassen.[48]

[48] KSchA Zweibrücken Best. IV Nr. 3330

In Ausführung dieser Verordnung wurden das Vermögen, die Mobilien und Immobilien sowie die unterhaltspflichtigen Kinder und die Mitbewohner des in Odernheim ansässigen Juden Lazarus, Isaak „inventarisiert".

Inventarium des Lazarus Isaak

Das Dokument ist durch Feuchtigkeitseinwirkung sehr schlecht lesbar. Mit hohem Zeitaufwand gelang es, die Bedeutung und den Inhalt der Dokumente zu „übersetzen" und für den Leser verständlich wiederzugeben. Aus diesem Grunde fehlen einige Passagen, ebenso war der Vermögenswert des Inventars von Lazarus Isaak nicht mehr lesbar.

Die Vermögensfeststellung fand am 4ten Dec. 1775 statt. Zu Beginn der Inventarisierung wurde Lazarus Isaak über die Folgen falscher Angaben belehrt *„Sie sich der Strafe mutwilliger falscher Angaben bewusst seien*[49]*"*. Weiter wurde Lazarus Isaak das Prozedere erläutert. Das Verfahren der „Inventarisierung" geschah unter der Aufsicht des für das Herzogtum Pfalz-Zweibrücken bestellten Rabbiners Aron Löw von Bingen.

Ebenso musste Lazarus, Isaak Auskunft über seine Kinder geben, *„Zu dieser jüdischen Ehe sind Kinder gezeugt worden"*[50], sowie Juden die mit im Haus wohnten. Diese Personen im folgenden im „Inventarium" gelistet:

1. *„Jud Mayer Laser, Schutzjud bey ihme im Haus wohnhaft und verheurathet*
2. *Eine Tochter Reflge so zu Niederwisben bey Saar Lous wohnhaft und Verheurathet ist, und welche auf 400 f. ausgesteuert worden*
3. *Eine Tochter Veilge Verheurathet nach Steubach an Jud Raphael Gilde(a?) und welche 100f. aussteuer erhalte.*
4. *Einen Sohn Jockel alt 20 Jahre in auswertige Dienst*
5. *Einen Sohn Schmud alt 22 Jahre wegen Vatter im braß*
6. *Einen Sohn Salomon in auswertigen Dienst alt 17 Jahre*
7. *Eine Tochter Bräunle in auswertige Diendt alt 18 Jahre*
8. *Eine Tochter Güthgen alt 15 Jahre beyn Vatter*

---

[49] Gemeindearchiv Odernheim VIII /6 S:81-86

[50] Gemeindearchiv Odernheim VIII /6 S:81-86

An Immobilien

Ein Haus und Scheune samt Bezirk und Zubehör in der Obergass gelegen (....) vorn die Straß hinten aber Gins. *550f.*
Ein Baumfeld samt einem Wingert Hinterhausen 3 Al.eins. Abr.Gins anderseith Schutenberger und Jakob Haas Schmied deren anstößen *75 f.*
Einen Garten hinter Ruthen gtl. Eins Jakob Gerber anderseit Peter Gilbert. *30f.*

Manns Kleider

Außerdenen Alltagskleidern eine alte Rock ohne Wert

Weibskleider

Ohne die Alltagskleider
Ein (....) gelbe Jack so alt
Ein schwarz damastener Rock
Ein violet blumiger damastener Rock
Ein violett Schabbes Rock
2 wirk (.....) Jacken
Ein Schappeskapp
2 weib mouseline Schürtz
1 Caffune mouseline Schürtz
2 mouseline Halstücher
Schuh und Strümpf sind ohne Wert
12 Hembder

Leinewand

12 flachig hanfene Tischtücher geript
4 gebildete hamfene Tischtücher geript
3 dito Sevieth
1 doppelgebild 8 Handtücher
12 geripte dito
2 gebilde schwarze dito

2 bettücher mit Spitze
18 (.....)
1 würken (....)
6 alte häutene (....)
2 Cattunen
1 Gehertuch
5 alte Sack

Bettwerk

Das Ehebett samt Vorhang
3 Bettlak mit federn
ein Kinderbett mit feder
Oberbett
Einen Tepich
1 Läufer

Holz und Schreinerwerk

1 Bettlad
1 tisch
3 alte Lehnstühl
1 bank
1 alter Mehlkasten
1 Kleyder Schrank
1 kleiner Kleyder Schrank
1 Schüselschrank
1 (....)
1 backmuhle
1 kurze Leither
1 beschlagenen Korn Suner
1 Korb
Brennholz von keine Wert
1 Waag mit 50 Ga. Gewicht
1 hau klotz

Küferwerk

1 legelig faß
1 bauch bütt
1 Eimer
1 Fleischständer
1 Traubbutt

Lüster und messing

Eine lavor Tasse
1 klein Tass
1 (...)
1 (...) Tasse
1 messing Mörser
1 leuchter
2 Schabbesambeln

Eisenwerk

Ein groß dippen mit alte deckel
Ein dito
Ein Schmalzgefäng
Ein Küchenform alt
Ein Fleischbeil
Ein Kolbenhohl
1 filz licht
1 opt
1 (...)
1 Mistgabel
1 (....)

Kleinen Hausrath

1 Spiegel
1 (...)
fingerring und (.....)

Zinn

1 Moskant ofendeckel
1 Blatt alt
dito Terine
dito englich Zinn
2 Terrinen dito
1 Suppeschüßel
5 Supp deller
10 Zinne Löffel
1 Salz(.....)
2 dutzend deller

Glas und Steinwerk

1 Trinkglas"[51]

Polnischer Erbfolgekrieg

Infolge des polnischen Erbfolgekrieges (1735-1738) wurde unsere Heimatregion erneut in Mitleidenschaft gezogen. Es lagerten verschiedene Heere in und um Odernheim. Wie in den Bürgermeisterrechnungen zu lesen ist, wurden erneut die Kriegslasten der jeweiligen Truppen durch die Odernheimer Bürger aufgebracht. War kein Geld bei den Bürgern mehr zu holen, beschlagnahmten die Truppen Lebensmittel und Futter für die Tiere [52]. Isaak Meyer verfügte über ein großes Anwesen und lagerte Proviant und Vieh für die Truppen. Sein Haus diente als Truppendepot für Lebensmittel und Waren, die polnische Truppen in Odernheim und Umgebung konfisziert hatten.

[51] Gemeindearchiv Odernheim VIII / 6 S:81-86

[52] vgl. Schworm Karl et al: Odernheim am Glan und Disibodenberg, Koblenz 1984, S:103

Bürgermeisterrechnungen von 1738

Zahlte die Stadt *„dem Isaac Meyer Jud wegen aufgenommener Waren zu letzteren Kriegszeiten"* 22 Gulden[53]

Hungersnöte

1732 und 1746 kam es durch Viehseuchen in der Region zu verheerenden Verlusten in den Viehbeständen[54], was die Ernährungslage dramatisch verschlechterte. Eine weitere Folge der Viehseuchen, war, dass die jüdischen Viehhändler nicht mehr die Möglichkeit hatten zu handeln, denn der gesamte Viehbestand wurde unter Quarantäne gestellt. Der Handel mit Vieh war verboten. Kein Tier durfte in die Stadt oder aus der Stadt gebracht werden. Ebenso waren die Zugtiere zur Bestellung der Äcker weniger geworden, was die Ernährungslage weiter verschärfte. Im März 1777 wurden die Viehmärkte im Zweibrücker Territorium erneut wegen einer Viehseuche geschlossen.

Bevölkerungsstatistik 1741

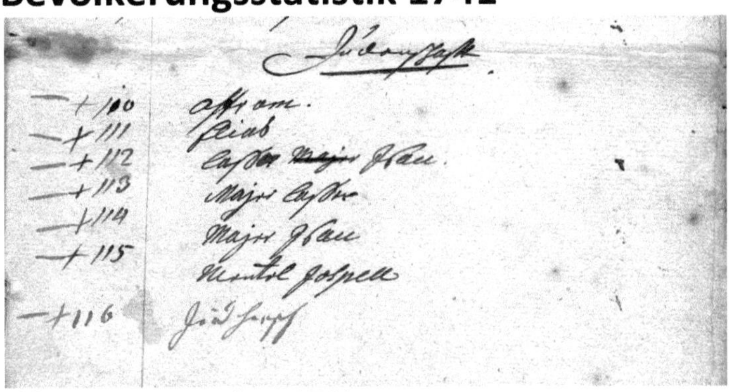

Abb.: Bürgerverzeichnis 1741[55]

---

53 Schworm Karl et al: Odernheim am Glan und Disibodenberg, Koblenz 1984, S:103

54 vgl. Schworm Karl et al: Odernheim am Glan und Disibodenberg, Koblenz 1984, S:104

55 Gemeindearchiv Odernheim Akte VIII / 1 Nr. 302

Judenschaft
Afrom
Elias
Laser Isac
Mayer Laser
Mayer Isac
Mentel Jospell
Jud Joseph

Bevölkerungsstatistik 1747

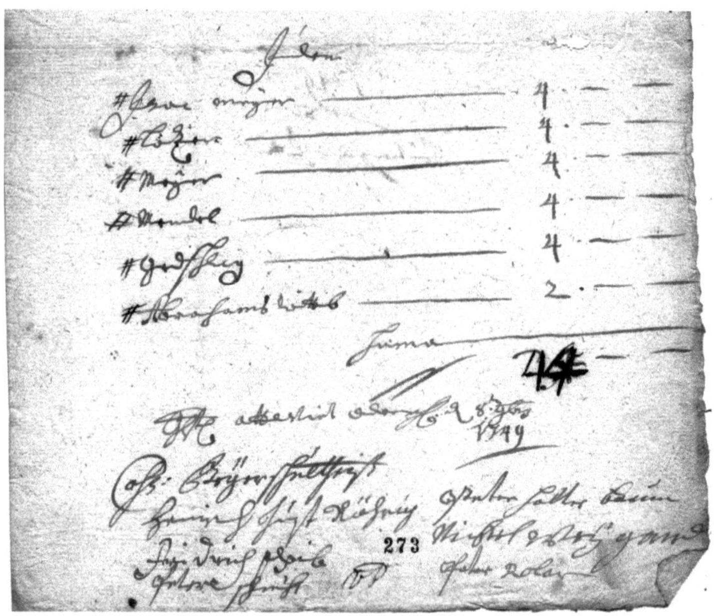

Abb.: Bürgerverzeichnis 1747[56]

Juden
Isac Mayer
Laser
Mayer

[56] Gemeindearchiv Odernheim Akte VIII / 1 Nr. 273

Mendel
Gotschlig
Abraham Wittib

Erwerb von Grundbesitz durch Juden in Odernheim

Häuser wurden in Odernheim von Juden in den seltensten Fällen neu gebaut, sondern bestehende Häuser wurden gekauft. Die befristete Aufenthaltsdauer und der befristete Schutz durch den Territorialherrn, waren hierfür die Ursache.
Der Schutzherr und die Odernheimer Bürger musste zu dem Kauf ihre Einwilligung geben.

Kaufurkunde 18.Juni 1750 des Jospel Mäntel

Eine Urkunde belegt den Kauf eines Hauses in der „untern gaß“ durch den **Schutzjuden Jospel Mäntel**

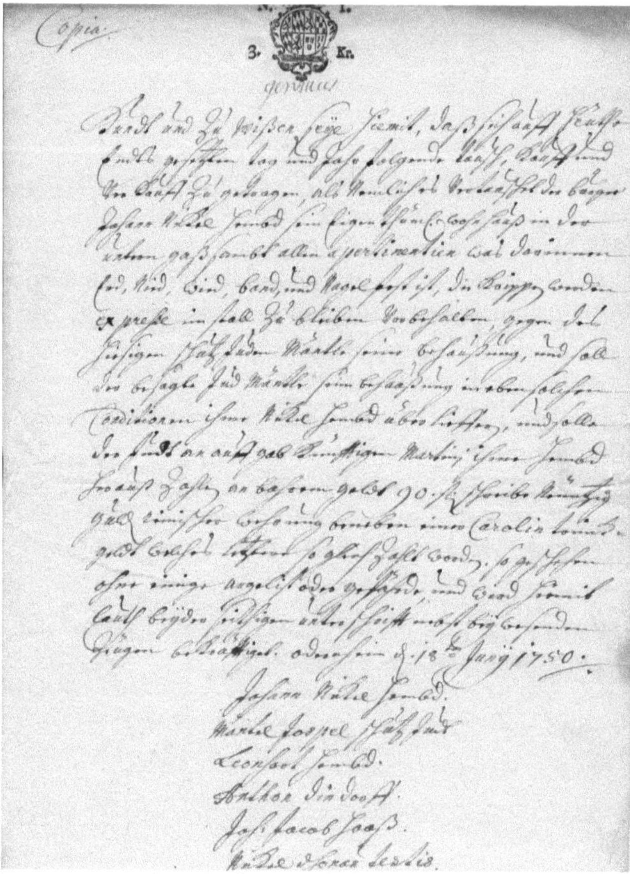

Abb.: Kaufvertrag zwischen Joahnn Nickel Hembd und dem Schutzjuden Jospel Mändel vom 18. Juni 1750[57]

Die Übersetzung des Kaufvertrages 18.Juni 1750:

Kundt und zu wißen seye hiermit, daß sich auff heuthe endts gesetzten Tag und Jahr folgende Tausch, Kauff und Verkauff zugetragen, als nemliches vertauschet der Bürger Joahnn Nickel Hembd sein Eigenthümlich Wohnhaus in der untern Gaß sambt allen apertinentien was darinnen Erd, Nied, Wied, Band, und nagelfest ist. Die Krippe werden ex preße im Stall zu bleinen Vorbehalten, gegen des hiesigen Schutzjuden Mäntle sein Behausung in eben solchen Conditionen ihme Nickel Hembd überlieffer, und solle der Judt an auffgab künftigen Martini

[57] Gemeindearchiv Odernheim: Akte U/ 84

ihme Hembd heraus zahle an barem geldt 90 fl. Schreibe neuntzig Guld reinischer Wehrung beneben einer Carolin trinkgeldt welches letzterer so gleich zahlet worde., so geschehen ohne einige Arglist oder Gefährde, und wird hiermit lauth beyder seithigen unterschrift nebst bey wesenden Zeugen bekräftiget. Odernheim d 18 ten Juny 1750:

Johann Nickel Hembd
Mäntel Jospel Schutzjud
Leonhart Hembd
Anthon Dindorff
Joh. Jacob Haaß
Nickel Donau testis.

18.VI.1750

Beschwerdebrief der Odernheimer Bürger 1761

Mitte des 18. Jhd. gab es für Odernheim keine zahlenmäßige Beschränkung für den Zuzug und die Niederlassung von Juden. Um 1760 wuchs die Zahl der Juden in Odernheim auf über 50 Personen an. Wie aus dem nachfolgenden Brief hervorgeht, besaßen die Juden fünf Häuser in der Hauptstraße, ebenso einen Stall. Einige Häuser in den Nebengassen waren von Juden bewohnt. Die jüdischen Händler besaßen eine in der Wahrnehmung der Odernheimer Bürger bedrohliche Wirtschaftskraft. Sie wandten sich schriftlich an das „Hochlöbliche Oberamt“ Meisenheim mit der Bitte, dem Zuzug von Juden Einhalt zu gebieten.

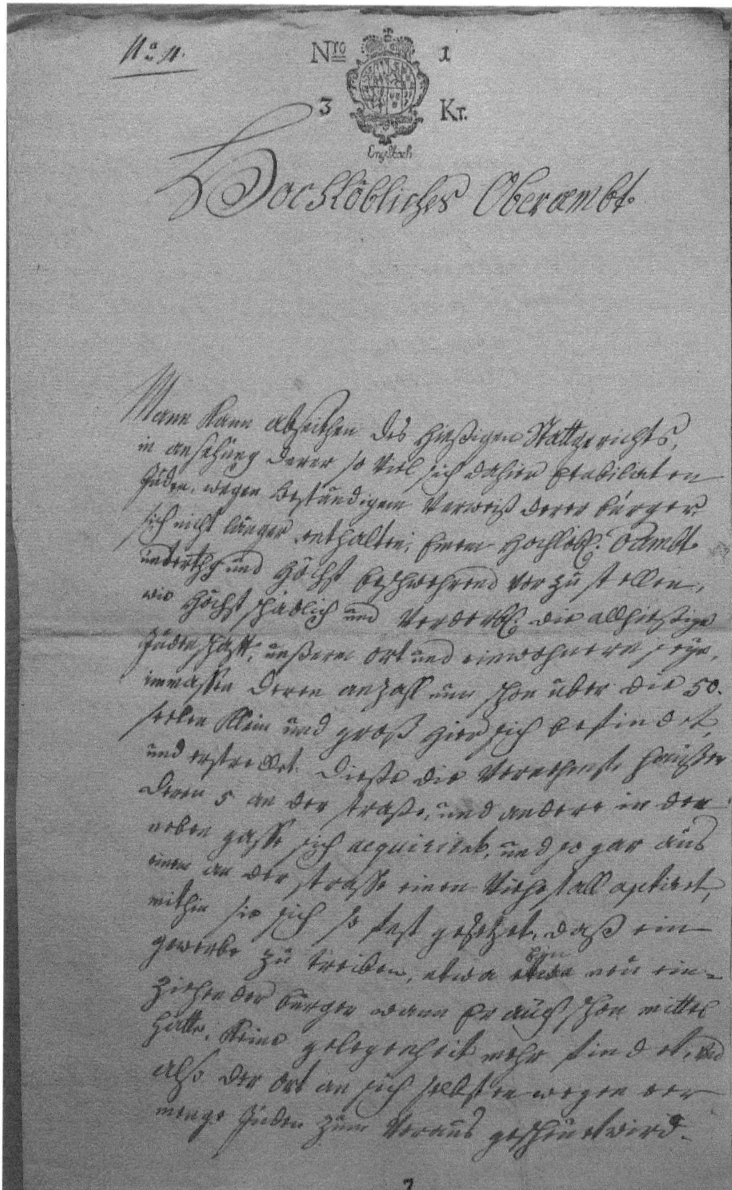

N.o 11.

N.o 1 3 Kr.

Hochlöbliches Oberambt

Wann Man absehen des hiesigen Stattgerichts in ansehung derer so viel sich dahier etablirten Juden, wegen beständigem verdruß derer bürger sich nicht länger enthalten, einem hochlöbl. Oberambt unterthänig und höchst beschwerend vorzustellen, wie höchst schädlich und verderblich die allhiesige Judenschaft unserem ort und einwohnern seye, immaßen deren anzahl nun schon über die 50. Seelen klein und groß hierselbst befindet, und existiret. Dieselbe die [illegible] [illegible] deren 5 an der straße, und andere in der oberen gaße sich acquiriret, und so gar auch einer an der straße einen Viehstall erbauet, mithin sie sich so fest gesetzet, daß ein gewerbe zu treiben, aber kein neu einziehender burger wenn er auch schon mittel hätte, keine gelegenheit mehr findet, also der ort an sich selbsten wegen der menge Juden zum Verderb gebracht wird.

7

Abb.: Akte Gemeindearchiv Odernheim VIII / 6 Blatt 7

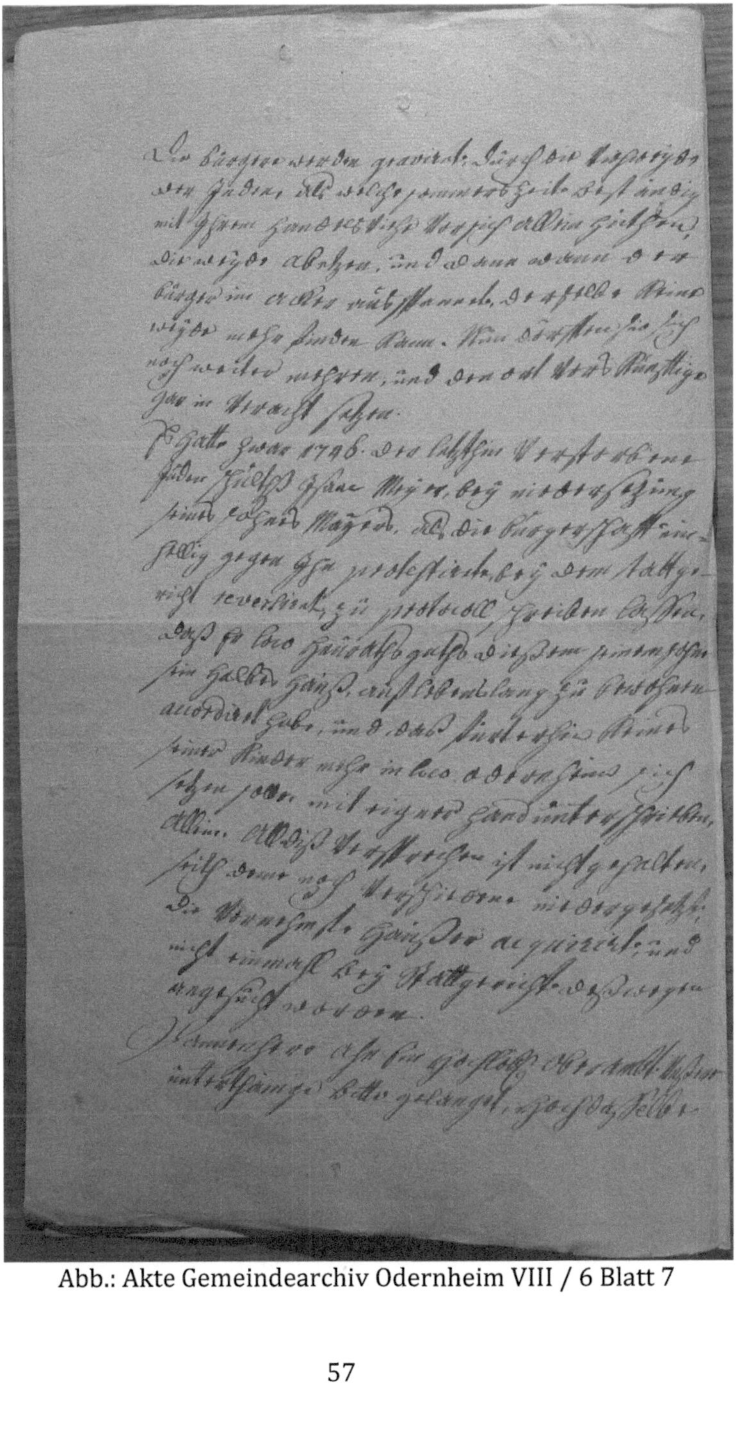

Abb.: Akte Gemeindearchiv Odernheim VIII / 6 Blatt 7

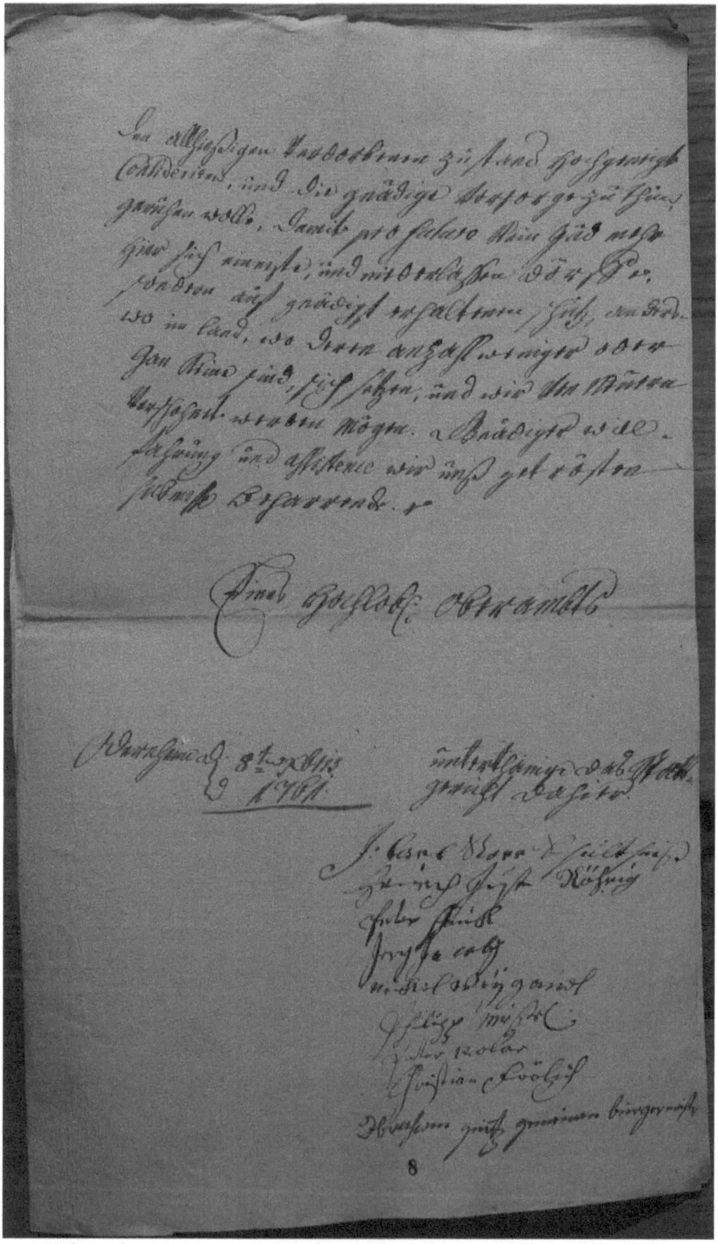

Abb.: Akte Gemeindearchiv Odernheim VIII / 6 Blatt 7[58]

[58] Akte Gemeindearchiv Odernheim VIII / 6 Blatt 7

Transskript Dokument Akte Gemeindearchiv Odernheim VIII / 6 Blatt 7 ff.

Hochlöbliches Oberamt

Mann kann abseithen des hießigen Stattgerichts in Ansehung derer so viel sich dahier etablierten Juden, wegen beständigem Verweiß derer Bürger, sich nicht länger enthalten; einem hochlöbl. Oamt untherthg. und Höchst beschwerend vorzustellen, wie Höchst schädlich und verderbl. die allhiesige Judenschaft unserem Ort und Einwohnern seye, im maßen deren Anzahl nun schon über der 50 Seelen Klein und groß hier sich befindet und erstreckt. Diese die Vornehmste Häußer deren 5 an der Straße, und andere in den Nebengasse sich acquiriret und sogar aus einem an der Straße einen Viehstall aptiret, mithin sie sich so festgesetzt, daß ein Gewerbe zu treiben, etwa kein neu einziehender Bürger wann Er auch schon mittel hätte, keine Gelegenheit mehr findet, und also der Ort an sich selbst wegen der menge Juden zum Voraus gescheuet wird.
Die Bürger werden graviret durch die Vieweyde der Juden als welche Sommerszeit beständig mit ihrem Handelsviehe vor sich allein Hirthen die Weyde absetzen, und dann wann der Bürger im Acker ausspannet derselbe keine Weyde mehr finden kann. Nun dürffen sie sich noch weiter mehren, und den Ort vors künftige gar in Veracht setzen.
So hatte zwar 1746 der letzthin Verstorbene Juden Schultheiß Isaac Meyer, bey Niedersetzung seines Sohnes Meyers, als die Bürgerschaft einhellig gegen Ihn protestierte, bey dem Stattgericht reversiert zu Protokoll schreiben lassen, daß er loco Heurathsguts diesem seinem Sohne sein halbes Hauß auf lebenslang zu bewohnen accodiert habe, und daß hinterher keine, seine Kinder mehr in Odernheim sich setzen sollen mit eigner Hand unterschrieben, alleine all dieß Versprechen ist nicht gehalten, seith deme noch Verschiedene niedergesetzt die vornehmste Häußer acquirierte und nicht einmal bey Stattgerichte deßwegen angesucht worden.
(.......) ahn Ein hochlöbl. Oberamt unsere unterthänigste bitte gelanget hoch dasselbe den hießigen Verdorbenen Zustand hochgeneigte Consideriten, und die gnädige Vorsorge zu thun geruhen wolle, damit pro faturo kein Jud mehr hier sich einniste, und niederlassen dürfe, son-

dern auf gnädigst erhaltenem Schutz, anders wo im Land, wo deren Anzahl weniger oder gar keine sind, sich setzen, und wir den Muren verschonet werden mögen. Gnädigte Willfahrung und affistenie wir uns getrösten subniff[59] *beharrend.*

Odernheim, 8ten Obris 1761 Eines hochlöbl. Oberamts
Unterthänige des Stadtgericht dahier

Unterschriften

Anzahl der jüdischen Bewohner Mitte des 18. Jahrhunderts in Odernheim

Im Jahre 1761 zählte man in Odernheim Über 50 jüdische Personen *„groß und klein*[60]*"*
Ab dem Jahre 1768 änderte sich die Zuständigkeit des Oberamtes, Odernheim wurde von nun ab kurpfälzisch verwaltet.
Aus dem Jahre 1771 liegt eine Einwohnerzählung der Stadt Odernheim vor, in der die Zahl der jüdischen Einwohner mit 50 beziffert wird.

Unter Kurpfälzer Regierung

1768 trat Herzog Christian IV[61] (* 16.9.1722 -+5.11.1775) von Pfalz Zweibrücken unter anderem auch Odernheim an die Kurpfalz ab. Die vertragliche Grundlage hierfür war der Selz-Hagenbacher Austausch[62]. Durch den „Seltz- und Hagenbacher Austausch" von 1768 zwischen der Kurpfalz und Pfalz-Zweibrücken wurde die Stadt Odernheim am Glan mit dem ehemaligen Kloster Disibodenberg und den Dörfern Niederhausen, Hochstätten, Hallgarten sowie Leibeigenen in Staudernheim in die Kurpfalz eingegliedert. 1750 (Abtretung durch die Sickinger) bzw. 1771 kam durch einen Vertrag

---

59 Lat.: beharrend einen Gruß

60 Akte Gemeindearchiv Odernheim VIII / 6 Blatt 7

61 Christian IV. (* 16. September 1722 in Bischweiler; † 5. November 1775 auf Schloss Pettersheim) war Herzog von Pfalz-Zweibrücken.

62 vgl. Schworm Karl et al: Odernheim am Glan und Disibodenberg, Koblenz 1984, S:105

zwischen Baden und der Kurpfalz die ehemals sickingische Herrschaft Ebernburg mit Norheim, Feil und Bingert im Austausch gegen Helmsheim und Sprantal hinzu. Duchroth und Oberhausen an der Nahe gelangten 1779 im „Kübelberger Austausch“ gegen das Amt Kübelberg von Pfalz-Zweibrücken an die Kurpfalz.

Diese Abtretung an die Kurpfalz hatte wiederum Veränderung und Umstrukturierung von Verwaltung und Judenpolitik zur Folge, was sich insbesondere in den Schutzbriefen der in Odernheimer Gemeindearchiv[63] befindlichen Dokumenten ablesen lässt. Die Bevölkerungszählungen wurden aber weiterhin akribisch durchgeführt, schließlich ging es in erster Linie um die Erhebung von Steuern. Juden wurden in einer eigenen Kategorie zusammengefasst. Zusätzlich zu den örtlichen Bevölkerungsstatistiken wurden für die Kurpfalz Statistiken erstellt, die Auskunft darüber gaben, wie viele Juden sich in der Kurpfalz niedergelassen hatten.

Zuständig war nun nicht mehr das Pfalz-Zweibrückische Oberamt Meisenheim, sondern das Kurpfälzische Unteramt Böckelheim das wiederum dem Oberamt Kreuznach untergeordnet war, wie aus den Akten im Gemeindearchiv Odernheim auch ersichtlich ist.

Die Kurpfalz wurde von Pfalzgraf und Kurfürst Karl Philipp Theodor (*10.12.1724 - + 16.2.1799, Regierungszeit ab 1743) auf dem Kurthron zu Mannheim regiert, später wurde der Regierungssitz nach München verlegt.

63 Gemeindearchiv Odernheim Akte VIII / 6

Bevölkerungsstatistik 1770

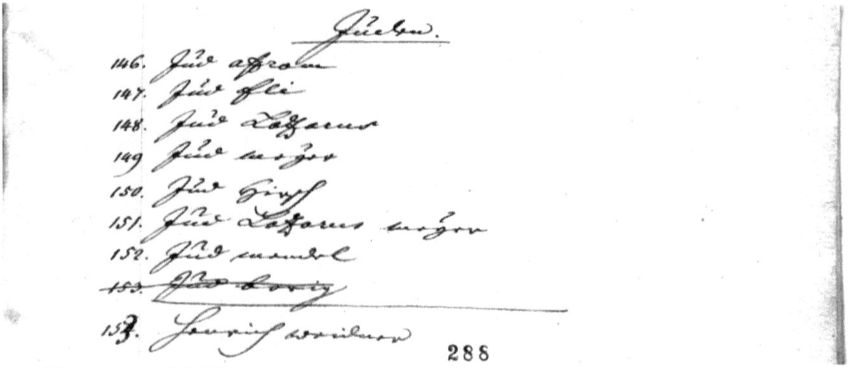
Juden.
146. Jud afrom
147. Jud fei
148. Jud Lazarus
149. Jud mayer
150. Jud Hirsch
151. Jud Lazarus mayer
152. Jud mendel
~~153. Jud Levy~~
153. [illegible]
288

Abb.: Bürgerregister 1770[64]

Juden
Jud Afrom
Jud Fei
Jud Lazarus
Jud Mayer
Jud Hirsch
Jud Lazarus Mayer
Jud Mendel
~~Jud Levy~~

Stellungnahme der Stadt Odernheim zu der Anzahl der Juden 1772

In einem Fragebogen des Oberamt Kreuznach (Kurpfalz) über die Gegebenheiten in Odernheim, Bevölkerungsstatistik, Geburten, Sterbefälle, Professionen, Verehelichungen (Copulationen), Anzahl der Häuser und deren Wert, Anzahl der Juden etc. antwortete der damalige Gerichtsschreiber Georg Jakob Stockinger[65] am 22. Januar 1773 die Besonderheiten und deren wirtschaftliche Situation, betreffend der Juden:

64 Gemeindearchiv Odernheim Akte VIII/1

65 Gerichtsschreiber in Odernheim von 1763 – bis zu seinem Tode 1786

Auf die Frage ob hiesige Juden bewaffnet seien, antwortete der Gerichtsschreiber Georg Jakob Stockinger:
„Hiesige Juden führen kein Gewehr außer einem Stock"
Und weiter die Frage der wirtschaftlichen Situation der jüdischen Bürger:
„Hiesige Juden tragen keine Reifröcke, wohl aber Jud Mendel geschlagene silberne Knöpf auf Rock und Camisol[66]*, wie auch Jud Laser, ingleichen Jud Laser Meyers des Jungen und Jud Afroms Frau auf ihren Schabbeshauben*[67] *goldene Spitzen......"*[68,69]
Die Schilderung des Gerichtsschreiber Georg Jakob Stockinger, lässt darauf schließen, dass es in Odernheim um 1773 wohlhabende Juden gab. In dem Zeitraum zwischen 1760-1780 lag der Bevölkerungsanteil jüdischer Einwohner bei 6,8-7,5%.

Die einheitliche Schreibweise der Namens, aber auch die Namensgebung waren zu dieser Zeit noch nicht gegeben, sodass Namen in verschiedenen Schreibweisen erscheinen. Es gibt Beispiele, bei denen derselbe Einwohner zum einen mit dem Nachnamen und zum anderen mit seiner Berufsbezeichnung benannt wird. Die Rechtschreibung war noch nicht vereinheitlicht und hing stark von den Kenntnissen und Fähigkeiten der Schreiber, Verfasser ab. Oft wurde der Name so geschrieben, wie er im Dialekt klang. Dieser Umstand macht es oft unmöglich, Personen eindeutig zu identifizieren.

---

[64] Ein Kamisol oder Camisol war ein Kleidungsstück des 16.-18. Jahrhunderts. Das Kamisol war ein mit Ärmeln versehenes oder auch ärmelloses Oberteil. Ein Frauenkamisol entsprach einem Korsett oder einem engen Oberteil eines Kleides, das auf der Vorderseite geschnürt oder zugesteckt wurde. Es ging als kurze Schoßjacke in Frauentrachten mancher Gegenden ein. Für Männer war das Kamisol mit einer Weste vergleichbar und konnte bis zu den Knien reichen. Es hatte einen niedrigen, stehenden Kragen und Knöpfe an der Vorderseite

[64] Schabbeshauben sind Sabbat Hauben, die an Sabbat getragen wurden.
[68] Gemeindearchiv Odernheim Akte VIII / 1 Bürgerregister Antwortschreiben vom 22. Januar 1773
[69] Schworm Karl et al: Odernheim am Glan und Disibodenberg, Koblenz 1984, S:107

Schutzjuden

Das Judenregal[70], auch Judensteuer, Judenzins, war im Mittelalter und der Frühen Neuzeit ein königlich verliehenes Privileg. Dieses stellte im Heiligen Römischen Reich, Österreich und der Schweiz vermögende Juden, zumeist Kaufleute, Handelsleute, in ihrer Eigenschaft als Kammerknechte und religiöse Minderheit gegen Bezahlung von Gebühren unter den Schutz des Kaisers. Neben anderen finanziell nutzbaren Hoheitsrechten (Regalien) trug auch das Judenregal zur Finanzierung des Herrscherhaushalts nicht unerheblich bei.

Der Königsfrieden, unter den unterschiedlichste Personen gestellt werden konnten, war von alters her eine Einkunftsquelle für die königlichen Kassen. Juden spielten dabei eine herausragende Rolle. Schon in der Karolingerzeit wurden die Juden gegen Zahlung eines Schutzzinses unter königlichen Schutz gestellt und erhielten dafür Zollbefreiungen und vereinzelte königliche Privilegien. Die Karolinger unterschieden verschiedene Statusgruppen von Juden, die aber nicht als Leibeigene angesehen wurden. Im Wormser Privileg von 1090 erneuerten und verbesserten die Salier den Judenschutz und unterstellten sie der königlichen Kammer. Friedrich II. unterstellte sich 1236 alle Juden reichsweit als königliche „Kammerknechte" und gewährte ihnen Schutz vor Verfolgungen gegen die Zahlung von Schutzgeldern. Schutzbriefe wurden nicht mehr von Fürsten oder Bischöfen an einzelne oder Gruppen von Juden vergeben wie im frühen Mittelalter, sondern sie waren der kaiserlichen Kammer zinspflichtig. Dieses Steuerprivileg war übertragbar. Infolgedessen wiesen nach 1241 auch Steuerlisten deutscher Städte eine „Reichsjudensteuer" auf.https://de.wikipedia.org/wiki/Judenregal - ci-

[70] Weitere Regalien, kaiserliche Sonderrechte, später die der Territorialfürsten: Recht auf Besetzung von Bischofsämtern und Einberufung von Synoden, Verfügung über Herzogtümer, Grafschaften usw., Die Pflicht zur Wahrung des inneren Friedens, Gewährung von Schutz für Personen, deren Sippenschutz fehlt, Verfügbarkeit über die höchste Gerichtsbarkeit, Befestigungsrecht, Bergregal, Bernsteinregal, Eichenregal, Forstregal, Geleitregal, Jagd und Fischerei Regal, Judenregal, Marktregal, Mühlenregal, Münzregal, Salzregal, Schatzregal, Strandregal, Zollregal u.a.

te note-4 Mit dieser rechtlichen Konstruktion knüpfte er an den Begriff der Regalien an.
Unter Rudolf von Habsburg (*1270 +1314) wurde das Judenregal als königliche Leibeigenschaft interpretiert, woraus sich das Recht ableitete, Juden gegebenenfalls entschädigungslos zu enteignen (viele Fürsten hatten Schulden bei Juden). Seit dem Interregnum[71] verlieh der König das Judenregal an die emporkommenden deutschen Territorialfürsten. Karl IV. (*14.5.1316 +29.11.1378) schützte zwar die Juden in seinem eigenen Hausmachtbereich, tat jedoch nichts zu ihrem Schutz auf Reichsebene. In der Goldenen Bulle[72] übertrug er dann 1356 das Judenregal auf die Kurfürsten.
Aus den ursprünglich persönlichen Verträgen mit dem Kaiser wurde nun aus den Juden eine verkäufliche Ware, die auch verliehen und beliehen werden konnte. Aus dem Schutzinstrument wurde das Gegenteil. Aus aktiven „Teilnehmern am wirtschaftlichen Leben" wurden „Objekte der Spekulation", deren Duldung von den wirt-

---

71 Als Interregnum (lat. für „Zwischenherrschaft", hier eher im Sinne von „Zwischenzeit" gebraucht) bezeichnet man in der Geschichte des Heiligen Römischen Reiches die Periode zwischen der Absetzung Kaiser Friedrichs II. durch Papst Innozenz IV. im Jahre 1245 und der Wahl Rudolfs I. im Jahre 1273 . Im Allgemeinen wird der Beginn des Interregnums mit dem Tode Friedrichs im Jahre 1250, im Besonderen mit dem Tode Konrads IV. im Jahre 1254 (und selten mit dem Wilhelms von Holland im Jahre 1256) angesetzt.

72 Die Goldene Bulle von 1356 auf Hoftagen in Nürnberg und Metz verkündete Gesetzessammlung. Ihren Namen erhielt sie von den Goldenen Siegeln, die sechs der sieben Ausfertigungen besaßen. Die Goldene Bulle bildete einen zentralen Baustein der Reichsverfassung und war bis zum Ende des Alten Reichs 1806 gültig. Sie regelte, teilweise auf ältere Bestimmungen zurückgreifend, die Königswahl, legte die Zahl und Rechte der Kurfürsten fest und schloss endgültig päpstliche Mitwirkungsansprüche aus. Der neugewählte König hatte seinen ersten Hoftag in Nürnberg zu halten. Die Goldene Bulle ignorierte die hausinternen Regelungen der Wittelsbacher zur Teilnahme an der Königswahl und reservierte dieses Recht allein dem Pfalzgrafen bei Rhein. Von den sieben Ausfertigungen befinden sich heute zwei in bayerischen Archiven: die für die Kurpfalz im Bayerischen Hauptstaatsarchiv in München, das für die Reichsstadt Nürnberg im Staatsarchiv Nürnberg.

schaftlichen Interessen (der Liquidität) des Territorialfürsten und Inhaber des Judenregals abhing.

Schutzjuden im Herzogtum Pfalz-Zweibrücken

Von 1444, der Gründung des Herzogtums Pfalz-Zweibrücken bis zum Ende der Feudalherrschaft im Herzogtums Pfalz-Zweibrücken 1794, wurde der Schutz des jeweiligen Landesherrn gegen finanzielle Gegenleistung gewährt.

Mit dem Einsetzen der königlich-schwedischen Regierungsgewalt im Herzogtum Pfalz-Zweibrücken 1697 wurde der Judenschutz weiterentwickelt und bürokratisch systematisiert. Der Herzogliche Schutz beinhaltete die Duldung an einem im Schutzbrief genannten Ort für eine bestimmte Zeit, für die Juden beinhaltete der Schutzbrief die Höhe des Schutzgeldes und den Zeitpunkt um diesen zu entrichten.

Für den Umzug innerhalb des Herzogtums Pfalz-Zweibrücken benötigte der Jude eine weitere Erlaubnis des Landesherrn. Herzog Wolfgang, verbot in seinem schon zitierten Testament 1569 seinen Erben, den Zuzug von Juden zuzulassen. Seine Nachfolger lockerten diese testamentarischen Verbote. Für die Nachfolger Herzog Wolfgangs waren wirtschaftliche und fiskalische Erwägungen ausschlaggebend, um den Zuzug von Juden wieder zu gestatten. Die im Testament Herzog Wolfgangs angeführten theologisch- ideologischen Gründe waren für diese Entscheidung nicht mehr relevant.

Mit Verordnungen im Oberamt Meisenheim (Pfalz-Zweibrücken), war den Juden 1617 von Herzog Johann II. die Niederlassung wieder ausdrücklich gestattet worden. Dessen Witwe begünstigte 1638 die Judenaufnahme, weil sie die Juden als Lebensmittellieferanten benötigte. Ihr Sohn Herzog Friedrich verfolgte dieselbe Politik[73,74].

Außer in der Stadt Meisenheim selbst gab es im gleichnamigen Oberamt Niederlassungen von Juden in Duchroth (ging 1779 an die Kurpfalz), Odenbach am Glan, Odernheim am Glan, Oberhausen und

[73] Arnold, Hermann, Von Juden in der Pfalz, Speyer,1967, S:12. Ursache für die Aufnahme war das Eindringen feindlicher Truppen in die Pfalz infolge der böhmischen Unruhen.

[74] Lilling, Karl, Die Handhabung des Judenregals im Herzogtum Pfalz-Zweibrücken, in: Saarpfalz. Blätter für Geschichte und Volkskunde, Sonderheft 1989,S:13

Münsterappel, um einige der bedeutendsten zu nennen[75]. Der jüdische Oberschultheiß Isaac Meyer (von 1748-1761 im Amt) für das Herzogtum Pfalz-Zweibrücken mit Amtssitz im Oberamt Meisenheim, hatte von der Mitte des 18. Jahrhunderts an seinen Sitz in Odernheim, was hauptsächlich mit dem dauerhaft gespannten Verhältnis zwischen den Juden und den Zünften von Meisenheim zusammengehangen haben dürfte. 1758 wandte sich Isaac Meyer, der jüdische Oberschultheiß, an den Rat der Stadt Meisenheim, um die von den Zünften gegen die Juden erhobenen Vorwürfe zu entkräften. Keineswegs müssten die Juden weniger Abgaben zahlen als die Nichtjuden, ein Monopol auf den Viehhandel hätten sie ebenso wenig. Tatsächlich zahlten die Juden nicht nur das Schutzgeld, sondern auch ca. 20 Fl. Nahrungsschatzung, eine Besteuerung des gewerblich erzielten Einkommens, zudem alle anderen Abgaben wie die Nichtjuden. Außerdem sei der Viehhandel erst kürzlich, am 16. Mai 1758, auch für Juden freigegeben worden, und niemand habe ihnen bisher unlautere Geschäftspraktiken nachweisen können[76].

Allerdings konnte keine Rede davon sein, dass es den Juden wirtschaftlich auch nur einigermaßen gut ging. Ein großer Einbruch fand 1759 statt, als sämtliche Schulden im Herzogtum Pfalz-Zweibrücken, die Christen bei Juden hatten, ermittelt und konfisziert wurden[77,78]. Die Schulden waren überwiegend durch Viehkäufe entstanden, seltener durch Geldleihen, vereinzelt durch den Kauf von Futtermitteln[79].

Im Jahre 1781 erklärte die Zweibrücker Regierung, ihr Ziel sei es:
"der gesamten Judenschaft in ihrer Nahrung Grenzen zu setzen, auch Handel, Wandel und Gewerbe (.....) einzuschränken"[80].

---

[75] Außer Meisenheim gehörten diese Orte nach 1798 sämtlich zum Donnersberg Department

[76] Schichtel, Peter, Das Recht des zünftigen Handwerks im Herzogtum Pfalz-Zweibrücken während des 18. Jahrhunderts, Berlin,1986, S: 173f.

[77] Franz, Willy, Menschen unserer Heimat. Juden an der Nahe, im Westrich und am Glan, in: Heimatkalender Birkenfeld,1996 S: 94

[78] Lewin, Alex., Zur Geschichte der Juden im Kreis Baumholder, in: Westrich Kalender 4, 1929, S:154

[79] Arnold, Hermann, Von Juden in der Pfalz, Speyer, 1967, S: 38f

[80] Arnold, Hermann, Von Juden in der Pfalz, Speyer, 1967, S: 39

Allerdings stimmte das Oberamt Meisenheim diesem Vorhaben nicht zu, denn der Viehhandel sei das primäre Gewerbe der Untertanen und die inländischen (zweibrückischen) Juden seien nicht im Stande, das inländische Vieh ganz außer Landes zu *„verhandeln"*, weshalb die Untertanen dann ihr Vieh nicht mehr kaufen konnten, wenn man den Juden verbiete, beispielsweise Vieh im Land auf Borg zu verkaufen. Außerdem können

„Handel und Wandel keine Einschränkung recht vertragen und gleich völlig darnieder lieget, wenn er in ein oder andern Stüken restringiert wird[81]*"*.

Die zweibrücker Regierung sah nach diesem Einspruch von diesem Vorhaben ab, den jüdischen Viehhandel einzuschränken.

Im Herzogtum Pfalz-Zweibrücken war die Gewährung des Judenschutzes, der als landesherrschaftliches Regal definiert war, an bestimmte Bedingungen geknüpft[82]. Wie üblich wurde zunächst ein nachzuweisendes Mindestvermögen (500Fl.) verlangt, das entsprach einem Jahresgehalt eines höher gestellten Hofbeamten[83].

Ein Reskript vom 2. Januar 1777 ordnete an, dass

„kein fremder Jude im hiesigen Herzogthum recipieret werden solle, welcher nicht wenigstens 1000 Reichstaler (ca. 1500 Fl.) würkliches Vermögen besitze[84]*"*.

Die Schutzbriefe hatten eine Laufzeit von drei Jahren. Im Jahre 1750 wurde das Schutzgeld auf 30 Fl. festgelegt; Witwen zahlten, wie auch anderenorts, die Hälfte[85].

Für die Einsetzung von Judenschultheißen in den zweibrückischen Oberämtern waren vermutlich steuertechnische Überlegungen

---

[81] Arnold, Hermann, Von Juden in der Pfalz, Speyer, 1967, S: 39

[82] Lillig, Karl, Die Handhabung des Judenregals im Herzogtum Pfalz-Zweibrücken, in: Saarpfalz. Blätter für Geschichte und Volkskunde, Sonderheft, 1989, S:7

[83] Lillig, Karl, Die Handhabung des Judenregals im Herzogtum Pfalz-Zweibrücken, in: Saarpfalz. Blätter für Geschichte und Volkskunde, Sonderheft 1989, S:17

[84] Lillig, Karl, Die Handhabung des Judenregals im Herzogtum Pfalz-Zweibrücken, in: Saarpfalz. Blätter für Geschichte und Volkskunde, Sonderheft 1989, S:24

[85] Lillig, Karl, Die Handhabung des Judenregals im Herzogtum Pfalz-Zweibrücken, in: Saarpfalz. Blätter für Geschichte und Volkskunde, Sonderheft 1989, S:24

maßgebend, denn ein Erlass vom 5. Mai 1698 hatte die Repartierung[86] des Schutzgeldes angeregt, sodass Reiche mehr, Arme weniger von der festgelegten Summe zahlen mussten. Die Quotierung sollte von den Judenschultheißen vorgenommen werden. Den Judenschultheißen unterstand die ganze Judenschaft im Herzogtum Pfalz-Zweibrücken, *„die Aufsicht über die sämtliche im hiesigen Herzogthumb sich befindliche Judenschaft"*. Er musste ein Register der Juden führen, diese sollten ihn anerkennen und ihm gehorchen. Der Judenschultheiß fungierte als Steuereintreiber.

Der erst bekannte Judenoberschultheiß im Herzogtum Pfalz-Zweibrücken hatte 1719 1000 Reichstaler zu bekommen, die er für die gesamte Judenschaft *„ausgelegt und vorgeschossen" hatte.* Nachdem er mehrere Jahre vergeblich sein Geld gefordert hatte, wurden ihm *„ein paar Soldaten zur Vollziehung der execution*[87] *gegen die morosos*[88] *zugegeben"*[89].

Der Judenschultheiß, Judenbüttel oder auch Judenvorsteher, wie der Einnehmer der Judenschaft bezeichnet wurde, hatte für die Einnahme der gesamten Abgaben, auch solcher in Naturalien, zu sorgen. Im Notfall musste er,ebenso wie der jüdische Gemeindevorsteher mit seinem Vermögen für arme und verarmte Schutzjuden einstehen. Er haftete für die säumigen Abgaben der Judenschaft dem Landesherr gegenüber als Gesamtschuldner. Es ist nachzuvollziehen, dass das Amt des Judenschultheiß wenig erstrebenswert war, denn dieses Amt endete nicht selten in Vermögensverlust[90,91].

Isaac Meyer aus Odernheim war der Judenoberschultheiß des Herzogtums Pfalz-Zweibrücken. Der Judenoberschultheiß wurde zwar von der Regierung zu Pfalz-Zweibrücken ernannt und bestellt, zuvor wurde aber die Judenschaft des Herzogtums angehört[92]. Den im Ge-

---

86 Unter Repartierung versteht man die Neuzuweisung oder -verteilung bereits festgelegter Werte auf Grund veränderter Bedingungen

87 Lat. execution bedeutet in diesem Zusammenhang „Vollstreckung"

88 lat. morosos bedeutet in diesem Zusammenhang „die Säumigen"

89 Arnold, Hermann, Von Juden in der Pfalz, Speyer, 1967, S: 32

90 Lewin, A., Baumholder, 1929, S:154 (letzter Landesrabbiner in Baumholder Fürstentum Oldenburg)

91 Franz, Willy, Menschen unserer Heimat. Juden an der Nahe, im Westrich und am Glan, in: Heimatkalender Birkenfeld, S:94

92 Arnold, Hermann, Von Juden in der Pfalz, Speyer, 1967, S: 32 f.

meindearchiv Odernheim am Glan vorgefundenen Aufzeichnungen zufolge, die das Amt des Judenoberschultheiß betreffen, wird dieser auch als Judenbüttel bezeichnet.
Weitere Einschränkungen für Juden im Handelsgewerbe: Bezüglich des Handels galt ab 1746, dass alle Geschäfte im Wert von mehr als 6 Fl.:
„wie die immer Natur haben, bei Straf der Nullität und dass die Summe dem Fiskus verfallen, gerichtlich aufgetragen werden", also dem Gericht anzuzeigen waren[93].
Lag der Wert bei mehr als 6 Fl., musste der Handel im Beisein eines christlichen Zeugen abgewickelt werden.
Das Herzogtum Pfalz-Zweibrücken betrieb eine stark nach Finanz- und wirtschaftspolitischen Kriterien ausgerichtete „Judenpolitik". Den Antrag, den der Judenoberschultheiß Issac Meyer aus Odernheim 1774[94] stellte, um eine Ermäßigung der Schutzgelder zu erwirken, zeigt die konsequente Umsetzung dieser „Judenpolitik". Sein Gesuch wurde der *„ohnbefugt queruliernden Judenschaft"* abgewiesen und zum Anlass genommen, jede weitere Judenaufnahme im Oberamt Meisenheim Herzogtum Pfalz-Zweibrücken zu verbieten.
Ende des 18. Jahrhunderts war die Judenschaft im Herzogtum Pfalz-Zweibrücken so verarmt, dass nicht mehr an die Einnahme der 30fl. Schutzgeld pro Person und Jahr zu denken war.
In den Oberämtern Zweibrücken und Lichtenberg wurde das Schutzgeld um 10 Fl. pro Person und Jahr reduziert, was sich durch einen Einnahmeverlust in der Staatskasse bemerkbar machte. Ähnliche Tendenzen waren auch im Oberamt Meisenheim zu verzeichnen. Von ursprünglich 1322 Fl. konnten nur 825 Fl. an Schutzgeldern eingenommen werden, was einen Verlust von 497, 5 Fl. ausmachte[95].

---

93 Lillig, Karl, Die Handhabung des Judenregals im Herzogtum Pfalz-Zweibrücken, in: Saarpfalz. Blätter für Geschichte und Volkskunde, Sonderheft 1989, S:19

94 Lillig, Karl, Die Handhabung des Judenregals im Herzogtum Pfalz-Zweibrücken, in: Saarpfalz. Blätter für Geschichte und Volkskunde, Sonderheft 1989, S:19

95 Lillig, Karl, Die Handhabung des Judenregals im Herzogtum Pfalz-Zweibrücken, in: Saarpfalz. Blätter für Geschichte und Volkskunde, Sonderheft 1989, S:43f. Abdruck der Originalliste

Im Herzogtum Pfalz-Zweibrücken hatte die Landesherrschaft wenig Mitleid mit verarmten Juden, sogenannten Betteljuden. Als am 2. März 1775 per Verordnung drei Batzen an Leibzoll für einen 24stündigen Aufenthalt in der Residenzstadt erhoben wurden, war es absehbar, dass bettelnde Juden diese Summe niemals entrichten konnten[96]. Tatsächlich hatte sich die Zahl der verarmten Juden in den 1770er-Jahren erheblich erhöht. Die Ursache hierfür war die restriktive nach monetären Aspekten ausgerichtete Judenpolitik, die zum Ziel hatte, die Juden als Geldquelle,zum Auffüllen der defizitären pfalz-zweibrückschen Staatskassen vor allem in Kriegszeiten heranzuziehen. Insbesondere für Juden, die ihren Lebensunterhalt mit dem Hausierergewerbe und als reisende Handelsjuden bestritten, hatte wegen des Leibzolls diese Politik härteste Konsequenzen. Die Folge dieser Politik war, dass viele Juden der sozial unteren Schichten in die Verarmung getrieben wurden.

Die ausländischen Betteljuden betr. 11.Dezember 1748, Zweibrücken

Fremde jüdische Bettler, welche nicht mit glaubhaften Pässen versehen, sollen mit einer guten Tragt Schläge auf die Gänze zurückverwiesen werden, auch diejenige Untertanen und Juden, welche dergleichen vagabundischen Volk Herberge geben, mit 50 Reichstaler und nach Befinden höherer Strafe angesehen werden[97].

„Durch Verordnung vom 3. Februar 1778 wurden fremde Betteljuden wie fremde Bettler behandelt und bestraft. Den im Land wohnenden Juden wurde unter Androhung von Strafen verboten, fremden, ausländischen Juden den Aufenthalt zu gestatten"[98].

(.........) auch in der zweiten Hälfte des 18. Jhd., als es den Juden vielerorts sehr schlecht ging,lebten in Alsenz wohlhabende Juden. Das

---

96 Lillig, Karl, Die Handhabung des Judenregals im Herzogtum Pfalz-Zweibrücken, in: Saarpfalz. Blätter für Geschichte und Volkskunde, Sonderheft 1989, S:22

97 KSchA Best. IV Nr. 3267

98 Lillig, Karl, Die Handhabung des Judenregals im Herzogtum Pfalz-Zweibrücken, in: Saarpfalz. Blätter für Geschichte und Volkskunde, Sonderheft 1989, S:23

Vermögen der Gottschlich wurde 1789 auf 8000 Gulden geschätzt was „ selbiges größtentheils in außerhalb Landes ausstehenden Activis bestehen". Sein Sohn hatte eine Braut aus Lothringen, die 4000 Gulden mitbrachte. (Er ist der spätere Stadtrabbiner von Mannheim; seine Schwester war verheiratet mit dem Bruder des David Abraham, der ebenfalls die rabbinischen Studien absolviert hatte). Der Wohlstand dieser Familie war nicht von einer Generation erworben. Der Stammvater Isaac Gottschlich (*1729 in Odernheim) war der Sohn des Judenoberschultheiß Isaac Meyer von Odernheim[99]. (.....)

Vor allem ärmere Juden, die sich keinen Schutzbrief leisten konnten, waren auf die Mildtätigkeiten der örtlichen jüdischen Gemeinden angewiesen. Diese Juden waren sozial stigmatisiert, und waren am unteren Rand in der Gesellschaft, auch in der jüdischen Gemeinschaft, angesiedelt. Sie versuchten als Bettler, Landstreicher oder Trödelhändler ihren Lebensunterhalt zu verdienen oder versuchten bei einem Schutzjuden zu wohnen, was wiederum Abhängigkeiten hervorrief. Gerade das Bild des mit Trödel handelnden Juden wurde zum Synonym für das Landjudentum. Der Begriff des „Betteljuden" hielt sich bis weit in das 20. Jhd. Wie hart gegen Betteljuden vorgegangen wurde, ist im nachfolgenden Regierungsskript zu lesen

Regierungsreskript an die Oberämter und Ämter fremde Betteljuden betr. 3.Februar 1778, Zweibrücken

„Nachdeme Serenissimi Hochfürstliche Durchlaucht zu verordneten gnädigst geruhet, daß nicht nur die im Land sich betretten lassende fremde Betteljuden gleich andern fremden Bettlern bestraft, sondern auch ein jeder im Land wohnende Jud, welcher einen solchen fremden Betteljuden den Aufenthalt bei sich gestattet wird, mit willkürlicher schwerer Strafe, auch allenfallsiger Aufkündigung dessen Schutzes angesehen werden solle: Als wird sämtlichen Ober- und Ämteren, in specie dem Oberamt N. (Amt N.) diese gnädigste Verordnung ad publi-

[99] Kopp, A., Die Dorfjuden der Nordpfalz. Dargestellt an der jüdischen Gemeinde Alsenz ab 1655, Meisenheim, 1967

cantum und um auf deren Nachkommen geschärfest zu halten, fort de facta publicatione zu berichten andurch rescribirt".[100]

Die Juden hatten nach wie vor keine Bürgerrechte, mussten aber die Frohn- und Wachdienste leisten. Mit dem entrichteten Schutzgeld waren die Juden nicht von den Frohn- und Wachdiensten befreit.

Regierungsreskript an die Oberämter und Ämter die Fron- und Wachdienste der Juden betr. 14. September 1731

Demnach in denen der Judenschaft erteilten Schutzbriefen klärlich enthalten, daß dieselbe sich mit denen Gemeinden nebst dem Wasser und der Weide auch ratione der Frond und Wachten abfinden oder selbige in natura verrichten sollen, desfalls aber verschiedene Beschwerden, wie bei solchen contravenirten, eingeloffen und man vor billig befindet, daß die Juden dasjenige, wozu sie sich in denen Schutzbriefen anheischig gemachet, praestiren sollen: Als wird dieses sämtlichen Ober- und Unterämtern, in specie aber dem N. hiermit rescribiret, um die Juden zu schuldigen Fronden und Wachten anzuhalten, und, wie dieses geschiehet, ad acta zu berichten.[101]

Judenoberschultheiße im Herzogtum Pfalz-Zweibrücken

Folgende Judenoberschultheiße im Herzogtum Pfalz-Zweibrücken sind bekannt[102]:

Macholi aus Bergzabern	1714....-..... ?
Itzig aus Bergzabern	1740....-..... ?
Isaac Jakob aus Bergzabern	1741....-..... 1742
Moses Löw aus Zweibrücken (?)	1743....-..... 1746
Isaac Meyer aus Odernheim	1748....-..... +1761

100 Regest. KSchA Zweibrücken Best. IV Nr. 3330
101 KSchA Zweibrücken Best. IV Nr. 3330
102 Arnold, Hermann, Von Juden in der Pfalz, Speyer, 1967, S: 33

Den Oberjudenschultheißen waren je Oberamt Judenschultheiße untergeordnet, die Steuern und Abgaben vor Ort einforderten. Die Judenschultheiße hafteten mit ihrem Vermögen gegenüber dem Judenoberschultheiß, dieser wiederum haftete für die jährlichen Schutzgelderhebungen gegenüber dem jeweiligen Landesherrn von Pfalz-Zweibrücken.

Der Judenoberschultheiß Isaac Mayer aus Odernheim

1. **Meyer N.N** 1703-1736 in Odenbach am Glan, der älteste bekannte Vorfahre der Familie Mayer in Odenbach am Glan, Vater von Isaak Meyer
 Isaak Meyer war von 1748 – 1761 Judenoberschultheiß für das Herzogtum Pfalz-Zweibrücken, er wohnte in Odernheim am Glan und starb 1761. Vor seiner Ernennung war Isaak Maier Judenschultheiß für das Oberamt Meisenheim. Der Name der Ehefrau des Judenoberschultheiß Isaac Meyer ist nicht bekannt. Isaak Meyer ist in Odenbach am Glan geboren. Seinen Amtssitz als Judenoberschultheiß hatte er in Meisenheim am Glan. Während seiner Amtstätigkeit als Judenoberschultheiß kam es zu Streitigkeiten mit den in Meisenheim am Glan ansässigen Zünften[103,104]. Er verlegte seinen Wohn- und Amtssitz nach Odernheim am Glan. Der Umzug der Familie Isaak Meyer von Odenbach am Glan nach Odernheim am Glan muss vor 1728 geschehen sein, da beide bekannten Kinder des Judenoberschultheiß Isaak Meyer, Isaak *ca. 1729 in Odernheim und Breinle ca. *1728 in Odernheim verzeichnet sind.

---

[103] Cilli-Kasper Holtkotte: Juden im Aufbruch. Zur Sozialgeschichte einer Minderheit im Saar-Mosel-Raum um 1800. (Forschungen zur Geschichte der Juden. Abteilung A: Abhandlungen, Band 3 Hannover 1996; S: 130 ff.

[104] Schichtel, Peter, Das Recht des zünftigen Handwerks im Herzogtum Pfalz-Zweibrücken während des 18. Jahrhunderts, Berlin,1986, S: 173f.

Die Interessenkonflikte zwischen den Juden und den Bürgern des Oberamt Meisenheim zogen sich über Jahrzehnte hin.

Kinder des Judenoberschultheiß Isaak Meyer

1. **Breinle Isaak** (Tochter des Isaak Meyer) ca. 1728 zu Odernheim +30.01.1803 zu Homburg/Saar oo ca. 1752 **Salomon Meyer** * ca 1725 in Odenbach, der Nachfolger von Isaak Meyer im Amt des Judenoberschultheiß für das Herzogtum Pfalz-Zweibrücken (16. Juny 1761-1792) +05.10.1798 Homburg/Saar, Salomon Meyer ließ auf eigene Kosten die Synagoge in Odenbach am Glan errichten[105].

Nachkommen aus der Ehe Salomon Meyer oo Breinle Isaak[106]

- **Moses Salomon**, Sohn des Salomon Meyer, Brillenmacher *1753 +unbek. oo Lea Feiß * ca.1765 + unbek., Tochter des Feiß Sinai, Viehhändler vor 1808 verzogen.
- **Keilgen Salomon**, Tochter des Salomon *ca. 1755 in Odenbach +19.03.1833 in Homburg/Saar, Name nach 1808 Karoline Meyer oo Joseph Isaak, Handelsmann.
- **Lea Salomon**, Tochter des Salomon Meyer, *ca.1765 in Odenbach +23.03.1839 in Odenbach, Name nach 1808 Helene Meyer oo Salomon Eisenmann, Viehhändler und Metzger.
- **Marianne Salomon**, Tochter des Salomon Meyer, *ca. 1768 in Odenbach +17.11.1788 in Odenbach, Name nach 1808 Civilstandsregister 1808 Nr.4 Maria Kuhn oo ca. 1788 Zodik Juda *ca. 1756 in Partenheim + 11.02.1814 in Odenbach, Name nach 1808 Abraham Kahn, Schächter, Civilstandsregister 1808 Nr.3

---

105 Alfred Wendel: Chronik Odenbach, Bd. III; jüdisches Leben, Odenbach 2008, S:274 f.

106 Alfred Wendel: Chronik Odenbach, Bd. III; jüdisches Leben, Odenbach 2008, S:274 f.

- **Akiba Salomon**, Sohn des Salomon Meyer, *20.01.1778 in Odenbach + 01.02.1814 in Homburg/Saar, Name ab 1808 Jakob Hirsch, Metzger oo 07.03.1800 in Homburg/Saar, Regina Huberwald *03.04.1779 in Winnweiler + 13.03.1847 in Homburg/Saar[107]

2. **Isaac Goettschlich**[108] *1729 in Odernheim oo Bräunle Afron, Tochter von Afron Altschüler, Alsenz. Isaac Goettschlich siedelte am 2.12.1755 nach Alsenz um. Wie der ausgestellte Schutzbrief von 1755 belegt wurde, Isaac Goettschlich für 30 Gulden in Alsenz der Herrschaftliche Schutz gewährt. Isaac Goettschlich war ein zweites mal verheiratet oo Mata Mann *1749

Nachkommen des Isaak Goettschlich aus zwei Ehen[109]

1. Ehe Kinder von Isaac Goettschlich *1729 in Odernheim oo Afron Bräunle

Abraham 1 *1.7.1754 in Odernheim +15.8.1824. Er nannte sich später Gottschalk Abraham Lemle Mosescher Klaus Primator und Oberrabbiner der niederrheinischen Provinz. Er starb im Alter von 69 Jahren 11 Monaten und 14 Tagen in Mannheim.

Caroline * 1757 +29.6.1825 in Alsenz oo Jakob Stern *er. 1752 + 4.12.1830, Sohn des Abraham Levi oo Bélé Boerle Nathan

Abraham 2 Gottscha vorher Gotschlik *er. 1761, Kaufmann zu Alsenz oo Hanau Eva Theresia * er. 1769, genannt Deltzgen Schlumen, Tochter des verstorbenen Salomon Hanau (Jakob) oo Theresia in Fraisdorf, Lothringen. Als Braut-

[107] Alfred Wendel: Chronik Odenbach, Bd. III; jüdisches Leben, Odenbach 2008, S:274 f.

[108] Kopp, A.,Die Dorfjuden der Nordpfalz. Dargestellt an der jüdischen Gemeinde Alsenz ab 1655, Meisenheim, 1967

[109] Kopp, A.,Die Dorfjuden der Nordpfalz. Dargestellt an der jüdischen Gemeinde Alsenz ab 1655, Meisenheim, 1967

geld sollten 4000 Gulden gezahlt werden. Abraham 2 lernte 13 Jahre an der Schule in Bingen und Metz, seines Bruders Abraham 1 die jüdischen Zeremonial- und rituellen Gesetze. Er wird in Alsenz als „Privatmann" bezeichnet. 1789 bittet sein Vater Isaac Goettschlich Nassau- Weilburg um die Heiratserlaubnis und um die Aufnahme eines Geschäftes für seinen Sohn. Der Schutzbrief für Abraham 2 wurde am 15.4.1789 für Alsenz ausgestellt. Eine Rolle spielte wohl das Vermögen des Vaters Isaac Goettschlich, dessen Vermögen mit 8000 Gulden angegeben war. Isaac Goettschlich betrieb einen Kramladen in Alsenz

Kinder von **Abraham 2** Gottscha vorher Gotschlik *1761, Kaufmann zu Alsenz oo Hanau Eva Theresia *1769:

Simon	* Dezember 1789
Elias,	ab 1808
Isaak	* 9.8.1800
Jakob	* September 1799
Gundelgen	*1.4.1803
Mayer	* 7.1.1808
Esther	* 5.12.1810

2. Ehe Kinder von Isaac Goettschlich *1729 in Odernheim oo

Mata Mann	*1749
Jakob	*1769
Kiebe	*1771
Emanuel	*1776 +30.4.?
Frommet	*1779 oo Moses Abraham Grünstadt
Sahra	*1783 oo David Kahn
Heidel	*unbekannt oo 1783 Abraham Wolf[110].

Nach dem Tode (1754 oder 1755) des Juden Abraham Hildesheimer von Alsenz erben der Jude Oberschultheiß Meyer von Odernheim, dessen Sohn Isaac die Tochter seiner Frau aus erster Ehe, Afron Bräunle, geheiratet hatte, und der Alsenzer Schultheiß Abraham Henel, der Stiefbruder des ersten Mannes seiner Frau Gidel, 200 Fl.

110 Kopp, A.,Die Dorfjuden der Nordpfalz. Dargestellt an der jüdischen Gemeinde Alsenz ab 1655, Meisenheim, 1967, S. 158

Die Erbschaftssteuer mit 20 Fl. wird von Zweibrücken 1755 mit 2/3 = 13 Fl. 5 Batzen verrechnet[111,112].

Mit welchen Problemen der Juden Oberschultheiß Mayer auseinandersetzen musste, zeigt folgender Vorgang:

Als im August 1758 der Oberschultheiß Meyer aus Odernheim von den Juden im Amt Lichtenberg 26 Fl. 12 Kreuzer fordert, beschweren sich diese wieder, dass niemand zur Beratung zugezogen worden und nicht zu ersehen ist, wie viel auf das ganze Land komme. Das Amt bat die Juden, sich zuerst mit dem Schultheiß zu besprechen und dann eventuell Klage zu erheben[113].

Die Juden im Oberamt Lichtenberg waren offensichtlich nicht mit dem Verteilungsschlüssel einverstanden den der Oberschultheiß Meyer aus Odernheim festgesetzt hatte. Die Herzogliche Regierung legte fest, wie viel Abgaben und Steuern die Juden in der Herrschaft Pfalz-Zweibrücken insgesamt zu entrichten hatten, der Oberschultheiß Meyer musste dann den Abgabeschlüssel für die Oberämter, die Gemeinden und für jeden einzelnen Abgabepflichtigen festlegen und im Streitfall das Vermögen des Abgabepflichtigen taxieren.

Ein weiteres Recht der Schultheißen lässt der Erlass[114] vom 6.2.1699 erkennen. In diesem Erlass wird bestimmt, dass die Schultheißen Israel aus Baumholder, Meyer aus Odernheim, Loew aus Meisenheim in ihren Ämtern Meisenheim und Lichtenberg die kleineren Streitigkeiten, die unter den Juden entstehen mögen und derentwegen die Beamten zu „importanieren" nicht allemal nötig sei, unter sich zu erörtern. Auch *„so unter ihnen Repartition zu machen, selbige regulieren und einheben können[115]".*

[111] Kopp, A.,Die Dorfjuden der Nordpfalz. Dargestellt an der jüdischen Gemeinde Alsenz ab 1655, Meisenheim, 1967, S. 79

[112] Kopp, A.,Die Dorfjuden der Nordpfalz. Dargestellt an der jüdischen Gemeinde Alsenz ab 1655, Meisenheim, 1967, S. 86

[113] Kopp, A.,Die Dorfjuden der Nordpfalz. Dargestellt an der jüdischen Gemeinde Alsenz ab 1655, Meisenheim, 1967, S. 144 ff.

[114] KSchA ZW I/242/2, S.2

[115] Kopp, A.,Die Dorfjuden der Nordpfalz. Dargestellt an der jüdischen Gemeinde Alsenz ab 1655, Meisenheim, 1967, S. 144 ff.

Regierungsreskript an das Amt Lichtenberg die Regulierung kleinerer Streitigkeiten zwischen Juden der Ämter Meisenheim und Lichtenberg betr. 6.Januar 1699, Meisenheim

Denen schutzverwandten Juden Israel zu Baumholder, Meyern zu Odernheim und Löwen zu Meisenheim wird uff ihr abermaliges undertänigstes supplicieren hiemit pro resolutione erteilt, daß bei Königlicher Regierung[116] *man geschehen lassen könne, daß sie, wie im Ambt Bergzabern bisher geschehen, in denen Ämbtern Meisenheim und Lichtenberg fürterhin die kleine Streitigkeiten, so unter den Juden gedachter Ämbter etwa entstehen mögten und derentwegen die Beampte zu importunieren nicht allemal nötig sein wird, vor sich erörtern, auch so unter ihnen repartitiones zu machen wären, selbige reguliren und einheben können. In Urkund des hiebei getruckten Königlichen Regierungskanzlei- Secrets. Geben Meisenheim des 6. Januarii 1699*[117]

Das Regierungsskript vom 6. Januar 1699 wurde in einem weiteren Regierungsskript vom 12. Oktober 1752 noch einmal bekräftigt. Der Judenoberschultheiß des Herzogtums Zweibrücken-Pfalz war erstinstanzlich weiterhin für Streitigkeiten unter Juden zuständig.

Die Kompetenz des Judenoberschultheiß betr. 12.Oktober 1752

Wird nochmalen verordnet, daß denen Judenoberschultheißen die erste Instanz in Judenstrittigkeiten nicht entzogen werden soll[118].

---

116 Schwedisches Gouvernement während der Personalunion zwischen dem Königreich Schweden und dem Fürstentum Pfalz-Zweibrücken (1697-1718)

117 LA Speyer Best. B2 242/2, fol. 2r

118 StadtA Zweibrücken Best. Herzogl. Verordnungen Regesten Bd. 2 S. 1316

Der Judenoberschultheiß konnte bei der Einziehung der gewöhnlichen und außergewöhnlichen Zahlungen sich der Hilfe der **„herrschaftlichen“** Vollzugsbeamten bedienen.

Die Kompetenz der Judenoberschultheißen betr. 14. Dezember 1748

Dem Judenoberschultheißen ist erlaubt, auf die ordinaire und extraordinaire praestationes, sonsten aber auf keine die Juden im hiesigen Herzogtum exequieren zu lassen, wobei jedoch derselbe sich der herrschaftlichen Executanten zu bedienen und den vorgeschriebenen modum exequendi zu beobachten hat[119].

Bei einer weiteren Gelegenheit hat der Oberschultheiß Isaac Meyer aus Odernheim sich für seine Glaubensgenossen eingesetzt. Als er am 25. November 1754 bat, man möge das Schutzgeld, das auf 30 Fl. erhöht wurde, wieder auf 25 Fl. ermäßigen, wurde er kategorisch abgewiesen, und zwar wegen
*„der unbefugt querulierenden Judenschaft, so ohnerheblich Einwendungen und Renitenz gegen die Verordnung“. Aber nicht genug mit der Abweisung, heißt es dann weiter:“*zur Strafe für dieses Vorgehen werde der *„ex specialia gratia*[120]*“* genehmigte Erlass, Juden mit beträchtlichem Vermögen im *„Land zu lassen oder inferieren recepiert werden möchte.*[121]*“*
Gleichzeitig erfolgte als direkte Sanktion auf die Eingabe des Judenoberschultheißen Meyer aus Odernheim ein Heiratsverbot für die gesamte Judenschaft im Herzogtum.

---

[119] StadtA Zweibrücken Best. Herzogl. Verordnungen Regesten Bd. 2 S. 1321
[120] Und durch eine besondere Gnade
[121] Kopp, A.,Die Dorfjuden der Nordpfalz. Dargestellt an der jüdischen Gemeinde Alsenz ab 1655, Meisenheim, 1967, S. 147

Pfalz-Zweibrücken, Regierungsreskript an die Oberämter Meisenheim und Lichtenberg die Anzahl der Schutzjuden betr. 28. Februar 1727, Zweibrücken

Juden sollen ohne Vorwissen gnädigster Herrschaft nicht aufgenommen werden noch heuraten dörfen, damit nicht jeder indistincte ins Land komme und dadurch Betteljuden angepflanzt werden. Diejenige aber, welche ihre Schuldigkeiten nicht vermögend sind, sollen außer dem Land geschafft werden[122].

Die Fristen für die Verlängerung des Schutzes für Schutzjuden im Herzogtum Pfalz-Zweibrücken wurde im folgenden Cabinetdecret vom 9. Februar 1730 geregelt, um alle Schutzjuden, die sich im pfalzzweibrückischen Territorium aufhielten, erfassen zu können. Oft lebten Juden ohne Schutzbrief bei sog. Schutzjuden. Mit dem Antrag der Verlängerung des Schutzes für Schutzjuden, musste der Antragstellende Jude Auskunft über die in seinem Hause lebenden Juden machen. Die Rentkammer[123] wollte damit verhindern, dass sich sog. Betteljuden oder verarmte Juden im Herzogtum aufhielten. Auch fehlte nicht die Strafandrohung bei Verstößen gegen diese Anordnungen.

Rentkammerskript an die Oberämter und Ämter der Judenschutzbriefe betr. 9. Februar 1730 Zweibrücken

Demnach Serenissimi Hochfürstliche Durchlaucht mittels eines unterm 7. Currentis abgefolgten Cabinetdecret zu befehlen Gnädigt geruhet, daß alle die in dem hießigen Herzogtum unter dem Pfalz- Zweibrückischen Schutz wohnende Juden nach verflossenen dreien Jahren jedes-

---

122 Bibliotheca Bipontina: Summarischer Extrakt derer Pfaltz- Zweybrückischen Landesverordnungen Manuskript HS 15B

123 Als Hofkammer, Kammer, Kastenamt, Rentkammer oder Rentei wurden im späten Mittelalter und in der frühen Neuzeit Behörden bezeichnet, die Einkünfte des Landesherrn verwalteten.

malen umb Erneuerung derer denensel (ben) erteilten Schutzbriefen (ge)ziehmend melden sollen, wird dem N. ein solch(es) mit dem Anfügen hierdurch nachrichtlich rescribirt, den hierunter erfangenen gnädigsten Befehl der in dem N. sich befindlichen Judenschaft nicht nur zu publiciren, sondern auch diejenige, welche ihren Schutzbrif bereits von drei und mehr Jahren empfangen haben, dahin anzueisen, daß sie innerhalb 14 Tagen umb Erneuerung derselben auf fürstlicher Rentkammer gebührens ansuchen tun, die übrige aber, so solche vor ein und zwei Jahren oder kürzlich erhalten, nach verflossenen dreien Jahren von dem dem Schutzbrief Gesetzten dato hinwiederum sollicitando einkommen, in Unterbleibung dessen aber die Aufkündigung des Schutzes gewärtigen sollen, worauf gemelter N. genau zu sehen, auch zu mehrerer Sicherheit ein Spezification derer gegenwärtigen sämbtlichen Juden einzuschicken, so fort bei einem jeden das in seinem Schutzbrief gesetzte Datum und Jahrzahl zu exprimiren hat, umb daraus wahrnehmen zu können, ob von ein und andern der ergangenen gnädigsten Verordnung nachgelebet werde[124].

Um sicherzugehen, dass die aufgenommenen Schutzjuden, auch in der Lage waren ihre Schutzgelder zu bezahlen, mussten neu aufzunehmende Schutzjuden ein Mindestkapital von 500 Gulden nachweisen.

Die Aufnahme von Juden in den Pfalz-Zweibrückischen Schutz betr. 16. März 1733, Zweibrücken

Soll keinem Juden Schutz erteilet werden, wenn er nicht 500 Gulden würklich in Vermögen hat und die ganze Judenschaft vor das zu bezahlende Schutzgeld vor ihn cavirt[125].

Juden durften nur mit Zustimmung der Gemeinden, wo sie wohnten, Häuser bauen oder Häuser erwerben.

---

124 KSchA Zweibrücken Best. IV Nr. 3330

125 StadtA Zweibrücken Best. Herzogl. Verordnungen Regesten Bd. 2 S. 1307

Rentkammerskript an das Oberamt Meisenheim die Pflichten der Schutzjuden betr. 18. Februar 1718, Zweibrücken

Demnach Königliche Regierung auf etlicher Gemeinden untertänige Vorstellung resolviret hat, künftighin keinem Juden mehr erlaubt sein, Häuser und Güter zu bauen oder an sich zu schaffen und zu erkaufen, es seie dann die Gemeinde des Orts erst solches zufrieden und daß sich der Jud mit selbiger zuvor abgefunden habe, auch ehe dieses geschehen, keinem Juden keinen Schutzbrief mehr erteilt werden solle, sodann kein schutzhabender Jud mehrere Familien bei sich ins Haus setzten und aufnehmen, endlich von ihren gegenwärtigen Häusern und Gütern alle gemeine und herrschaftliche onera, als Satzung, extraordinairen Beitrag, Fourages und was sonst auf die Güter repartiret wird, nebst besonderer Abfindung mit denen Gemeinden wegen Wasser und Weiden mit beitragen und helfen sollen: Als wird obgedachte Resolution dem Oberamt Meisenheim hiermit rescribiret, umb in diesen Angelegenheiten die Sachen nach jetzt ermelter Resolution zu hantieren und denen klagenden Gemeinden Billigkeit angedeihen zu lassen, gestalten es mehr auf das Ambt und die Gemeinden selbst, viele eingewendete Beschwerden abzuhalten, als sonsten auf jemand ankommt[126].

Offenbar war das Miteinander zwischen Christen und Juden in den Gemeinden nicht immer friedlich, sodass sich die Regierung von Pfalz-Zweibrücken genötigt sah, durch Hochfürstliche Anordnung, die Mehrheitsgesellschaft, unter Androhung von Strafen, darauf hinzuweisen, dass Juden *„unangefochten und in Ruhe gelassen werden sollen*[127]*"*.

Regierungsreskript an die Oberämter die Tolerierung der Juden betr. 11. Januar 1719

Es sind schon verschiedene Klagen geführt worden, wesgestalten einige Untertanen in denen Städten und auf dem Lande sich nicht entblö-

[126] KSchA Zweibrücken Best. IV Nr. 438

[127] KSchA Zweibrücken Best. IV Nr. 3330 und Best. VI Nr. 438

det haben, denen schutzverwandten Juden allerhand Beschimpfung, Tort und zum Teil Gewalt anzutun. Wann aber Ihro Hochfürstlichen Durchlaucht Unsers gnädigsten Fürstens und Herrn[128] *gnädigst und gerechteste Intention dahin gehet, daß ein jeder unter Dero höchstem Schutz sicher und ruhig wohne und gelassen werden solle: Als wird auf Dero gnädigsten Befehl denen sämbtlichen Beambten und in specie dem Ambt N. anbefohlen, daß selbiges nicht allein überall in dem ihme anvertrauten Ambt publiciren lassen und die Verordnung machen solle, damit die im Ambt sich befindliche oder ihrem Handel nachgehende Juden, es seie auf der Straße oder in denen Städten und auf dem Lande, ohnangefochten und ruhig gelassen werden mögen, wobei sie das Ambt nachdrücklich zu handhaben, und da ein oder der andere hiergegen zu handeln sich gelüsten lassen würde, gegen selbigen mit nachdrücklicher Strafe zu verfahren hat*[129].

---

[128] Gustav Samuel Leopold von Pfalz- Kleeburg (regierte von 1718-1731)

[129] KSchA Zweibrücken Best. IV Nr. 3330 und Best. VI Nr. 438

Schutzbrief für Jud Mentel vom 28. Mai 1739

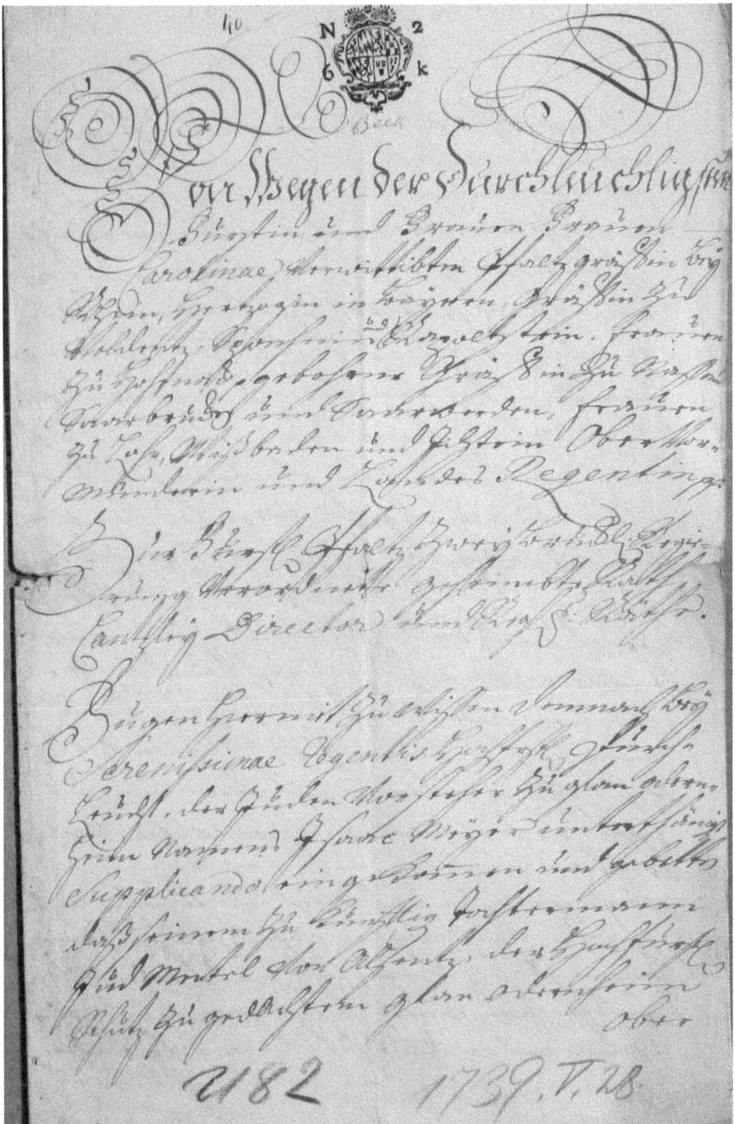

Abb.: Schutzbrief 28.Mai 1739[130]

130 Gemeindearchiv Odernheim Akte U/82

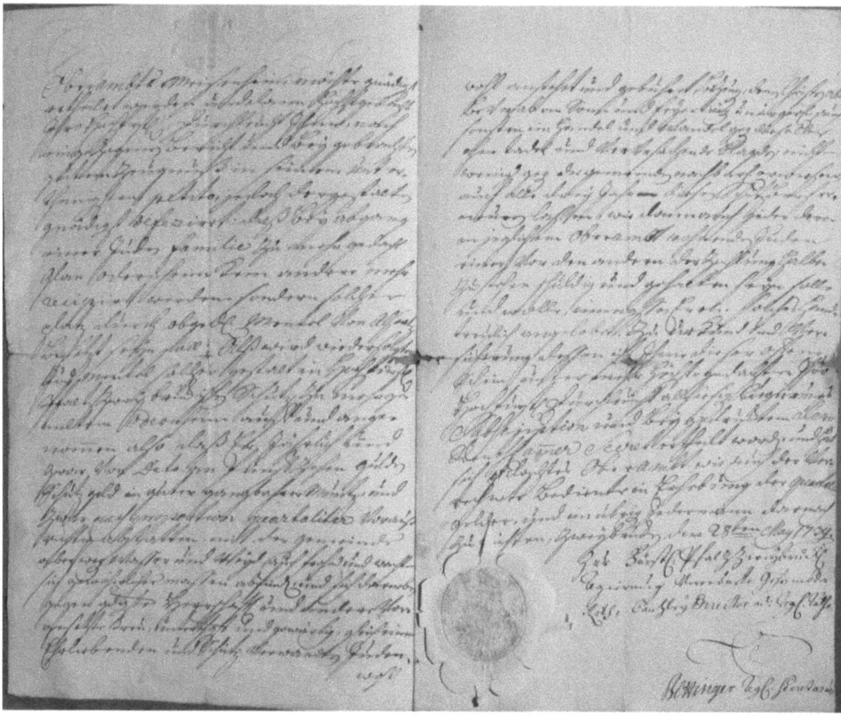

Abb.: Schutzbrief 28. Mai 1739[131]

Übersetzung des Schutzbriefes[132]

Zur Fürstl Pfalz Zweybrück. Regierung verordnete geheimbte Rath Cantzley Director und Reg. Räthe.
Fugen hermit zu Wissen demnach bey Serenihsimae legentis hochfrtl furch Leudt, der Juden Vorsteher zu Glan Odernheim namens Isaac Meyer unterthänigst Supplicando[133] *eingekomen und gebeths daß seinem zu künftig Tochtermann Jud Mentel von Alsentz, der Hochfürstl Schutz zu gedachtem Glan Odernheim Oberamt Meisenheim möchte gnädigst ertheilet werden und dem hochgedacht Ihro Hochfrstl.*

[131] Gemeindearchiv Odernheim Akte U/82
[132] Transskribt: Hans Lahm
[133] Lat.: Bittsteller

Durchleudt Ihme, nach einge(......) Bericht und beygebrachte gutem Zeugnuß in seinem unterthanigsten petito[134], jedoch dergestalt gnädig defeziret: daß Bey Abgang eines Judefamilie zu mehr gedacht Glan Odernheim kein anderer mehr recispirt werden sondern solcher Platz durch obged. Mentel von Alsentz besetzt seyn soll; Alß wird wiedersagter Jud Mentel solcher Gestalt in Hochfürstl. Pfaltz Zweybrückisch Schutz zu mehrgemelten Odernheim auf und angenomen also daß Ihr Jährlich und zwar von Dato an funfzehen Guld Schutzgeld in guter gangbarer Müntz, und zwar nach proportion quartaliter Vorschuß richtig abstatten. Mit der Gemeinde aber was Wasser und Weyd und frohn und wacht sich gewöhnlicher maßen abfind, und sich darneb gegen gelegte Herrschaft und anderer vorgesetzte treu. unterthgst und gewärtig, gleich einem Ehrliebenden und Schutz Verwandte Juden wohl ansteht und gebührert, Bezeug, dem Geiste aber bevorab an Sonn und Feyertäg unärgerl. auch sonsten im Handel und Wandel gez dieselbe ohne Tadel und verursachende Klagd nicht wenig gez die gemeinde nachbarl. erweisen auch alle drey Jahre diese Schutzbriefe erneuer lassen wie demnach jeder derer in jeglichem Oberamt wohnende Juden einer vor den anderen der Zahlung halber zustehen schuldig und gehalten seyn solle und wolle, (............) solche handbrieflich angelobet. Zu Urkund und Versicherung dessen ist Ihme dieser ofene Schein unter mehr höchstgedachte Ihro hochfürstl Furchleudt allhiesig Regierungs Sabseiption und bey gedrucktem dero. Renthkamer Secretertheilt word. Und hat sich gedachtes Oberamt wie auch der Verrechnete Bediente in Erhebung der quartalgelder, und im übrig jedermann darnach zu richten,
Zweybrücken den 28 ten May 1739
Zur Fürstl: Pfalz zweybrück. Regierung Verordnete Geheimbder Rath, Cantzley Director:

---

134 Lat.: Petition

Regierungsreskript an die Oberämter und Ämter die Entrichtung des Judenschutzgeldes betr. 3. Juli 1751

Wann ein oder der andere Jud mit Zahlung seines Schutzgeldes anticipando quartaliter nicht einhält, ist der Judenschultheiß sogleich davon zu benachrichtigen und dessen Declaration zu begehren, ob die übrige Judenschaft des Oberamts (Amts) des Debenten Quantum erlegen wolle oder nicht. Letztern Falls soll der Jud ausgewiesen werden, anderngestalten und wenn des receptoris Negligenz ein Rückstand von Schutzgeldern sich ereignen sollte, dafür nicht die Judenschaft, sondern der receptor tenent sein solle[135].

Immer wieder kam es zu Erhöhungen des Schutzgeldes.

Die Erhöhung des Judenschutzgeldes betr. 21.Mai 1754, Zweibrücken

Wird das Judenschutzgeld vom 1. Julii 1754 an auf 30 Gulden erhöhet, bei den Wittweibern aber nach Proportion auf die Hälfte, nämlich 15 Gulden, gesetzt, und wenn einer dieses erhöhte Schutzgeld nicht entrichten kann noch auch die ganze Judenschaft sich zu dessen Abführung verstehen will, soll derselbe ohne Nachsicht ausgewiesen werden, und ein neu aufzunehmender Jud in den Schutz wenigstens 1000 Gulden an Vermögen ins Land inferiren[136].

Widerspruch gegen die Erhöhung des Schutzgeldes wurden ohne Begründung abgelehnt. Auf Eingaben des Judenoberschultheiß, auf die Erhöhung des Schutzgeldes zu verzichten, reagierte die pfalz-zweibrücker Regierung mit Sanktionen. Judenoberschultheiß Isaak Mayer aus Odernheim wurde von den Regierungsbeamten des Oberamtes Meisenheim einbestellt, die ihm die Antwort auf seinen Widerspruch von der pfalz-zweibrücker Regierung mitteilten. Isaak

---

[135] StadtA Zweibrücken Best. Herzogl. Verordnungen Regesten Bd. 2 S. 1311

[136] StadtA Zweibrücken Best. Herzhogl. Verordnungen Regesten Bd. 2 S. 1307f.

Mayer musste nun die Judenschaft des Herzogtums über die Regierungsbeschlüsse in Kenntnis setzen.

Regierungsreskript an das Oberamt Meisenheim die Erhöhung des Judenschutzgeldes sowie das Verbot der Aufnahme weiterer Juden betr. 5. November 1754, Zweibrücken

Nachdeme Serenissimi Hochfürstliche Durchlaucht auf eine vom Judenoberschultheiß Isaak Meyer zu Odernheim[137] *nomine der gesamten Judenschaft wegen des ad 30 Gulden erhöhten Schutzgeldes eingebrachte abermalige untertänigst eingebrachte Gegenvorstellung zu decretiren gnädigst geruht, daß Supplicant mit seinem Gesuch ein für allemal abgewiesen werden solle, gestalten es nicht nur bei dem erhöhten Schutzgeld von 30 Gulden sein ohnabänderliches Verbleiben haben, sondern auch wegen der ohnbefugt querulierenden Judenschaft so ohnerheblichen Einwendungen und Renitenz gegen die hierunter erlassene Verordnung zur Strafe die vorhin exspeciali gratia wegen deren Reception ergangene Concession, nach welcher diejenige, welche ein beträchtliches Vermögen inferiren oder im Lande lassen, recipirt werden mögen, hierdurch wiederum gänzlich aufgehoben sein, verfolglich kein Jud weiter im Lande recipirt, auch ihnen, Juden, sich unter sich zu heuraten nicht mehr erlaubt werden solle: Als hat Oberamt Meisenheim supplicirenden Judenoberschultheiß hiernach mit der Auflage verbescheiden, daß er solches der ganzen Judenschaft zu ihrer Nachricht und Achtung behörig bekanntmachen solle*[138].

[137] Judenoberschultheiß Isaak Meyer amtierte ca. von 1742 bis zu seinem Tod im Frühjahr 1761

[138] KSchA Zweibrücken Best. IV Nr. 3330

Heiratskontrakt Seligmann und Klährchen aus Bingen 1758

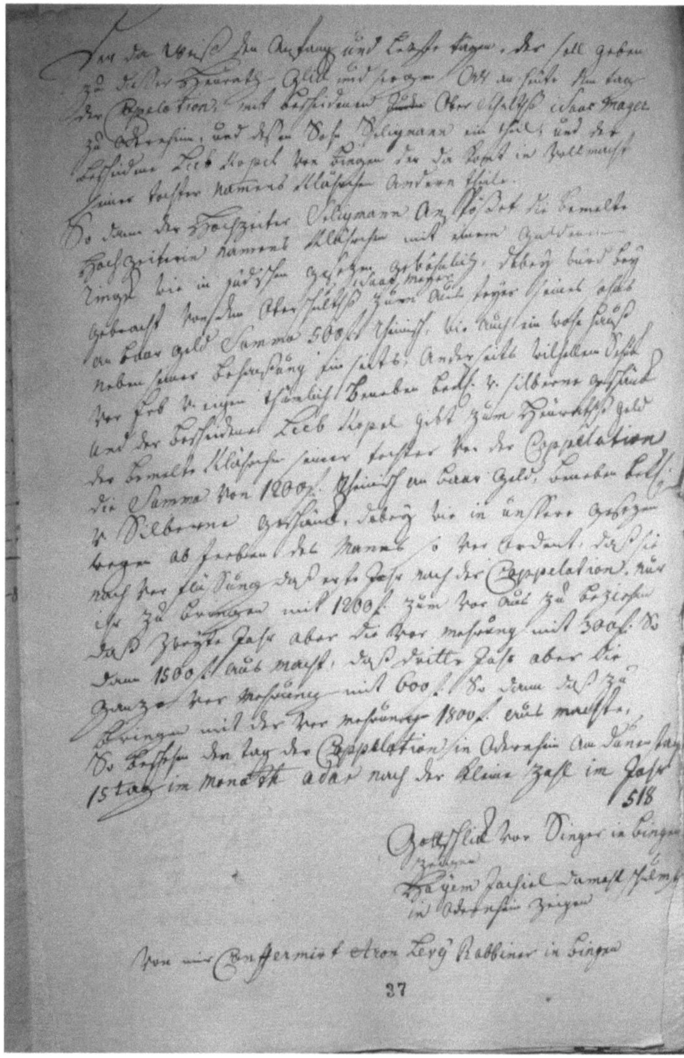

Abb.: Heiratskontrakt 1758[139]

139 Gemeindearchiv Odernheim Akte VIII / 6 S: 37

Transskribt Heiratskontrakt Seligmann und Klährchen aus Bingen 1758

Den da weiß den Anfang und Lezte fügen, der soll geben zu dieser Heurath Glick und Seegen, Ab an heute den tag der Copelation, mit bescheidenen ~~Juden~~ Oberschultheiß Isaac Mayer zu Odernheim, und dessen Sohn Seligmann ein Theil und der bescheidene Leeb Kopel von Bingen der da komt in Vollmacht seiner Tochter, namens Klährchen andere Theil.
So dann der Hochzeiter Seligmann anstöset die bemelte Hochzeiterin namens Klärchen mit einem goldenen Ringe wie in jüdischen Gesezen gewöhnlich, dabey wurd bey gebracht von dem Oberschultheiß Isaac Mayer zur Aussteuer seines Sohns
an Baargeld Summe 500 f rheinisch, wie auch ein Wohnhaus neben seiner Behausung ein seits, anderseits Wilhelm Schuck vor Erb. w. eigen thümlich beneben bek. w. silberne Geschänk, und der Befindene Leeb Kopel gibt zum Heurathsgeld der bemelte Klährchen seiner Tochter vor der Coppelation die Summe von 1200 f rheinisches Baargeld, beneben bekl. w. silberne Geschänk, dabey wie in unsere Geseze wegen ab sterben des Mannes, so verordnet, daß sie nach Verflüßung das erste Jahr nach der Coppelation, nur zu überbringen mit 1200 f zum voraus zu beziehen das zweite Jahr aber die Vermehrung mit 300 f. So dann 1500 f ausmacht, das dritte Jahr aber die ganze Vermehrung mit 600f so dann das zu bringen mit der Vermehrung 1800 f aus machte, So beschehen den tag der Coppelation in Odernheim am dänen tag 15 ten im monat adar nach der kleine Zahl im Jaht 518
(Donnerstag 23. Februar 1758)

Gottschlich von Singer in Bingen (Zeuge)
Hayem Jachiel damest Schulmst. (Zeuge)

Von mir Conffermiert Aron Berg Rabbiner in Bingen

Die Hochzeit im Judentum

„Seid fruchtbar und mehret euch, und füllet die Erde“ (1.Buch Mose) - es ist eine göttliche Absicht, die menschliche Gattung zu Vermehren, deren Verwirklichung die Juden durch die Eheschließung Ausdruck verleihen. Der Hochzeit kommt somit besondere Bedeutung zu, weshalb sogar das Tora-Studium unterbrochen werden darf, um mit den Brautleuten zu feiern. Im Judentum wird die Ehe als wesentliche Grundlage für eine gesunde Existenz, als Mittel gegen Einsamkeit betrachtet. Im Talmud kann man lesen, dass jeder, der keine Frau hat, ohne Freude, ohne Glück, ohne Seligkeit lebt. Sich der Fortpflanzung zu verweigern, gilt ohnehin als Sünde.

Der Hochzeitstag wird in orthodoxen Kreisen besonders gern auf einen Dienstag gelegt da in der Bibel über den dritten Schöpfungstag die Worte „ki tow", „und Gott sah, dass es gut war" wiederholt werden. Allerdings ist das Heiraten zwischen Pessach und Schawuot verboten, da diese Zeit teilweise als Trauerzeit gilt, in der Eheschließungen verboten sind. Wissenschaftler vermuten einerseits, dass die Niederlage gegen die römische Besatzungsmacht (134 n.Chr.), bei der viele tausend Soldaten ihr Leben verloren, in diese sieben Wochen fiel und sie deshalb für die Juden heute eine Zeit des Gedenkens bedeutet. Andererseits sollen einem römischen Aberglauben nach in der sefira (Zählung der 49 Tage zwischen den beiden Festen) die Seelen der Verstorbenen auf die Erde zurückkehren und den Lebenden Schaden zufügen. Nur selten wird zwischen Rosch ha-Schana und Jom Kippur geheiratet. Von vielen Juden werden diese zehn Tage als Moment der ernsten Besinnung angesehen, was keinesfalls zum Geist der Ausgelassenheit, wie er zu Hochzeiten oftmals herrscht, passt.

Die Eheschließung bedeutet für Braut (kala) und Bräutigam (chatan) einen Neubeginn, den Anfang einer Reise. So hat sich die Tradition herausgebildet, am Hochzeitstag zu fasten, um wie zu Jom Kippur die Vergebung der begangenen Sünden zu erbitten.

Die Hochzeitszeremonie, von einem Rabbiner geleitet, wird meist im Freien durchgeführt, um Gottes Segen zu erhalten. Sie findet unter der Chuppa statt, einem von vier Stangen gehaltenen Hochzeitsbaldachin aus verzierter Seide, Satin oder Samt. Obwohl das Wort Chuppa ursprünglich „mit Girlanden schmücken" bedeutet, wollen die Juden hiermit auch an die alten Israeliten erinnern, die noch in Zelten lebten, sowie an die Beduinen, welche für das Brautpaar ein besonderes Zelt errichteten. Als Schutzsymbol für die Frau wird manchmal auch der Tallit als Chuppa benutzt, der im modernen Israel auf vier Gewehren hochgehalten wird.

Unter dem Baldachin trägt der Bräutigam ein einfaches weißes

Kleid, ein Ausdruck von Reinheit, was den Mann ebenso an Ehrlichkeit im neuen Lebensabschnitt erinnern soll. Die Braut dagegen verhüllt ihr Gesicht mit einem Schleier, der ihr vollstes Vertrauen in ihn zeigt. Im ersten Teil der Zeremonie, der Erussin (Angelobung) spricht der Rabbiner den Segen über einen Becher Wein, aus dem beide Brautleute trinken. Dann folgt im Beisein der zwei männlichen nicht mit dem Paar verwandten Zeugen der eigentliche Rechtsakt. Der Mann streift der Frau einen Ring auf den Zeigefinger der rechten Hand und sagt dabei: „Durch diesen Ring bist du mir angelobt nach dem Gesetz Moses und Israels." Danach verliest der Rabbiner den Ehevertrag, die Ketubba, der danach vom Bräutigam an die Braut ausgehändigt wird. Mit der Ketubba verpflichtet sich der Mann, seine Frau zu ehren, zu kleiden, zu ernähren und ihre sexuellen Bedürfnisse zu befriedigen. Außerdem verspricht er, der Braut 200 Sus zu geben. Dadurch ist die Frau finanziell abgesichert. Beim Tod des Mannes oder im Falle einer Scheidung wird ihr die gesamte Ketubbasumme ausgezahlt. Wenn aber die Frau eine Scheidung verursacht, erlischt ihr Anspruch auf die Ketubbasumme.
Die eigentliche Eheschließung (Nissuin) folgt darauf. Der Rabbiner spricht die sieben Hochzeitssegenssprüche und wieder trinkt das Brautpaar einen Schluck Wein.
Am Ende der Zeremonie zerbricht der Mann ein Glas, was an die Zerstörung des Tempels in Jerusalem erinnern soll. Zugleich mahnt es aber auch die Menschen, heitere Moment durch nüchterne Gedanken dämpfen zu müssen. Im Mittelalter versuchten die Leute mit dem Lärm die angeblich aus Norden kommenden bösen Geister zu vertreiben. Mit masel tow („viel Glück") bei den Aschkenasen oder siman tow („gute Aussichten") bei den Sephardim werden Braut und Bräutigam dann in den Bund der Ehe verabschiedet. In manchen Kulturen wird das Paar zudem mit Reis und Walnüssen beworfen, die allgemein als Fruchtbarkeitssymbole gelten.

Das Judentum sieht eine Scheidung nicht mit freundlichem Auge. Nach dem Talmud gilt die Ehe als heiliger Vertrag, dessen Auflösung ein unfrommer Akt wäre[140]."

---

[140] http://schule.judentum.de/projekt/Hochzeit.htm Abruf am 23.12.2017

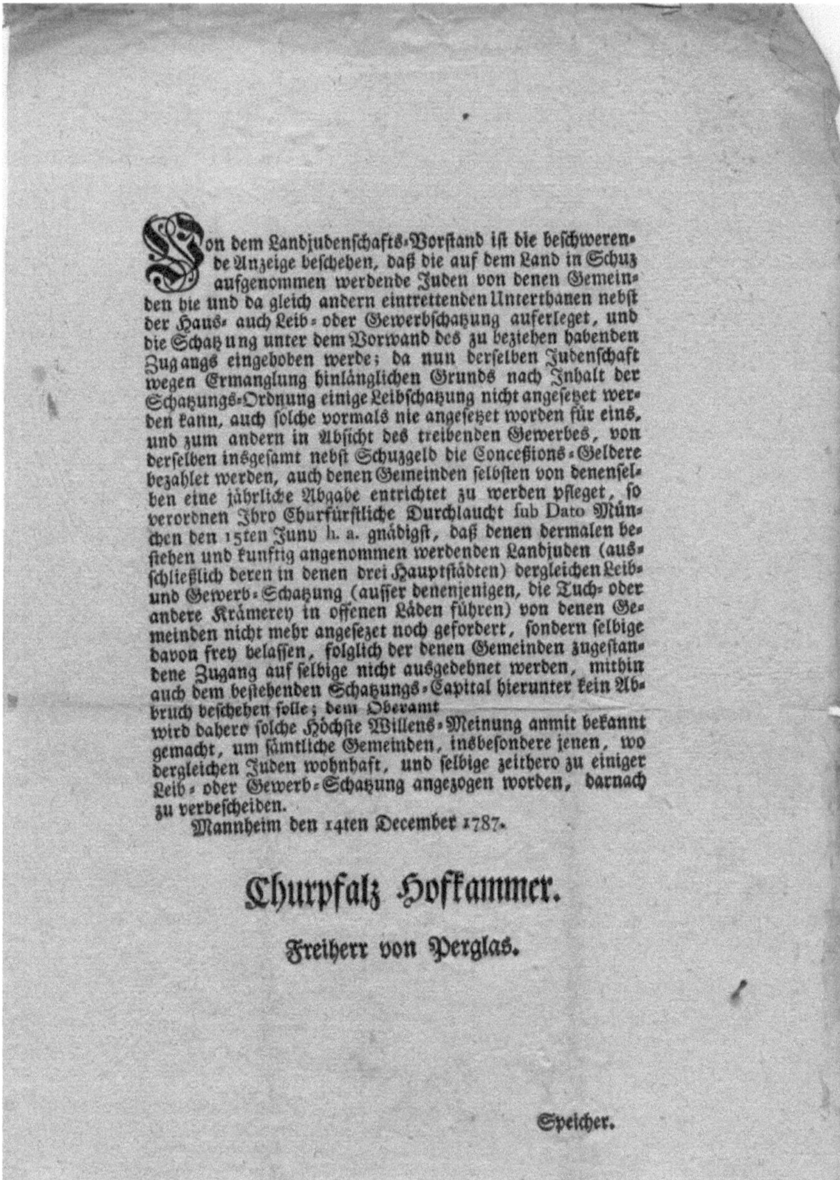

Von dem Landjudenschafts-Vorstand ist die beschwerende Anzeige beschehen, daß die auf dem Land in Schuz aufgenommen werdende Juden von denen Gemeinden hie und da gleich andern eintrettenden Unterthanen nebst der Haus- auch Leib- oder Gewerbschatzung auferleget, und die Schatzung unter dem Vorwand des zu beziehen habenden Zugangs eingehoben werde; da nun derselben Judenschaft wegen Ermanglung hinlänglichen Grunds nach Inhalt der Schatzungs-Ordnung einige Leibschatzung nicht angesetzet werden kann, auch solche vormals nie angesetzet worden für eins, und zum andern in Absicht des treibenden Gewerbes, von derselben insgesamt nebst Schuzgeld die Conceßions-Geldere bezahlet werden, auch denen Gemeinden selbsten von denenselben eine jährliche Abgabe entrichtet zu werden pfleget, so verordnen Ihro Churfürstliche Durchlaucht sub Dato München den 15ten Juny h. a. gnädigst, daß denen dermalen bestehen und kunftig angenommen werdenden Landjuden (ausschließlich deren in denen drei Hauptstädten) dergleichen Leib- und Gewerb-Schatzung (ausser denenjenigen, die Tuch- oder andere Krämerey in offenen Läden führen) von denen Gemeinden nicht mehr angesezet noch gefordert, sondern selbige davon frey belassen, folglich der denen Gemeinden zugestandene Zugang auf selbige nicht ausgedehnet werden, mithin auch dem bestehenden Schatzungs-Capital hierunter kein Abbruch beschehen solle; dem Oberamt wird dahero solche Höchste Willens-Meinung anmit bekannt gemacht, um sämtliche Gemeinden, insbesondere jenen, wo dergleichen Juden wohnhaft, und selbige zeithero zu einiger Leib- oder Gewerb-Schatzung angezogen worden, darnach zu verbescheiden.

Mannheim den 14ten December 1787.

Churpfalz Hofkammer.

Freiherr von Perglas.

Speicher.

Abb.: Rundschreiben der Churpfalz Hofkammer Mannheim vom 14.12. 1787 [141]

141 Gemeindearchiv Odernheim Akte VIII / 6 Nr.113

Der „Schutzjude“ Seligmann Isaac

Im Jahre 1766 verstarb der Jude Seligmann Isaac und hinterließ Schulden. Das Oberamt Meisenheim ordnete mit *„Decreti vom 20th dieses Jahres* (1766)[142]“ die Inventarisierung des Besitzes des verstorbenen Juden Seligmann, Isaac an. Diese solle in *„behöriger Ordnung vor genommen*[143]“ werden. Die Inventarisierung nahm der Jude Joel Lazarus aus Odernheim am 26th Oct. 1766 vor.

„Inventarium

An früchten

Nickel Lamnik zu Lettweiller ½ Malter Gerst
Nickel Poor zu Duchroth ½ Malter Gerst
Adam Stefem zu Duchroth 6 Simer Korn

an silber

11 silbre Löffel wiegen 25 ½ Loth
4 becher 19 Loth
1 porzelanenen becher mit silber gefaßelt
1 zucher büchs 6 ½ Loth
1 silber schaal 4 ½ Loth
1 silbere salzkann 6 Loth
1 silbere buchßien 2 ½ Loth
9 silbere Münzen

an Gold

1 goldene Kett mit ein Stück Gold wiegt 3 ½ Loth
4 güldene Ringh
2 diamathen Ringh
1 fingerringh mit Stein ist ein güldener ringh

---

142 Gemeindearchiv Odernheim Akte VIII / 6 S: 35
143 Gemeindearchiv Odernheim Akte VIII / 6 S: 35

an kleidung

ein braun feyertagskleid
rot w. Kamisol
ein blau werrtagskleid
ein (....) tuch
ein grin damasthes leibchen mit silberne knöpff
ein zehen gebott weißer damasth

an Zinn

3 tutzend Tehler
16 Zinn Blatten
3 große Schüßelen
3 diti Pline
2 halbe Maaß Pannen
1 schö... dito
2 tee kannen
2 salz kannen
8 Löffel

an Getuch

27 Leintücher
1 Stück tuch halt 36 Ehlen
20 stück ticher
20 Hand ticher
21 Manns hembder
12 serrvyetten
12 Ziechen (Bettbezüge)
6 blau dito
2 der beth ziechen blau
1 weißer Umhäng
5 maas lienen Manns halsticher
6 dito baumwollnden

an bettung

2 ober Beth

3 unter beth
4 Kießen
2 Plu....
1 ober Beth
Ith. Ihr eigener zu gebrauchter beth samt einem umhang

An Hülsen Werk

1 Kleider Schrank
1 mehl kaasten
3 kleine küchen schränk
3 beth laden
1 band beth lath
1 tich mit 2 Blatte
4 Stüel
2 bänk
3 alte faaß etwas an Büch....

Güther

1 wohn Hauß gef. ein seit abraham isaac anderer seit Burger namens Herzug
1 pflanz garthen 2 ruth Land gefl. ein seit Jud Meyer anderer seit Petter Hembd
1 Baumfeldt welches gemeinschaftl. Mit abraham Isaac[144]"

---

144 Gemeindearchiv Odernheim Akte VIII / 6 S: 35-39

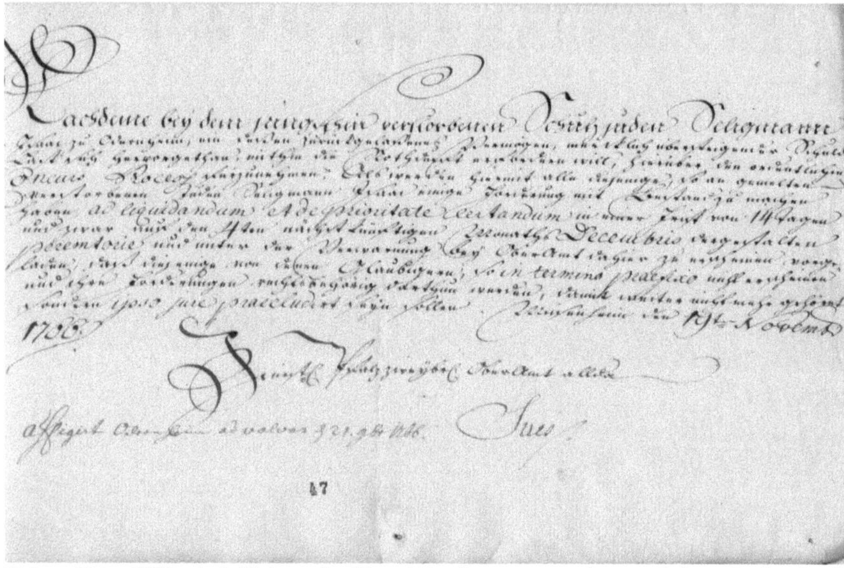

Abb.: Akte VIII / 6 Urkunde Nr. 47 „der verstorbene Schutzjude Seeligmann[145]

Übersetzung der Urkunde[146]
Nachdeme bey dem jüngts hier verstorbenen Schutzjuden Seligmann Isaac zu Odernheim, ein deßen zurückgelassenes Vermögen, merklich übersteigende Schulden Last sich hervorgethan, Mithin die Nothdurft erfordern will, hierüber den ordentlichen Concurs Process fürzunehmen; Als werden hiermit alle diejenigen, so an gemelten verstorbenen Juden Seligmann Isaac einige Forderung mit Bestand zu machen haben, Ad Liquidandum[147] *A de prioritate lectandum. In einer Frist von 14 Tagen und zwar auf den 4 ten nächst künftigen Monaths Decembris dergestalten pesemtorie und unter der Verwarnung bey Oberamt dahier zu erscheinen vorgeladen, daß diejenigen von denen Gläubigern, so in termino praecfisco nicht erscheinen und ihre Forderungen rechtsbehörig darthun werden, damit weiter nicht mehr gehört sondern ipso jure praecludirt*[148] *seyn sollen.*
Meisenheim, denn 19 ten Novembr. 1766

---

[145] Gemeindearchiv Odernheim Akte VIII / 6 Urkunde Nr. 47
[146] Transskribt: Hans Lahm
[147] Lat: zur Einziehung einer Schuld
[148] Lat: durch das Recht ausgeschlossen

Fürstl. Pfalzzwybrl. Oberamt allda
afligirt Odernheim ad volvas d 21. gbr 1766

Das Schutzjudentum endete mit dem Untergang des Feudalsystems 1794.

Die Entwicklung der Jüdischen Bevölkerung in Odernheim/Glan im 18 und 19 Jhdt

1720 werden zwei jüdische Hausbesitzer am Ort genannt:

1. **Isaak Löw,** dessen Haus einen geschätzten Wert von 100 Gulden hatte, was dem Durchschnittswert der Odernheimer Häuser entsprach.
2. **Isac Meyer** dessen Haus auf 230 Gulden geschätzt wurde, womit er ein überdurchschnittlich wertvolles Haus besaß, nur vier Immobilien in Odernheim waren 1720 mehr wert. Insgesamt wurden 1720 110 Immobilien in Odernheim am Glan gezählt und deren Wert taxiert.

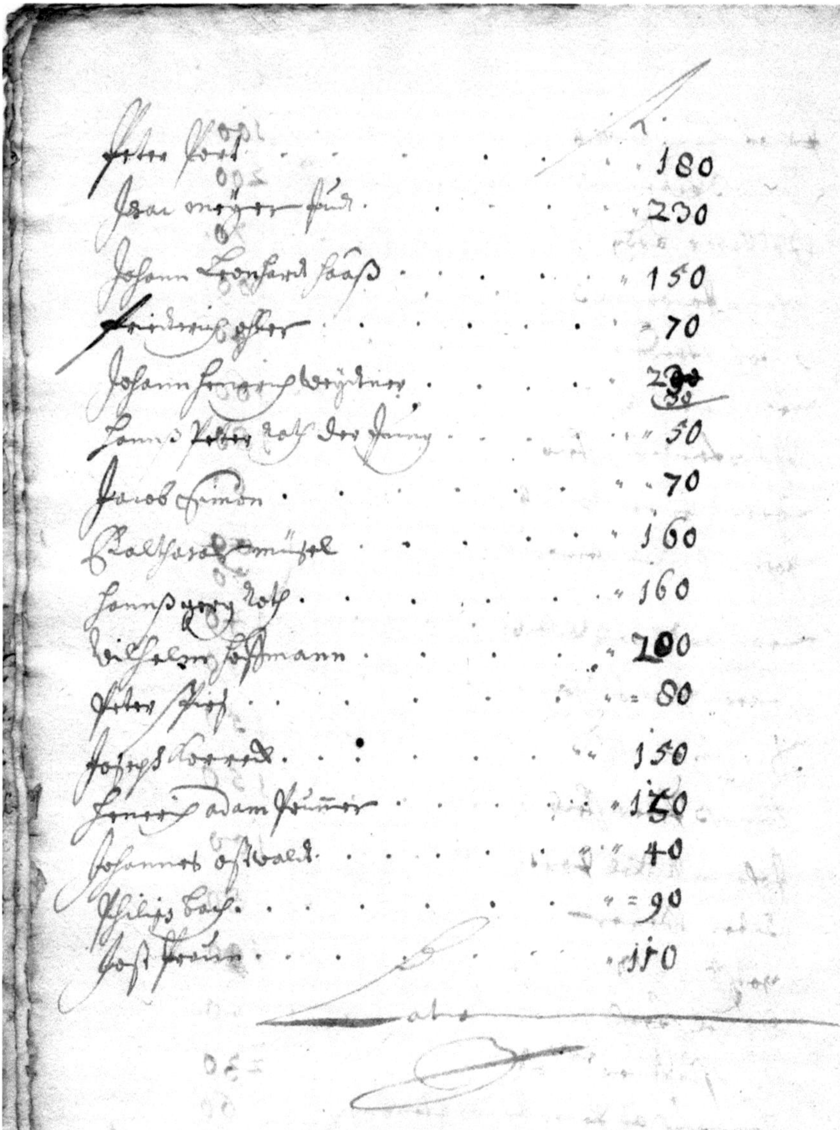

Abb.: Original Bürgerregister von 1720, Isac Meyer ist als zweiter von oben gelistet[149]

149 Gemeindearchiv Odernheim Akte VIII / 2

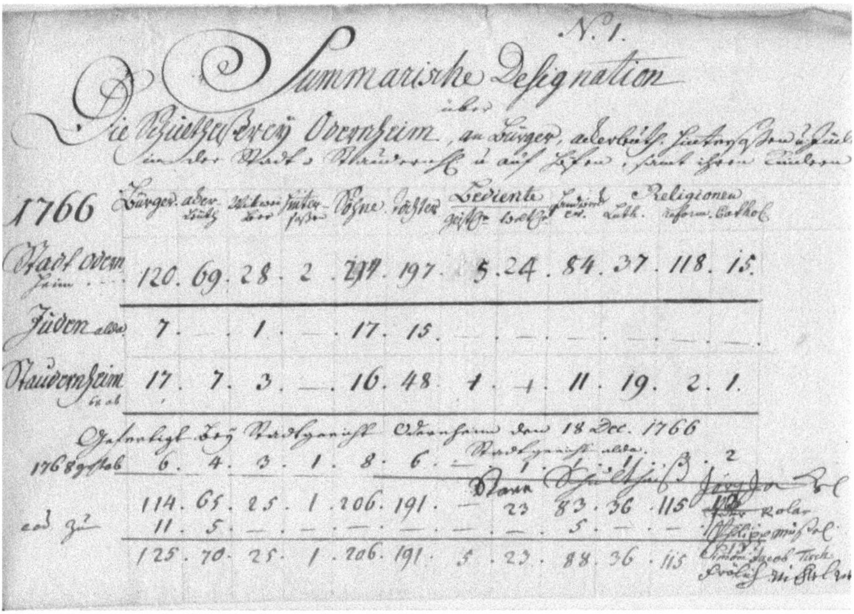

N.° 1.

Summarische Defignation

über

Die Bürgerschaft Odernheim

1766

Stadt Odernheim	120.	69.	28.	2.	2[illegible].	197.	5.	24.	84.	37.	118.	15.
Juden	7.		1.	—	17.	15.						
Staudernheim	17.	7.	3.	—	16.	48.	1.	1.	11.	19.	2.	1.

Abb.: Summarische Defignation 1766[150]

1766 waren es 40 jüdische Einwohner

1768 waren acht jüdische Familienvorstände am Ort gezählt[151].

---

[150] Gemeindearchiv Odernheim Akte VIII / 1 Bürgerregister
[151] Gemeindearchiv Odernheim Akte VIII / 1 Bürgerregister

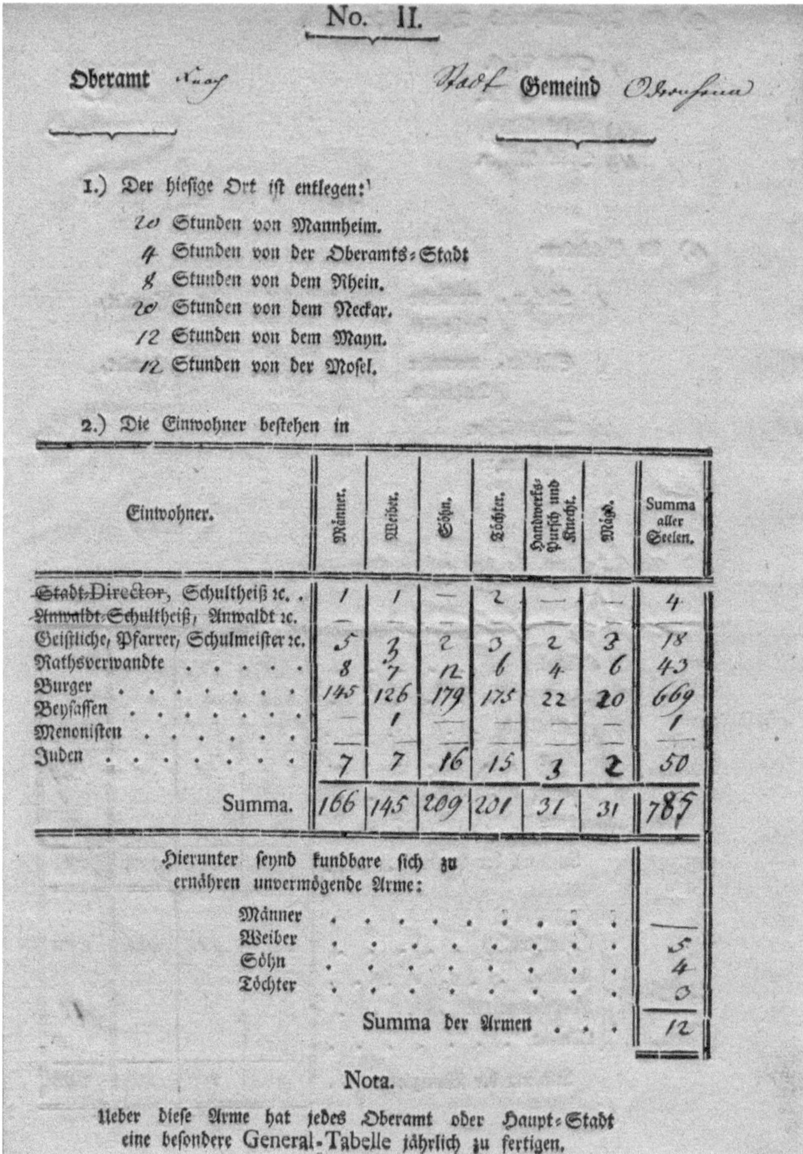

No. II.

Oberamt [illegible] Stadt Gemeind Odernheim

1.) Der hiesige Ort ist entlegen:

20 Stunden von Mannheim.
4 Stunden von der Oberamts-Stadt
8 Stunden von dem Rhein.
20 Stunden von dem Neckar.
12 Stunden von dem Mayn.
12 Stunden von der Mosel.

2.) Die Einwohner bestehen in

Einwohner.	Männer.	Weiber.	Söhn.	Töchter.	Handwerks-Pursch und Knecht.	Mägd.	Summa aller Seelen.
~~Stadt-Director~~, Schultheiß rc.	1	1	—	2	—	—	4
~~Anwaldt-Schultheiß~~, Anwaldt rc.	—	—	—	—	—	—	—
Geistliche, Pfarrer, Schulmeister rc.	5	3	2	3	2	3	18
Rathsverwandte	8	7	12	6	4	6	43
Burger	145	126	179	175	22	20	669
Beysassen	—	1	—	—	—	—	1
Menonisten	—	—	—	—	—	—	—
Juden	7	7	16	15	3	2	50
Summa.	166	145	209	201	31	31	785

Hierunter seynd kundbare sich zu ernähren unvermögende Arme:

Männer	—
Weiber	5
Söhn	4
Töchter	3
Summa der Armen	12

Nota.

Ueber diese Arme hat jedes Oberamt oder Haupt-Stadt eine besondere General-Tabelle jährlich zu fertigen.

Abb.: Bevölkerungsstatistik 1771[152]

---

152 Gemeindearchiv Odernheim Akte VIII / 1 Nr.: 135

Die in der Bevölkerungsstatistik unter Einwohner genannten Beysassen (auch Beiwohner, Inwohner, Schutzverwandter, Schutzbürger, Hintersasse) waren Bürger einer Stadt mit eingeschränktem Bürgerrecht. Der Unterschied zwischen Bürgern und Beisassen entwickelte sich im mittelalterlichen Stadtrecht und bestand bis ins 19. Jahrhundert. Ein Beisasse unterstand ebenfalls dem Schutz des Stadtrechtes, im Unterschied zu lediglich geduldeten Einwohnern (Permissionisten),und konnte zu bestimmten Pflichten herangezogen werden, blieb aber von wesentlichen politischen Rechten, beispielsweise der Vertretung im Rat, ausgeschlossen. Der Inbegriff der ihnen gewährten Rechte ist das Beisassenrecht, ihre Verfassungsurkunde die Beisassenordnung, die zu entrichtende Abgabe das Beisassengeld. Als Unterpfand für die Einhaltung seiner Obliegenheiten leistete der Beisasse früher den Beisasseneid[153].

1771 lebten insgesamt 50 Seelen jüdischen Glaubens in Odernheim.

1774 gab es in Odernheim 7 jüdische Männer, 6 Frauen, 16 Söhne, 17 Töchter, einen Knecht und eine Magd insgesamt 48 jüdische Einwohner[154]

1775 lebten 48 jüdische Einwohner in Odernheim

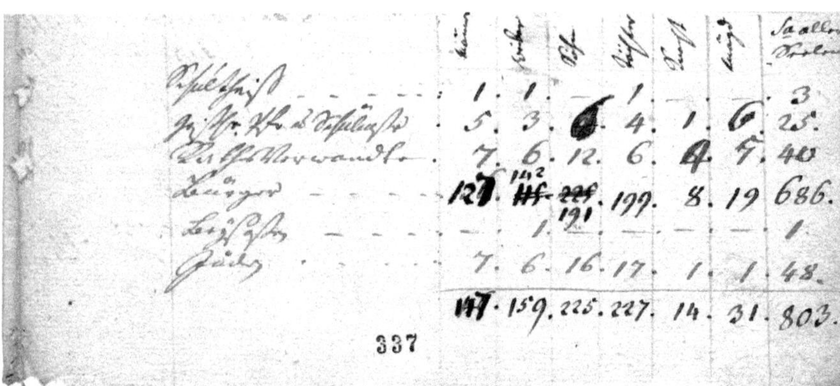

Abb.: Einwohnerzählung 1775[155]

---

[153]vgl. https://de.wikipedia.org/wiki/Beisasse,Abruf 29.12.2017,17:12Uhr

[154] Gemeindearchiv Odernheim Akte :VIII / 1 Bürgerregister 1770- 1815

1783 lebten 26 jüdische Einwohner in Odernheim

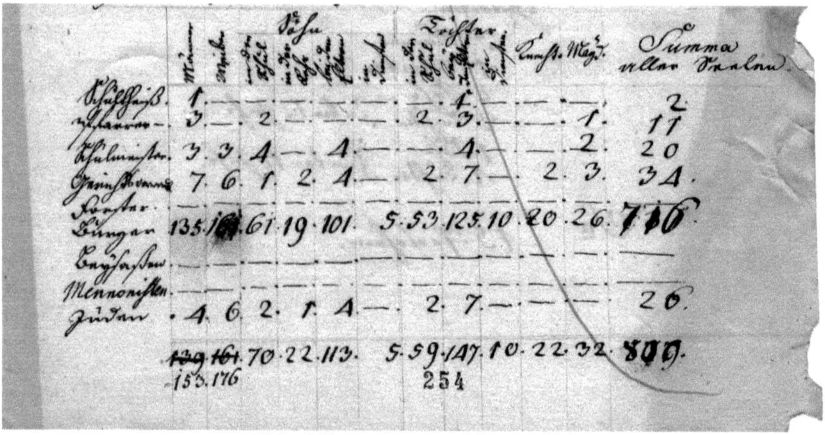

Abb.: Einwohnerzählung 1783[156]

[155] Gemeindearchiv Odernheim Akte: VIII/1 S. 337
[156] Gemeindearchiv Odernheim Akte: VIII/1 S. 254

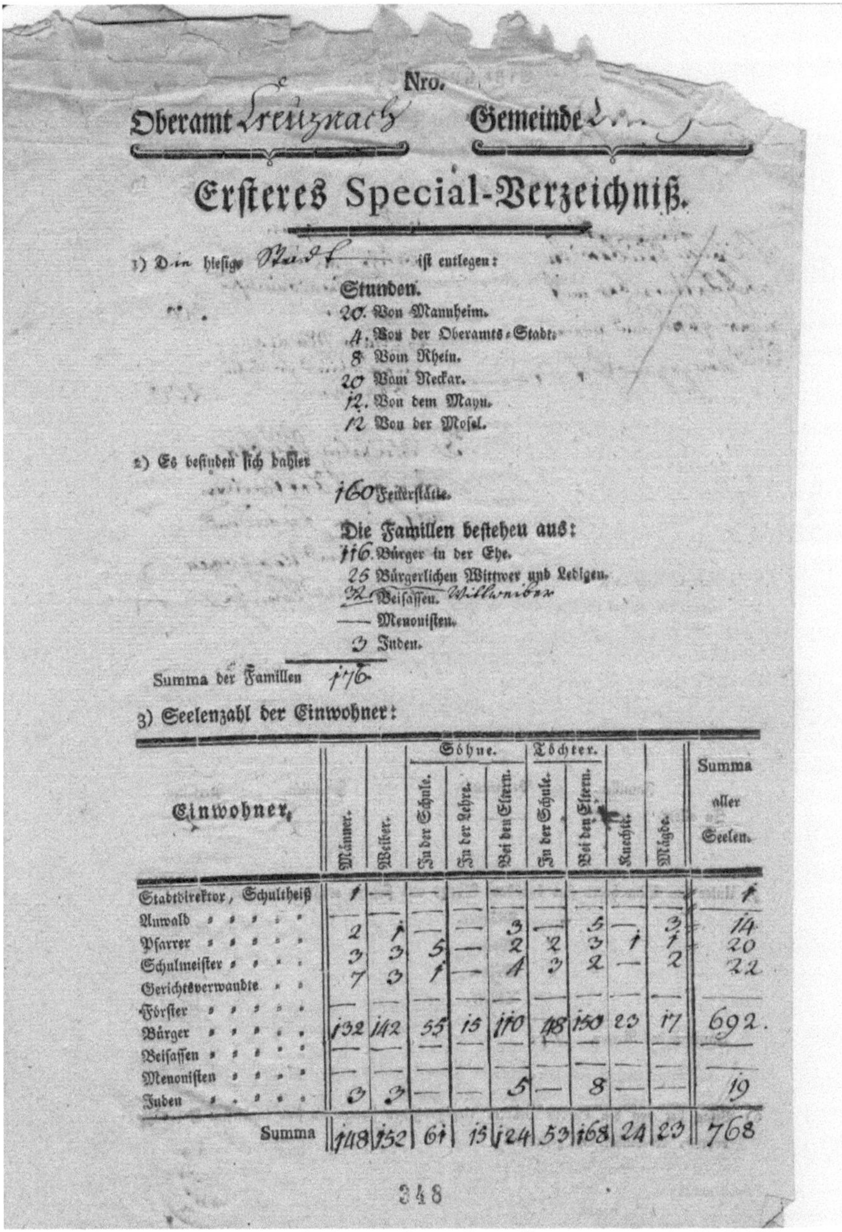

Nro.

Oberamt Creutznach Gemeinde [illegible]

Ersteres Special-Verzeichniß.

1) Die hiesige [illegible] ist entlegen:

Stunden.
- 20. Von Mannheim.
- 4. Von der Oberamts-Stadt.
- 8 Vom Rhein.
- 20 Vom Neckar.
- 12. Von dem Mayn.
- 12 Von der Mosel.

2) Es befinden sich dahier

160 Feuerstätte.

Die Familien bestehen aus:
- 116. Bürger in der Ehe.
- 25 Bürgerlichen Wittwer und Ledigen.
- 32 Beisassen. [illegible]
- —— Menonisten.
- 3 Juden.

Summa der Familien 176

3) Seelenzahl der Einwohner:

Einwohner	Männer	Weiber	Söhne: In der Schule	Söhne: In der Lehre	Söhne: Bei den Eltern	Töchter: In der Schule	Töchter: Bei den Eltern	Knechte	Mägde	Summa aller Seelen
Stadtdirektor, Schultheiß	1	—	—	—	—	—	—	—	—	1
Anwald										
Pfarrer	2	1	—	—	3	—	5	—	3	14
Schulmeister	3	3	5	—	2	2	3	1	1	20
Gerichtsverwandte	7	3	1	—	4	3	2	—	2	22
Förster	—	—	—	—	—	—	—	—	—	—
Bürger	132	142	55	15	110	48	150	23	17	692.
Beisassen	—	—	—	—	—	—	—	—	—	—
Menonisten	—	—	—	—	—	—	—	—	—	—
Juden	3	3	—	—	5	—	8	—	—	19
Summa	148	152	61	15	124	53	168	24	23	768

348

Abb.: Ersteres Special Verzeichnis: Bevölkerungsstatistik 1789[157]

157 Gemeindearchiv Odernheim Akte VIII / 1 Nr.: 348

1789 lebten in Odernheim / Glan 19 Bürger jüdischen Glaubens

Im **19. Jahrhundert** entwickelte sich die Zahl der jüdischen Einwohner in Odernheim / Glan wie folgt:[158,159] :

Jüdische Bevölkerung im Departement Donnersberg o. Datum ca. 1804[160]

Kanton Obermoschel:
Odernheim: 25 Juden
Übersicht über die israelische Bevölkerung der Gemeinden der Pfalz nach Familienzahl mit Angabe von Erwerbszweig, Beschäftigung und Zahl der in den letzten fünf Jahren ausgewanderten Juden 1848:
Odernheim
Familien: 7
Seelen : 19
Gewerbe: 1
Handel: 6
Gesamteinwohnerzahl Gesamtbevölkerung / Juden
1875 Gesamteinwohnerzahl: 1347 Juden 18
1900 Gesamteinwohnerzahl: 1533 Juden 6

1804 25 jüdische Einwohner
1808 27 jüdische Einwohner
1825 24 jüdische Einwohner
1848 19 jüdische Einwohner in sieben Familien, 1 Gewerbe wurde betrieben,
6 jüdische Einwohner waren im Handel selbstständig.
1875 18 jüdische Einwohner
(Gesamteinwohnerzahl von Odernheim/Glan: 1347)
1898 3 jüdische Familien,
1900 6 Personen.

---

158 Gemeindearchiv Odernheim Akte VIII / 1 Bürgerregister 1770- 1815
159 Statistische Materialien zur Geschichte der jüdischen Bevölkerung; Selbstverlag der Landesarchivverwaltung
160 StA Koblenz Best. 701 Nr. 634

(Gesamteinwohnerzahl von Odernheim/Glan: 1533)

1809/10 werden die folgenden jüdischen Haushaltsvorstände mit Berufen genannt[161]:

David Jung (Viehhändler),
Gotthard Jung (Viehhändler),
Jacques Neu (Viehhändler),
Joseph Neu (Viehhändler),
Jacques Neuberg (Schrotthändler),
David Stern (Viehhändler),
Jacques Stern (Viehhändler).

Hier sind nur die Haushaltsvorstände genannt, die als Mitglieder Abgaben an die israelitische Kultusgemeinde bezahlen mussten, die Familienangehörigen sind nicht gelistet.

Der Jude Gabriel Haas, der aus Hochstätten an der Alsenz zugezogen war, ist zwischen 1838 bis zu seinem Tod 1851 Gemeindeschreiber in Odernheim[162]. Gabriel Haas wurde, nachdem er Einzugsgeld gezahlt hatte, Bürger von Odernheim.

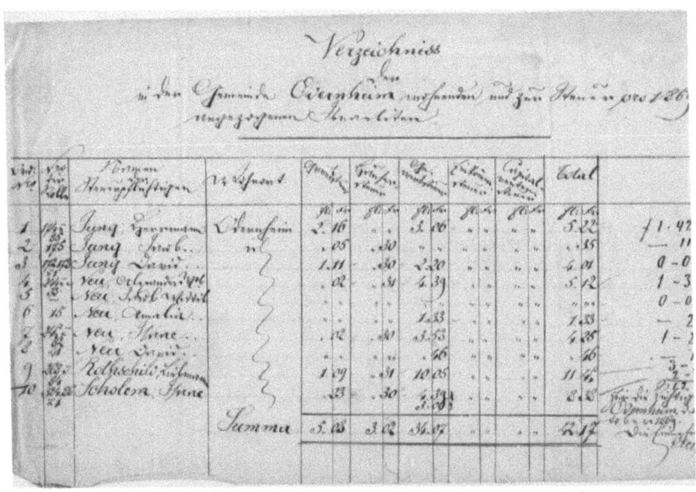

Abb. 1: Liste Einnahmen der Israelitischen Cultusgemeinde 1869 Hier sind die Mitglieder (Familienvorstände) der Gemeinde genannt[163]

161 Gemeindearchiv Odernheim Akte VIII / 1 Bürgerregister 1770- 1815
162 Gemeindearchiv Odernheim Ratsprotokolle, Kassenbücher, diverse Akten aus den Jahren 1838-1851
163 Gemeindearchiv Odernheim Akte: AIII / 96a

Jüdische Familiennamen und Wohnorte, Orte in Odernheim / Glan:

Zur Lokalisation der Wohnorte wurde die Karte und das Kataster von 1843[164] sowie die Standesamtlichen Unterlagen 1798- 1900 und das Zivilstandsregister eingesehen[165].
Die Daten der jüdischen Einwohner Odernheims wurden den standesamtlichen Unterlagen entnommen. Eine Auflistung aller in Odernheim lebenden Juden, soweit sie in den Urkunden erwähnt sind, befindet sich im Anhang. Bei der Recherche zu den jüdischen Odernheimer Familien fiel auf, dass die Kindersterblichkeit im 19. Jhd. hoch war. Die hohe Kindersterblichkeit ist auch bei der christlichen Mehrheitsbevölkerung zu verzeichnen und keine Besonderheit der jüdischen Einwohner Odernheims.
Die in Odernheim in den Urkunden genannten Namen jüdischer Einwohner:
Jung, Neu, Meier, Mayer, Meyer, Myer, Scholem, Stern, Rothschild, Hertz, Haas, Neuberg, Löw, Loew, Strauß, Strauss, Straus, Seligmann, Löb, Loeb, Mendel, Mändel, Mentel, Mäntel, Victor, Süßkind, Süskind, Hirsch, Lazarus, Goettschlich, Gottschlich, Gottscho.
Die bis 1808 geführten Namen der jüdischen Bürger Odernheims wurden infolge des napoleonischem Dekrets geändert.
Einige jüdische Familien haben im sogenannten Judenhof gewohnt. Obwohl in der Geschichte der Juden in größeren Städten die Gettoisierung besonders im Mittelalter nicht unbekannt war, kann man in Odernheim nicht von einem Judengetto sprechen. Die Lage des Odernheimer Judenhofs[166] befand sich zwischen der alten Apotheke und dem Anwesen der damaligen Metzgerei Porth, danach Welker[167].

---

164 LA Speyer: Bestand: L56 Nr. 1113,1114,1115

165 Verbandsgemeindearchiv Bad Sobernheim: Geburten-Heirat- Sterbefälle Odernheim 1799-1900

166 Judenhof oder Judenhof ist eine in mehreren deutschen Städten in früheren Jahrhunderten vorhandene Wohnanlage, meist aus dicht nebeneinander stehenden Wohn- und Geschäftshäusern. Den Namen erhielten sie nach den hier angesiedelten Juden.

167 Gemeindearchiv Odernheim Akte: VIII / 1 + 2

Heute befindet sich dort das Gebäude der Landschaftsarchitekten Gutschker & Dongus.

Familie Stern

Im Jahre 1840 erbte Maximilian Stern Handelsmann (*25.10.1808) das Haus Plan Nr. 9 in der Hauptstraße von seinem verstorbenen Vater David Stern Viehhändler (*10.05.1755 in Odernheim +14.06.1840 in Odernheim).
Die Eltern von David Stern, Lazarus Isaac, Handelsmann und Lemmele Isaac, wohnten Mitte des 18 Jhd. schon in dem Anwesen Plan Nr.9.
Zu dem Anwesen Plan Nr. 9 gehörte ein Wohnhaus, eine Scheune, ein Stall und Hofraum sowie ein Nutzgarten[168].
Maximilian Stern oo 27.01.1830 mit Jacobine Maas *in Gau Odernheim hatten zwei Kinder. Lazarus Stern *27.11.1831 in Odernheim und Philippine Stern *30.06.1834 in Odernheim.

---

168 LA Speyer Bestand L56 Nr. 1113,1114,1115

Haus Plan Nr. 9, Hauptstraße Hausnummer 34 Aufnahme von 1935/36[169]

169 Marburger Bildarchiv

Abb.: Haus Plan Nr. 9, Hauptstraße Hausnummer 34 Aufnahme von 1975[170]

170 Marburger Bildarchiv

Abb.: Haus Plan Nr. 9, Hauptstraße Hausnummer 34 Aufnahme von 2018[171]

Abb.: **Judenhof**: In der Einfahrt, zwischen alter Apotheke und ehemaliger Metzgerei Porth danach Welger[172]

[171] Bild: Andreas Ott 9-9-2018

Abb.: „Judenhof" Aufnahme 30. August 2007[173]

Abb.: Blick in den hinteren Teil des „Judenhofes" 6.April 2007[174]

172 Hans Lahm: Bildarchiv

173 Bild: Archiv Lothar Dongus Odernheim

Abb.: Der ehemalige „Judenhof" 2018[175]

Juden zogen oftmals freiwillig in eigene Stadtviertel, zum einen, weil ein Zusammenleben die erforderlichen religiösen Riten vereinfacht, zum anderen aus einem Schutzbedürfnis heraus[176]."
Wie die Bürgerregister[177] zeigen, wohnten auch Juden im Bereich der Kirche und des Pfarrgartens, siehe Gerichtsprotokoll *1696 N° 165.*
Dies bestätigt auch der Bericht des Pfarrer Sohns Manthey-Zorn (* 18.3.1846[178]; 1861 konfirmiert +12.Juli 1928 in East- Cleveland Ohio, USA), nach diesem war auch ein Haus (heute Hintergasse 5/6) vor der Kirche, von Juden bewohnt[179].
„Links vom Garten, an einer Seitenstraße, ist die alte Kirche, auch die Schule. Über der linken Mauer des Gartens, so dass die Mauer als Sei-

---

[174] Bild: Archiv Lothar Dongus Odernheim
[175] Bild: Andreas Ott
[176] Pies, Christof: Jüdisches Leben im Rhein-Hunsrückkreis, Schriftenreihe des Hunsrücker Geschichtsvereins e.V., Nr. 40, S:9
[177] Gemeindearchiv Odernheim Akte VIII / 1
[178] Schworm Karl et al.: Odernheim und Disibodenberg, Ortschronik, Koblenz 1984 S:274
[179] Schworm Karl et al.: Odernheim und Disibodenberg, Ortschronik, Koblenz 1984 S:373

tenwand benutzt ist, erhebt sich ein altes Haus, das zu meiner Zeit von Juden bewohnt wurde.[180]"

In den Häusern wohnten Liebmann Rotschild (*26.6.1819 +31.12.1868) und sein Sohn Isaac Rothschild (*21.6.1847 +6.3.1875) mit ihren Familien. Die Häuser hatten beide dieselbe Plannummer, so dass davon auszugehen ist, dass es sich damals um ein Haus handelte.

Familie Rothschild

Liebmann Rothschild war ein Bürger Offenbachs am Glan, ebenso wie seine Kinder. Anträge auf Einbürgerung, die abgelehnt wurden, sind in den Gemeinderat-Protokollen erhalten. Liebmann Rotschild, ebenso seine Kinder, blieben Bürger Offenbachs am Glan mit Wohnort in Odernheim am Glan. Liebmann Rothschild war der Sohn von Jakob Rothschild oo Gütschen Vogel, beide verstorben in Offenbach am Glan. Er wurde von Jakob Stern als Kind „angenommen" und lebte seit seiner Kindheit in Odernheim Haus Plan Nr. 107. Nach dem Tode der Sternchen Eheleute erbte 1843 Liebmann Rothschild das Haus und einen Nutzgarten Plan Nr. 271.

180 Schworm Karl et al.: Odernheim und Disibodenberg, Ortschronik, Koblenz 1984 S: 128

Abb.: Wohnhaus von Liebmann Rothschild und seinem Sohn Isaak Hausnummer 184, Hintergasse 5/6 heute[181]

1. **Liebmann (Lippmann) Rothschild**, Viehhändler *26.6.1819 in Offenbach am Glan + 31.12.1868 in Odernheim oo 8.9.1846 Johannette(a) Baumgarten *6.10.1821 in Hüffelsheim, er wohnte in Odernheim
2. Liebmann Rothschild stellte mehrere Anträge mit der Bitte, in Odernheim eingebürgert zu werden. Diese Anträge wurden vom Gemeinderat abgelehnt (1863 und 1867).

Kinder zu 1:
Isaac Rothschild *21.6.1847 + 6.3.1875 oo 15.11.1871 Wilhelmine Straus *25.4.1847 in Hüffelsheim wohnten in **Hausnummer 184**
Kinder: Clara Rotschild *9.1.1874 und Berta Rotschild *14.3.1872
Eduard L. Rothschild * 7.1.1850 wanderte im Mai 1867 über Liverpool nach Amerika dort nach Atlanta City oo Carolina Auguste Adelheid
Kinder:
Esther Rotschild * 1.9.1894 in Philadelphia/USA
Ben Rothschild *15.8.1898 in Atlantic City[182]
Raphael *16.7.1852
Samuel *12.4.1854
Leopold *5.12.1856
Carolina *6.7. 1859
Johanna *25.3.1862[183]

Einbürgerung Familie Rotschild

Jeder Ausländer, der den Bürgerstatus in Odernheim/ Glan erlangen wollte, musste ein Gesuch bei der zuständigen Gemeindeverwaltung einreichen. Als Ausländer galten z.B. die Staudernheimer Bürger, die in Preußen lebten. Es war gleich ob es sich um Christen oder Juden handelte, jeder Ausländer musste eine Eingabe machen, um einge-

---

[181] Ott Andreas: Bilder 10-2017
[182] Ancestry: Eduard Rothschild, Antrag auf Ausstellung eines Reisepasses 12.10.1912 Philadelphia, USA
[183] Gemeindearchiv Odernheim, Bürgerregister 1, S. 249,250

bürgert zu werden. Die Gemeinden entschieden dann, ob sie dem Bittsteller die Bürgerrechte gewährten oder diesen ablehnten. War ein solches Gesuch erfolgreich, so musste der Neubürger ein Einzugsgeld bezahlen, wie es vielfach in den Rechnungsbüchern der Gemeinde Odernheim nachzuvollziehen ist. Geduldete Ausländer, die in Odernheim ansässig waren, besaßen keine Bürgerrechte und hatten einen sog. Heimatschein, der sie berechtigte, in Odernheim zu wohnen. Diese wurden ebenso wie die Bürger zu den fälligen Abgaben und Steuern herangezogen.

Es war für die Einbürgerung entscheidend, ob der Antragsteller seinen Lebensunterhalt selbst bestreiten konnte und ob er bei guter Gesundheit war, um nicht der Allgemeinheit zur Last zu fallen, und ob er einen guten Leumund hatte.

Auch der Jude Liebmann Rothschild, er stammte aus dem ausländischen preußischen Offenbach/Glan, machte bezüglich der Einbürgerung in Odernheim, bayrische Rheinpfalz, eine Eingabe, von dieser handelt das folgende Ratsprotokoll:

Ratsprotokoll vom 28. Februar 1856[184]

N. 66. Gesuch des Liebmann Rothschild Handelsmann aus Offenbach, im ,Königreich Preußen, um gütige Erlaubnis zur Einwanderung, betr.

Sitzung vom 28 t Februar 1856
der Gemeinderath
Erwägend, daß Liebmann Rothschild, welcher schon als Kind in die hiesige Gemeinde kam, ~~sich~~
~~bisher zwar stets so betragen, daß man ihm Nichts zur Last legen kann, kein W~~ und sich seit mehr als 30 Jahren dahier befindet und ganz Weniges besitzt und sein Wohnhäuschen und die paar Stückchen Land , dem Vernehmen nach zum größtentheile nach schuldig ist; daß er jedem kränklich ist und ~~einige~~ zwei Prozesse ~~mit~~ gehabt hat die kein gutes Licht auf ihn werfen; ~~daß~~ Erwägend, daß ihm zwar keine unredlichen Thatsachen und kein schlechter Leumund zur Last gelegt werden kann; daß jedoch keine Sicherheit ~~dafür~~ vorhanden, u. zu befürchten steht, daß er mit seiner Familie der Gemeinde zur Last fallen wird;

---

184 Gemeindearchiv Odernheim Akte B 20 Band I+II Rathsprotokolle 1853-1877 28.2.1856

erklärt, daß er gegen die häusliche Niederlassung des Handelsmannes Liebmann Rothschild stets sein und stimmen werde, daß jedoch derselbe mit seiner Familie auf dem Heimathschein, wie bisher hier wohnen könne. Hierüber Protokoll, errichtet zu Odernheim am obigen Tage und nach Vorlesung unterschrieben.

Ratsprotokoll Sitzung vom 4.Oktober 1862[185]

(.............)
II.

Bitte des Liebmann Rothschild, Handelsmann, wohnhaft in Odernheim, Gemeindebürger zu Offenbach in Rhein Preußen, um Bürgeraufnahme in der Gemeinde Odernheim
Nach Einsicht des Gesuches des Rubeibaten ?, des hohen Reg. Erlasses vom 5. und des Auftrages des K. Bezirksamtes vom 9. vor Mts, und zu der Erwägung, daß, wann und Liebmann Rothschild einiges Vermögen besitzt, solches doch zu gering ist, als daß dasselbe für seine starke Familie ausreichend wäre, daß ferner auch die Handelsgeschäfte desselben schwankend sind und auf zu geringen Grundlagen beruhen, als daß dadurch die fortwährende genügende Ernährung der Familie gesichert wäre; daß endlich daher keineswegs die Befürchtung beseitigt werden kann, daß derselbe mit den Seinigen bei Erkrankungsfällen Flauheit der Handelsgeschäfte oder auch daß die Seinigen nach sein und mögliches Ableben der Gemeinde zur Last fallen.
Aus diesem Grunde beschließt der Gemeinderath, daß Liebmann Rothschild mit seiner Bitte um ~~Erlaubnis zur~~ Bürgeraufnahme in hiesiger Gemeinde abgewiesen werde.
Geschehen zu Odernheim ut
der Gemeinderath

[185]Gemeindearchiv Odernheim Akte B 20 Band I+II Rathsprotokolle 1853-1877 4.10.1862

Beitrag des Liebmann Rothschild zum Rabbinatsgehalt

Ratsprotokoll 8.April 1863[186]

Der Beitrag des L. Rothschild in Odernheim zum Rabbinatsgehalt

Die unterfertigte Stelle hat sich über die Berufung des Handelsmannes Liebmann Rothschild in Odernheim gegen die Verfügung des Bezirksamtes vom 9. Februar d. Jrs Vortrag erstatten lassen und nach kollegialer Berathung beschlossen:
es sey der erwähnte Bescheid des Bezirksamtes Kirchheim zu bestätigen nachdem der Rabbinatsgehalt zu den Cultusausgaben zu rechnen ist und die Pflicht des Beschwerdeführers, zu Umlagen für solche Zwecke beizutragen, nach der allerhöchsten Verordnung vom 27. Januar 1854 unzweifelhaft feststeht.
Was die eventuelle Beschwerde des L. Rothschild wegen ungleichmäßiger Vertheilung der bezeichneten Umlagen unter die einzelnen Mitglieder der israelitischen Cultusgemeinde in Odernheim anbelangt, so hat sich derselbe in dieser Richtung zunächst an das vorgesetzte K. Bezirksamt zu wenden.
Die mit Brief vom 18. d. Mts. vorgelegten Verhandlungen folgen im Anschlusse zur weiteren Verfügung zurück.

Kgl. Bayer. Regierung der Pfalz
Kammer des Inneren

In Abschrift bis ? an das Bürgermeisteramt Odernheim
zur Mitteilung an L. Rothschild von Odernheim und an den israel. Synangogen Ausschuß daselbst.
Kirchheim, den 8. April 1863
kgl. Bezirksamt

---

186 Gemeindearchiv Odernheim Akte B 20 Band I+II Rathsprotokolle 1853-1877 vom 8.April 1863

Familie Scholem

Einbürgerungsgesuch von Isaac Scholem

Ratsprotokoll 1870[187]

Gesuch des Handelsmannes Isaac Scholem von Hüffelsheim um Bürgeraufnahme,

betr. Nach Einsicht der Eingabe des Rubeibaten? vom 12.d.Mts. Und In *der Erwägung, daß auch fernerzeit der Handelsmann Liebmann Rothschild mit einem gleichen Gesuche aufgetreten ist und abgewiesen wurde, daß kein Grund vorhanden ist, den nebengenannten Gesuchsteller anders zu behandeln und sohin die Abweisung einzutreten hat.*

Aus diesen Gründen beschließt der Gemeinderath, dem obigen Gesuche keine Folge zu geben.

Geschehen zu Odernheim

die Gemeinderäthe

der Bürgermeister

---

187 Gemeindearchiv Odernheim Akte B 20 Band I+II Rathsprotokolle 1853-1877 , Jahrgang: 1870

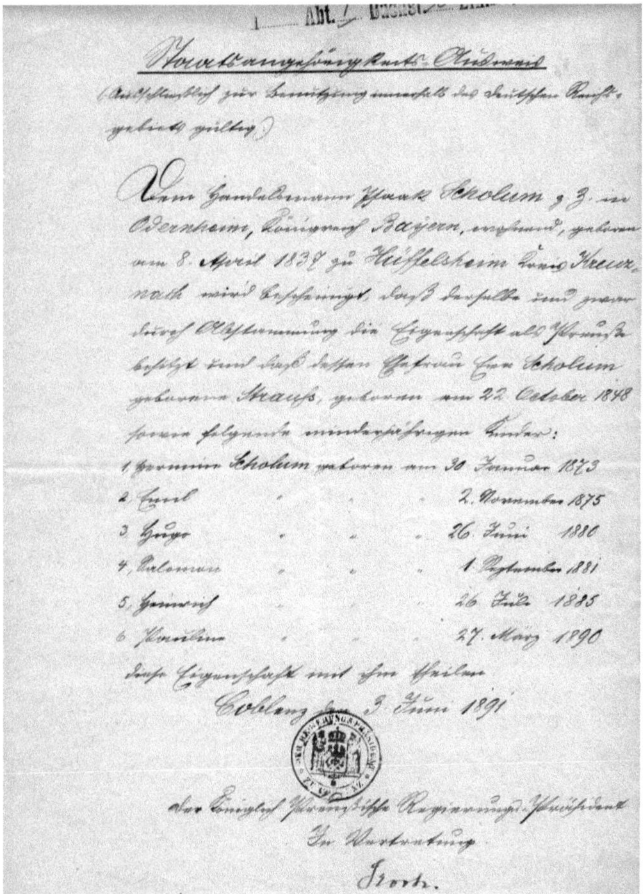

Staatsangehörigkeits-Ausweis

(Ausschließlich zur Benutzung innerhalb des Deutschen Reichsgebiets gültig)

Dem Handelsmann Isaak Scholem 3. in Odernheim, Königreich Bayern, wohnhaft, geboren am 8. April 1838 zu Hüffelsheim Kreis Kreuznach wird bescheinigt, daß derselbe und zwar durch Abstammung die Eigenschaft als Preuße besitzt und daß dessen Ehefrau Eva Scholem geborene Strauß, geboren am 22. October 1848 sowie folgende minderjährige Kinder:

1. Hermann Scholem geboren am 30. Januar 1873
2. Carl " " 2. November 1875
3. Hugo " " 26. Juni 1880
4. Salomon " " 1. September 1881
5. Heinrich " " 26. Juli 1885
6. Pauline " " 27. März 1890

diese Eigenschaft mit ihm theilen.

Coblenz, den 3. Juni 1891

Der Königlich Preußische Regierungs-Präsident

In Vertretung

Abb.: Isaak Scholem Preußische Staatsbürgerschaft 1891[188]

Das Schreiben vom 3. Juni 1891 des Königlich Preußischen Regierungspräsidenten in Coblenz, bescheinigt Isaak Scholem, seiner Ehefrau und seinen sechs Kindern die preußische Staatsbürgerschaft.

[188] Gemeindearchiv Odernheim Akte AII Nr.: 57

Wohnhaus Isaac Scholem[189] Vergleich mit der Gemeinde Odernheim Rathsprotokoll 1873

Der Vergleich mit Isaac Scholem von Odernheim betreffend.
Der Gemeinderath in seiner heutigen Sitzung nimmt Einsicht von dem durch Bürgermeister Schmidt als Vertreter der Gemeinde Odernheim mit Isaac Scholem Handelsmann zu Odernheim wohnhaft unterm 8. September abhin bezüglich des zwischen Scholem `s neu erbautem Wohngebäude und dem Gemeinde Backhaus stehende Mauer abgeschlossene Vergleiches, und ertheilt demselben unter nachstehendem Scholem schriftlich zu eröffnenden Bedingungen, seine Zustimmung:

1. *hat Scholem die auf Grund der Ziffer 1 des Vergleiches Ueberdeckung der besagten Mauer auch in Zukunft zu unterhalten.*
2. *Scholem darf, auf Grund der Ziffer 2 des angeführten Vergleiches, durch die ihm zugestandene Begünstigung der Balkeneinlage durchaus keine Berechtigung ableiten;*
3. *steht Scholem kein Einspruchsrecht zu im Falle die Gemeinde durch Neubau die fragliche Mauer erhöhen sollte und bleibt es ihr auch in einem solchen Falle unbenommen das Gebälck ganz nach ihrem Belieben in diese Mauer einlassen zu dürfen.*
4. *Ist fraglicher provisorischer Vergleich mit Einschluß der vorstehenden drei Bedingungen auf Stempel aufzunehmen und zu registrieren, und hat Scholem diese Kosten gleichfalls zu tragen.*
   Worüber Beschluß

der Bürgermeister
der Gemeinderath

In welchem Haus Familie Scholem wohnte konnte nicht rekonstruiert werden.

[189] Gemeindearchiv Odernheim Akte B 20 Band I+II Rathsprotokolle 1853-1877, Jahr 1873

Familie Neu

Im Haus Hauptstraße Plan Nr. 19 lebte die Witwe Amalie Neu geb. Wolf. Das Haus kam am 14. April 1842 in den Besitz der Familie Neu, die es für 150 fl. von Jakob und David Stern erkaufte.

Abb.: Wohnhaus von Amalia Neu Haus Plan Nr. 19[190]

[190] Lahm Hans: Bildarchiv

Abb.: Ansicht Plan Nr. 19 heute, hier stand das Haus von Amalie Neu[191]

Im Haus Plan Nr. 187-188 wohnten die Eltern von Theodor Neu (*26.03.1878 in Odernheim), Isaak Neu (*09.08.1838 + 24.04.1906 in Odernheim) oo 27.06.1866 in Odernheim Carolina Isaak (*26.06.1842 in Grumbach + 01.09.1885 in Odernheim).
Isaak Neu erwarb das Haus Ende der 1860er Jahre und betrieb eine Schuhmacherei, die sein Sohn Theodor weiterführte. Im Kapitel Nationalsozialismus ist der weitere Lebensweg der Nachkommen von Theodor Neu geschildert. Caroline Neu geb. Isaak und Isaak Neu sind auf dem jüdischen Friedhof in Meisenheim bestattet. Theodor Neu wurde 1935 als letzter Odernheimer Jude ebenfalls in Meisenheim beigesetzt.

191 Bild: Andreas Ott, 7-2017

Abb.: Blick von Hinterruthen aus der ehemaligen Villa Nagel auf die Rückseite Haus Neu-Meier, rechts Blick auf die Stellmacherei[192] Schneider Aufnahme vor 1920 (der Schornstein des Lagerhauses ist zu sehen)

[192] Beruf des Wagners, auch Stellmacher, Radmacher

Abb.: Das ehemalige Wohnhaus der Familie Neu-Maier heute, in der Vorderansicht[193]

David Neu *30.12.1808, Simon Neu *14.03.1813 und Alexander Neu *24.03.1805 (vor der Namensänderung 1808 Mayer, Isac), wohnten im Haus Plan Nr. 159. Alexander und Simon Neu erbten das Haus von ihrem Vater Josef Neu (*12.12.1764 +23.09.1814 in Odernheim) und seiner Ehefrau Glückelchen Neu geb. Süskind (*26.05.1770 in Offenbach am Glan + 27.2.1815 in Odernheim) 1814. Hermann Jung verwaltete das Erbe bis Alexander Neu „großjährig" wurde. Im Kataster von 1843[194] sind Alexander Neu und Simon Neu als Eigentümer anteilig eingetragen. Simon Neu blieb unverheiratet. Alexander Neu heiratete am 18.12.1831 Johanna Harf. Nach ihrem Tode heiratete Alexander Neu am 21.05.1840 Charlotte Haas. Aus den Ehen gingen die Kinder Regina *28.7.1835, Hermann *01.05.1838, Leopold *14.11.1841 hervor.

---

193 Foto: Andreas Ott 3-2018

194 LA Speyer Bestand L56 Nr. 1113,1114,1115

Abb.: Haus Plan Nummer 159 (Mitte) hier wohnten Alexander und Simon Neu[195]

Familie Jung

Eltern von Gotthard, David und Karolina Jung sind unbekannt

Gottschlich Hirsch nach 1808 **Gotthard Jung** *4.9.1752 +4.12.1840 oo B(a)ermann, Gaeschen *5.10.1759
David Jung I oo Gütchen Lazarus *er.1756 +16.02.1843
Karolina genannt Karla Jung +30.3.1842 (86 Jahre alt) oo Jakob Löb, Handelsmann, aus Niedereisenbach

Kinder von **Gotthard Jung** *4.9.1752 +4.12.1840 oo B(a)ermann, Gaeschen *5.10.1759:

Gottschlich, Veilgen nach 1808 **Amalie Jung** *21.10.1794 in Odernheim oo Nathan Simons *1789 Sohn von Joseph Nathan, Gau-Algesheim

---

195 Bild Andreas Ott 4-2018

Hermann Jung *1792 in Odernheim Handelsmann + 23.2.1868 oo Phillippina genannt Carolina Landsberg *1795 aus Obermoschel,

Kinder Hermann Jung *1792 in Odernheim, Handelsmann 76 Jahre alt
+ 23.2.1868 oo Phillippina genannt Carolina Landsberg *1795:

Carolina Jung * 22.6.1817

Amalie Jung *24.1.1820 oo 24.8.1847 Gabriel Haas von 1838- 1851 Gemeindeschreiber zu Odernheim *8.10.1816 in Hochstätten – Sohn von Lazarus Haas Handelsmann +22.3.1843 oo Henriette Hanf 3.4.1832, Hochstätten

Jakob Hermann Jung *11.8.1823 +2.4.1892 oo 1.4.1873 Johanna Strauß *20.3.1827 Meisenheim + 2.11.1900 – Tochter von Hiob Strauß Handelsmann zu Meisenheim + 11.10.1837 oo Eva Dahl + 1.7.1862 Tochter von Isaak Dahl Handelsmann +29.3.1824 oo Rebecca Levy +10.3.1827, Meisenheim.

David Jung II. Landkrämer, Schiffs und Auswanderungsagent *15.7.1814 in Odernheim +12.12.1870 in Sobernheim oo 13.2.1844 Johannetta Süßkind aus Kirchheimbolanden *30.1.1816 - Tochter von Moises Süßkind Handelsmann oo Theresia Salm beide aus Kirchheimbolanden. Sie wohnten

Kinder von David Jung II Alle Kinder sind in Odernheim geboren:

Paulina Jung *11.6.1846
Carl Jung * 19.10.1848
Caroline Jung * 3.6.1851 +19.10.1851
Jakobine Jung * 18.10.1853
Hermann Jung jun. *3.11.1857 + 21.4.1858

Hermann Jung, Handelsmann *11.8.1823 +2.4.1892 und seine Ehefrau Johanna wohnten in Haus Plan Nr. 144, heute Hintergasse 27 in Odernheim. Laut notariellem Akt vom 14. Dezember 1814 bekam Hermann Jung das Haus von David I und Gotthard Jung geschenkt.

Abb.: Hermann Jung wohnte in Haus Plan Nr. 144 Heutige Ansicht

David Jung I kaufte das Haus Plan Nr. 175 am 2. März 1786 von Nikolaus Weidner aus Odernheim. David Jung II lebte mit seiner Familie in dem Anwesen. Aus dem Katastereintrag von 1843 geht hervor, dass David Jung II als Bevollmächtigter des David Jung I eingesetzt war[196]. Nach dem Tod von David I erbte David II das Anwesen und bewohnte mit seiner Familie das Anwesen. Das Haus Plan Nr. 175 in der Hintergasse in Odernheim wurde 1710 erbaut.

Abb.: Inschrift im Fachwerk Hintergasse 29, Haus Plan Nr. 175

196 LA Speyer Bestand L56 Nr. 1113,1114,1115

Abb.: Wohnhaus von David Jung I und David Jung II Plan Nr. 175 in der Hintergasse 29[197]

197 Bild: Archiv Hans Lahm

Abb: Wohnhaus von David Jung I und David Jung II Plan Nr. 175
2018 in der Hintergasse 29[198]

198 Bild: Andreas Ott Haus Plan Nr. 175

Lage der Wohnorte der Juden in Odernheim Plan 1843

Abb.: Katasterplan Odernheim 1843[199]

---

199 LA Speyer Bestand L56 Nr. 1113,1114,1115,

Auflistung aller jüdischen Odernheimer Einwohner

Familie Neu

Nr.	Vorname	Name	Lebensdaten und Orte	Verheiratet Kinder	Eltern	Name vor 21.7.1808	Bemerkungen
1	Isaak	Neu	*26.10.1834				StA 1834 ?
2	Regina	Neu	*28.7.1835 +28.12.1836		Alexander Neu oo 18.12.1831 Johanna Harf		StA 1836 Nr.32
3	Rebekka	Neu	*14.1.1836 +2.12.1836		Jakobina Neu vorher Michele Victor Jakob Neu Wittib		StA 1836 Nr.3
4	Rosina	Neu	*15.4.1836		Markus Neu oo Wilhelmina Löw		StA 1836 Nr.17
5	Hermann	Neu	*1.5.1838 +4.5.1838		Alexander Neu oo 18.12.1831 Johanna Harf		Hermann Ney
6	Isaak	Neu	*9.8.1838		David Neu oo 21.12.1831 mit Maria Baum		StA 1838 Nr.30
7	Leopold	Neu	*14.11.1841		Alexander Neu, Viehhändler oo Charlotte Haas		STA 1841 Nr.40 Unterschrift: Alexander Ney
8	David	Neu	*30.12.1808 +14.3.1871	David Neu oo 21.12.1831 mit Maria Baum	Josef Neu oo Gluck Neu <u>Großvater mütterlicherseits :</u> Alexander Löb *er. 1715 in Offenbach		StA Heirat 1831 Nr.6 StA Geburt 1808 Nr. 76 Da die Eltern schon tot waren, bezeugte David Neu`s Großvater Alexander Neu aus Offenbach den Heiratsakt
9	(Marc) Markus	Neu	*23.6.1809 +14.7.1837	oo 17.6.1835 mit 1. Mathilde Löw 2. Wilhelmine Löw	Jaques (Jakob (2) Neu oo Rebekka (Rebeque) Jockel *21.7.1804	Ehefrau: Madelaine Neu	StA 1809 Nr. 39 Viehhändler
10	Jakob (2)	Neu	*24.1.1812 +18.4.1840	Jacob Neu oo 17.11.1839 Martha Wolf *er. 1812 in Nieder-wiesen + 2.11.1869 in Odernheim, Tochter des Anselm Wolf oo Esther Wolf beide wohnhaft und verstorben in Niederwiesen, Großherzogthum Hessen	Josef Neu oo Glückelchen Löw		StA 1812 Nr.6 StA 1869 Nr. 25 StA 1839 Nr.3 Makler

11	Simon	Neu	*14.3.1813 +25.10.1875	Simon Neu war nicht verheiratet der „Ledige Sohn" genannt.	Josef Neu oo Glückelchen Löw in der Sterbe-urkunde von Simon Neu: Glückelchen Loeb		StA 1875 Nr. 36 Handelsmann
12	Josef	Neu	*12.12.1764 +23.9.1814	Josef Neu oo 8.2.1799 Glückelchen Süskind *26.5.1770 in Offenbach +27.2.1815 in Odernheim	Ehemann: Mayer Lazarus oo Malken Süskind geborene Süskind, Odernheim Ehefrau: Löw Süskind oo Gikelchen Sinai geb. in Offenbach, Kanton Grumbach, Department an der Saar	Isac Mayer	StA 1799 Register StA 1815 StA 1814 Zeugen: Löw Süßkind 46 Jahre von Offenbach Samual Lazarus 46 Jahre aus Odernheim Abraham Isak 58 Jahre aus Odernheim Wolf Levi 34 Jahre aus Odernheim konnten deutsch nicht schreiben sondern nur hebräisch
13	Jakob	Neu	*24.7.1811		Jakob Neu (2)oo mit Rebekka Jockel *er. 1779 in Kirchheimbolan-den +8.1.1836Tochter des: Jakob Jockel, Viehhändler oo Amalia N.N. beide wohnhaft in Kirchheimbo-landen		StA 1811 Nr.42
14	Jakob (1)	Neu	*24.9.1771 +23.9.1814	Jakob Neu (2) oo mit Rebekka Jockel *er. 1779 in Kirchheimbolan-den +8.1.1836Tochter des: Jakob Jockel, Viehhändler oo Amalia N.N. beide wohnhaft in Kirchheimbo-landen	Regina Neu Wittib von Mayer Lazarus Handelsjude zu Odernheim	Jakob Neu: **Victor Mayer**	
15	Regina	Neu	* er. 1743 +15.7.1823	Regina Neu Wittib von Maier Lazarus Handelsjude zu Odernheim	Süßkind oo Bärtle, Handelsjuden, Offenbach		StA 1823 Nr.17
16	Magdalena	Neu	+5.5.1835			Michelé Victor	
17	Jakobina		+9.7.1837			Micheleè Victor	
18	Isaak	Neu	*18.10.1832		Alexander Neu oo 18.12.1831 mit Johanna Harf		StA 1832 Nr.24

19	Alexander	Neu	*24.3.1805 +2.1.1843	1. oo 18.12.1831 mit Johanna Han(r?)f 2.oo 21.5.1840 mit Charlotte Haas	Isaak Mayer oo Glückelchen Löw	Mayer Isac	
21	Isaak	Neu	*9.8.1838	Isaak Neu oo 27.6.1866 mit Carolina(e) Isaac	David Neu oo 21.12.1831 mit Maria Baum		StA 1866 Nr.5
22	Jakobine	Neu	*11.6.1807	Jakob Neu ? Wittib Tochter: Amalia Neu	Jakob Neu (1) oo mit Rebekka Jockel *er. 1779 in Kirchheimbolan-den +8.1.1836 Tochter des: Jakob Jockel, Viehhändler oo Amalia N.N. beide wohnhaft in Kirchheimbo-landen	Michelé Victor Jakob Neu: **Victor Mayer** Rebekka Jockel: **Madelai-ne Neu**	StA 1807 Nr.41
23	Amalia	Neu	*8.10.1829	Ledig Töchter: Wilhelmina Neu *1848 Rosina Neu *1856	Uneheliche Tochter von Michele Victor *11.6.1807 Dienstmagd „ledigen Standes“	Amalia Victor	StA 1829 Nr.28 22.7.1883 nach Amerika ausgewandert Dienstmagd
24	Wilhelmi-na	Neu	*8.4.1848		Uneheliche Tochter von Amalia Neu, Dienstmagd „ledigen Standes“		StA 1848 Nr. 14 1872 mit Erlaubnis nach Amerika
25	Rosina	Neu	*5.12.1856	Ledig Sohn: Max Neu *1885 in Giesen	Uneheliche Tochter von Amalia Neu, Dienstmagd „ledigen Standes“		Magd
26	Max	Neu	*3.4.1885 in Giesen				Bürgerregis-ter Bd. 1 Nr.177
27	Ludwig	Neu	*4.4.1867 +19.2.1869		Isaak Neu *9.8.1838 +24.4.1871 oo 27.6.1866 Caro-line Isaak *26.6.1842 in Grumbach + 1.9.1885		StA 1869 Nr. 12
28	Theodor	Neu	*26.3.1878	Theodor Neu oo 5.11.1906 Anna Falkenberg *13.3.1877 in Rülzheim +28.12.1940 im Camp de Gurs	Isaak Neu *9.8.1838 +24.4.1871 oo 27.6.1866 Caro-line Isaak *26.6.1842 in Grumbach + 1.9.1885		Schuhmacher
29	Carl	Neu	*9.6.1880 +4.12.1880		Isaak Neu *9.8.1838 +24.4.1871 oo 27.6.1866 Caro-line Isaak *26.6.1842 in Grumbach + 1.9.1885		

30	Julius	Neu	*1.9.1885 +12.10.1885		Isaak Neu *9.8.1838 +24.4.1871 oo 27.6.1866 Caro-line Isaak *26.6.1842 in Grumbach + 1.9.1885		StA 1885 Nr.94
31	Fanny	Neu	+8.3. 1869		Isaak Neu *9.8.1838 +24.4.1871 oo 27.6.1866 Caro-line Isaak *26.6.1842 in Grumbach + 1.9.1885		
32	Paulina	Neu	25.06.1871		Isaak Neu *9.8.1838 +24.4.1871 oo 27.6.1866 Caro-line Isaak *26.6.1842 in Grumbach + 1.9.1885		
33	Mathilda	Neu	*8.10.1873		Isaak Neu *9.8.1838 +24.4.1871 oo 27.6.1866 Caro-line Isaak *26.6.1842 in Grumbach + 1.9.1885		
34	Bertha	Neu	*15.2.1876		Isaak Neu *9.8.1838 +24.4.1871 oo 27.6.1866 Caro-line Isaak *26.6.1842 in Grumbach + 1.9.1885		
35	Henriette	Neu	*20.8.1882		Isaak Neu *9.8.1838 +24.4.1871 oo 27.6.1866 Caro-line Isaak *26.6.1842 in Grumbach + 1.9.1885		StA 1882 Nr.96
36	Werner Ferdinand	Neu	*12.02.1913 + 1978 in St. Louis, USA		Theodor Neu oo 5.11.1906 Anna Falkenberg *13.3.1877 in Rülzheim +28.12.1940 im Camp de Gurs		
37	Hertha	Neu	*31.8.1907 +26.2.1962 in Heidel-berg	Herta Neu oo 1.11.1934 Ludwig Maier +1906 in Ulmet +31.12.1945 in Lublin/Majdanek	Theodor Neu oo 5.11.1906 Anna Falkenberg *13.3.1877 in Rülzheim +28.12.1940 im Camp de Gurs		
38	Johanna	Maier	*27.11.1935 +8.7.2010		Herta Neu oo 1.11.1934 Ludwig Maier +1906 in Ulmet +31.12.1945 in Lublin/Majdanek		

39	Jakobina genannt Henrietta	Neu	*07.01.1840 in Niederwiesen +25.6.1864 in Odernheim	Isaak Scholem, Handelsmann *8.4.1837 oo 27.6. 1861 Jakobina Neu *7.1.1840 +25.6.1864 in Odernheim	Jakob Neu (1), Hafner *1812 + 18.4.1840 oo 17.11.1839 und Marta Wolf *1802 Martha Wolf *1802 in Niederwiesen Kurhessen Tochter Anselm Wolf, Handelsmann * er. 1775 +30.3.1831 oo Esther Wolf * er. 1768 +1.03.1844 Niederwiesen, beide wohnhaft in Niederwiesen. Die Familie Wolf ist in der 1. Hälfte des 19.Jahrhunderts in Niederwiesen ausgestorben.		StA 1839 Nr. 3 StA 1844 Nr. 3
40	Grenel	Mayer	*23.5.1801		Isaac Mayer (Josef Neu) oo Gluck Loew (Gluck Neu)		StA 1801 Nr.38 Zeugen Samuel Lazarus und Wolf Levi
41	Berle	Mayer	*31.1.1803		Isaac Mayer (Josef Neu) oo Gluck Loew (Gluck Neu)		StA 1803 Nr. 27
42	Grenel Victor	Mayer	* 20.4.1806 +23.4.1806				StA 1806 NF
43	Isac	Mayer	*1804		Isaac Mayer (Josef Neu) oo Gluck Loew (Gluck Neu)		StA 1804 Nr. 30

Heiratsakt von Isac Meyer (Josef Neu) oo Glückelchen Süskind (Gluck Neu) 8.2.1799

Abb.: Heiratsurkunde von Isac Meyer (Josef Neu[200]) und Glückelchen Süskind (Gluck Neu[201])[202]

---

[200] Name nach 1808

[201] Name nach 1808

Transskribt : Heiratsakt von Isac Meyer (Josef Neu) oo Glückelchen Süskind (Gluck Neu) 8.2.1799

Heute den zwanzigsten Tag des Monats Pluviose im siebeten Jahr der Republik, des vormittags um elf Uhr sind vor mir Franz Erdmann Stockinger Municipal agent dahier, Canton Obermoschel Departement Donnersberg, bevollmächtigter durch das Gesetz, um die Geburts, Heuraths und Sterburkunden der Bürgern aufzusagen, in meinem Hause erschienen, um ein Ehebündnis zu schließen. Erstens mit Isac Meyer vier und dreißig Jahre alt, ein Handelsmann dahier wohnhaft, Sohn des verstorbenen hiesigen Einwohners Mayer Lazarus und der Malken einer geborenen Süskind, seiner Ehefrau, andererseits mit Glückelchen Süskind, acht und zwanzig Jahre alt, einer Tochter des Löw Süskind und seiner Ehefrau Gikelchen einer geborenen Sinai, zu Offenbach im Kanton Grumbach, Departement von der Saar, wohnhaft, welche beide künftigen Eheleute begleitet. Löw Süskind fünf und siebzig Jahre alt zu Offenbach wohnhaft, Samuel Lazarus sechs und vierzig Jahre alt, Abraham Isak acht und fünfzig Jahre alt und Wolf Levy vier und dreißig Jahre alt, letztere drei dahier wohnhaft. Ich Franz Erdmann Stockinger, nachdem ich sie in Gegenwart dernPartien und Zeugen vorgelesen habe erstens den Geburtsakt des Isac Mayer datiert vom zwölften Decembris eintausend siebenhundert vier und sechzig, wodurch beurkundet wird, daß er rechtens rechtmäßigen Ehe von oben benannten Mayer Lazarus und der Kalke Mayerin geboren ist; zweitens der Geburtsakt von Glückelchen Süskind datiert vom sechs und zwanzigsten März eintausend siebenhundert und siebzig, der Inhalt, daß sie zu Offenbach geboren ist in der rechtmäßigen Ehe des Löw Süskind und seiner Ehefrau Gikelchen Süskind; auch nachdemen Isac Meyer und Glückelchen Süskind mit lauter Stimme erklärt haben, daß sie sich gegenseitig zu Ehegatten erklären wollen, habe ich im Namen des Gesetzes den Eidspruch gethan, daß Isac Meyer und Glückelchen Süskind ehelich verbunden sind und habe den gegenwärtigen Act aufgesetzt, welche die Partien welche jedoch nicht deutlich, sodann nur hebräisch schreiben können und die Zeugen mit mir unterschrieben haben, gesehen, in meinem Hause dahier, den Tag, Monat und Jahr wie vor.

Franz Erdmann Stockinger
Municipal Agent

Unterschrift von Isac Meyer und Glückelchen Süskind in hebräisch
Unterschrift der Zeugen

Familie Stern

Nr.	Vorname	Name	Lebensdaten und Orte	Verheiratet Kinder	Eltern	Name vor 21.7.1808	Bemerkungen
1	David	Stern	*10.5.1755 +14.6.1840	David Stern, Viehhändler *10.5.1755 oo Gutel (Guthel) Calmann *25.9.1765	Lazarus Isaac, Handelsmann oo Lemmele Isaac	Lazarus Salomon	StA 1840 Nr.24 Viehhändler
2	Jakob (Jaques)	Stern	* 15.101751 +18.10.1843	oo Roeschen (Rösel) Stern *24.6.1764		Ehemann: Samuel Lazarus Ehefrau: Roeschen Hirsch	StA 1843 Nr.29 StA 1843 Nr. 13
3	Maximilian (Max)	Stern	* 25.10.1808	oo 27.1.1830 Jacobine Maas *in Gau-Odernheim Eltern von Jakobine Maas: Michael Maas 57 Jahre Handelsmann Johanna Zweig	David Stern, Viehhändler *10.5.1755 oo Gutel (Guthel) Calmann *25.9.1765	Moises Salomon, Handelsmann	StA 1808 Nr.? StA 1830 Nr.2 Trauzeugen: Gotthard Jung Jakob Stern

202 Gemeindearchiv Odernheim, Standesamt: Heirat 8.2.1799

Nr.	Vorname	Name	Lebensdaten und Orte	Verheiratet Kinder	Eltern	Name vor 21.7.1808	Bemerkungen
				40 Jahre alt			
4	Jaques	Salomon	*20.07.1804 +27.1.1808		David Stern, Viehhändler *10.5.1755 oo Gutel (Guthel) Calmann *25.9.1765		
5	Lazarus	Stern	*27.11.1831		Maximilian Stern *25.10.1808 oo 27.1.1830 Jakobine Maas *in Gau-Odernheim		StA 1831 Nr. 38
7	Philippine	Stern	*30.6.1834		Maximilian Stern *25.10.1808 oo 27.1.1830 Jakobine Maas *in Gau-Odernheim		StA 1834 Nr.5
8	Karl	Stern	+8.4.1803				StA NF
9	Elisabeth	Stern	+25.9.1814	oo 22.9.1805			StA NF

Familie Rothschild

Nr.	Vorname	Name	Lebensdaten und Orte	Verheiratet Kinder	Eltern	Name vor 21.7.1808	Bemerk.
1	Liebmann	Rothschild	*26.06.1819 in Offenbach	oo 8.9.1846 Johannette Baumgarten *6.10.1821 in Hüffelsheim	Jakob Rothschild oo Gütschen Vogel, beide Offenbach		Vieh-händler
2	Isaac	Rotschild	*21.6.1847 +6.3.1875	oo Wilhelmine Strauß * 25.4.1847 in Hüffelsheim	Liebmann Roth-schild oo 8.9.1846 Johannette Baum-garten*6.10.1821 in Hüffelsheim		
3	Clara	Rothschild	*9.1.1874		Isaac Rothschild oo Wilhelmine Strauß * 25.4.1847 in Hüffelsheim		
4	Bertha	Rothschild	*14.3.1872		Isaac Rothschild oo Wilhelmine Strauß * 25.4.1847 in Hüffelsheim		
5	Eduard-Liebmann	Rothschild	*7.1.1850	Eduard L. Rothschild oo Carolina Auguste Adelheid	Liebmann Roth-schild oo 8.9.1846 Johannette Baum-garten*6.10.1821 in Hüffelsheim		
6	Esther	Rothschild	* 1.9.1894 in Philadelphia, USA		Eduard L. Roth-schild oo Carolina Auguste Adelheid		
7	Ben	Rothschild	* 15.8.1898 in Atlantic City, USA		Eduard L. Roth-schild oo Carolina Auguste Adelheid		
8	Raphael	Rothschild	*16.7.1852		Liebmann Roth-schild oo 8.9.1846 Johannette Baum-garten*6.10.1821 in Hüffelsheim		
9	Samuel	Rothschild	*12.4.1854		Liebmann Roth-		

Nr.	Vorname	Name	Lebensdaten und Orte	Verheiratet Kinder	Eltern	Name vor 21.7.1808	Bemerk.
					schild oo 8.9.1846 Johannette Baum-garten*6.10.1821 in Hüffelsheim		
10	Leopold	Rothschild	*5.12.1856		Liebmann Roth-schild oo 8.9.1846 Johannette Baum-garten*6.10.1821 in Hüffelsheim		
11	Carolina	Rothschild	*6.7.1859		Liebmann Roth-schild oo 8.9.1846 Johannette Baum-garten*6.10.1821 in Hüffelsheim		
12	Johanna	Rothschild	*25.3.1862		Liebmann Roth-schild oo 8.9.1846 Johannette Baum-garten*6.10.1821 in Hüffelsheim		

Familie Jung

Nr.	Vorname	Name	Lebensdaten und Orte	Verheiratet Kinder	Eltern	Name vor 21.7.1808	Bemerkungen
1	Gotthard	Jung	*4.9.1752 +4.12.1840	Gotthard Jung oo Baermann Grae-schen	Namen der Eltern sind unbekannt	Hirsch Goettschlich	StA 1840 Nr. 28 Viehhändler Wohnten in
2	Amelie	Jung	*21.10.1794	oo Nathan Simons *1789, Sohn des Joseph Nathan oo Sara Feist Gaualgesheim	Gotthard Jung oo Baermann Graeschen	Gottschlich Veilgen	
3	Hermann (Germain)	Jung	*26.10.1792 +23.2.1868	Hermann Jung oo Philippina genannt Carolina Landsberg *1795 in Obermo-schel	Gotthard Jung oo Baermann Graeschen	Goettschlich Baermann	StA 1813 Nr.1 StA 1868 Nr.5 Handelsmann, wohnte in
4	David	Jung	*15.7.1814	David Jung oo 13.2.1844 Johanna Süßkind *30.1.1816 in Kirchheimbolanden, Tochter des Moises Süßkind, Handels-mann oo Theresia Salm beide aus Kirch-heimbolanden	Hermann Jung oo Philippina genannt Carolina Landsberg *1795 in Obermoschel		Landkrämer, Schiffs- und Auswanderungs-Agent
5	Paulina	Jung	*11.6.1846		David Jung oo 13.2.1844 Johanna Süßkind		
6	Carl	Jung	*19.10.1848		David Jung oo 13.2.1844 Johanna Süßkind		
7	Caroline	Jung	*3.6.1851 +19.10.1851		David Jung oo 13.2.1844 Johanna Süßkind		

Nr.	Vorname	Name	Lebensdaten und Orte	Verheiratet Kinder	Eltern	Name vor 21.7.1808	Bemerkungen
8	Jakobine	Jung	*18.10.1853		David Jung oo 13.2.1844 Johanna Süßkind		
9	Hermann	Jung jun.	*3.11.1857 +21.4.1858		David Jung oo 13.2.1844 Johanna Süßkind		
10	Carolina	Jung	*22.6.1817	Carolina Jung oo 30.3.1842 Jakob Löb	Hermann Jung oo Philippina genannt Carolina Landsberg *1795 in Obermoschel		StA 1842 ?
11	Amalie	Jung	*24.1.1820	Amalie Jung oo Gabriel Haas, Gemeindeschreiber zu Odernheim *8.10.1816 zu Hochstätten, Sohn von Lazarus Haas, Handelsmann +22.3.1843 oo Henriette Hanf +3.4.1832 beide Hochstätten	Hermann Jung oo Philippina genannt Carolina Landsberg *1795 in Obermoschel		
12	Jakob Hermann	Jung	*11.8.1823 +2.4.1892	Jakob Hermann Jung oo 1.4.1873 Johanna Strauß *20.3.1827 in Meisenheim + 2.11.1900 Tochter von Hiob Strauß, Handelsmann, Meisenheim +11.10.1837 oo Eva Dahl +1.7.1862, Tochter von Isaak Dahl, Handelsmann +29.3.1824 in Meisenheim oo Rebekka Levy +10.3.1827 in Meisenheim	Hermann Jung oo Philippina genannt Carolina Landsberg *1795 in Obermoschel		
13	Karolina genannt Karla	Jung	+30.3.1842 im Alter von 86 Jahren	Karolina Jung oo Jakob Löb, Handelsmann aus Niedereisenbach, Name der Eltern ist unbekannt			StA 1842 Nr. 11 Schwester von Gotthard Jung (Goettschlich Hirsch)
14	David	Jung senior		David Jung senior oo Gütchen Lazarus *er. 1756 - +16.2.1843	Eltern sind unbekannt Lt. Sterbe Eintrag der Ehefrau		StA 1843 Nr.6

Familie Scholem

Nr.	Vorname	Name	Lebensdaten und Orte	Verheiratet Kinder	Eltern	Name vor 21.7.1808	Bemerkungen
1	Isaak	Scholem	*8.4.1837 in Hüffelsheim +14.04.1917	1. Ehe Isaak Scholem oo 27.6.1861 Jakobina	Reinhard Scholem *er. 1809 oo Karolina		StA 1840 Nr.16 StA 1839 Nr. 3 STA Niederwiesen Nr.3

Nr.	Vorname	Name	Lebensdaten und Orte	Verheiratet Kinder	Eltern	Name vor 21.7.1808	Bemerkungen
			in St. Ingbert	genannt Henrietta Neu *7.12.1840 in Niederwiesen, Bezirk Alzey, Großherzogtum Hessen Tochter von Jakob Neu (1) Handelsmann Odernheim * er.1811 +18.4.1840 oo 17.11.1839 Martha Wolf ,Landkrämerin *er.181 2 in Niederwiesen, Tochter des Anselm Wolf, Handelsmann +er.1775 +30.3.1831 oo Esther Wolf *er. 1768 +1.3.1844 beide wohnhaft und gestorben in Niederwiesen. 2.Ehe: Isaak Scholem oo 8.12.1870 Eva Straus(ß) *22.10.1848 in Fürfeld	Baumgarten *er. 1815 beide Hüffelsheim		Am 1.7.1907 wanderte Isaak Scholem mit seiner 2. Frau nach St. Ingbert aus. Familie Wolf ist Mitte des19. Jhd. ausgestorben. Der Stammvater kam ca.1780 aus Hochstätten nach NW. Im JR sind 6 mal Wolff verzeichnet, u.a. der Vater von Marthe Wolff verh. Neu, Anselm Wolf (ca. 1775 - 30.03.1831 (!)/ 3 NW oo Ester W. (ca. 1768 - 1.03.1844/3 NW). Marthe Wolff/ Meerle Anschel wurde am 14.10. 1801 in NW geb. ; nach ihren Informationen heiratete sie 1839/3 in Odernheim Jakob Neu und ging nach dem Tod ihres Mannes (18.04.1840) nach NW zur Geburt ihrer Tochter Jacobina (18.12.1840/17 NW) zu ihren Eltern. Jacobina Neu: *24.12.1840/17 NW starb am 25.06.1864 in Odernheim **Quelle:** Gerhard Holzer, Wendelsheim
2	Johanna	Scholem	*20.10.1861 +19.10.1876		Isaak Scholem oo 27.6.1861 Jakobina genannt Henrietta Neu *7.1.1840 in Niederwiesen		
3	Ludwig	Scholem	*22.10.1871		Isaak Scholem oo 8.12.1870 Eva Straus(ß) *22.10.1848 in Fürfeld		
4	Emil	Scholem	*2.11.1875 +25.8.1943 in Auschwitz		Isaak Scholem oo 8.12.1870 Eva Straus(ß) *22.10.1848 in Fürfeld		

Nr.	Vorname	Name	Lebensdaten und Orte	Verheiratet Kinder	Eltern	Name vor 21.7.1808	Bemerkungen
5	Hugo	Scholem	*6.6.1880		Isaak Scholem oo 8.12.1870 Eva Straus(ß) *22.10.1848 in Fürfeld		
6	Salomon	Scholem	*1.9.1881 +29.4.1907		Isaak Scholem oo 8.12.1870 Eva Straus(ß) *22.10.1848 in Fürfeld		
7	Heinrich Henri	Scholem	*25.7.1885 +31.12.1945 in Auschwitz	oo am 5.März 1911 in St. Ingbert die Ida Isaak *22. Februar 1889 in St. Ingbert +5.August 1943 in Auschwitz Kinder: Anne Liese Scholem *19. Feb. 1912 in Pirmasens + 2006 Hilde Scholem *09.09.1915 in Pirmasens +31.07. 1943 in Auschwitz	Isaak Scholem oo 8.12.1870 Eva Straus(ß) *22.10.1848 in Fürfeld		Kaufmann in Pirmasens
8	Hermina	Scholem	*20.1.1870 +2.3.1905		Isaak Scholem oo 8.12.1870 Eva Straus(ß) *22.10.1848 in Fürfeld		
9	Auguste	Scholem	*21.7.1874 +20.1.1875		Isaak Scholem oo 8.12.1870 Eva Straus(ß) *22.10.1848 in Fürfeld		
10	Helena	Scholem	*19.4.1878 +22.12.1878		Isaak Scholem oo 8.12.1870 Eva Straus(ß) *22.10.1848 in Fürfeld		
11	Pauline	Scholem	*27.3.1890 +31.12.1945 in Auschwitz	oo am12.Februar 1913 in St. Ingbert den Theodor Ochs *22.Mai 1888 in St. Ingbert	Isaak Scholem oo 8.12.1870 Eva Straus(ß) *22.10.1848 in Fürfeld		

Familie Neuberg

Nr.	Vorname	Name	Lebensdaten und Orte	Verheiratet Kinder	Eltern	Name vor 21.7.1808	Bemerkungen
1	Jaques	Neuberg	*7.9.1763			Levy Wolf	Schrotthändler
2	Breunel	Neuberg	*5.9.1767			Breunel Abraham	

Jüdische Bewohner, die keiner Familie zuzuordnen sind

Nr.	Vorname	Name	Lebensdaten und Orte	Verheiratet Kinder	Eltern	Name vor 21.7.1808	Bemerkungen
1	Josef	Joseph	* Dezember 1810		David Joseph oo Jackia		StA 1810 Nr. 76 Eltern haben im Hause von Jakob Stern einen Sohn namens Josef bekommen. Angezeigt wurde die Geburt von der Hebamme und Zeuge war George Schaar
2	Mateus	Loew	*1804		Moises Hirsch oo Sara Barnok?		StA 1804 Nr. 72 Zeugen: Samuel Lazarus und Wolf Levy
3	Isaak	Maier	*25.3.1805				StA NF
4	Isaak	Grenel	*7.8.1802				StA NF
	Michelè	Victor	*31.1.1803				StA 1803 Nr.47
5	Michelé	Victor	*11.6.1807		Victor Mayer oo Rebeque Berlé		StA 1807 Nr.41
	Lazarus	Gütchen	+16.2.1843	Lazarus Gutchen oo David Jung senior			Civilstandsregister
	Lazarus	Salomon	*20.10.1804 +27.1.1808				Civilstandregister
	Rösel	Hirsch	+18.4.1843				StA 1843 Nr. 13
		Löw	*29.3.1804				Civilstandsregister
	Rosina	Abraham	* er. 1733 in Odernheim +20.09.1824 in Staudern-heim	Rosina Abraham oo Jakob Eichel + 1.1.1818 in Staudernheim	Abraham, Handelsmann zu Odernheim oo Feilgen	Rosina Hirsch	StA Staudernheim geführt im StA Meddersheim 1824 Nr. 28 S und gleiches Standes-amt Jakob Eichel 1818 Nr. 33

Quellen: Nennung von Juden in der Akte Gemeindearchiv Odernheim VIII / 6

Nr.	Name	Bemerkung	Quelle
1	Samuel Löws	zu Hochstätten	Gemeindearchiv Odernheim VIII / 6, S:3
2	Abraham Löws	zu Hochstätten Schutzbrief vom 12.Dec. 1761 für Odernheim	Gemeindearchiv Odernheim VIII / 6, S:3
3	Hirsch, Gottscho	Ersuchen um Erlassen des Schutzgeldes 4. Febr. 1769 in Odernheim	Gemeindearchiv Odernheim VIII / 6, S:10
4	Hirsch Gottschlich	Schutzbrief zu Odernheim 8. Dec. 1761	Gemeindearchiv Odernheim VIII / 6, S:11

5	Gütele	Ehefrau von Hirsch Gottschlich, Schutzbrief für Gütele 6.Sept. 1766 für Odernheim	Gemeindearchiv Odernheim VIII / 6, S:12
6	Levy, Mendel	Hauskauf 23. April 1762 in Odernheim	Gemeindearchiv Odernheim VIII / 6, S:21
7	Hayum, Samuel	Zu Hochstätten, Schutzbrief 17. Nov. 1763 für Odernheim	Gemeindearchiv Odernheim VIII / 6, S:27
8	Isaac, Mayer	Judenoberschultheiß, + 1761 in Odernheim Bleiberecht der Nachkommen von Judenoberschultheiß Isaak Mayer, Beschwerdebrief der Odernheimer Bürger 1761 (S:7)	Gemeindearchiv Odernheim VIII / 6, S:94, S:7, S:37
9	Afron, Isaac	Sohn des Judenoberschultheiß	Gemeindearchiv Odernheim VIII / 6, S:94
10	Seligmann, Isaak oo Klährchen aus Bingen	Schutzbrief für Klährchen aus Bingen 1767, Seligmann, Isaac ist der Sohn des Judenoberschultheiß Isaac Mayer, Heiratskontrakt vom 15 ten im Monat adar nach der leinen Zahl im Jahr 518. Donnerstag 23. Februar Heiratskontrakt 1758	Gemeindearchiv Odernheim VIII / 6, S:67, S: 37
11	Abraham, Isaac	Bestätigung der Zahlung von Schutzgeld 12.Aug. 1766	Gemeindearchiv Odernheim VIII / 6, S:45
12	Seligmann, Isaak	Insolvenz, Aufstellung über sein Vermögen, 19.Nov. 1766	Gemeindearchiv Odernheim VIII / 6, S:47
13	Lazarus, Mayer	Schutzbrief 15. Marty 1796	Gemeindearchiv Odernheim VIII / 6, S:56
14	Isaac, Lazarus		Gemeindearchiv Odernheim VIII / 6, S:57
15	Seligmann, Levy	Judenschulmeister zu Hochstätten, Schutzbrief für Odernheim am 30. Dec. 1768	Gemeindearchiv Odernheim VIII / 6, S:60
16	Jüdin Mayer	Bitte um Erlass des Schutzgeldes, bzw. Ermäßigung des Schutzgeldes 27. May 1768, Ehefrau des Judenoberschultheiß Isaac Mayer	Gemeindearchiv Odernheim VIII / 6, S:65
17	Mendel, Jospel	Urkunde 6. Feb. 1782	Gemeindearchiv Odernheim VIII / 6, S:105
18	Feil, Isaac	Schutzbrief 20. März 1779 für Odernheim	Gemeindearchiv Odernheim VIII / 6, S:120
19	Elias, Isaac	Ausweisung aus Odernheim, 13. May 1778	Gemeindearchiv Odernheim VIII / 6, S: 121,126
20	Lazarus, Isaak	Dezember 1775, Aufstellung des Vermögens von Lazarus, Isaak, <u>Folgende Personen sind genannt:</u> Jud **Mayer Laser** wohnt bei ihme im Haus, unverheurathet. **Tochter Reflge** verheurathet in der Nähe von Saarlouis. **Tochter Veilge** verheurathet mit Raphael Gilde **Sohn Jockel** 20 Jahre alt **Sohn Schmud?** 22 Jahre alt **Sohn Salomon** 17 Jahre alt in auswärtigen Dienst **Tochter Bräunle** 18 Jahre alt in auswärtigen Dienst **Tochter Jäthgen** 15 Jahre alt lebt beim Vater	Gemeindearchiv Odernheim VIII / 6, S:81-86

Gemarkung Judenkaut

Die Odernheimer Chronik gibt folgende Erklärung zum Flurnamen „Judenkaut“:
„Abhang im Nordosten des Hellerbergs zum Heimelbach hin. Flurnamen in Verbindung mit dem Wort Juden sind weit verbreitet (Judenkaut, Judendell, Judenwiese usf.). In der Regel handelt es sich um Ländereien, die im Besitz von Juden waren. Dies mag auch in unserem Fall zutreffen ...“.[203]
Es ist die wahrscheinlichste Erklärung für die Bedeutung „Judenkaut“ in unserer Gemarkung in Odernheim, nach Rückfrage mit dem Institut für pfälzische Geschichte und Volkskunde, Flurnamenarchiv[204] wurde diese Erklärung zur Herkunft des Flurnamens favorisiert.
Die Flurnamensgebung in Bad Sobernheim entspricht auch dem Verwendungszweck des betreffenden Grundstücks.
„Obwohl Juden in Sobernheim seit 1343 nachweisbar sind, taucht ihr Friedhof erst 1825 im sog. „Urkataster[205]“ auf, das eine Bestandsaufnahme darstellt. Gleichzeitig sind dort Flurnamen wie „Aufm Judenkirchhof“, „Hinter dem Judenkirchhof“ und „in der Judendell verzeichnet, was eine Vermutung schon längeren Bestehens des Friedhofs zulässt.“[206]
Es gibt aber auch noch weitere anerkannte Deutungen des Flurnamens.
In der Gemarkung Odernheim befindet sich ein Flurstück, die „Judenkaut“ genannt wird. „Bei „Judenkaut“ handelt es sich kaum um eine Besitzangabe. Meistens wurde „Jude(n)...“ als Beifügung für damals „geheimnisvolle, unerklärliche“ Örtlichkeiten verwendet[207]“.

---

203 Schworm Karl et al: Odernheim am Glan und Disibodenberg, Koblenz 1984, S.: 257
204 Institut für pfälzische Geschichte und Volkskunde Abt. Flurnamenarchiv; Natalie Fenske; Mail: N.Fenske@institut.bv-pfalz.de
205 Landeshauptarchiv Koblenz: Bestand 733, Nr. 564
206 Kreisverwaltung Bad Kreuznach: Jüdische Grabstätten im Kreis Bad Kreuznach, Bad Kreuznach 1995; S: 427
207 Dittmeier, Heinrich: Rheinische Flurnamen, Bonn, Röhrscheid 1963

Sieht man sich das Gelände in der Gemarkung „Judenkaut" an so ist eine „Kaut" (Grube, Senke) am Berg (Hügel)hang zu sehen, die durch geologische Prozesse entstanden ist.

Die napoleonischen Dekrete von 1808

Am 5. März 1808 sind die Dekrete Nr. 3237, 3238 und 3210 ergangen, die sich mit Angelegenheiten der Juden befassten. Die beiden ersteren Dekrete regelten den Kultus der Juden, das letztere war das sog. „Decret infame". Das Dekret 3589 erging am 30.Mai 1808, es regelte die Namensführung der Juden.
Dieses Dekret befahl u.a. die Herabsetzung von Schuldforderungen durch das Gericht, falls sie durch Forderungen von mehr als 5% Zins aufgelaufen war. In Titel III verbot es fremden Juden die Niederlassung im Elsaß, in den übrigen Teilen des Reiches durften sich Juden nur bei Grunderwerb niederlassen. Ziffer 17 nahm den Juden das Recht, einen Vertreter zum Militärdienst zu stellen.
Eine weitere Bestimmung erschwerte den jüdischen Händlern den Handel, eine Schuldurkunde, die von einem Nichtjuden zugunsten eines Juden ausgestellt wurde, konnte nur eingeklagt werden, wenn der Jude mittels Zeugen die Auszahlung der Valuta beweisen konnte. Die Niederlassung eines Juden war an den Erwerb von Grundeigentum und die Betreibung des Ackerbaus geknüpft. Die als am bedrückendste empfundene Einschränkung jüdischen Handels war die sog. Lizenzierung ihres Gewerbes.
„in der Zukunft (...) darf kein Jude irgend einen Handel im Großen oder im Kleinen, noch sonst ein Geschäft, welches in Kaufen, Verkaufen oder Austauschen besteht, treiben, ohne zu diesem Ende ein Patent zu haben; dies Patent soll nur auf genau bezogene Erkundigungen und auf ein Zeugnis des Munizipalrates, daß besagter Jude weder Wucher, noch einen unerlaubten Handel betrieben hat; des Consistoriums[208] der Synagoge, in deren Bezirk er wohnt, über seine gute Aufführung und Redlichkeit, erteilt werden[209]".

---

208 Synagogenvorstand, Synagogenausschuss
209 Arnold, Hermann, Von Juden in der Pfalz, Speyer,1967,S. 49

Das Napoleonische Dekret vom 20.7.1808

In unserem Gemeindearchiv fanden sich Zeugnisse Anfang des 19. Jhd., die Auswirkungen der in Paris betriebenen revolutionären Politik auch in Odernheim belegen lässt. Ganz nach dem Revolutionsgrundsatz der Gleichheit wurde das Dekret vom 21. Juli 1808 erlassen, mit u.a. der Intention, die Gleichheit aller Bürger auch im Namen (Vor- und Zuname) herzustellen.

Die Pariser Nationalversammlung hatte am 28. September 1791 in einer spektakulären Aktion die sofortige und uneingeschränkte Befreiung der Juden aus allen feudalstaatlichen Fesseln und Beschränkungen beschlossen, das 19 Jhd. prägte dafür den Begriff Emanzipation, um sie damit zu den Christen gleichgestellten Bürgern zu machen.

Die Ursachen der Entstehung der „Napoleonischen Judenedikte" lag in der wirtschaftlichen Situation im Elsaß begründet. Viele Bauern hatten Schulden bei jüdischen Geldleihern.

Die Bauern waren geschäftsunerfahren und sahen das Anwachsen der Zinsen nicht voraus. Die Zinsen liefen auf und es kam zu zahlreichen Zwangsvollstreckungen. So kam es vielfach zu einer erdrückenden Verschuldung. In Einzelfällen wurden betrügerische Praktiken von jüdischen Geldverleihern bekannt, die, wie es durchaus üblich war, verallgemeinert wurden. In den Beratungen der Nationalversammlung, die zur Gleichstellung der Juden durchgeführt wurden, sprachen sich die Vertreter des Elsaß gegen eine gesetzliche Gleichstellung von Juden aus, sie führten altbekannte Wuchervorwürfe und unlautere Geschäftspraktiken der jüdischen Handels- und Geldverleiher zur Argumentation dagegen an[210].

Ihren legislativen Ausdruck fand diese Haltung in drei Gesetzeswerken des Jahres 17.03.1808, die den Rahmen für das Zusammenleben von Juden und Christen abgrenzte und den Weg zu einer zügigen Angleichung der jüdischen und christlichen Lebensweisen vorschrieben.

Reglementiert wurde in erster Linie die wirtschaftliche Betätigung der Juden mit dem Ziel, sie dem Handel als ihrem traditionellen Sektor zu entfremden und an dessen Stelle die Landwirtschaft zu setzen.

---

210 Arnold, Hermann, Von Juden in der Pfalz, Speyer,1967,S. 46ff

Juden durften nur Handel treiben, wenn sie im Besitz eines vom Präfekten ausgestellten Patents waren, hierzu war die Voraussetzung ein vom Munizipalrat[211] und dem jüdischen Konsistorium[212] ausgestelltes Leumundszeugnis.
Religion und Kultus wurden ebenfalls auf eine neue Grundlage gestellt und zwar nach den Prinzipien des Staatskirchentums, das in auffälliger Weise den Strukturen der protestantischen Kirche glich.
Die Neuansiedlung wurde nur jenen Juden erlaubt, die an ihrem Niederlassungsort Land kauften. Die bisher von den Juden bezahlten Abgaben wurden abgeschafft, nun war das gewählte Konsistorium der Pfalz Departement Donnersberg für die Erhebung und das Eintreiben der Steuergelder zuständig. Die Autonomie der Gemeinden wurde eingeschränkt, jüdische Kinder mussten mit ihren christlichen Mitbürgern in die Schule gehen. Juden waren jetzt wehrpflichtig.
Napoleon erließ in einem dritten Gesetz am 20. Juli 1808 Richtlinien, die dem Namenswesen der Juden eine neue, ebenfalls am christlichen Beispiel orientierte Ordnung gaben.
Ende des 18. Jhd. befand sich die Entwicklung der Jüdischen Familien- und Personennamen vielfach noch in einem Stadium, das im christlichen Bereich spätestens seit Anbruch der Neuzeit überwun-

---

211 Der Gemeinderat in Frankreich (frz. Conseil municipal)
Die deutsche Übersetzung Munizipalrat wird hauptsächlich für Gemeinderäte in Deutschland zur Franzosenzeit benutzt

212 Das Consistoire central israélite (dt. Konsistorium) war die von Napoleon 1808 geschaffene Organisation der jüdischen Konfession im damaligen Frankreich, das heißt einschließlich von Teilen Deutschlandsund Italiens. Im zentralen Konsistorium saßen drei *Grands rabbins* (Großrabbiner) und zwei Laien, in den regionalen Konsistorien ein *Grand rabbin* und vier Laien. Sie wurden von 25 Notabeln gewählt, die von den Gemeindemitgliedern ernannt und von den lokalen Präfekten bestätigt werden mussten. Sämtliche Ernennungen waren von der Bestätigung der Regierung abhängig. Jeder jüdische Familienvorstand musste dem Konsistorium Steuern zahlen. Das Motto des zentralen Konsistoriums „Religion und Vaterland“ betonte den Stellenwert der Assimilation. Die Konsistorien, die einen halbstaatlichen Status erhielten, sollten nach protestantischem Vorbild die inneren Angelegenheiten der jüdischen Glaubensgemeinschaft regeln. Das Konsistorium hatte den Kultus zu verwalten, die Juden zur Ausübung nützlicher Berufe anzuhalten und den Behörden die jüdischen Rekruten zu nennen.

den war. In weiten Teilen Europas bestand noch die ursprüngliche Einnamigkeit, das bedeutet eine jüdische Person hatte einen Rufnamen, der in aller Regel in den meist kleinen Gemeinschaften ausreichte. Dem Rufnamen wurde der Rufname des Vaters beigegeben z.B. Jakob ben Josef (Jakob Sohn des Josef). Fest mit einer Familie verbundene Sippennamen waren noch nicht gebräuchlich.
Die Ideale der Französische Revolution setzten sich nur allmählich auch in den linksrheinischen französisch annektierten Reichsgebieten durch. Es sollte bis zum 23. September dauern, bis alle Zurücksetzungen, die verfassungsrechtliche Gleichstellung der Rheinpfalz, umgesetzt waren. Dazu gehörte auch die Gleichstellung von Religiösen Minderheiten.
Am 20. Dezember 1797 wurde das Personenstandswesen für alle Einwohner im gesamten linksrheinisch französisch annektierten Provinz eingeführt.
Im Department Donnersberg, Kanton Obermoschel, zu dem Odernheim jetzt gehörte, wurde das Personenstandswesen den neuen Anforderungen angepasst, wonach die rechtskräftige Geburt, Eheschließung und der Sterbefall für alle Einwohner geregelt wurde und genaue Vorschriften enthielt, wann der vollständige Vor- und Zuname und das Alter anzugeben sind. Die ersten Aufzeichnungen im Standesamt Odernheim sind auf das Jahr 1799 datiert.
Vor 1797 wurden Personenstandsangaben in Form von Aufzeichnungen der verschiedenen Kirchen, Glaubensgemeinschaften getätigt (oder auch nicht), was es den heute tätigen Genealogen nicht gerade einfach macht, Vorfahren von Sippen vor 1797 zu ausfindig zu machen.
Konkreter Anlass für die gesetzgeberische Maßnahme waren militärische Erfordernisse, denn bei der Eintragung in die Rekrutierungslisten (zur Aushebung von Massenheeren) war die Angabe des Vor - und Zunamens sowie das Alter erforderlich. Hierzu waren Juden oft nicht in der Lage.
Am 9.11.1799 riss Napoleon die Macht gewaltsam an sich und krönte sich 1804 selbst zum Kaiser.

Auszüge aus dem Dekret vom 20. Juli 1808

In Deutscher Übersetzung lauten die wichtigsten Passagen wie folgt:

1. *„Diejenigen Juden unseres Reiches, die den hebräischen Gottesdienst befolgen und die bisher keine fixen Geschlechts- und Vornamen hatten, sollen verpflichtet sein, solche binnen drei Monate nach Publikation unseres gegenwärtigen Decrets anzunehmen und sie vor dem Beamten des Zivilstandes der gemeinde, wo sie ansässig, zu erklären". (....) (in unserem Stadtarchiv befinden sich die damals eingeführten Zivilstandsregister (Am. der Verfasser)).*
2. *„Sollen nicht als Geschlechtsnamen angesehen werden, ein aus dem alten Testament gezogener Name noch der Name einer Stadt. Dürfen als Vornamen, die welche das Gesetz vom 11. Germinal Jahr XI (11.April 1803) autorisiert, genommen werden". (......)*
3. *„Sollen von den Verfügungen unseres gegenwärtigen Decrets ausgenommen sein, die Juden unserer Staaten oder die ausländischen, die sich darin niederzulassen kämen, wenn sie besagte Vor und Nachnamen haben, welche sie stets geführt obschon besagte Namen aus dem alten Testament oder den Städten, die sie bewohnen, gezogen sind".*
4. *Die obgemeldeten Juden, die ihre Namen und Vornamen beibehalten wollen, sind gleichwohl gehalten, Erklärung davon zu tun; nämlich die Juden unserer Staaten vor dem Maire der Gemeinde, wo sie wohnhaft sind, und die fremden Juden vor der Mairie, wo sie ihren Sitz aufschlagen wollen; und zwar in der in Artikel 1 anberaumten Frist.*
5. *Die Juden, die durch gegenwärtiges Decret vorgeschriebenen Formalitäten nicht erfüllt und die darin anberaumten Fristen versäumt haben, sollen außerhalb des Reiches geschickt werden; (.....)"*[213]

Einige Beispiele von Jüdischen Namen, die Bezug zu Städten, dem alten Testament und der Tora haben:

---

[213]Kuby Alfred Hrg.: Pfälzisches Judentum gestern und heute, Beiträge zur Regionalgeschichte des 19. Und 20. Jhd., Neustadt 1992

Oppenheimer, Bararach, Nürnberger,Frankfurter, St. Goar (im Dialekt auch Sankwert, Sangwert[214]), u.a. diese Namen haben einen Bezug zu Städten.
Levi, Isaak, Isaack, Moyses, Moses, Abraham diese Namen haben einen Bezug zum alten Testament. Die reiche Symbolik der Tora diente als Vorlage für Tiernamen (Hirsch, Bär, Wolf, Löw), der Name Löb ist wohl von dem in der Tora erwähnten Löwen abgeleitet. Namen die auf die religiöse Funktionen wie Priester (Cohen) oder Tempeldiener (Leviten) hinwiesen, waren auch als Namen gebräuchlich. Diese Namen bildeten den Wortursprung für die Namen wie Kahn, Katz, Kahan, Cohn, Kron oder Levy, Levi, Lewin.
Die neu gewählten Namen gaben oft Aufschluss darüber, wie der persönliche Bezug des Namensträgers zur jüdischen Religion war, er gab auch Aufschluss darüber, wie sehr der Namensträger sich integrieren wollte, die Namen waren dann der christlichen Mehrheitsgesellschaft angeglichene Namen. Wenn man die Namenslisten liest, so bemerkt man aber auch, dass mit der neuen Gesetzgebung, den Namen kurzfristig zu ändern, auch viele überfordert waren.
Auch wurden die alten traditionellen hebräischen Namen einfach übersetzt.
In anderen Gegenden ist belegt, dass antijüdisch gesinnte böswillige Beamte den Juden Schimpf- und Spottnamen wie „Tintenpulver“ oder „Geldschrank“ zuwiesen. Der Name wurde zum Stigma.[215]
In dem Zusammenhang zwischen der napoleonischen Gesetzgebung (1808) und den im Gemeindearchiv Odernheim vorgefundenen Listen und Fragebögen von 1808 bzw. 1810 ist diese Erfassung der Bürger israelischen Glaubens in Odernheim dokumentiert. Dieser Vorgang ist recht exakt nachzuvollziehen, da die Schlüsseldokumente des Verwaltungsakts erhalten sind. Das wichtigste Dokument ist die Standesamtliche Namensumschreibung der jüdischen Bürger von 1808.
Die 1808 in Kraft gesetzten Napoleonischen Judendekrete wurden, als der Widerstand von Seiten der Judenschaft zunahm und die französische Regierung zu der Erkenntnis kam, dass in einigen Zweigen

---

[214]Pies Christof: Jüdisches Leben im Rhein-Hunsrück Kreis, Schriftenreihe des Hunsrücker Geschichtsvereins Nr. 40
[215] Schoeps J.H. (Hrsg.), Neues Lexikon des Judentums, Gütersloh 2000, S: 593f

der Wirtschaft Juden eine dominante Rolle einnahmen, 1810 entschärft. Der Fortbestand der Dekrete von 1808 hätte volkswirtschaftliche Auswirkungen gehabt.

Die Dekrete wurden ab 1810 in einigen Teilen Frankreichs ausgesetzt und in den Rheinprovinzen der französischen Minister des Innern ermächtigt, die ihm würdig erscheinenden Juden von den Dekreten auszunehmen[216].

Die Entwicklung wurde von der bayrisch-österreichischen Administration mit folgenden Verordnungen 24.1.1815, 1.8.1815 und 13.1.1816 verschärft. Die Dekrete auch für die Rheinpfalz sollten eine begrenzte Laufzeit haben und 1818 automatisch außer Kraft gesetzt werden. Mit dem Bayrisch königlichem Dekret vom 6.4.1818 blieben die Dekrete in Kraft *„insolange, bis über die Verhältnisse der jüdischen Glaubensgenossen in diesem Kreise allgemeine, umfassende Bestimmungen erlassen werden können[217]".*

Immer wieder im Verlauf des 19. Jhd. gab es Versuche der Judenschaft in der Rheinpfalz die Napoleonischen Dekrete aufzuheben.

---

216 Arnold, Hermann, Von Juden in der Pfalz, Speyer,1967,S. 49

217 Arnold, Hermann, Von Juden in der Pfalz, Speyer,1967,S. 49

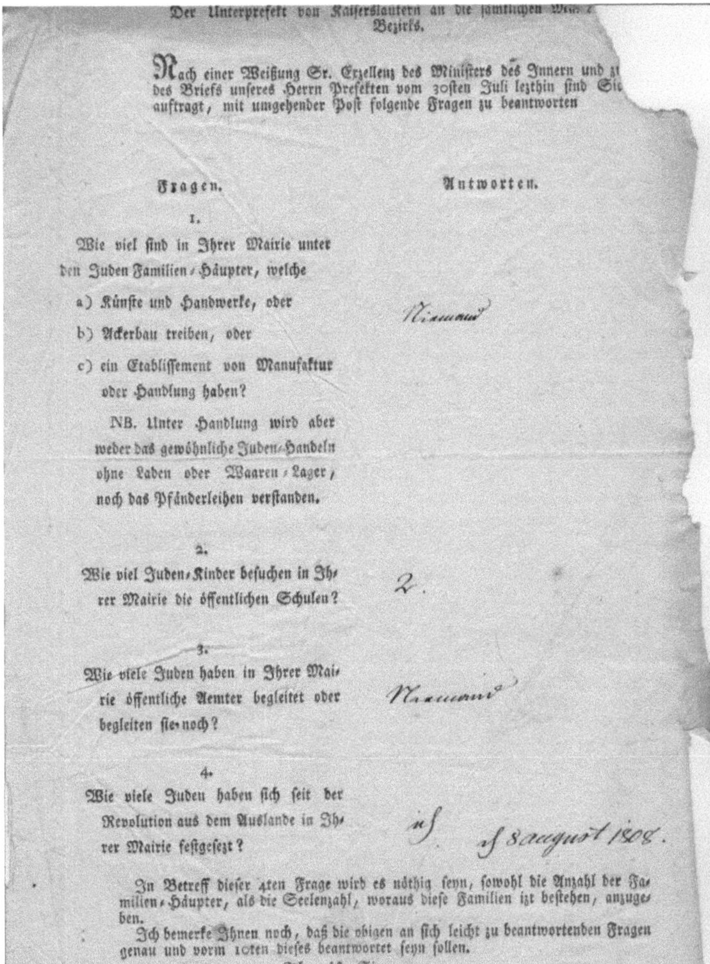

Der Unterprefekt von Kaiserslautern an die sämtlichen [illegible]
Bezirks.

Nach einer Weißung Sr. Exzellenz des Ministers des Innern und [illegible] des Briefs unseres Herrn Prefekten vom 30sten Juli lezthin sind Si[illegible] auftragt, mit umgehender Post folgende Fragen zu beantworten

Fragen.	Antworten.
1. Wie viel sind in Ihrer Mairie unter den Juden Familien-Häupter, welche a) Künste und Handwerke, oder b) Ackerbau treiben, oder c) ein Etablissement von Manufaktur oder Handlung haben? NB. Unter Handlung wird aber weder das gewöhnliche Juden-Handeln ohne Laden oder Waaren-Lager, noch das Pfänderleihen verstanden.	Niemand
2. Wie viel Juden-Kinder besuchen in Ihrer Mairie die öffentlichen Schulen?	2.
3. Wie viele Juden haben in Ihrer Mairie öffentliche Aemter begleitet oder begleiten sie noch?	Niemand
4. Wie viele Juden haben sich seit der Revolution aus dem Auslande in Ihrer Mairie festgesezt?	[illegible] d. 8 august 1808.

In Betreff dieser 4ten Frage wird es nöthig seyn, sowohl die Anzahl der Familien-Häupter, als die Seelenzahl, woraus diese Familien izt bestehen, anzugeben.

Ich bemerke Ihnen noch, daß die obigen an sich leicht zu beantwortenden Fragen genau und vorm 10ten dieses beantwortet seyn sollen.

Ich grüße Sie,

Abb.: Fragebogen der Unterpräfektur Kaiserslautern über die jüdische Bevölkerung vom 8.8.1808[218]

218 Gemeindearchiv Odernheim Akte VIII /6 Nr. 131

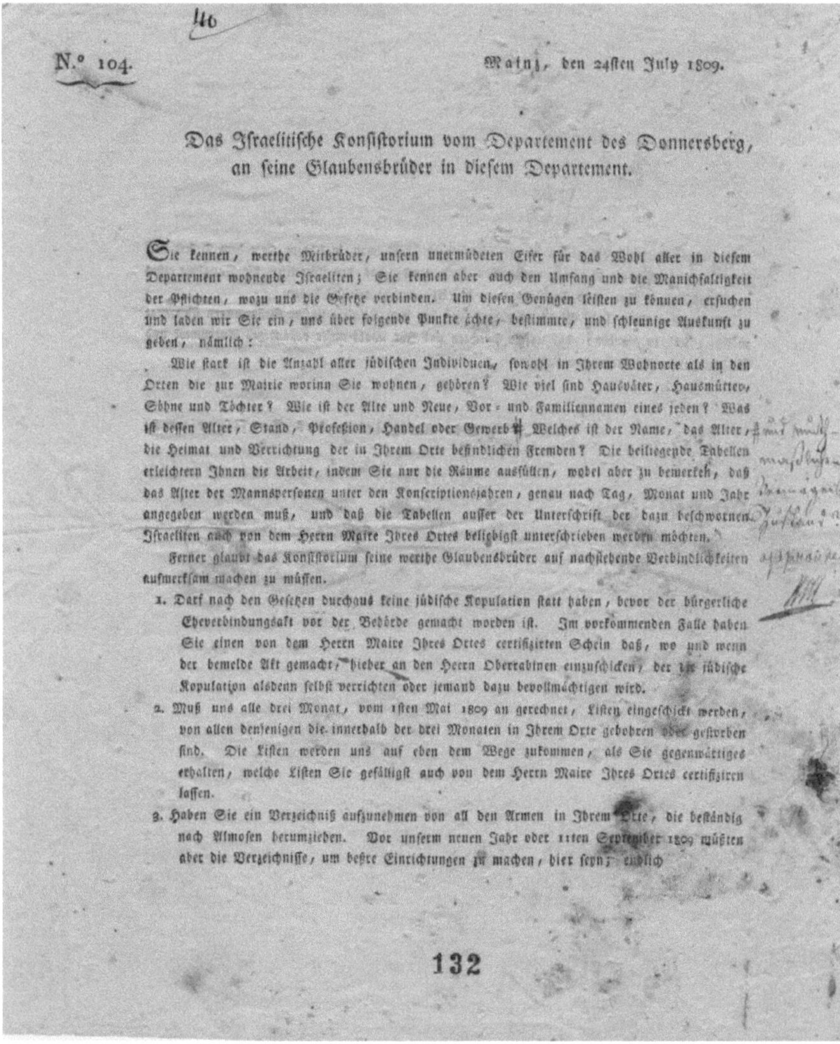

N.° 104. Mainz, den 24sten July 1809.

Das Israelitische Konsistorium vom Departement des Donnersberg, an seine Glaubensbrüder in diesem Departement.

Sie kennen, werthe Mitbrüder, unsern unermüdeten Eifer für das Wohl aller in diesem Departement wohnende Israeliten; Sie kennen aber auch den Umfang und die Manichfaltigkeit der Pflichten, wozu uns die Gesetze verbinden. Um diesen Genügen leisten zu können, ersuchen und laden wir Sie ein, uns über folgende Punkte ächte, bestimmte, und schleunige Auskunft zu geben, nämlich:

Wie stark ist die Anzahl aller jüdischen Individuen, sowohl in Ihrem Wohnorte als in den Orten die zur Mairie worinn Sie wohnen, gehören? Wie viel sind Hausväter, Hausmütter, Söhne und Töchter? Wie ist der Alte und Neue, Vor- und Familiennamen eines jeden? Was ist dessen Alter, Stand, Profeßion, Handel oder Gewerb? Welches ist der Name, das Alter, die Heimat und Verrichtung der in Ihrem Orte befindlichen Fremden? Die beiliegende Tabellen erleichtern Ihnen die Arbeit, indem Sie nur die Räume ausfüllen, wobei aber zu bemerken, daß das Alter der Mannspersonen unter den Konscriptionsjahren, genau nach Tag, Monat und Jahr angegeben werden muß, und daß die Tabellen ausser der Unterschrift der dazu beschwornen Israeliten auch von dem Herrn Maire Ihres Ortes beliebigst unterschrieben werden möchten.

Ferner glaubt das Konsistorium seine werthe Glaubensbrüder auf nachstehende Verbindlichkeiten aufmerksam machen zu müssen.

1. Darf nach den Gesetzen durchaus keine jüdische Kopulation statt haben, bevor der bürgerliche Eheverbindungsakt vor der Behörde gemacht worden ist. Im vorkommenden Falle haben Sie einen von dem Herrn Maire Ihres Ortes certifizirten Schein daß, wo und wenn der bemelde Akt gemacht, hieher an den Herrn Oberrabinen einzuschicken, der die jüdische Kopulation alsdenn selbst verrichten oder jemand dazu bevollmächtigen wird.
2. Muß uns alle drei Monat, vom 1sten Mai 1809 an gerechnet, Listen eingeschickt werden, von allen denjenigen die innerhalb der drei Monaten in Ihrem Orte gebohren oder gestorben sind. Die Listen werden uns auf eben dem Wege zukommen, als Sie gegenwärtiges erhalten, welche Listen Sie gefälligst auch von dem Herrn Maire Ihres Ortes certifiziren lassen.
3. Haben Sie ein Verzeichniß aufzunehmen von all den Armen in Ihrem Orte, die beständig nach Almosen herumziehen. Vor unserm neuen Jahr oder 11ten September 1809 müßten aber die Verzeichnisse, um beßre Einrichtungen zu machen, hier seyn; endlich

132

Abb. Rundschreiben vom 24.Juli 1809 mit der Anleitung zum Ausfüllen der Erfassungsbögen zur Namensänderung[219]

219 Gemeindearchiv Odernheim Akte VIII / 6 Nr.132

Standesamtliche Namensänderung der Odernheimer Juden 1808

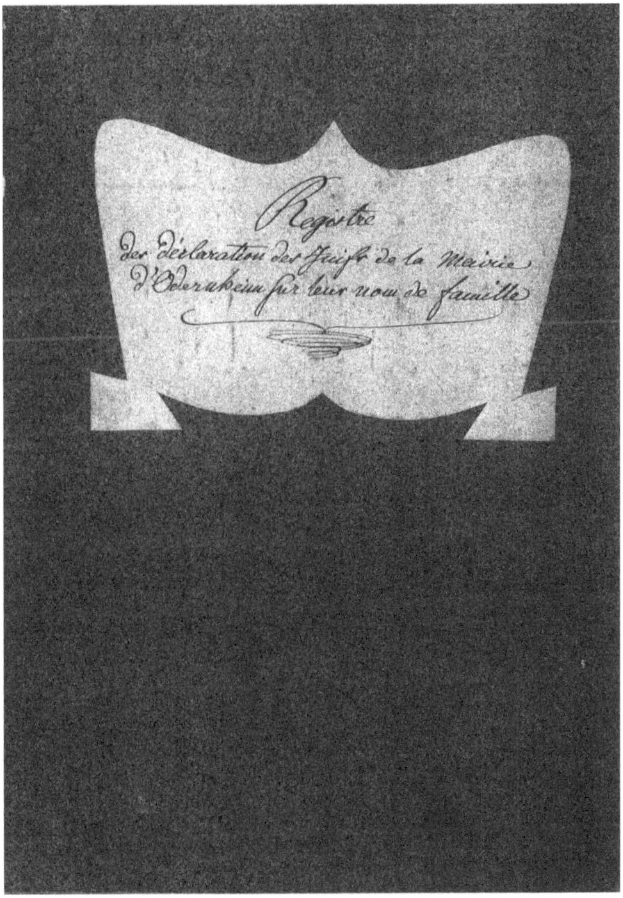

Registre
des déclaration des Juifs de la Mairie
d'Odernheim sur leur nom de famille

Jur. N° 49 ...

Le présent Registre contenant six feuillets a été coté et paraphé par nous soussigné Président du tribunal de première Instance de l'arrondissement de Kaiserslautern, Département du Mont-tonnerre pour servir à l'inscription des Noms de famille des Juifs dans la Mairie d'Odernheim, suivant le Décret impérial du 20 Juillet dernier. fait à Kaiserslautern le 24 octobre 1808

---

1) Devant nous Maire de la commune d'Odernheim, Canton d'Obermoschel, Arrondissement de Kaiserslautern, Département du Mont-tonnerre, est comparu Goettschlick Hirsch, qui a déclaré adopter le nom de Jung, comme nom de famille, et celui de Gotthard, comme Prénom et a signé avec nous, à Odernheim le vingt cinq octobre mil huit cent huit.

Göttschlick Hirsch

Storringer Mre

2) Devant nous Maire de la commune d'Odernheim, Canton d'Obermoschel, arrondissement de Kaiserslautern, Département du Mont-tonnerre, est comparu Gotthard Jung, qui a déclaré de donner à son fils mineur Baermann Goettschlick, né a Odernheim au mois de Decembre mil sept cent quatre vingt douze, le Nom de Jung, comme Nom de famille et celui de Germain, comme prénom, et a signé avec nous, à Odernheim le vingt cinq octobre mil huit cent huit.

Gotthard Jung

Storringer Mre

3) Devant nous Maire de la commune d'Odernheim, Canton d'Obermoschel, arrondissement de Kaiserslautern, Département du Mont-tonnerre, est comparu Gotthard Jung, qui a déclaré de donner à sa fille mineure Veilchen Goettschlich, née à Odernheim au Mois de Decembre mil sept cens quatre vingt quatorze, le Nom de Jung, comme Nom de famille, et celui d'Amélie, comme prénom, et a signé avec nous à Odernheim le vingt cinq octobre mil huit cens huit.

Sorringer
Maire

Gotthard Jung

4) Devant nous Maire de la commune d'Odernheim, Canton d'Obermoschel, Arrondissement de Kaiserslautern, Département du Mont-tonnerre est comparu Salomon Hirsch, qui a déclaré, adopter le Nom de Jung, comme Nom de famille et celui de David, comme prénom, et a déclaré ne savoir signé. à Odernheim le vingt cinq octobre mil huit cens huit.

Sorringer
Maire

5) Devant nous Maire de la commune d'Odernheim, Canton d'Obermoschel, arrondissement de Kaiserslautern, Département du Mont-tonnerre est comparu Samuel Lazarus, qui a déclaré, adopter le Nom de Stern, comme Nom de famille et celui de Jaques, comme prénom, et a signé avec nous, à Odernheim le vingt cinq octobre mil huit cens huit.

Samuel Lazarus

Sorringer
Maire

Devant nous Maire de la commune d'Odernheim, Canton d'Obermoschel, arrondissement de Kaiserslautern, Département du Mont-tonnerre est comparu Salomon Lazarus, qui a déclaré adopter le nom de Stern, comme nom de famille, et celui de David, comme prénom, et á signé avec nous, á declaré ne savoir signé. á Odernheim le vingt cinq Octobre mil huit cens huit.

6,

Storinger
maire

7, Devant nous Maire de la commune d'Odernheim, Canton d'Obermoschel, arrondissement de Kaiserslautern, Département du Mont-tonnerre est comparu David Stern, qui á déclaré de donner á son fille mineure Greitel Salomon, née á Odernheim le quinze du Mois de Decembre mil sept cens quatre vingt quinze, le nom de Stern, comme Nom de famille, et celui d'amélie, comme prénom, et á déclaré ne savoir signé. á Odernheim le vingt cinq Octobre, mil huit cens huit.

Storinger
maire

Devant nous Maire de la commune d'Odernheim, Canton d'Obermoschel, arrondissement de Kaiserslautern, Département du Mont-tonnerre, est comparu David Stern, qui á déclaré de donner á son fils mineur Calme Salomon, né a Odernheim le vingt du Mois de Decembre mil sept cens quatre vingt dix sept, le nom de Stern, comme Nom de famille, et celui de Jaques, comme prenom, et á déclaré ne savoir signé. á Odernheim le vingt cinq Octobre mil huit cens huit

Storinger
maire

Devant nous Maire de la commune d'Oderukeim, Canton d'Ob.
volgel, arrondissement de Kaiserslautern, Département du Mo.
tonnerre, est comparu David Stern, qui á déclaré de donner a
fils mineur, Moises Salomon, né a Oderukeim le dix neuf du m
de Juillet, mil huit cens quatre, le Nom de Stern, comme N
de famille et celui de Maximilien, comme prenom, et a
ne savoir signé, á Oderukeim le vingt cinq Octobre, m
huit cens huit.

Stoeringer
maire

Devant nous Maire de la commune d'Oderukeim, Canton d
nosvogel, arrondissement de Kaiserslautern, Département
Mont-tonnerre est comparu Victor Mayer, qui á décl
adopter le nom de Neu, comme nom de famille, et celui
Jacques, comme prénom, et a déclaré ne savoir signé
á Oderukeim le vingt cinq Octobre, mil huit cens hui

Stoeringer
maire

Devant nous Maire de la commune d'Oderukeim, Canton d'Obermo
arrondissement de Kaiserslautern, Département du Mont-tonne
est comparu Jacques Neu, qui á déclaré de donner a son
mineure, Rebeque Jockel, née á Oderukeim le vingt un du m
de Juillet, mil huit cens quatre, le Nom de Neu, comme No
famille et celui de Madelaine, comme prénom, et a déclaré
savoir signé. á Oderukeim le vingt cinq Octobre mil huit cen

Stoeringer
maire

Devant nous Maire de la commune d'Oderukeim, Canton d'Obermos
arrondissement de Kaiserslautern, Département du Mont-tonnerre
comparu Jaques Neu, qui á déclaré de donner á son fille m
Michele Victor, née á Oderukeim le dix Juin mil huit cens sept
Nom de Neu, comme Nom de famille et celui de Jacobée, comme
et á déclaré ne savoir signé. á Oderukeim le vingt cinq Oc.
mil huit cens huit.

Stoeringer
maire

Devant nous Maire de la commune d'Odernheim, Canton d'Obermoschel, arrondissement de Kaiserslautern, Département du Mont-tonnerre est comparu Isac Mayer, qui a déclaré adopter le Nom de Neu, comme Nom de famille, et celui de Joseph, comme prénom, et à déclaré ne savoir signé. à Odernheim le vingt cinq octobre mil huit cens huit.

Horninger

Devant nous Maire de la commune d'Odernheim, Canton d'Obermoschel, arrondissement de Kaiserslautern, Département du Mont-tonnerre, est comparu Joseph Neu, qui à déclaré de donner à son fils mineur, Mayer Isac, né a Odernheim le quatre Germinal an treize, le Nom de Neu, comme Nom de famille et celui d'Alexandre, comme prénom, et à déclaré ne savoir signé, à Odernheim le vingt cinq octobre mil huit cens huit.

Horninger
maire

Devant nous Maire de la commune d'Odernheim, Canton d'Obermoschel arrondissement de Kaiserslautern, Département du Mont-tonnerre, est comparu Wolf Levi, qui à déclaré adopter le Nom de Neuberg, comme Nom de famille, et celui de Jaques, comme prénom et à déclaré ne savoir signé. à Odernheim le vingt cinq octobre mil huit cens huit.

Horninger
maire

Devant nous Maire de la commune d'Odernheim, Canton d'Obermoschel arrondissement de Kaiserslautern, Département du Mont-tonnerre est comparu Frommet abraham, qu'elle à déclaré adopter le Nom de Gottlieb, Nom de famille, et celui de Bianca, comme prénom et à déclaré ne savoir signé, à Odernheim le vingt cinq octobre mil huit cens huit.

Horninger
maire

Devant nous Maire de la commune d'Oderuheim, Canton d'Obermoschel arrondissement de Kaiserslautern, Département du Mont-tonnerre, est comparu Efradchen Abraham, quelle à déclaré adopter le Nom de Gottlieb, comme Nom de famille et celui de Jacobée, comme prénom, et à déclaré ne savoir signé. à Oderuheim le vingt cinq du Mois d'octobre mil huit cent huit.

Stockinger maire

Devant nous Maire de la commune d'Oderuheim, Canton d'Obermoschel, arrondissement de Kaiserslautern, Département du Mont-tonnerre, est comparu Malke Lazarus, quelle à déclaré adopter le Nom de Neu, comme Nom de famille et celui de Reine, comme prénom, et a déclaré ne savoir signé — à Oderuheim le vingt cinq octobre mil huit cent huit.

Stockinger maire

Namensumschreibung aufgrund der erlassenen napoleonischen Decrete vom 21. Juli 1808 Standesamt Odernheim (die Nummerierung folgt der Reihenfolge im Original)

Nr.		Alter Name	Neuer Name	Bemerkung
1		Goettschlich Hirsch	Gotthard Jung	
2	Sohn	B(a)ermann Goett-schlich	Germain Jung	
3	Tochter	Veilchen Goett-schlich	Amélie Jung	
4		Salomon Hirsch	David Jung	Kann nicht schreiben
5		Samuel Lazarus	Jacques Stern	
6		Salomon Stern	David Stern	Kann nicht schreiben
7	Tochter	Greuel Salomon	Amélie Stern	Kann nicht schreiben
8	Sohn	Calme Salomon	Jacques Stern	Kann nicht schreiben
9	Sohn	Moises Samomon	Maximilien Stern	Kann nicht schreiben
10		Victor Mayer	Jacques Neu	Kann nicht schreiben
11	Tochter	Rebeque Jockel	Madelaine Neu	Kann nicht schreiben
12	Tochter	Michele Vivtor	Jacobée Neu	
13		Isac Mayer	Joseph Neu	Kann nicht schreiben
14	Sohn		Alexandre Neu	Kann nicht schreiben
15		Wolf Levi	Jacques Neuberg	Kann nicht schreiben
16		Frommet Abraham	Bianca Gottlieb	Kann nicht schreiben
17		Pfradchen Abraham	Jacobée Gottlieb	Kann nicht schreiben
18		Malke Lazarus	Reine Neu	Kann nicht schreiben

Erfassungsbögen von 1810

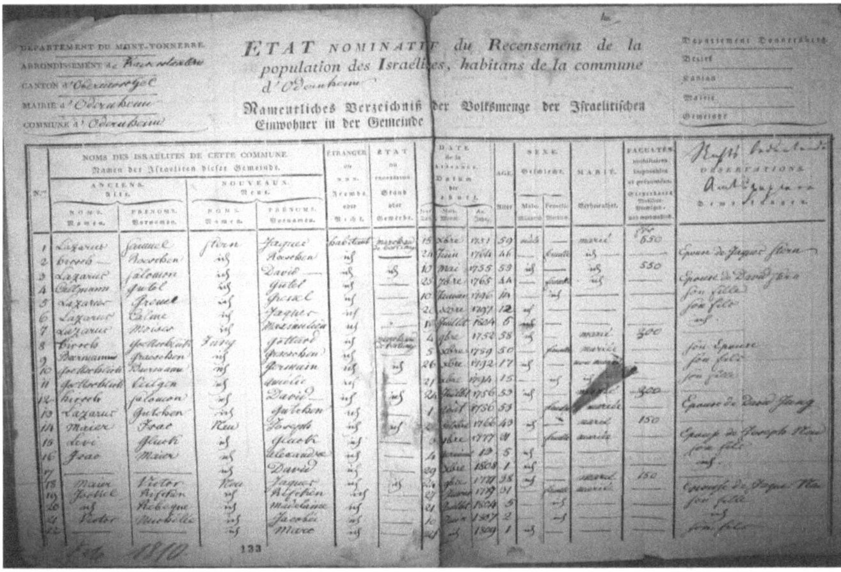

Abb. Erfassungsbogen der Odernheimer Juden unter Angabe der „alten" und „neuen" Namens 1810[220]

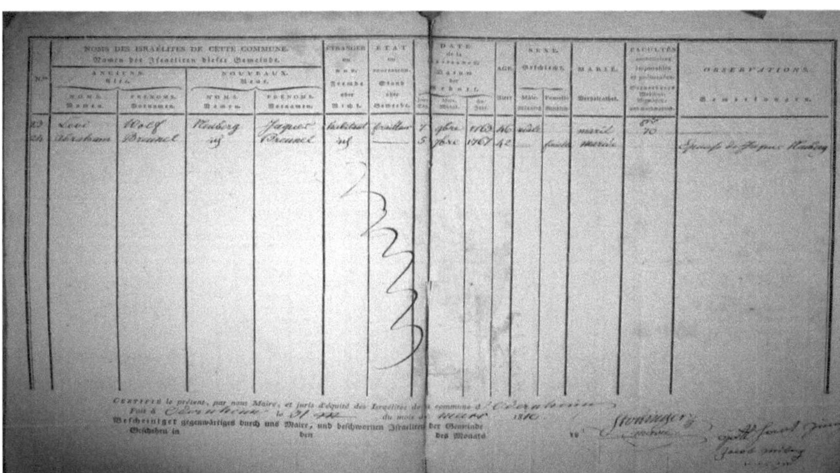

Abb. Erfassungsbogen (Rückseite) der Odernheimer Juden unter Angabe der „alten" und „neuen" Namens 1810[221]

[220] Gemeindearchiv Odernheim Akte VIII / 6 Nr.133

Namen, Gewerbe und Vermögenserfassung der Juden und ihrer Familien 1810

Nr.	Name	Vorname	Geburtsdatum	Familien-stand	Gewerbe	Vermögen in Franc	Bemer-kung
1	Stern	Jaques	15.10. 1751	Verh.	Viehhandel	650	
2	Stern	Röschen	24.06. 1764	Verh.			Verh. Mit 1
3	Stern	David	10.05. 1755	Verh.	Viehhandel	550	
4	Stern	Gutel	25.09.1765	Verh.			Verh. Mit 3
5	Stern	Grenel	10.01.1796				Tochter zu 3,4
6	Stern	Jaques	20.10.1797				Sohn zu 3,4
7	Stern	Maximilien	19. 07.1804				Sohn zu 3,4
8	Jung	Gotthard	4.09.1752	Verh.	Viehhandel	300	
9	Jung	Graeschen	5.10.1759	Verh.			Verh. mit 8
10	Jung	Germain	26.10.1792				Sohn zu 8,9
11	Jung	Amielie	21.10.1794				Tochter zu 8,9
12	Jung	David	25.07.1756	Verh.	Viehhandel	300	
13	Jung	Gu(ü)tchen	1.08.1756	Verh.			Verh. mit 12
14	Neu	Joseph(f)	23.10.1766	Verh.	Viehhandel	150	
15	Neu	Gluck (Glurth)	3.09.1777	Verh.			Verh. mit 14
16	Neu	Alexander	25. März 1805				Sohn zu 14,15
17	Neu	David	29.12.1808				Sohn zu 14,15
18	Neu	Jaques	24.09.1771	Verh.	Viehhandel	150	
19	Neu	Rifchen	27.01 1779	Verh.			Verh. mit 18
20	Neu	Madelenie	21.07.1804				Tochter zu 18,19
21	Neu	Jakobèe	10.06. 1807				Tochter zu 18,19
22	Neu	Marc	21. 06. 1809				Sohn zu 18,19
23	Neuberg	Jaques	7.?.1763	Verh.	Schrotthandel	70	
24	Neuberg	Breunel	5.?.1767	Verh.			Verh. mit 23

Tab.: Namen der Juden in Odernheim 1810 mit Familienstand, Gewerbe und Vermögen

Die Situation der Juden in der Rheinpfalz änderte sich je nach Landesfürst bzw. Landesregierung, denn diese bestimmten die Judenpolitik, nahezu jedes Fürstentum, Königreich hatte eigene Gesetze, die das Leben der Juden regelten.
In ca. 50 Jahren von 1768-1816 wechselte die zuständige Regierung/

[221] Gemeindearchiv Odernheim Akte VIII / 6 Nr.133-1 (Rückseite 133)

Landesfürsten in Odernheim/Glan vier mal.
Es ist genau der Zeitraum, in dem wir in Odernheim/Glan eine hohe Anzahl Juden, in der Spitze Mitte des 18. Jhd. 50 Seelen, zählen. In diesen Zeitraum fällt der Bau der Synagoge.
Es war sicherlich für die Vorsteher der israelitischen Kultusgemeinde nicht einfach, durch die immer wieder sich ändernden gesetzlichen Rahmenbedingungen für die israelische Kultusgemeinde Odernheim am Glan ein jüdisches Gemeindeleben zu gewährleisten sowie allen gesetzlichen Anforderungen zu entsprechen. Zumal in dieser Zeit nicht jeder Lesen und Schreiben konnte, sodass der Gemeindeschreiber diesen administrativen Teil erledigen musste. Ein weiteres Problem war die Fluktuation der jüdischen Bevölkerung.

Wechselnde Herrschaften/ Regierungen

Die wechselnden Herrschaften führten immer wieder zu Änderungen in der Judenpolitik, gerade in der Zeit zwischen 1768 und dem Jahr 1816 wechselten die normativen Voraussetzungen vier mal. Es erforderte sehr viel Anpassungsfähigkeit von Seiten der für die Jüdischen Gemeinden verantwortlichen Vorstände. Diese Umbrüche in der Judenpolitik spiegeln sich auch in den ausgewerteten Dokumenten und Urkunden wider.

Pfalz-Zweibrücken .... ab 1444
Kurpfälzisch .... ab 1768
Französisch .... ab 1801
Bayrisch, Rheinpfalz .... ab 1816
Deutsches Kaiserreich .... ab 1871
Weimarer Republik .... ab 1919
NS Diktatur .... ab 1933 - 1945

Pfalz wird Bayrisch

Am 1. Mai 1816 ließ König Maximilian Joseph I. (1756-1825, (Reg. 1799 - 1825)) nach langem Zögern und unter kräftigem Druck Österreichs das Bayern von den Großmächten auf dem Wiener Kongress zugedachte Territorium links des Rheins in Besitz nehmen. Es hatte vor den Revolutionskriegen nur zum Teil zur Kurpfalz gehört, umfasste gut 5.900 qkm und zählte etwas mehr als 400.000, zu knapp drei Fünfteln evangelische Einwohner. Kreishauptstadt wurde Speyer. Zunächst hieß die Region amtlich Rheinkreis, ab 1. Januar 1838 Pfalz.

Die Bevölkerung nahm 1816 die Angliederung an Bayern zunächst freundlich hin, zumal der neue Landesherr zusicherte, dass in Verfassung und Verwaltung der Pfalz und in ihren Rechtsverhältnissen, die maßgeblich auf Reformen der Napoleonischen Ära beruhten, keine Änderung eintreten sollte. Schon nach einigen Jahren aber kam es aus finanziellen Gründen, namentlich wegen der Behandlung der in der Kriegszeit entstandenen Schuldenlast, und wegen der ungeschickten Zoll- und Forstpolitik der Staatsregierung zu Spannungen. Die Revolution des Jahres 1848 brachte keine schweren Erschütterungen mit sich. Anfang 1849 wurde die Stimmung unter dem Einfluss des mitgliederstarken Volksvereins jedoch radikaler. Als Bayern im April der von der Deutschen Constituierenden Nationalversammlung erarbeiteten Verfassung die Zustimmung versagte, rief der Volksverein zum Widerstand auf. Es wurde eine Provisorische Regierung gebildet, die Ende Mai sogar die Trennung von Bayern verkündete.

Auf Bitten der bayerischen Regierung warfen preußische Truppen den Widerstand nieder; auch diesmal folgten, wie nach dem Hambacher Fest, zahlreiche Strafverfahren.[222] Die am Aufstand Beteiligten flohen in das benachbarte Ausland, aber auch viele nach Amerika, aus Angst vor Strafverfolgung. Bis zum Vortag des Ersten Weltkrieges stieg die Bevölkerungszahl der bayrischen Rheinpfalz auf deutlich mehr als das Doppelte an (1910: 937.000), und sie wäre noch höher gewesen, hätte es nicht beträchtliche Abwanderungen gegeben. Von 1816 bis 1909 dürfte die überseeische Migration knapp 160.000 Menschen aus dem Lande geführt haben, und ähnlich viele übersiedelten in deutsche Staaten, während das sonstige Europa anders als im 18. Jahrhundert kaum noch aufgesucht wurde. Über-

---

222 https://www.historisches-lexikon-bayrns.de/Lexikon/Pfalz_(19./20._Jahrhundert)#1816:_Die_Pfalz_wird_ein_Teil_Bayerns

proportional viele Menschen israelitischen Glaubens migrierten nach Übersee.

Auswanderung

Um den Zusammenhang zwischen den gesetzlichen Rahmenbedingungen und der Auswanderung der Juden aus Odernheim am Glan aufzuzeigen, nachfolgende Bemerkungen:
Jeder Staat bzw. jedes Königreich, Fürstentum hatte eine eigene Gesetzgebung bezüglich der Emanzipation von Juden in die jeweilige Gesellschaft. Das änderte sich erst am 16. April 1871, danach war die rechtliche Gleichstellung der Juden im gesamten Deutschen Reich durch Übernahme der Emanzipationsverordnung des Norddeutschen Bundes vom 3. Juli 1869 vereinheitlicht.
Die restriktive bayrische Judenpolitik galt auch damals schon als rückständig, aber für bayrische Verhältnisse galt das Judenedikt von 1813 als fortschrittlich. Überproportional viele Juden wanderten im 19. Jhd. aus Bayern nach Amerika aus. Die Autostadt Detroit in den USA wurde von auffällig vielen bayrischen Juden gegründet und aufgebaut, ebenso Atlanta in den Vereinigten Staaten.
In den 1840 er Jahren verringerte sich die Zahl der Juden in Bayern und der Pfalz, während sie in anderen Staaten des deutschen Reiches zunahm[223]. Im 19. Jhd. gab es mehrere große Auswanderungswellen, aus der Pfalz, hauptsächlich nach Amerika und Brasilien (1816 Rheinhochwasser, 1830, 1846, 1880 überstrenge Winter) Die Hungerkrise 1846 sowie die politischen Ereignisse des Revolution Jahres 1848 förderten nochmals die Auswanderung nach Nordamerika. Die wohlwollende Berichterstattung in der Presse sowie Mundpropaganda durch Briefe von schon Ausgewanderten stellten die Zielländer als Garten Eden dar.
In den Jahren 1846-1848 wanderten aus dem Rabbinatsbezirk Kaiserslautern zu dem auch Odernheim (Pfalz) gehörte, 30% der dort ansässigen Juden aus (Dieser Zeitraum wurde statistisch von der Bayrischen Staatsregierung erfasst).

---

223 Brinkmann Tobias: Vortrag im Rahmen des Kolloquiums des Bayrischen Hauses der Geschichte „Auswanderung aus Bayern nach Nordamerika“ 11 Oktober 2002, Simon-Dubnow-Institut für jüdische Geschichte und Kultur an der Universität Leipzig

Abb.: Siegel der Gemeinde Odernheim aus Bayrischer Zeit[224]

Die Zahl der Gemeindemitglieder der israelischen Kultusgemeinde reduzierte sich ab den 1840er Jahren durch Auswanderung und Wegzug so stark, dass dies existenzgefährdent für den Fortbestand der israelischen Kultusgemeinde Odernheim war. Ein Trend, der in fast allen jüdischen pfälzischen Landgemeinden zu beobachten war.

Jüdische Odernheimer Auswanderer

Magdalena Neu *08.10.1829 **22.07.1883** nach Amerika

+ 01.04. 1907 Shreveport, Louisiana, USA[225]

Wilhelmina Neu *08.04.1848 **1872** nach Amerika

Isaac Rothschild Amerika

Eduard L. Rothschild *07.01.1850 Atlantic City, NJ, USA, Ehefrau Caroline

---

224 Bild: Andreas Ott; Rathaus Odernheim: Original Siegel Gemeinde Odernheim

225 www.ancestry.de

Auguste Rothschild *01.08.1850; Eheleute im **Mai 1867** von Liverpool, England in die USA eingeschifft[226].
Heinrich (Raphael) Rothschild Amerika
Werner Ferdinand Neu *12.02.1913; schiffte sich am **25.8.1938** in die S.S. „Vulcania" in Neapel ein; Kam über Palästina in die USA, Ankunft in den USA
05.09.1938 Saint Lous; von 1941-1945 Offizier in der US Army, Bad Kreuznach stationiert, kam in dieser Eigenschaft Mitte 1945 nach Odernheim; Nach der Erinnerung von Rolf Scholl besuchte Werner Neu ca. 1960 Odernheim und besuchte Familie Scholl; Er starb am 29.10.1978 in Saint Louis USA[227, 228]

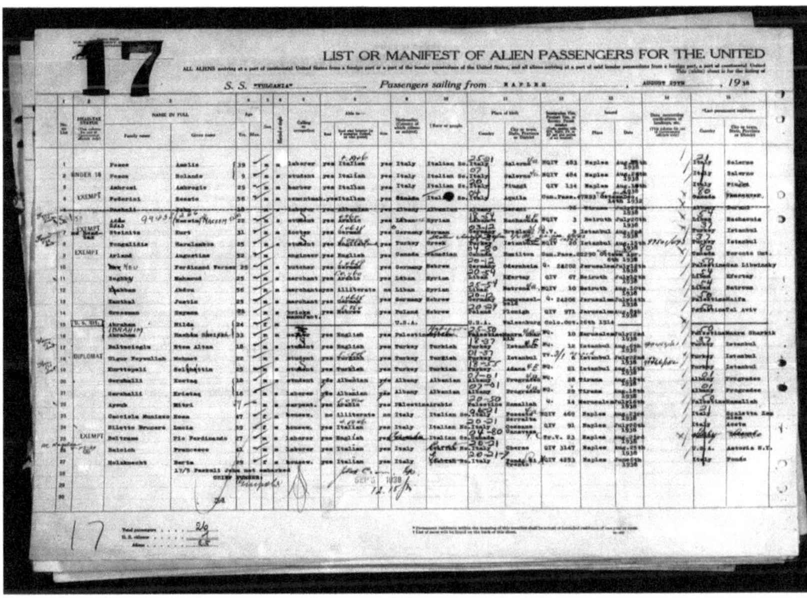
17
LIST OR MANIFEST OF ALIEN PASSENGERS FOR THE UNITED
S. S. "VULCANIA" Passengers sailing from NAPLES, AUGUST 25TH, 1938

Abb.: Werner Ferdinand Neu: Passagierliste der S.S. „Vulcania" von Neapel in die USA[229]

---

226 www.family-search.org
227 www.family-search.org
228 www.ancestry.de
229 Hrg.: www.Ancestry.com; Year: 1938; Arrival: New York, New York; Microfilm Serial: T715, 1897-1957; Microfilm Roll: Roll 6211; Line: 11; Page Number: 82

Das Bayrischen Judenedikt 1813

„Edikt über die Verhältnisse der jüdischen Glaubensgenossen im Königreiche Baiern“
vom 10. Juni 1813[230]

Das sogenannte Bayrische Judenedikt regelte die rechtlichen Verhältnisse der jüdischen Bewohner in Bayern, zu dem auch die Pfalz und somit Odernheim/Glan gehörten. Die Napoleonische Gesetzgebung von 1808 wurde formell nie außer Kraft gesetzt. Die Gesetze und Vorschriften wurden aber mit der Zeit von der bayrischen Regierung durch das bayrische Judenedikt Zug um Zug ersetzt. Für einige bayrische gesetzliche Regelungen wurde für die Pfalz ein Art Bestandschutz in Kraft gesetzt.

Das Edikt verfügte die Aufhebung der jüdischen Gerichtsbarkeit und erlaubte Juden, Grundbesitz zu erwerben. Die Einschreibung in Matrikel (Listen) regelte die Erfassung wohnberechtigter Juden. Da für jeden Ort eine Höchstzahl jüdischer Familien festgelegt wurde, die möglichst noch gesenkt werden sollte, beeinträchtigte die Regelung nicht nur die Freizügigkeit der Niederlassung von Juden, sondern auch die Möglichkeit, eine Familie zu gründen, da eine Heirat von der Obrigkeit genehmigt werden musste. Da für jeden Ort eine Höchstzahl an jüdischen Einwohnern festgelegt war, regulierte die bayrische Regierung auch das Gewerbe. Konkurrenzgewerbe für ortsansässige christliche Gewebetreibende konnte so reguliert werden.

Das Edikt war jedoch im Vergleich zu den vorherigen gesetzlichen Regelungen ein Fortschritt in der Geschichte der Assimilation der jüdischen Bewohner Bayerns.

Für die Bayrische linksrheinische Pfalz bedeutete das Bayrische Judenedikt in großen Teilen ein Rückschritt, die napoleonische Gesetzgebung war in vielen Regelungen liberaler und fortschrittlicher.

Die vollständige rechtliche Gleichstellung der Juden in Bayern folgte jedoch erst mit der Annahme der Verfassung des 1871 gegründeten Deutschen Reiches. Es sollte aber noch einige Zeit dauern, bis die Reichsgesetze in Bayern umgesetzt und gelebt wurden.

---

230 Gesetzblatt für das Königreich Bayern, Bayrisches Judenedikt 1813

Textauszug aus dem Bayrischen Judenedikt 1813

§ 1 Nur diejenigen jüdischen Glaubensgenossen können die in unserem Edikte ausgesprochenen bürgerlichen Rechte und Vorzüge erwerben, welche das Indigenat in unsern Staaten auf gesetzliche Weise erhalten haben.

§ 2 Zum Genuss derselben wird die Eintragung in die bei unsern Polizeibehörden anzulegenden Juden-Matrikel vor allem vorausgesetzt.

§ 3 Zu diesem Ende müssen binnen drei Monaten nach der Kundmachung dieses Edikts alle in unserem Reiche befindlichen Juden bei der Polizeibehörde ihres Wohnortes mit Angebung ihres Standes, Alters, Familienzahl und Erwerbungsart sich melden, und ihre Schutzbriefe, Konzessionen oder Aufenthalts-Bewilligungen urschriftlich vorlegen.

§ 6 Die Polizeibehörde hat die infolgedessen gegebenen Erklärungen beim General-Kommissariat vorzulegen, welches entscheidet, ob der Jude zur Aufnahme in die Matrikel sich eigne, oder nicht.

§ 7 Wenn das General Kommissariat den Juden zur Aufnahme in die Matrikel geeignet findet, muss derselbe den oben vorgeschriebenen Untertan seid auf die Bibel ablegen, worauf dessen Eintragung in die Matrikel geschieht, und ihm zu seiner Legitimation ein Auszug aus derselben erteilt wird, welche ihn und seine Nachkommen die Stelle der bisherigen Schutzbriefe vertritt.

§ 8 Die Matrikel muss den alten und den neuen Namen der Juden-Familien enthalten, und bei dem General-Kommissariate hinterlegt werden. Jede untere Polizeibehörde erhält hiervon den betreffenden Auszug.

§ 10 Diejenigen Juden, welche binnen drei Monaten entweder 1. ihre Aufnahms-Urkunde nicht vorlegen, oder 2. einen Familiennamen anzunehmen, oder 3. den Untertanseid abzulegen sich weigern sollen künftig lediglich als fremde Juden behandelt werden.

§ 11 Jede Einwanderung und Niederlassung fremder Juden im Königreiche ist durchaus verboten.

§ 12 Die Zahl der Juden-Familien an den Orten, wo sie dermal bestehen, darf in der Regel nicht vermehrt werden, sie soll vielmehr nach und nach vermindert werden, wenn sie zu groß ist.

§ 13 Die Ansässigmachung über die Zahl an denselben Orten, wo sich bereits Juden befinden, oder die Ansässigmachung in Orten, wo noch

keine Juden sind, kann nur von der allerhöchsten Stelle, und wird auch von derselben nur unter den nachstehenden Voraussetzungen bewilligt werden: 1. wegen Errichtung von Fabriken oder großen Handelsunternehmungen; 2. bei Ergreifung eines ordentlichen Handwerks, wenn sie die Ausübung eines Meisterrechts erhalten haben; 3. wenn sie soviel an Grund und Boden zur eigenen Bearbeitung erkaufen, worauf eine Familie vom Feldbau, ohne darneben Handel zu treiben, sich gut ernähren kann. [...]
§ 15 Um die Juden von ihren bisherigen ebenso unzureichenden als gemeinschädlichen Erwerbsarten abzuleiten, und ihnen jede erlaubte, mit ihrem gegenwärtigen Zustande vereinbare Erwerbsquelle zu eröffnen, sollen dieselben zu allen bürgerlichen Nahrungszweigen, als Feldbau, Handwerken, Treibung von Fabriken und Manufakturen und des ordentlichen Handels, unter den nachfolgenden Bestimmungen zugelassen, dagegen der gegenwärtig bestehende Schächerhandel allmählich, jedoch sobald immer möglich, ganz abgestellt werden.
§ 20 Aller Hausier-, Not- und Schächerhandel soll in Zukunft gänzlich verboten, und eine Ansässigmachung hierauf durchaus untersagt bleiben. [...]
§ 23 Den jüdischen Glaubensgenossen im Königreiche wird vollkommene Gewissensfreiheit gesichert. [...]
§ 24 Wo die Juden in einem gewissen, mit der Territorialeinteilung des Reiches übereinstimmenden Bezirke in einer Zahl von wenigstens 50 Familien vorhanden sind, ist ihnen gestattet, eine eigene kirchliche Gemeinde zu bilden, und an einem Orte, wo eine Polizeibehörde besteht, eine Synagoge, einen Rabbiner und eine eigene Begräbnisstätte zu haben.
§ 32 Die Juden-Kinder beider Geschlechter sind gleich jener unserer übrigen Untertanen zum öffentlichen Schulbesuche in Städten und auf dem Lande verbunden, und sie erhalten, mit Ausnahme der Religionslehre, gleichen Unterricht mit denselben... [...]
§ 33 Den Juden ist bewilligt, eigene Schulen zu errichten... [...][231]

---

[231] Gesetzblatt für das Königreich Bayern, Bayrisches Judenedikt 1813

Zur Geschichte der Israelitischen Cultusgemeinde und der Synagoge in Odernheim am Glan

Die Synagoge dient als Versammlungsort der jüdischen Gemeinde, als Gebetsstätte, sowie Versammlungshaus und oftmals als religiöse Unterrichtungsstätte. Gebetsstätte, Ort der Begegnung, Religionsschule; Bethaus, Judenschule werden oft synonym als Bezeichnung für eine Synagoge benutzt.

In Odernheim bestand eine israelitische Kultusgemeinde, die am 06.10.1898 vom Bezirksamt Kirchheimbolanden aufgelöst wurde. Die Entstehung geht in die Zeit Anfang des 18. Jahrhunderts zurück, hierüber existieren keine Dokumente. Sicher ist aber, dass eine jüdische Gemeinde und eine jüdische kulturell-religiöse Grundstruktur bestanden. So war mit sehr hoher Wahrscheinlichkeit schon eine Betstube vor 1824 (einzige Erwähnung einer Betstube) vorhanden, ebenso eine Mikwe. Um den religiösen Speisevorschriften gerecht zu werden, war auch die Versorgung mit koscheren Lebensmitteln gesichert. Die jüdische Gemeinde zählte zwischen 1761 und 1771 50 Seelen. Juden hatten somit einen Anteil von 6,8 % an der Gesamteinwohnerzahl Odernheims.

Ob zur Besorgung religiöser Aufgaben der Gemeinde zeitweise ein jüdischer Lehrer angestellt war, lässt sich nicht mit Sicherheit belegen, aber es gibt Hinweise auf einen jüdischen Schulmeister, der in Odernheim ab 1769 als „Schutzjude" lebte.

„Demnach Serenifsimi Nosti Hochfürstliche Durchlaucht den Juden Seligmann Lewi (.........) Juden Schulmeister zu Hochstätten auf dessen unterthänigstes Nachsuchen den Schutz vermittelt Decreti Clementißimi de 25te curre zu (............) Hochstätten gnädigst zu ertheilen geruhen haben und also derselbe das jährliche Schutzgeld ad 30 f. von dato zu verlangen schuldig ist.
Alß hat Oberamt Meisenheim (........)
15ten Marty 1769
Zweibrückische Pfälzische Regierung[232]"

---

[232] Gemeindearchiv Odernheim Akte VIII / 6 Blatt 56

Welche Funktion der Schulmeister Lewi Seligmann aus Hochstätten in Odernheim innerhalb der jüdischen Gemeinde hatte, ist in den Akten den Gemeindearchivs nicht nachvollziehbar. Sicher ist, dass er dem hochfürstlichen Schutz unterstellt war und einen Schutzbrief ausgefertigt bekam. Der Schulmeister hatte in vielen anderen jüdischen Gemeinden das Amt des Kantors inne.
Über den Standort der Synagoge in Odernheim lagen keine Informationen vor. Auch die Existenz einer Synagoge wurde von der einheimischen Bevölkerung kontrovers diskutiert.
Dass eine Synagoge existierte, war in der einschlägigen Literatur unstrittig (Literatur siehe Verzeichnis). Der Begriff Betstube und Synagoge wurde in der Literaturquellen im Kontext zur israelitischen Kultusgemeinde Odernheim synonym benutzt.
Die Forschung zum Zeitpunkt 9-2017 ist auf dem Stand, dass eine Synagoge, vermutlich eine Mikwe[233] sowie eine Religionsschule existierten, der Standort aber nicht bekannt ist.
Seit 1824 bestand eine Betstube in Odernheim, die sich in einem der jüdischen Privathäuser befand[234]. Wo die Betstube sich befand, konnte nicht mit Sicherheit bestimmt werden. Vermutlich bestand schon Anfang bis Mitte des 18. Jhds. ein Bethaus oder Betsaal, denn für diesem Zeitraum verzeichnen die Einwohnerstatistiken die höchsten jüdischen Einwohnerzahlen.
Zuständiger Rabbiner für die israelitische Kultusgemeinde Odernheim war der Bezirksrabbiner. Einen Rabbiner hatte bei jetzigem Wissensstand die Odernheimer israelische Kultusgemeinde nicht angestellt.
Seit 1827/28 war Kaiserslautern Sitz eines Bezirksrabbinates für die damals etwa 30 jüdischen Gemeinden in den Bezirksämtern Kaiserslautern, zuständig für die israelitische Kultusgemeinde, Kirchheimbolanden und Kusel (zunächst noch Sitz des Rabbinates in Münchweiler an der Alsenz, seit 1834 in Kaiserslautern).
Erster Rabbiner war bis zu seinem Tod im März 1843 Moses Cohen aus Untermerzbach/Unterfranken.

---

[233] Mikwe bezeichnet das rituelle jüdische Bad
[234] http://www.alemannia-judaica.de/index.htm

Sein Nachfolger war Rabbiner Ludwig Seligmann, der sich allerdings mit der Gemeinde immer weniger verstand, sodass 1863 der Sitz des Bezirksrabbinates nach Kirchheimbolanden verlegt werden musste.
In Kaiserslautern war daraufhin als Rabbinatskandidat Moses Seligmann tätig (bis 1879; Rabbiner Ludwig Seligmann ist am 27. Juni 1879 gestorben). Seit 1880 war als Bezirksrabbiner Dr. Wilhelm Landsberg angestellt, seit 1913 Rabbiner Dr. Max Weyl. Letzter Bezirksrabbiner war Dr. Sally Baron (seit 1920, gesichert ist die Anstellung seit 1926).
Zur Besorgung religiöser Aufgaben der Gemeinde waren neben dem vom Rabbinatsbezirk Kaiserslautern angestellten Rabbiner auch weitere Personen angestellt, insbesondere ein Lehrer, ein Kantor und ein Synagogendiener, der zugleich Schochet[235] war.
Die Odernheimer israelische Kultusgemeinde wurde vom Kaiserslauterer bzw. dem jeweiligen Bezirksrabbiner mitbetreut.
In Kaiserslautern wurden die jüdischen Lehrer der Pfalz ausgebildet. Sie erhielten die Ausbildung am protestantischen Lehrerseminar der Stadt. Der Religionsunterricht wurde den Seminaristen durch den jeweiligen Bezirksrabbiner erteilt.[236]

Die ökonomische Situation der Odernheimer Juden

Die in der Französische Besatzung eingeführten gesetzlichen Neuerungen und Prinzipien prägten auch den Zeitgeist der nachfolgenden Jahre. Die Personenstandsgesetzgebung, Hausnummern etc. von 1792, die Bürgerlichen Rechte (Code de Civil) wurden nach und nach in der folgenden Zeit in Teilen übernommen. Kultur und Religion wurden Privatsache, durch Namensänderungen war die jüdische Identität nicht mehr erkennbar (für diejenigen Juden, die dies wünschten) und dadurch hatten Juden ganz im Geiste der Aufklärung die Möglichkeit, sich in die Gesellschaft zu integrieren.
Als in Odernheim 1885 der Verein „Casino“ mit dem Vereinszweck „Gesellige Unterhaltung sowie Förderung gesellschaftlicher Bestre-

---

235 Der Schochet ist ein jüdischer Schächter. Er schlachtet Tiere nach jüdischen Vorschriften.
236 http://www.alemannia-judaica.de/kirchheimbolanden_synagoge.htm

bungen im Allgemeinen" gegründet wurde, war Isaak Scholem Gründungsmitglied[237].
Die Anzahl der in Odernheim ansässigen Juden variierte.
Auch in Odernheim wurden Juden abgesehen von dem religiösen und kulturellen Sonderstatus wie Fremde oder Ausländer behandelt, bekleideten aber öffentliche Ämter wie der Gerichtsschreiber Haas. Die seit Alters her dezentrale Ansiedlung in Odernheim verhinderte eine Gettobildung. Es waren Mitte des 18.Jhds. über 50 Juden in Odernheim ansässig, was auch zu gravierenden Konflikten führte. Die Odernheimer Juden waren in handwerklichen Berufen tätig (Schuhmacher) sowie in den für Juden traditionellen Branchen des Handels (Viehhandel, Schrotthandel, Handel mit Landkram, Schuhhandel, Kolonialwarenhandel, Fellhandel, Handel mit Därmen).
Der Viehhandel war in Odernheim die von Juden traditionell dominierte Branche. Der Viehhandel war oft nicht das einzige unternehmerische Standbein, es bot sich an, neben dem Viehhandel auch die sich ableitenden Berufe auszuführen. Auf den Viehhandel bezogen waren dies:
Viehhandel, Handel mit Tierhäuten, Metzger, Gerber, Handel mit Därmen, Schuhmacher. Bei Theodor Neu +1935 in Odernheim und Ludwig Maier, der 1940 deportiert wurde, ist diese Berufskombination im Gewerberegister dokumentiert, zusätzlich betrieb Theodor Neu einen Handel mit „Landkram".
Anfang und Mitte des 19. Jhds. durften jüdische Gemeinden unter bestimmten Voraussetzungen konfessionelle Schulen gründen, weiterhin war es ihnen erlaubt, Synagogen zu bauen.
Der ökonomische Status, soweit er sich aus den vorliegenden Akten beurteilen lässt, entsprach der damaligen Normalverteilung, wie sie auch bei der Restbevölkerung zu finden war (Viehbestand, Vermögensangaben, Immobilien und Mobiler Besitz[238]). Insgesamt gesehen mussten sich die Odernheimer Juden vielfach betätigen, um ihren bescheidenen, wenn nicht gar ärmlichen Lebensunterhalt zu bestreiten. Zeitweise gab es in Odernheim auch vermögende Juden, wie etwa den Judenoberschultheiß Isaak Mayer oder der Vihhändler Maximilian Stern.

237 Gemeindearchiv Odernheim. Akte II/46
238 Gemeindearchiv Odernheim Bürgerregister mehrere Bände

Regierungsreskript an die Oberämter und Ämter den Immobilienerwerb durch Juden betr. 12. November 1737

Ad exemplum verschiedener benachbarten Reichsstände soll vi decreti Clementissimi de 12. Novembris 1737 von nun keinem Juden im hiesigen Herzogtum erlaubt sein, ferner einige Immobilia zu acquiriren, es wäre dann Sach, daß er desfalls eine Specialerlaubnis ausgewürket haben würde.
Wann diese Erlaubnis von Fürstlicher Regierung erteilet wird, so geschiehet solches praevio voto ad Serenissimum und wird gemeiniglich der Gemeinde oder übrigen Einwohnern das Einlösungsrecht des von dem Juden acquirirten immobilis auf ein halbes bis ein, auch zwei Jahre pro re nata vorbehalten[239].

Trotz der Verbesserungen in der kulturellen und ökonomischen Integration darf darüber nicht hinweggetäuscht werden, dass viele Vorbehalte in der Bevölkerung gegen Juden vorhanden waren, diese hatten sehr früh ihren Ursprung in der christlich geprägten Gesellschaft des Mittelalters („Brunnenvergifter, ritueller Kindesmord, Hostienschändung, Jesusmörder“ u.a.) und waren ein häufiger Anlass zu zahlreichen Pogromen, die im Laufe der Jahrhunderte immer wieder stattfanden. Es gab immer wieder zahlreiche Opfer unter der jüdischen Bevölkerung.
Die schlechte wirtschaftliche Situation Mitte des 19. Jhds. und der wieder zunehmende Antisemitismus ab etwa 1890 ließen viele Juden auswandern oder in größere Städte ziehen. Dieser Trend ist in fast allen jüdischen Landgemeinden in unserer Region nachweisbar. Die beginnende Industrialisierung trug ihr Übriges dazu bei.
Um die Jahrhundertwende 1900 ist in fast allen Rheinpfälzischen jüdischen Gemeinden ein starker Rückgang der Mitgliederzahlen zu verzeichnen.
Vor allem junge jüdische Menschen wanderten in die USA, Chile oder Brasilien aus, um dort ihr Glück zu suchen. Zurück blieben zumeist die ältere Generation sowie Kranke und behinderte jüdischen Menschen

[239] KSchA Best. IV Nr. 3268

In Odernheim gab es mehrfach den Versuch von behördlicher Seite, die israelische Kultusgemeinde aufzulösen, endgültig wurde die jüdische Gemeinde am 6. Oktober 1898 aufgelöst, da nur noch drei Menschen jüdischen Glaubens hier im Ort ansässig waren.

Viehhandel in Odernheim/Glan

Auf Grund seiner zentralen Lage war Odernheim schon im Mittelalter und in der frühen Neuzeit ein Ort mit einem Krämer- und Viehmarkt. Kaiser Karl IV, der Odernheim die Stadtrechte verlieh, verlieh gleichzeitig damit das Marktrecht[240].
Mitte des 18 Jhd. werden regelmäßig stattfindende Viehmärkte in Odernheim beschrieben. Es gab vier Viehmarkttage im Jahr:

1. Am Montag vor Palmsonntag
2. Am Montag vor Pfingsten
3. Am Montag vor Michaeli
4. Am Donnerstag nach Allerheiligen

Die Viehmärkte wurden auf dem Wörth[241] unterhalb der Glanbrücke abgehalten. Den Marktablauf regelte die Viehmarktordnung[242].
Auf dem Viehmarkt am 25. März 1861 wurde folgendes Vieh angeboten:
11 Pferde, 47 Ochsen, 35 Kühe und Rinder, ein Faselochs, 43 Schweine und 180 Hämmel.[243]
Die Viehmärkte von 1839 – 1862 sind für Odernheim dokumentiert. Bis zu welchem Jahr Viehmärkte abgehalten wurden ist nicht bekannt.

---

240 Hans Lahm im Artikel „Odernheim ein Marktflecken" in: Odernheimer Geschichte(n) Nr. 8; Unser Handel Gestern und Heute; Odernheim 2012
241 Die Flurbezeichnung Wörth geht auf mittelhochdeutsch *wert* und althochdeutsch *warid, werid* zurück. Es bedeutete *Insel*, oder genauer gesagt *gegen Wasser geschütztes o. schützendes Land*. Im neueren Deutschen gibt es noch die auf das gleich Wort zurückgehende Nebenform *Werder* mit der Bedeutung *Flussinsel, Niederung zwischen Flüssen und Seen*.
242 Gemeindearchiv Odernheim: VIII b3 Nr. 271
243 Hans Lahm im Artikel „Odernheim ein Marktflecken" in: Odernheimer Geschichte(n) Nr. 8; Unser Handel Gestern und Heute; Odernheim 2012

Der Viehhandel jüdischer Händler war in Odernheim traditionell verankert. So waren in Odernheim 1808/1809 folgende jüdische Viehhändler ansässig:

David Jung	(Viehhändler),
Gotthard Jung	(Viehhändler),
Jacques Neu	(Viehhändler),
Joseph Neu	(Viehhändler),
David Stern	(Viehhändler),
Jacques Stern	(Viehhändler).

Abb.: Liste des gehandelten Viehs auf dem Odernheimer Viehmarkt vom 25.März 1861[244]

[244] Gemeindearchiv Odernheim: VIII b3 Nr. 271

Wie aus der vorstehenden Auflistung des gehandelten Viehs auf dem Odernheimer Viehmarkt hervorgeht waren die Odernheimer jüdischen Viehhändler sehr geschäftstüchtig.
So verkaufte der Handelsmann Hermann Jung dem Ackersmann Georg Philipp Conrad aus Lettweiler einen Ochs für 77 fl.
Der in Odernheim ansässige Viehhändler Liebmann Rothschild kaufte von Abraham Knobloch eine Kuh für 40fl.[245]
Jüdische Händler aus Meisenheim, Sobernheim, Monzingen handelten ebenfalls Vieh auf dem Odernheimer Viehmarkt. Odernheim am Glan an der Grenze zu Preußen gelegen, war als Handelsplatz regional bedeutend.
Sieht man die sechs Tätigen jüdischen Viehhändler in Relation zur jüdischen Gesamtbevölkerung, so lebten 95% der Juden in Odernheim direkt oder indirekt vom Viehhandel. Die Geschäftsbeziehungen der jüdischen Viehhändler beschränkten sich meist nicht auf die lokalen Handelsstrukturen. Bekannt ist, dass Viehhändler aus der Region in Trier, Koblenz und Mainz Handel trieben. In der Pfalz fanden Viehmärkte in folgenden Orten statt: Friedelsheim, Landau, Zweibrücken, Langenmeil, Hermersberg und Quirnbach. Der Viehmarkt in Alsenz am 6. Juli 1933 wurde wegen dem Ausbruch der Maul- und Klauenseuche abgebrochen. Der Ausbruch von Tierseuchen war keine Seltenheit, und es verwundert nicht, dass die Gesundheitsbehörden die Viehmärkte streng überwachte und Hygieneauflagen machten.
Der jüdische Viehhandel war in unserer Region geprägt von der Vorstellung der Juden als Händler „Viehjuden“. Die weit verbreitete Redensart „Der hannelt wie en Judt“ ist bis heute bekannt, und bedeutet oft nur dass derjenige sehr geschäftstüchtig ist. Die Annahme, dass die Handelstätigkeiten etwas typisch jüdisches sind, ist insofern zu relativieren, dass die christliche Mehrheitsgesellschaft über Jahrhunderte die Juden in diese Rollen hineinzwangen.
Der ländliche Viehhandel beruhte meist auf Hausgeschäften. Der Handler wusste, ob ein Bauer ein Stück Vieh zu verkaufen hatte oder

[245] Gemeindearchiv Odernheim: VIII b3 Nr. 271

eines veräußern wollte. Es entwickelte sich eine Art Vieh-Mietkauf, die beiden Seiten Vorteile brachte[246].
Der Kaufpreis wurde nicht voll bezahlt, sondern nur eine Anzahlung, da es den Bauern an Bargeld mangelte. Das Vieh wurde auf Leihbasis in den Stall gestellt, vor allem die teuren Ochsen und Pferde. Nach beendeter Ernte oder einer vereinbarten Frist nahm der Händler die Tiere wieder zurück und verkaufte sie weiter. Der Bauer konnte die Tiere in dieser Zeit nutzen, musste sie aber füttern und pflegen. Der Händler erhielt dafür meist die Hälfte des Kaufpreises. Es bestand auch die Möglichkeit für den Bauern, das Vieh ganz zu kaufen.
Einige machten Gewinne durch das Heranziehen von Fuhrochsen aus ungelernten Rindern[247].

Zollvorschriften für Juden in der neu aufgelegten Zoll- und Geleitsordnung für das Fürstentum Pfalz- Zweibrücken 24.Juli 1755, Zweibrücken

Von Gottes Gnaden Christian der Vierte, Pfalzgraf bei Rhein, Herzog in Bayern(................) etc. etc.
(.....)

1. *Viehhändler, auch Juden, sowohl einheimische als ausländische, (sind) von ihrem zum Verkauf herumführenden Vieh in einem jeden Amt, wann sie es aus einer Zollstadt führen, sogleich allda, wann aber an dem Ort, wo sie es abführen, keine Zollstatt ist, an der nächstberührenden Zollstatt den Zoll zu entrichten schuldig, wobei in Acht zu nehmen, daß ausländische Christen und ein- oder ausländische Juden mit denen solchergestalten gelösten Zollzeichen das verzollte Viehe in der nächst herumgelegenen Gegend länger nicht als drei Täge zum Verkauf aufzuhalten befugt sein sollen, solch ihr Viehe jedesmalen aufs neue zu verzollen. Die inländische Untertanen aber, wann sie ihr auf die Märkte bringendes Viehe nicht verkaufen*

246 Cilli-Kasper Holtkotte; Juden im Aufbruch. Zur Sozialgeschichte einer Minderheit im Saar-Mosel-Raum um 1800. (Forschungen zur Geschichte der Juden. Abteilung A: Abhandlungen, Band 3 Hannover 1996; S: 130
247 Christof Pies: Jüdisches Leben im Rhein-Hunsrück-Kreis; Schriftenreihe des Hunsrücker- Geschichtsvereins e.V. Nr. 40

oder vertauschen, sind solchergestalt von Zahlung des Rückzolles frei.

(.........)

36. Alle fremden Juden, desgleichen ihre Knechte und Jungen sollen, wann sie Unsere Lande betreten, täglich den Leibzoll mit drei Batzen lösen, mithin die bisher üblich gewesene Taschengeleiter gänzlich abgeschafft sein, wie dann auch alle einheimischen Judenknechte und Jungen, wann sie aus dem Oberamt, wo sie wohnhaft sind, in ein anderes sich begeben, täglich den Leibzoll, so lang sie in demselbigen sich befinden mit drei Batzen alle 24 Stunden zu entrichten haben[248].

Die Praxis des Borghandels[249]

Die Praxis des Viehhandels orientierte sich sehr stark an den ökonomischen Verhältnissen der hiesigen Bauern. Oftmals wurde der Kaufpreis nicht immer vollständig gezahlt, oft wurde nur eine Anzahlung geleistet. Es war durchaus üblich „Leihvieh" zu vergeben. Das bedeutete, dass den Bauern, denen es häufig an Bargeld mangelte und die sowieso über kaum Bargeld verfügten, das Vieh auf Leihbasis in den Stall gestellt wurde. Es handelte sich meistens um Ochsen oder Pferde, die als Arbeitstiere für die Bauern als Zugtiere überlebenswichtig waren und die die Bauern nicht käuflich erwerben konnten.

Nach einer vereinbarten Frist oder nach beendeter Ernte nahm der Viehhändler diese Tiere wieder zurück und verkaufte sie weiter.

Während der Leihzeit durfte der Bauer die Tiere nutzen, musste sie aber füttern und pflegen. Dafür erhielt der Viehhändler meist die Hälfte des Kaufpreises. Dass diese Praxis Konflikte barg ist offensichtlich, denn wenn ein Tier krank wurde, wer stand dann für den Schaden ein?

---

248 KSchA Zweibrücken Best. II Nr. 320 S. 410 ff. Auszug

249 Röhrich, l., Das große Lexikon der sprichwörtlichen Redensarten, Bd. I., Bd I+II, Freiburg im Breisgau, Basel, Wien, 1991-1992, S. 242f; Als älteste Bedeutung steht fest „schonen" und „etwas erlassen", dann erst „borgen, leihen". Der Bedeutungsübergang ist unklar. Der Bürge, das mit dem Wort Borgen ersichtlich zusammenhängt ist ebenfalls eine Ableitung des Wortes Borgen. Das Abstraktum „Borg" (heute nur noch „auf Borg" ist bereit sehr alt (10. Jhd.)

Nach einer gewissen Zeit war es dem Bauern auch vielfach möglich, das Vieh zu kaufen. Dieses sehr modern erscheinende Leihsystem könnte man heute mit dem Begriff „Vieh-Leasing“ umschreiben[250]. Zeitgenossen bezeichneten diese Leihpraxis als „Leihviehvergabe“, „Viehverstellung“ oder „Halbviehkontrakte“[251]. In unserer Region ist der Begriff „Borghandel[252]“ mehrfach belegt.
Diese Art des Viehhandels entsprach den Bedürfnissen der Bauern und der jüdischen Viehhändler und war auch in Odernheim gängige Praxis. Die Bauern erhielten durch diese Praxis des Viehhandels die Möglichkeit, ihre Barvermögen zu schonen und sie anderweitig einsetzen zu können, und konnten trotz beschränkter finanzieller Mittel ihre Landwirtschaft betreiben und somit ihre Existenz sichern[253].
Die jüdischen Viehhändler, die in der Zweibrückischen Herrschaft, auch im Oberamt Meisenheim, kein Weideland erwerben und besitzen durften und nicht über genug Stallungen verfügten, brauchten keine Futtermittel für das gehandelte Vieh zu kaufen und ersparten sich so das Anmieten von Stallungen, hatten aber die Gewähr, dass ihr Handelsvieh gefüttert und gepflegt wurde, also versorgt wurde[254]. Grundvoraussetzung war allerdings, dass sich der Bauer und der jüdische Viehhändler kannten und vertrauten[255].

---

250 Kaspar-Holtkotte, Cilli, Juden im Aufbruch, Zur Sozialgeschichte einer Minderheit im Saar-Mosel- Raum, Hannover, 1996, S. 130

251 Kaufmann, Uri, Jüdische und christliche Viehhändler in der Schweiz, 1780-1930, Zürich, 1988, S. 42. Die Wurzeln der Begriffe „Leihviehvergabe“, „Viehverstellung“ oder „Halbviehkontrakte“ reichen bis in das Mittelalter zurück.

252 Röhrich, L., Das große Lexikon der sprichwörtlichen Redensarten, Bd. I., Bd I+II, Freiburg im Breisgau, Basel, Wien, 1991-1992, S. 242f; Als älteste Bedeutung steht fest „schonen“ und „etwas erlassen“, dann erst „borgen, leihen“. Der Bedeutungsübergang ist unklar. Der Bürge, das mit dem Wort Borgen ersichtlich zusammenhängt ist ebenfalls eine Ableitung des Wortes Borgen. Das Abstraktum „Borg“ (heute nur noch „auf Borg“ ist bereit sehr alt (10. Jhd.)

253 Kaspar-Holtkotte, Cilli, Juden im Aufbruch, Zur Sozialgeschichte einer Minderheit im Saar-Mosel- Raum, Hannover, 1996, S. 130

254 Kaspar-Holtkotte, Cilli, Juden im Aufbruch, Zur Sozialgeschichte einer Minderheit im Saar-Mosel- Raum, Hannover, 1996, S. 131

255 Müller-Wille, Wilhelm, Die Ackerfluren im Landesteil Birkenfeld und ihre Wandlungen seit dem 17. Und 18. Jhd., Bonn, 1936, S.19. Müller-Wille

Die Ursache der zahlreichen Leihgeschäfte lag nicht in der händlerischen Raffinesse oder ausbeuterischer Handelspraxis der Juden, sondern in der strukturellen Krise, in der sich die Landwirtschaft spätestens seit 1770 befand. Folgewirkungen dieser Krise waren die Verarmung der Bauern und eine Hungersnot[256].

Die jüdischen Viehhändler hatten oft wenig Grund- und Landbesitz und stellten das Vieh, mit dem sie handelten, oft schon einmal bei Bauern in den Ställen unter.

Der Beruf des Viehhändlers entstand aus der religiösen Verpflichtung und Tradition heraus, dass Juden nur rituell geschlachtetes Fleisch essen dürfen. Viele Folgeberufe wie Häute-, Leder-, Fell-,

---

beschreibt den Viehhandel etwas anders: „Die Viehhändler hatten das noch magere Vieh aus dem Württembergischen und aus der Pfalz angeboten. Dort nahmen die Bauern die Tiere in Leihe und bewerkstättigten mit ihnen die Frühjahrernten. Dann wurden sie kurze Zeit gemästet und noch vor Beginn der Erntearbeiten dem Händler zurückgegeben, der die gemästeten Tiere auf den größeren Märkten absetzte. Der Bauer nahm gegen ein Entgelt wieder neue Ochsen in Empfang, um mit diesen die Herbstsaat zu erledigen. Nachdem sie die Tiere dann längere Zeit in der Herbstnachtweide genutzt hatten,nahmen die Händler sie auf den letzten Märkten, die im November und Dezember stattfanden, wieder zurück".
Die von Müller-Wille genannten Mastzeiten für das Leihvieh müssen allerdings sehr kurz gewesen sein, ebenso die Zeiten der Ernte und Feldarbeiten. Die zu Verfügung stehenden Zeiten wäre dann der halbe Monat Juli und der Monat Oktober gewesen.

[256] Vgl. Saalfeld, Dietrich, Ländliche Bevölkerung und Landwirtschaft Deutschlands am Vorabend der französischen Revolution, in ZfAA 37, Heft 2, 1989,S. 101-125 und
Dipper, Christof, Deutsche Geschichte 1648-1789, Frankfurt/Main 1991: Aufgrund des über durchschnittlichen Bevölkerungswachstums während des 18. Jahrhunderts entstand eine verstärkte Nachfrage vor allem nach Brotgetreide. Die Bauern waren außerstande, wegen mangelnder agrarischer Kenntnisse, zu geringer Flächen und einiger Missernten (die letzte 1770 / 1771), den Bedarf zu decken. Viehproduktion spielte noch keine Rolle, nur 21% der Gesamtagrarfläche in Deutschland standen der Viehfütterung zu Verfügung (als Wiesen, Weiden etc.) da der gößte Teil der Agrarflächen für die Getreideproduktion reserviert war. Es fehlte der für die Böden der notwendige Dünger, wegen zu geringer Viehhaltung. Die wenigsten Bauern profitierten von der rasanten Steigerung des Getreidepreises ab 1750.

Därmehandel entstanden aus dem Handel mit Vieh. Ebenso typische Berufe für Juden waren Metzger und Matzen (Bäcker), die auch auf religiösen Vorschriften beruhten.
Kunden waren nicht nur Juden, sondern die jüdischen Viehhändler lieferten auch an Christen ihre Ware. Oft waren die jüdischen Viehhändler auch als Geldleiher, Kreditgeber tätig, was den ökonomischen Neid der christlichen Mehrheitsgesellschaft schürte.

Speisevorschriften

Es war sicher nicht einfach, wenn wenige Juden am Ort lebten, den Bedarf an Lebensmitteln, die den religiösen Vorschriften entsprachen, immer zu Verfügung zu haben. Viehhändler waren viel auf Wanderschaft und mussten große Strecken zu Fuß zurücklegen, viele nahmen aus diesem Grunde schwere, kalorienreiche Kost für unterwegs mit[257]. Sicherlich brachten die reisenden Viehhändler auch koschere Lebensmittel mit nach Hause. Der Matzen-Bäcker Josef aus Laufersweiler lieferte seine Matzen bis nach Odernheim und Staudernheim. Ein jüdischer Metzger war im Ort, den koscheren Wein lieferten die Weinhändler aus den Nachbargemeinden.
„Du solltest das Blut nicht essen, denn das Blut ist das Leben" (5. Mos 12,23)

Die vielen jüdischen Speisevorschriften begründen sich mit den Geboten Gottes. Die Grundprinzipien finden sich in der Tora und im Talmud (Lernen, Studium). Alle Speisen müssen koscher sein d.h. rein, tauglich und geeignet und den religiösen Vorschriften entsprechen.[258]
Man unterscheidet drei Arten von Tieren:

1. Von den auf dem Lande lebenden Tieren darf man nur diejenigen essen, die gespaltene Klauen haben, Paarhufer sind und wiederkäuen. Fehlt eines dieser Merkmale, ist der Genuss ver-

[257] Christoph Pies; Jüdisches Leben im Rhein-Hunsrück Kreis; Schriftenreihe des Hunsrücker Geschichtsvereins Nr. 40;
[258] Christoph Pies; Jüdisches Leben im Rhein-Hunsrück Kreis; Schriftenreihe des Hunsrücker Geschichtsvereins Nr. 40; S:79-80

boten, z.B. Kamel, Hase, Kaninchen. Das Schwein hat zwar gespaltene Hufe, ist aber kein Wiederkäuer.

2. Meerestiere dürfen gegessen werden wenn sie Flossen und Schuppen haben, somit sind alle Aale, Muscheln und Schnecken verboten.
3. Das meiste Geflügel gilt als rein und darf gegessen werden. Die Bibel nennt als unreine Vögel z.B. Raubvögel.

Die Tora verbietet an mehreren Stellen den Genuss von Blut, da es als Träger der unsterblichen Seele gilt. Mit dieser religiösen Vorschrift begründet, werden Tiere auf eine bestimmte Art geschlachtet. Um den religiösen Anforderungen gerecht zu werden, werden Tiere geschächtet. Beim Schächten durchschneidet der Schächter (Schochet) mit einem scharfen Messer, das frei von Scharten ist, in einem Zuge die Halsschlagader, die Speise- und Luftröhre des Schlachttieres und lässt das Blut auslaufen.

Die Hausfrau muss die letzten Reste Blut entfernen. Das Fleisch wird koscher gemacht, indem man es in lauwarmes Wasser einweicht, abtupft, einsalzt und auf eine schräge Unterlage legt, sodass auch die letzten Tropfen Blut ablaufen können. Danach werden die Fleischstücke noch dreimal mit Wasser gespült. Fisch gilt nicht als Fleisch und muss nicht koscher gemacht werden.[259]

„Du sollst ein Zicklein nicht in der Milch seiner Mutter kochen“ (2. Mose 23,19).

Diesen Satz haben Rabbiner so interpretiert, dass man Milchprodukte nicht mit Fleisch vorbereiten, essen oder kochen darf. Da führt dazu, dass es zum Vorbereiten, Kochen und Essen unterschiedliches Geschirr benötigt wird. [260]

---

[259] Christoph Pies; Jüdisches Leben im Rhein-Hunsrück Kreis; Schriftenreihe des Hunsrücker Geschichtsvereins Nr. 40; S:79-80

[260] Christoph Pies; Jüdisches Leben im Rhein-Hunsrück Kreis; Schriftenreihe des Hunsrücker Geschichtsvereins Nr. 40; S:79-80

Vorschriften für das Viehschächten im Oberamt Meisenheim in den Artikeln der Meisenheimer Metzgerzunft 1753, Zweibrücken

Nachdem auch zwischen den Metzger(n) der Stadt und Oberamts Meisenheim und dasiger Judenschaft wegen des Schächtens öfters Schwürigkeit erhoben, so verordnen wir hiermit:

1. *Soll einer jeder derer in der Stadt Meisenheim auf eine gewisse Anzahl restringirten Judenfamilien mehr nicht dann drei Rinder oder an deren statt doppelt so viel Böck oder Geißen und vier Stück Zügenlämmer alljährlich schlachten erlaubt sein, und sollen die Juden jedesmalen, wenn sie ein dergleichen Stück schlachten wollen, zu Verhütung alles Unterschleifes solches dem Zunftmeister oder in dessen Abwesenheit denen Geschworenen, um ein solches aufschreiben zu können, anzeigen bei Straf 10 Reichstaler, so oft dagegen gebrochen wird.*
2. *Soll denen Juden der Stadt Meisenheim so wenig als denen andern Einwohnern verstattet sein, einig auf dem Land geschlachtetes Vieh in die Stadt zu bringen bei Straf 3 Gulden zu teilen nebst der im Art. 28 darauf gesetzten Confiscation des Fleisches. Jedoch aber sollen die Metzger schuldig sein, wenn sie Vieh zur Schlachtbank führen und die Juden davon Fleisch verlangen, durch sie, die Juden, schächten zu lassen und alsdann denselben in nämlichen Preis wie denen Bürgern Fleisch davon zu verkaufen.*
3. *Soll zwar denen außer der Stadt Meisenheim auf dem Lande wohnende Juden, so lange uns gnädigst gefällig sein wird, das Schächten gegen eine Retribution jedoch dergestalt erlaubt, daß a) die Juden keinen offenen Laden halten, sondern nur den Kopf oder die Haut an ihren Türen, wenn sie Fleisch feilhalten, aushängen, b) das Hausiren mit Fleisch an solchen Orten, wo Metzger offene Laden halten, bei Straf 3 Gulden zwischen uns und der Zunft zu teilen, selbige untersagt auch c) denenselbigen eigenes Vieh ohne vorhero durch die Metzgermeister be-*

schehene Besichtigung bei Straf der Confiscation vor der Herrschaft zu schächten, nicht verstattet sein soll[261].

Die Ökonomische Situation der israelitischen Kultusgemeinde Odernheim

Das 19. Jhd. war eine Hochzeit des Synagogenbaus in Deutschland. Möglich war dies durch die „liberale" Gesetzgebung im linksrheinischen Bayern, deren Ursprung in der französischen Judengesetzgebung zu finden ist. Aufgrund der liberalisierten Gesetzeslage gründeten die Odernheimer Juden eine Israelische Kultusgemeinde und entschlossen sich, eine Synagoge zu erbauen. Die Israelische Kultusgemeinde Odernheim war nun eine dem öffentlichen Recht entsprechende Synagogengemeinde. Mit ihren begrenzten finanziellen Mitteln erbaute die Israelische Kultusgemeinde Odernheim ein bescheidenes Gotteshaus.

Der ökonomische Spielraum der israelischen Kultusgemeinde Odernheim sollte immer im Zusammenhang zwischen der Staatlichen Aufsicht in unserem Falle des Bezirksamts Kirchheimbolanden, dem Rabbinat in Kaiserslautern und der Gemeinde vor Ort hier in Odernheim gesehen werden. Dass diese Beziehungen nicht immer spannungsfrei verliefen, ist aufgrund der verschiedenen Interessenlagen offensichtlich.

Die israelische Kultusgemeinde musste als Körperschaft öffentlichen Rechts jährlich eine Erklärung über Ihre Ein- und Ausgaben bei der zuständigen Behörde dem Königlichen Bezirksamt in Kirchheimbolanden einreichen, wie dieses Beispiel von 1869 zeigt.

Die Beitragsklassen der Gemeindemitglieder wurden ebenfalls von der Gemeinde und der Aufsichtsbehörde festgelegt, Bemessungsgrundlage war das Einkommen des Gemeindemitglieds. Die Klassen der Kultusumlagen waren hin und wieder Anlass zu Konflikten, wenn sich ein Gemeindemitglied ungerecht behandelt fühlte. Dank dieser unterschiedlichen Interessen sind uns Details aus dem Gemeindeleben bekannt, denn jede Eingabe an die zuständige Auf-

261 StadtA Zweibrücken Best. Herzogl. Verordnungen Regesten Bd. 2 S. 1326

sichtsbehörde in Kirchheimbolanden setzte den dortigen bürokratischen Apparat in Gang und so entstanden Schriftwechsel, die zum Teil erhalten sind.

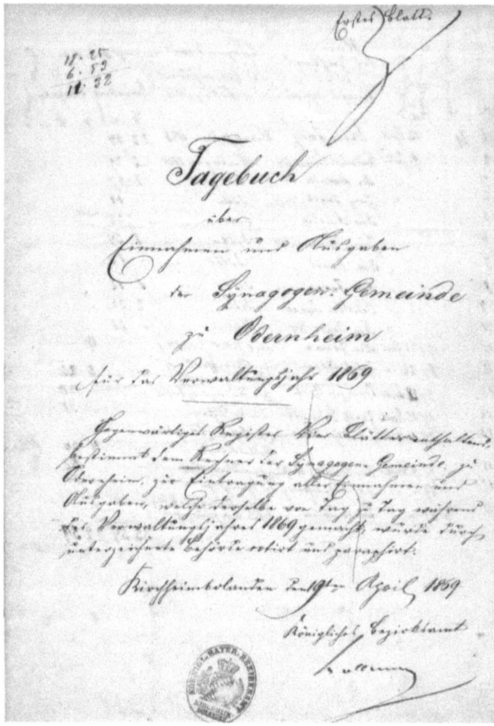
Tagebuch
über
Einnahmen und Ausgaben
der Synagogen-Gemeinde
zu Odernheim
für das Verwaltungsjahr 1869

Kirchheimbolanden den 19ten April 1869
Königliches Bezirksamt

Abb.: Akte VII / 96a Deckblatt des Ein und Ausgaben Tagebuchs von 1869[262]

262 Gemeindearchiv Odernheim Akte VII / 96a

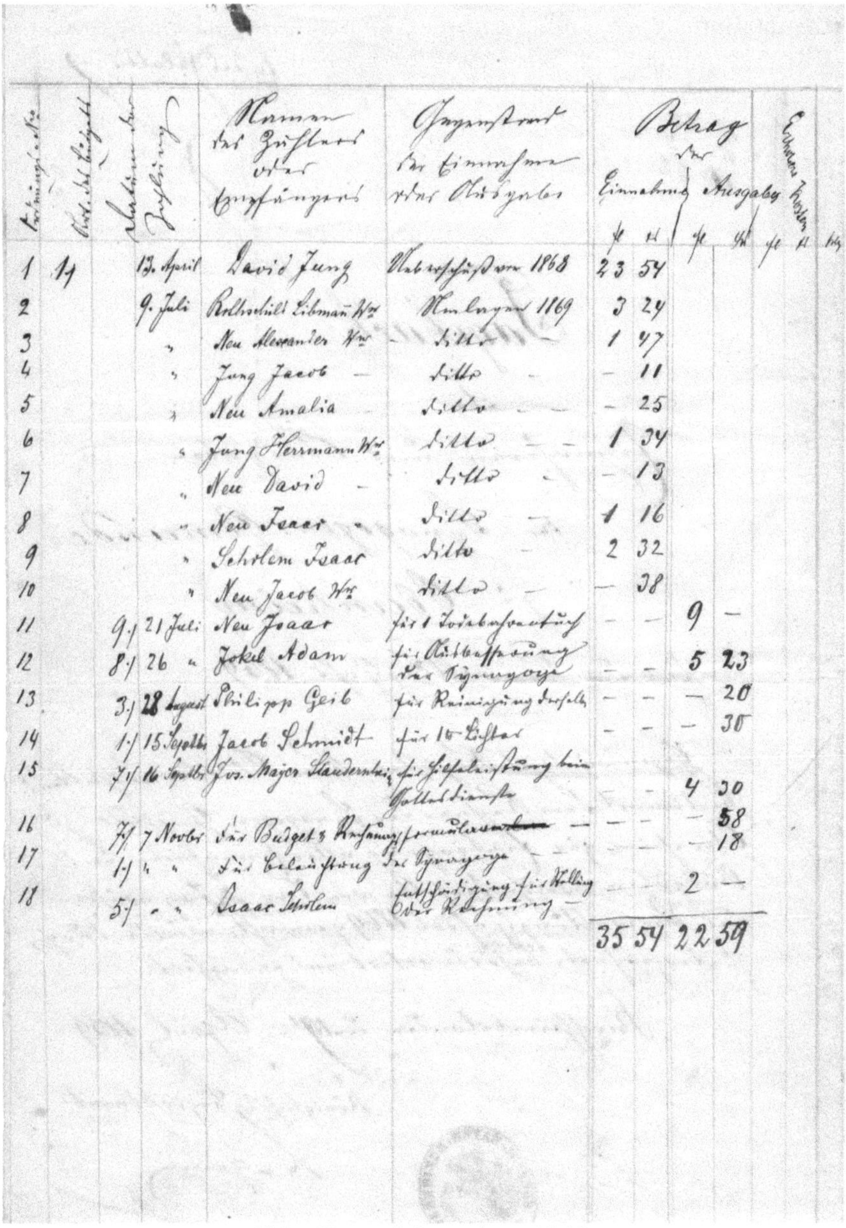

Rechnungs No.	Rubr. des Budgets	Datum der Zahlung	Namen des Zahlers oder Empfängers	Gegenstand der Einnahme oder Ausgabe	Einnahme fl	Einnahme kr	Ausgabe fl	Ausgabe kr
1	1	13. April	David Jung	Ueberschuß von 1868	23	54		
2		9. Juli	Rothschild Libman Wwe	Umlagen 1869	3	24		
3		"	Neu Alexander Wwe	ditto	1	47		
4		"	Jung Jacob	ditto	–	11		
5		"	Neu Amalia	ditto	–	25		
6		"	Jung Herrmann Wwe	ditto	1	34		
7		"	Neu David	ditto	–	13		
8		"	Neu Isaac	ditto	1	16		
9		"	Schlem Isaac	ditto	2	32		
10		"	Neu Jacob Wwe	ditto	–	38		
11	9./	21 Juli	Neu Isaac	für 1 Leichentuch	–	–	9	–
12	8./	26 "	Jokel Adam	für Ausbesserung der Synagoge	–	–	5	23
13	3./	28 August	Philipp Geib	für Reinigung derselben	–	–	–	20
14	1./	15 Septbr	Jacob Schmidt	für 10 Lichter	–	–	–	30
15	7./	16 Septbr	Jos. Mayer Staudernheim	für Hilfeleistung beim Gottesdienste	–	–	4	30
16	7./	7 Novbr	für Budget & Rechnungsformulare		–	–	–	58
17	1./	"	für Beleuchtung der Synagoge		–	–	–	18
18	5./	"	Isaac Schlem	Entschädigung für Stellung der Rechnung	–	–	2	–
					35	54	22	59

Abb.: Ein und Ausgaben 1869[263]

263 Gemeindearchiv Odernheim Akte A III / 96a

Im Cirularium Nr. 25 vom 12.Juni 1877 des königlichen Bezirksamtes Kirchheimbolanden wird der Synagogenausschuss der Odernheimer Synagoge aufgefordert, die Mitglieder der Odernheimer israelischen Gemeinde nach Einkommen zu „classifizieren". Die Ausgaben der israelischen Kultusgemeinde werden mit den Einnahmen bestritten. Sollten diese nicht die Ausgaben decken, so werden die Mitglieder der israelischen Kultusgemeinde zur Finanzierung des Defizits herangezogen. Aus diesem Grunde musste der Synagogenausschuss eine Mitgliederliste mit der entsprechenden „Classifizierung", die sich nach dem Einkommen der Mitglieder richtete, anfertigen. Es gab auch gegen die vorgenommene „Classifizierung" Einwände, wie ein Schriftwechsel (Seite 22) vom 8. April 1863 von Liebmann Rothschild an das königliche Bezirksamt zeigt.

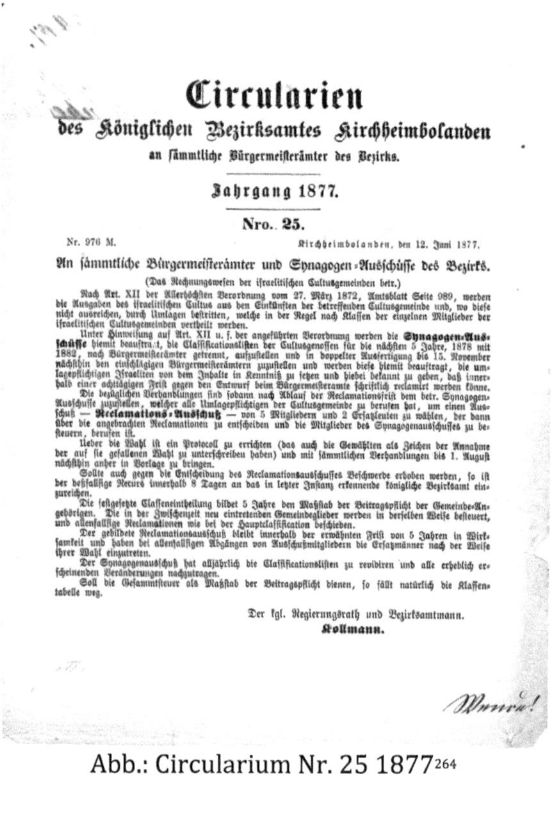

Circularien
des Königlichen Bezirksamtes Kirchheimbolanden
an sämmtliche Bürgermeisterämter des Bezirks.

Jahrgang 1877.

Nro. 25.

Nr. 976 M. Kirchheimbolanden, den 12. Juni 1877.

An sämmtliche Bürgermeisterämter und Synagogen-Ausschüsse des Bezirks.

(Das Rechnungswesen der israelitischen Cultusgemeinden betr.)

Nach Art. XII der Allerhöchsten Verordnung vom 27. März 1872, Amtsblatt Seite 989, werden die Ausgaben des israelitischen Cultus aus den Einkünften der betreffenden Cultusgemeinde und, wo diese nicht ausreichen, durch Umlagen bestritten, welche in der Regel nach Klassen der einzelnen Mitglieder der israelitischen Cultusgemeinden vertheilt werden.

Unter Hinweisung auf Art. XII u. f. der angeführten Verordnung werden die **Synagogen-Ausschüsse** hiemit beauftragt, die Classificationslisten der Cultusgenossen für die nächsten 5 Jahre, 1878 mit 1882, nach Bürgermeisterämter getrennt, aufzustellen und in doppelter Ausfertigung bis 15. November nächsthin den einschlägigen Bürgermeisterämtern zuzustellen und werden diese hiemit beauftragt, die umlagepflichtigen Israeliten von dem Inhalte in Kenntniß zu setzen und hiebei bekannt zu geben, daß innerhalb einer achttägigen Frist gegen den Entwurf beim Bürgermeisteramte schriftlich reclamirt werden könne.

Die bezüglichen Verhandlungen sind sodann nach Ablauf der Reclamationsfrist dem betr. Synagogen-Ausschusse zuzustellen, welcher alle Umlagepflichtigen der Cultusgemeinde zu berufen hat, um einen Ausschuß — **Reclamations-Ausschuß** — von 5 Mitgliedern und 2 Ersatzleuten zu wählen, der dann über die angebrachten Reclamationen zu entscheiden und die Mitglieder des Synagogenausschusses zu besteuern, berufen ist.

Ueber die Wahl ist ein Protocoll zu errichten (das auch die Gewählten als Zeichen der Annahme der auf sie gefallenen Wahl zu unterschreiben haben) und mit sämmtlichen Verhandlungen bis 1. August nächsthin anher in Vorlage zu bringen.

Sollte auch gegen die Entscheidung des Reclamationsausschusses Beschwerde erhoben werden, so ist der deßfallsige Recurs innerhalb 8 Tagen an das in letzter Instanz erkennende königliche Bezirksamt einzureichen.

Die festgesetzte Classeneintheilung bildet 5 Jahre den Maßstab der Beitragspflicht der Gemeinde-Angehörigen. Die in der Zwischenzeit neu eintretenden Gemeindeglieder werden in derselben Weise besteuert, und allenfallsige Reclamationen wie bei der Hauptclassification beschieden.

Der gebildete Reclamationsausschuß bleibt innerhalb der erwähnten Frist von 5 Jahren in Wirksamkeit und haben bei allenfallsigen Abgängen von Ausschußmitgliedern die Ersatzmänner nach der Weise ihrer Wahl einzutreten.

Der Synagogenausschuß hat alljährlich die Classificationslisten zu revidiren und alle erheblich erscheinenden Veränderungen nachzutragen.

Soll die Gesammtsteuer als Maßstab der Beitragspflicht dienen, so fällt natürlich die Klassentabelle weg.

Der kgl. Regierungsrath und Bezirksamtmann.
Kollmann.

Abb.: Circularium Nr. 25 1877[264]

264 Akte AIII 96a Gemeindearchiv Odernheim

Die Gesamteinnahmen im Zeitraum 1864-1892 befanden sich im Bereich von 14- 41g(ulden). Die Ausgaben waren immer in der Höhe, dass ein Überschuss von 1-3 g(ulden) als Überschuss zu verzeichnet war. Die israelische Gemeinde bestritt ihre regelmäßigen Ausgaben (Reinigung der Synagoge, Reparaturen, anteiliges Rabbinergehalt, Licht, Versicherungen etc.) immer in Relation zu den Einnahmen, welche auch abhängig von der Anzahl der „Seelen“ und damit von Mitgliedsbeiträgen war.
Von einer wohlhabenden israelischen Kultusgemeinde kann man in Odernheim nicht sprechen, es spiegelt den durchschnittlichen Lebensstandard der damaligen ländlichen Jüdischen Gemeindemitglieder wider. In der Zeit um 1885 wurden zeitweise Kredite benötigt, um die Ausgaben zu bestreiten. Der höchste Kredit, den wir in dem genannten Zeitraum aus den Akten ersehen konnten betrug 40 RM. Zuschüsse gab es von der Bayrischen Regierung.
Die Guldenwährung wurde nach der Reichsgründung 1871 durch die Markwährung ersetzt. Sie galt ab etwa 1873 einheitlich im ganzen Deutschen Reich.

Rechner der israelischen Kultusgemeinde David Jung

Der folgende Schriftverkehr aus dem Jahre 1869 beinhaltet die Übergabe der Odernheimer israelitischen Kultuskasse von David Jung, der ins Ausland nach Bad Sobernheim zog, an Isaac Scholem, der als Ausschussmitglied der israelischen Kultusgemeinde, vom königlichen Bezirksamt Kirchheim zum neuen Rechner ernannt wurde.

Odernheim, den 8. Februar 1869

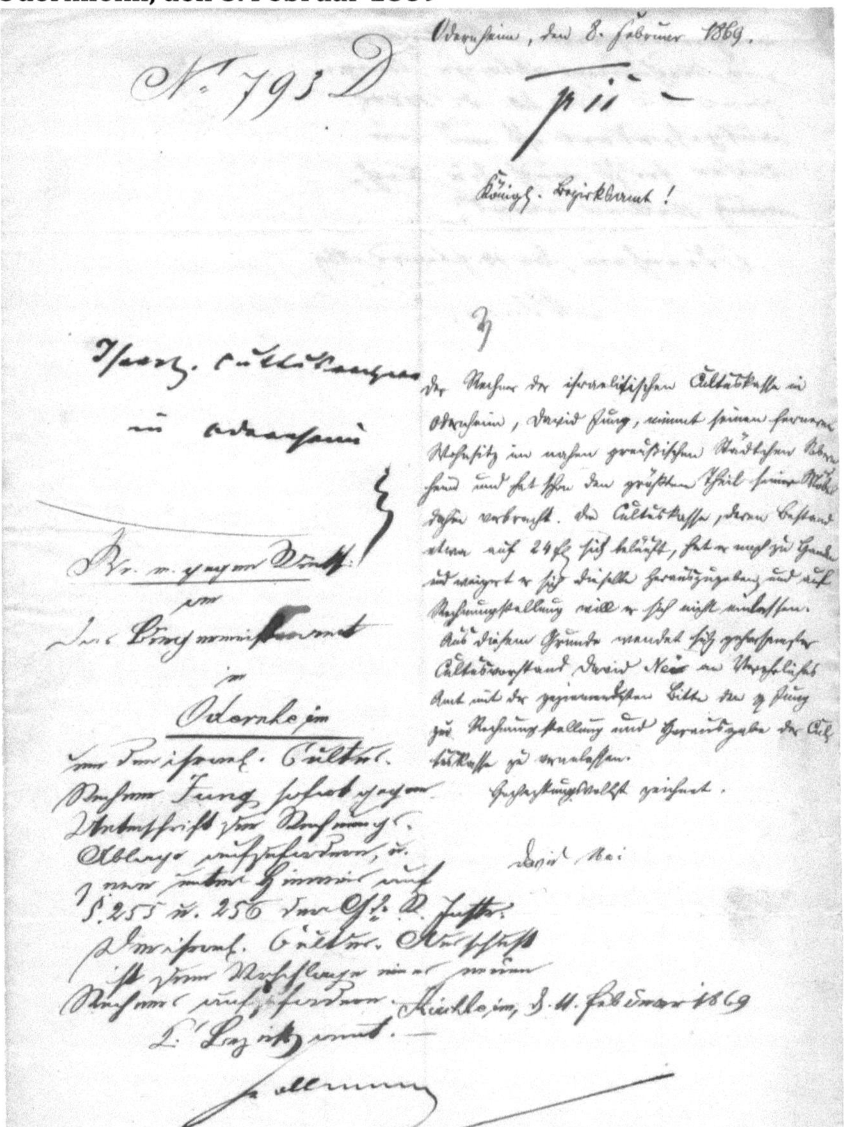

Abb.: Schriftverkehr Rechner der Kultusgemeinde David Jung 8. Februar 1869[265]

---

[265] Gemeindearchiv Odernheim Akte A III / 96a unsortierter Schriftverkehr

Übersetzung des Schreibens vom 8. Februar 1869: Rechner David Jung[266]

königl. Bezirksamt
Der Rechner der israelitischen Cultuskasse in Odernheim, David Jung, nimmt seinen ferneren Wohnsitz im nahen preußischen Städtchen Sobernheim und hat schon den größten Theil seiner Möbel dahin verbracht. Die Cultuskasse, deren Bestand etwa auf 24 fl. sich beläuft, hat er noch zu Händen und weigert sich dieselbe herauszugeben und auf Rechnungstellung will er sich nicht einlassen. Aus diesem Grunde wendet sich gehorsamer Cultusvorstand David Neu an Verehrliches Amt mit der geziementen Bitte den D. Jung zu Rechnungstellung und Herausgabe der Cultuskasse zu veranlassen.
Hochachtungsvoll zeichnet

Odernheim den 11.Februar 1869[267]

Br.m. gegen....
an das Bürgermeisteramt um dem israel. Cultusrechner sofort gegen Unterschrift der Rechnungsablage aufzufordern, u. zwar unter Hinweis auf S. 255 u 256 (....)
ist dem Vorschlage einen neuen Rechner auf zufordern
Kirchheim, d 11. februar 1869
K. Bezirksamt

Odernheim den 14. Februar 1869[268]

der unterzeichnete Cultus-Rechner bescheinigt, daß er heute vom Bürgermeisteramt Odernheim zur Rechnungsablage längstens bis zum 20.d.Mts. Aufgefordert ist und in dieser Frist vorh. die Rechnung stellen wird.

---

266 Transskribt Hans Lahm 2017
267 Transskribt Hans Lahm 2017
268 Transskribt Hans Lahm 2017

Odernheim, den 14. Februar 1869

David Jung

Wie dieser Vorgang zum Abschluss kam, ist aus den Akten und Dokumenten nicht ersichtlich. Aber der Vorschlag der jüdischen Gemeinde Odernheim auf Ernennung des neuen Rechners Isaac Scholem für die israelitische Kultusgemeinde Odernheim ist im nachfolgenden Schriftverkehr nachzuvollziehen.

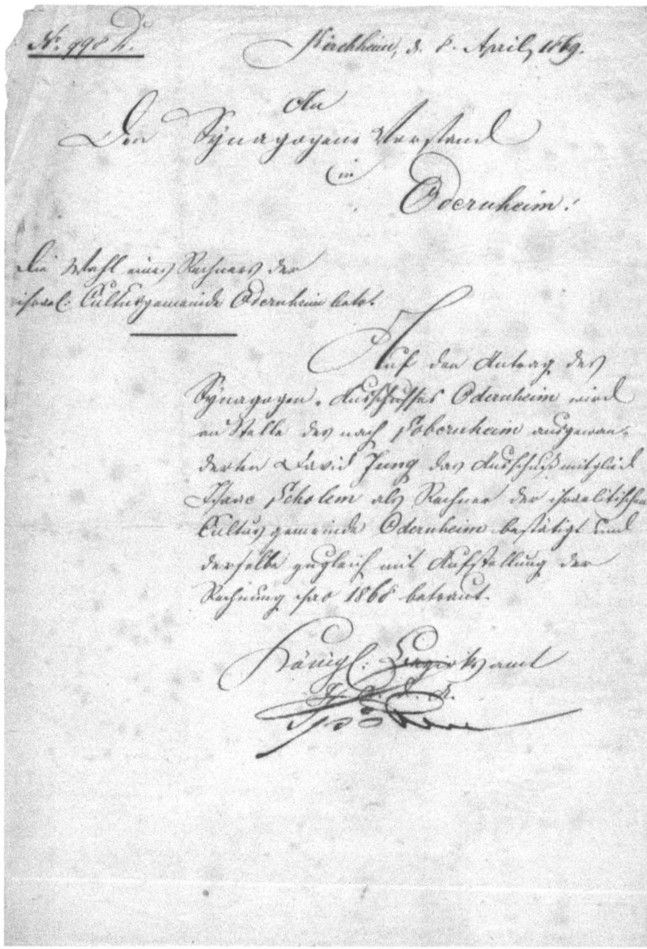

No. 998 I. Kirchheim, d. 8. April 1869.

An den Synagogen-Vorstand in Odernheim.

Die Wahl eines Rechners der israel. Cultusgemeinde Odernheim betr.

Auf den Antrag des Synagogen-Ausschusses Odernheim wird an Stelle des nach Sobernheim ausgewanderten David Jung das Ausschußmitglied Isaac Scholem als Rechner der israelitischen Cultusgemeinde Odernheim bestätigt und derselbe zugleich mit Aufstellung der Rechnung pro 1868 beauftragt.

Königl. Bezirksamt

Abb.: Ernennung Isaac Scholem zum Rechner der israelischen Kultusgemeinde Odernheim 8. April 1869

Übersetzung der Ernennung von Isaac Scholem zum Rechner der Kultusgemeinde Odernheim 8. April 1869:

Kirchheim, d. 8. April 1869

An den Synagogen Vorstand in Odernheim
Die Wahl eines Rechners der israelitischen Cultusgemeinde Odernheim betr.
Auf den Antrag des Synagogen Ausschusses Odernheim wird an Stelle das nach Sobernheim ausgewanderten David Jung das Ausschußmitglied Isaac Scholem als Rechner der israelitischen Cultusgemeinde Odernheim bestätigt und derselbe zugleich mit Aufstellung der Rechnung pro 1868 betraut.
Königl. Bezirksamt[269]
Die napoleonische Gesetzgebung von 1808, die ab der Wiedervereinigung der Pfalz mit Bayern 1816 zunächst in Kraft.
Die Verordnung vom 8. Oktober 1823 regelt „die Verhältnisse der Juden im Rheinkreis betreffend“ und bezieht sich auf das Bayrische Judenedikt vom 10. Juni 1813. Dort wird festgestellt: „Die Judenschaft ist eine privatrechtliche Gesellschaft, mit allen ihr zukommenden Rechten“.
Im Gegensatz zu der Napoleonischen Gesetzgebung von 1808 bedeutete dieses Judenedikt eine Verschlechterung.
Aber im Gegensatz zu der Napoleonische Gesetzgebung hatten jetzt jüdische Kultusgemeinden im Rheinkreis eine staatliche Anerkennung und das Recht der Glaubensfreiheit. Das Gesetz von 1823 regelte die Bildung von Gemeinden, die wirtschaftliche Verwaltung, die Schule und die Stellung der Rabbiner. Die Kinder mussten nun eine Schule besuchen §10 und die Möglichkeit einer eigenen Schule §11 war nun gegeben.
Am 27. Januar 1854 bzw. 27. März 1872 wurde das Recht der israelischen Kultusgemeinden novelliert. In der letzten Novellierung regelt im Einzelnen die Verwaltung der Kultusgemeinden die Wahl des aus drei Mitgliedern bestehenden Synagogenausschusses, die Bestellung des Vorstands (der aus der Mitte des Synagogenausschusses gewählt

[269] Gemeindearchiv Odernheim Akte AIII 96a Unsortierter Schriftverkehr

wurde), die Art der Besteuerung und das Besteuerungsverfahren, die Verhältnisse der Bezirksrabbinate und der Staatsaufsicht.
In der Rheinpfalz zählte man 1927 72 jüdische Gemeinden, die territorial in vier Rabbinate aufgeteilt war. Die Gesetzgebung von 1872 blieb bis 1919 in Kraft. Im §137 der Weimarer Reichsverfassung vom 11. August 1919 wurden die bis dahin bestehenden Gemeinden als Körperschaften öffentlichen Rechts anerkannt. Sie deckte sich weitgehend mit dem §18 der bayrischen Verfassungsurkunde vom 14. August 1919[270][271].
In der Königlich bayrischen Verordnung vom 8. Oktober 1823 heißt es im §2:
„Wo die Juden in einem gewissen Maß, mit der Territorial- Einteilung des Kreises übereinstimmende Bezirke in einer Zahl von wenigstens 50 Familien vorhanden sind, ist ihnen gestattet, eine eigene kirchliche Gemeinde zu bilden und an einem Orte, wo eine Polizeibehörde besteht, mit Genehmigung der kgl. Kreisregierung eine Synagoge zu errichten und einen Rabbiner aufzunehmen[272]*."*
Im Jahre 1821 hatte das Landkommissariat Kirchheimbolanden ein Rundschreiben an alle Gemeinden ergehen lassen, das bestimmte Angaben forderte, aufgrund derer man in der Lage war, über die Gemeindebildung zu entscheiden. Die Auswertung geschah erst 1823[273].
Für das Kanton Obermoschel, zu dem auch Odernheim/Glan gehörte, wurden 59 jüdische Familien festgestellt. Somit war für die Odernheimer Juden die Rechtsgrundlage zur Gründung einer israelischen Kultusgemeinde gegeben[274]. Der Bau einer Synagoge erfolgte aber erst 1833.
Am 25.3.1854 wurden die israelischen Kultusgemeinden in Bezirk Kirchheimbolanden gezählt. Insgesamt bestanden 21 israelische

---

270 vgl. www.judenundbayern.de/pdf/2006JuedischeGemeinde.pdf, Abruf 1-2-2018,16:10Uhr
271 Kopp, A.,Die Dorfjuden der Nordpfalz. Dargestellt an der jüdischen Gemeinde Alsenz ab 1655, Meisenheim, 1967, S. 179
272 Kopp, A.,Die Dorfjuden der Nordpfalz. Dargestellt an der jüdischen Gemeinde Alsenz ab 1655, Meisenheim, 1967, S. 178
273 LA Speyer K. VIII/14.12
274 vgl. Kopp, A.,Die Dorfjuden der Nordpfalz. Dargestellt an der jüdischen Gemeinde Alsenz ab 1655, Meisenheim, 1967, S. 178

Kultusgemeinden, auch die Odernheimer Kultusgemeinde ist in dieser Statistik als anerkannte Synagogengemeinde genannt[275].

Synagogen oder Bethäuser um 1850
in den Gemeinden des Landeskommissariats Kirchheimbolanden

Kb. VIII/14 Anlage 12 Seite 10

Ort	Zahl der Familien	Form	Jahr	Ort	Zahl der Familien	Form	Jahr
Albisheim	6	Syn.	1825	Ilbesheim	6	-	-
Alsenz	23	Syn.	1765	Kriegsfeld	2	-	-
Feilbingert	6	-	-	Kirchheimbolanden	27	Syn.	1818
Ebernburg	3	-	-	Kerzenheim	9	Beth.	1811
Altenbamberg	13	Syn.	?	Lautersheim	5	-	-
Hochstetten	5	Beth.	1835	Morscheim	2	-	-
Biedesheim	9	Syn.	1837	Marnheim	5	-	-
Bisterschied	2	-	-	Marienthal	20	Syn.	unvor-
Dörrmoschel	10	-	-				denkl.
Waldgrehweiler	10	Beth.	1810	Würzweiler	1	-	-
Teschenmoschel	11	Syn.	1756	Münsterappel	15	Syn.	1832
Bubenheim	5	Beth.	um	Oberhausen	1	-	-
			1820	Obermoschel	17	Syn.	1841
Dörnbach	7	-	-				neu
Dielkirchen	5	-	-	Niedermoschel	1-2	-	-
Dreisen	2	-	-	Odernheim	6	Syn.	1832
Gaugrehweiler	17	Syn.	1670	Rockenhausen	18	Syn.	1811
Göllheim	18	Syn.	1827	Ramsen	4	-	-
			neu	Standenbühl	3	-	-
Gauersheim	32	Syn.	1768	Winterborn	1	-	-
Stetten	1	-	-	Weitersweiler	7	Syn.	1847
Rittersheim	1	-	-				

Abb. Synagogen und Bethäuser um 1850 in den Gemeinden des Landkommissariats Kirchheimbolanden[276]

[275] Kopp, A.,Die Dorfjuden der Nordpfalz. Dargestellt an der jüdischen Gemeinde Alsenz ab 1655, Meisenheim, 1967, S. 179
[276] Kopp, August,Die Dorfjuden der Nordpfalz. Dargestellt an der jüdischen Gemeinde Alsenz ab 1655, Meisenheim, 1967, S.432

Die äußere Ordnung der israelischen Kultusgemeinde Synagogenordnung von 1830

Die Synagogenordnung 1830 wurde an alle 19 Gemeinden des Landratsamtes Kirchheimbolanden in Form einer Anordnung übersandt. Für die israelische Kultusgemeinde Odernheim, die 1832 eine Synagoge erbaute, wurde diese Synagogenordnung gültig. Es war der Versuch der Aufsichtsbehörde, den Reformgedanken im Judentum, in den Gemeinden zu etablieren.
Sie lautete:

1. *Das Versteigern aller den israelitischen Gottesdienst betreffenden Funktionen, sei es nun die Herausnahme der Thora, der Aufruf zum Segen sprechen oder irgendeine andere religiöse Zeremonie, bleibt ein für allemal untersagt, und der durch das Aufhören dieser Revenuen entstehende Ausfall soll nach bereits abgegebener Erklärung der Gemeinde Vorsteher durch die Gemeinde auf anderem Wege gedeckt werden.*
2. *Diejenigen, welche die Thora herausnehmen, den Segen sprechen oder sonst eine religiöse Zeremonie verrichten sollen, werden entweder durch den Rabbiner, wenn er anwesend ist, im entgegengesetzten Falle aber durch den Vorsteher bestimmt werden.*
3. *Das Küssen der Thora, insofern es nicht von denjenigen Plätzen geschehen kann, wo dieselbe aufgestellt ist, wird dadurch untersagt.*
4. *Die Herausnahme der Gesetzesrollen am Palmfeste, sowie jede andere gottesdienstliche Zeremonie, sollten nur diejenigen verrichten, welche dazu vom Rabbiner oder in dessen Abwesenheit durch den Kirchenvorsteher dazu bezeichnet werden, wobei es sich von selbst versteht, daß dabei auf solche Individuen besonders Rücksicht genom-*

men werden soll, welche in der Gemeinde eine besondere Achtung genießen.

5. *Zur Erhöhung der Feier des israelischen Gottesdienstes soll ein Knabenchor verwendet werden (....) wird erwartet, dass sie Sorge dafür tragen, daß der Gesang des Knabenchors zur allgemeinen Erbauung diene.*
6. *Dem Vorsänger vorbeten oder Vorsingen zu wollen, ist eine mutwillige Störung des Gottesdienstes und wird als solche auch auf das strengste untersagt.*
7. *Über die Straßen der Stadt in Kirchenkleidern zu gehen, ist verboten. Dagegen soll es nur denen gestattet sein, die Synagoge zu besuchen und vor die Thora zu treten, welche anständig gekleidet sind. Dem Bezirksrabbiner und in dessen Abwesenheit den Vorsteher der israelischen Gemeinde steht es zur Aufrechterhaltung der Würde des Gottesdienstes frei, jeden, der durch seinen äußeren Anzug der Synagoge diejenige Achtung nicht erweisen sollte, welche er seiner weltlichen Obrigkeit zu erweisen schuldig ist, von derselben wegzuweisen.*
8. *Der Besuch der Synagoge ist auch den Kindern, welche das vierte Jahr des Lebensalters zurückgelegt haben, gestattet; doch sind die Eltern verpflichtet, solche kleinen Kinder bei sich an ihren Plätzen zu behalten, damit durch das Herumlaufen derselben in der Synagoge keine Störung des Gottesdienstes veranlasst werde. Den Vorstehern aber kommt das Recht zu, den Kindern jeden Alters, welche sich nicht ordnungsgemäß verhalten, den Zutritt auf eine bestimmte Zeit oder bis zu reiferen Jahren zu untersagen.*
9. *Sobald die Mädchen das 14. Jahr erreicht haben, sollen sie ebenfalls zum Gottesdienst zugelassen werden, und die israelische Gemeinde (....) wird dafür sorge tragen, daß zu diesem Behufe eine zweckmäßige Einrichtung in der Frauensynagoge getroffen werden. Das Aufziehen der Vorhänge in dieser Frauensynagoge bleibt nur beim Ein-*

und Ausheben der Thora aus ihrer Lade und beim Zusammenrollen derselben gestattet.

10. *Vor gänzlicher Beendigung des Gebets Barchu und des noch wichtigeren Schmon Esre soll niemand erlaubt sein, die Synagoge zu verlassen.*
11. *Alles Segensprechen über Kinder oder andere Anverwandte, welche nicht bei dem Segnenden an ihren Plätzen stehen, ist vor Beendigung des Gottesdienstes untersagt.*
12. *Alles Schwätzten während des Gottesdienstes und Gebets, sowie jedes andere störende Geräusch und Lärm bleibt streng untersagt, und den Vorstehern liegt ob, ein jedes Dawiederhandeln unverzüglich zu rügen.*

Synagogenordnung von 1863

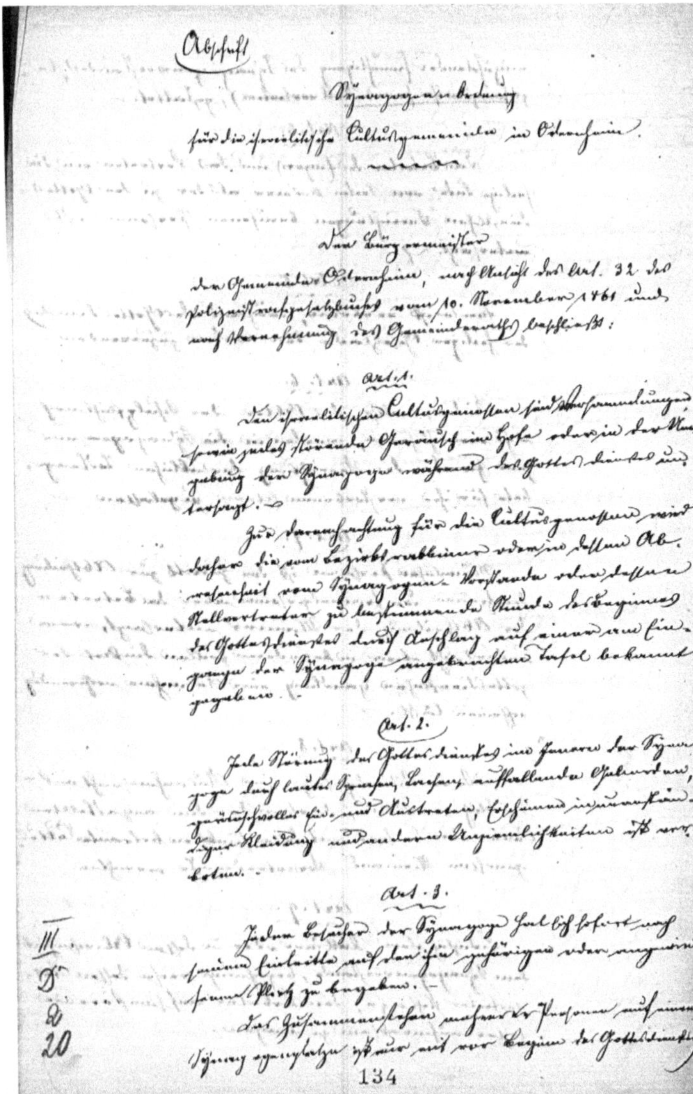

Abschrift

Synagogenordnung

für die israelitische Cultusgemeinde in Odernheim.

Der Bürgermeister

der Gemeinde Odernheim, nach Maßgabe des Art. 32 des Polizeistrafgesetzbuchs vom 10. November 1861 und nach Vernehmung des Gemeinderaths beschließt:

Art. 1.

Den israelitischen Cultusgenossen sind Versammlungen [illegible] im Hofe oder in der Umgebung der Synagoge während des Gottesdienstes untersagt. –

Zur Nachachtung für die Cultusgenossen wird daher die vom Bezirksrabbiner oder, in dessen Abwesenheit vom Synagogen-Vorstande oder dessen Stellvertreter zu bestimmende Stunde des Beginnes des Gottesdienstes durch Anschlag auf einer am Eingange der Synagoge angebrachten Tafel bekannt gegeben. –

Art. 2.

Jede Störung des Gottesdienstes im Innern der Synagoge durch lautes Sprechen, Lachen, auffallende Geberden, geräuschvolles Ein- und Austreten, [illegible] Kleidung und andere Ungebührlichkeiten ist verboten. –

Art. 3.

Jeder Besucher der Synagoge hat sich sofort nach seinem Eintritte auf den ihm gehörigen oder angewiesenen Platz zu begeben. –

Das Zusammenstehen mehrerer Personen auf einem Synagogenplatze ist nur vor Beginn des Gottesdienstes

134

Abb.: Synagogenordnung israelische Kultusgemeinde Odernheim 1863 S:1[277]

277 Landesarchiv Speyer Bestand H43 Nr.: 248; S: 134-135

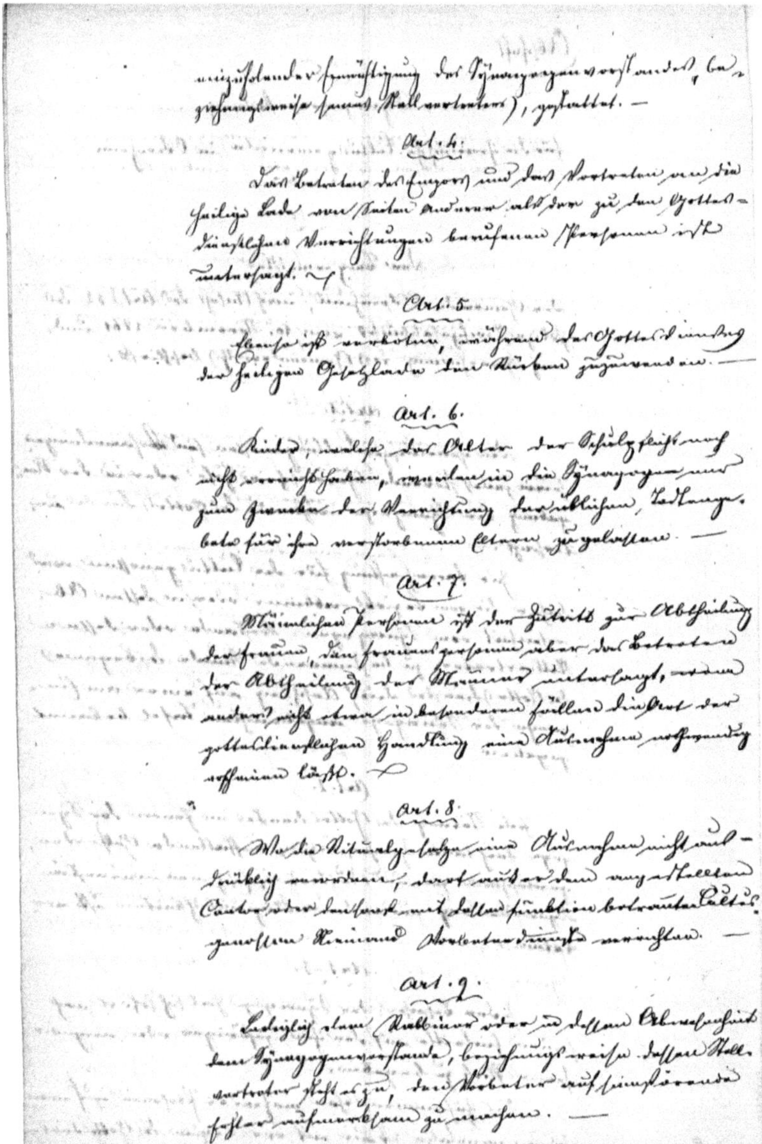

[illegible] Genehmigung des Synagogenvorstandes, beziehungsweise dessen Stellvertreters), gestattet. —

Art. 4.

Das Betreten des Chores und das Vortreten vor die heilige Lade von Seiten Anderer als der zu den gottesdienstlichen Verrichtungen berufenen Personen ist untersagt. —

Art. 5.

[illegible] ist verboten, während des Gottesdienstes [illegible] —

Art. 6.

Kinder, welche das Alter der Schulpflichtigkeit noch nicht erreicht haben, [illegible] in die Synagoge nur zum Zwecke der Verrichtung des üblichen Todtengebets für ihre verstorbenen Eltern zu gestatten. —

Art. 7.

Weiblichen Personen ist der Zutritt zur Abtheilung der Frauen, den Mannspersonen aber das Betreten der Abtheilung der Männer untersagt, wenn nicht ein besonderer Fall [illegible] der gottesdienstlichen Handlung eine Ausnahme nothwendig erscheinen läßt. —

Art. 8.

Wo die Ritualgesetze eine Ausnahme nicht ausdrücklich [illegible], darf nur in dem [illegible] [illegible] —

Art. 9.

Lediglich dem Rabbiner oder in dessen Abwesenheit dem Synagogenvorstande, beziehungsweise dessen Stellvertreter steht es zu, [illegible] Fehler aufmerksam zu machen. —

Abb.: Synagogenordnung israelische Kultusgemeinde Odernheim 1863 S:2[278]

---

[278] Landesarchiv Speyer Bestand H43 Nr.: 248; S:134-135

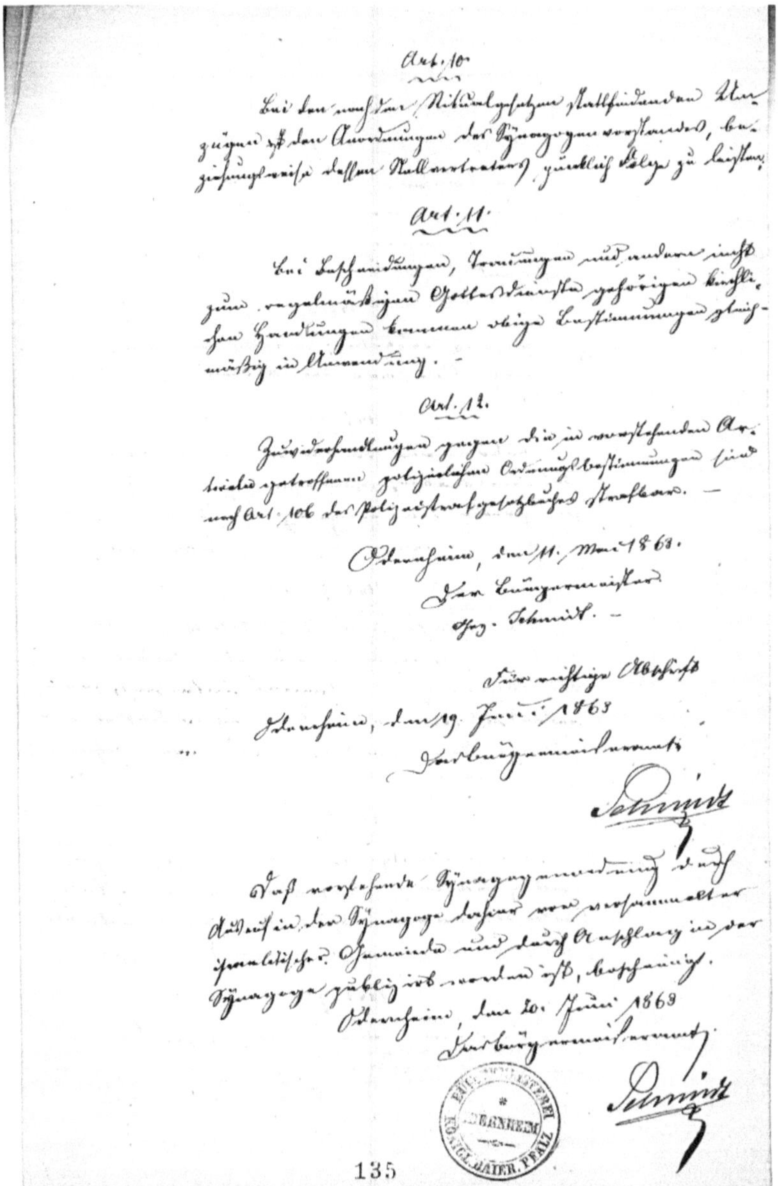

Art. 10

Bei den nach den Ritualgesetzen stattfindenden Umzügen ist den Anordnungen des Synagogenvorstandes, beziehungsweise dessen Stellvertreters, pünktlich Folge zu leisten.

Art. 11

Bei Beschneidungen, Trauungen und andern nicht zum regelmäßigen Gottesdienste gehörigen kirchlichen Handlungen kommen obige Bestimmungen gleichmäßig in Anwendung. –

Art. 12

Zuwiderhandlungen gegen die in vorstehenden Artikeln getroffenen polizeilichen Ordnungsbestimmungen sind nach Art. 106 des Polizeistrafgesetzbuches strafbar. –

Odernheim, den 11. Mai 1863.
Der Bürgermeister
gez. Schmidt. –

Für richtige Abschrift
Odernheim, den 19. Juni 1863
Das Bürgermeisteramt
Schmidt

Daß vorstehende Synagogenordnung durch Ablesen in der Synagoge dahier vor versammelter israelitischer Gemeinde und durch Anschlag in der Synagoge publiziert worden ist, bescheinigt.
Odernheim, den 20. Juni 1863
Das Bürgermeisteramt
Schmidt

Abb.: Synagogenordnung israelische Kultusgemeinde Odernheim 1863 S:3[279]

---

279 Landesarchiv Speyer Bestand H43 Nr.: 248; S: 134-135

Übersetzung der Synagogenordnung:

Abschrift

Synagogen Ordnung
für die israelitische Cultusgemeinde in Odernheim

der Bürgermeister der Gemeinde Odernheim, nach Ansicht des Art. 32 des Polizeistrafgesetzbuches vom 10. November 1861 und nach Vernehmung des Gemeinderathes beschließt:

Art: 1
Den israelitischen Cultusgenossen sind Versammlungen sowie jedes störende Geräusch im Hofe oder in der Umgebung der Synagoge während des Gottesdienstes untersagt.
Zur daraufachtung für die Cultusgenossen wird daher die vom Bezirksrabbiner oder in dessen Abwesenheit vom Synagogen Vorstande oder dessen Stellvertreter zu bestimmende Stunde des Beginnes des Gottesdienstes durch Anschlag auf einer am Eingange der Synagoge angebrachten Tafel bekannt gegeben.

Art. 2
Jede Störung des Gottesdienstes im Innern der Synagoge durch lautes Sprechen, Lachen auffallende Gebärden, geräuschvolles Ein- und Austreten, Erscheinen in unanständiger Kleidung und andern Umziemlichkeiten ist verboten.

Art. 3
Jeder Besucher der Synagoge hat sich sofort nach seinem Eintritte auf den ihm gehörigen oder angewiesenen Platz zu begeben.
Das Zusammenstehen mehrerer Personen auf einem Synagogenplatze ist nur mit vor Beginn des Gottesdienstes einzuholender Ermächtigung des Synagogenvorstandes beziehungsweise seines Stellvertreters gestattet.

Art. 4
das Betreten der Empore und das Vortreten an die heilige Lade von

Seiten anderer als der zu dem Gottesdienstlichen Verrichtungen berufenen Personen ist untersagt.

Art. 5

Ebenso ist verboten, während des Gottesdienstes der heiligen Gesetzlade den Rücken zuzuwenden.

Art. 6

Kinder, welche das Alter der Schulpflicht noch nicht erreicht haben, werden in die Synagoge nur zum Zwecke der Verrichtung der üblichen Todengebete für ihre verstorbenen Eltern zugelassen.

Art. 7

Männlichen Personen ist der Zutritt zur Abtheilung der Frauen, den frauenspersonen aber das Betreten der Abtheilung der Männer untersagt, wenn anders nicht etwa in besonderen Fällen die Art der gottesdienstlichen Handlung eine Ausnahme nothwendig erscheinen läßt.

Art. 8

Wo die Ritualgesetze eine Ausnahme nicht ausdrücklich verordnen, darf außer dem angestellten Cantor oder den sonst mit dessen funktion betrauten Cultusgenossen Niemand Vorbeterdienst verrichten.

Art. 9

Lediglich dem Rabbiner oder in dessen Abwesenheit dem Synagogenvorstande, beziehungsweise dessen Stellvertreter steht es zu, den Vorbeter auf sein störende Fehler aufmerksam zu machen.

Art. 10

Bei den nach den Ritualgesetzen stattfindenden Umzügen ist den Anordnungen des Synagogenvorstandes, beziehungsweise dessen Stellvertreters pünktlich Folge zu leisten.

Art. 11

Bei Beschneidungen, Trauungen und anderen nicht zum regelmäßigen Gottesdienste gehörigen kirchliche Handlungen kommen obige Bestimmungen gleichmäßig in Anwendung.

Art. 12
Zuwiderhandlungen gegen die in vorstehenden Articeln getroffenen polizeilichen Ordnungsbestimmungen sind nach Art. 106 des Polizeistrafgesetzbuches strafbar.

Odernheim, den 11. Mai 1863
der Bürgermeister

Für richtige Abschrift

Odernheim, den 19. Juni 1863

das Bürgermeisteramt

Daß vorstehende Synagogenordnung durchaus auch in der Synagoge dahier vor versammelter israelitischer Gemeinde und durch Anschlag in der Synagoge publiziert worden ist, bescheinigt

Odernheim, den 20. Juni 1863
das Bürgermeisteramt

Die Synagoge

Zu den elementaren Einrichtungen jüdischer Gemeinden gehören die Synagoge, der Friedhof, das rituelle Tauchbad (Mikwe) und eine koschere Metzgerei. Synagogen und Friedhöfe sind in der jüdischen Tradition die am längsten erhaltenen Einrichtungen und Zeugnisse jüdischen Lebens bzw. jüdischer Ansiedlungen.
Ihren Ursprung hat die Institution der Synagoge im babylonischen Exil vor über 2500 Jahren als Ersatz für den Opferdienst im Tempel von Jerusalem. Die rituelle Opferhandlung wurde im babylonischen Exil nicht wieder aufgenommen, sondern an dessen Stelle ein Gebetsgottesdienst, dessen Zentrale Handlung das Vorlesen eines Abschnitts aus der Tora ist. Die von Gott an Moses übergebenen zehn Gebote und im weiteren Sinne die fünf Bücher Moses werden als Tora bezeichnet.
Tora kommt aus dem hebräischen und bedeutet „Weisung", „Lehre", „Gesetz". Im Verlaufe der Zeit wurde die Synagoge nicht nur zum

Gebetshaus, sondern sie diente der jüdischen Gemeinde auch dem Studium der Tora und der Versammlung[280].
Überall, wo Juden sich nach der Vertreibung durch die Römer 70 n. Chr. (Zerstörung des Tempels in Jerusalem) niederließen, errichteten sie Synagogen und erhielten so ihre religiösen Riten, jüdische Wert- und Moralvorstellungen, die hebräische Sprache und auch ihre Religion am Leben[281]. Im weiteren Sinne ist jeder Ort, an dem sich zehn jüdische religionsmündige Männer zum Gebet zusammenfinden, eine Synagoge. Die Anwesenheit eines Rabbiners ist nicht erforderlich[282]

Die Odernheimer Synagoge

Da Lernen und der Drang nach Wissen gehörten zu dem Wesen des Judentums, vor allem in Ländern, wo Juden von anderen Kulturen waren oder es noch sind. Das im Mittelhochdeutschen entstandene Jiddisch[283] nannte die Synagoge „Schul", d.h. Schule[284]. Auch in Odern-

---

280 Zacharias S. :Synagogengemeinden 1933, Ein Wegweiser zu ihren Spuren in der Bundesrepublik Deutschland, Teil 1, Berlin 1988, S: 109

281 Pies Christoph: Jüdisches Leben im Rhein-Hunsrück Kreis, Schriftenreihe des Hunsrücker Geschichtsvereins Nr. 40; S: 89

282 Pies Christoph: Jüdisches Leben im Rhein-Hunsrück Kreis, Schriftenreihe des Hunsrücker Geschichtsvereins Nr. 40; S: 89

283 Jiddisch ist eine rund tausend Jahre alte Sprache, die von aschkenasischen Juden in weiten Teilen Europas gesprochen und geschrieben wurde und von einem Teil ihrer Nachfahren bis heute gesprochen und geschrieben wird. Es ist nach allgemeiner Meinung eine aus dem Mittelhochdeutschen hervorgegangene westgermanische, mit hebräischen, aramäischen, romanischen, slawischen und weiteren Sprachelementen angereicherte Sprache. Sie teilt sich in West- und Ostjiddisch. Letzteres besteht aus den Dialekten Nordostjiddisch („litauisches Jiddisch"), Zentraljiddisch („polnisches Jiddisch") und Südostjiddisch („ukrainisches Jiddisch").Die jiddische Sprache hat sich im Mittelalter im Zuge der meist durch Verfolgung bedingten Migration der Juden vom deutschsprachigen Gebiet aus in Europa verbreitet, besonders nach Osteuropa, wo schließlich das Ostjiddische entstand. Mit den Auswanderungswellen von Millionen osteuropäischer Juden im späten 19. und frühen 20. Jahrhundert breitete sie sich dann westwärts aus und gelangte in die neuen jüdischen Zentren in Amerika und Westeuropa, später auch nach Israel. Jiddisch war eine der drei jüdischen Sprachen der aschkenasischen Juden, neben dem weitestgehend der Schriftlichkeit vor-

heim war es üblich, von der Synagoge als der „Judeschul" zu sprechen. Ein Ratsprotokoll von 1900 benützt diesen Begriff und meint die Synagoge, die so weiter im Protokoll,1898 abgebrannt war. Auch eine Redewendung, „es geht hier zu wie in der Judenschule", verdeutlicht, dass die Synagoge nicht nur ein Ort des Betens war, sondern auch ein Ort des Lernens und der Versammlung. Also ein Ort, an dem es recht lebhaft zuging, das jüdische Leben stattfand.
Aus christlicher Sicht war (ist) die Kirche ein Sakralbau, der nur den Zweck der Gottesverehrung kennt. Die Verwendung als soziales Zentrum und Lernort der Synagoge erschien der christlichen Mehrheitsbevölkerung nicht würdevoll, ja sogar entweihend.
Juden studierten in der Synagoge, der „Judeschul", die Tora und den Talmud[285], diskutierten Gemeindeangelegenheiten und feierten ihre religiösen Feste oder führten dort Beschneidungen durch[286].
Im heutigen Sinne waren Synagogen religiös-,soziale- und kommunikative Gemeindezentren. Die Odernheimer Juden gehörten einer Synagoge an, was bedeutete dass sie an die Synagogengemeinde Mitgliedsbeiträge zahlten. Dafür erhielten sie als Gegenleistung ver-

---

behaltenen Hebräisch und Aramäisch. Es wurde nicht nur als gesprochene, sondern auch als mit hebräischen Schriftzeichen geschriebene und gedruckte Alltagssprache verwendet. Eine ähnliche Rolle wie das Jiddische für die aschkenasischen Juden spielt für die sephardischen Juden das Djudeo-Espanyol. Während Westjiddisch bereits im 18. Jahrhundert auszusterben begann, blieb Ostjiddisch die Alltagssprache der Mehrheit der Juden in Osteuropa, bis im Holocaust die jüdischen Zentren Kontinentaleuropas vernichtet wurden. Heute wird Jiddisch als Muttersprache noch von (oft betagten) Nachfahren osteuropäischer Juden, von einer kleinen, aber regen Anzahl sogenannter Jiddischisten und ganz besonders von ultraorthodoxen aschkenasischen Juden gesprochen. Die Zahl der Muttersprachler wird auf maximal eine Million geschätzt. Weil das Sprechen, Schreiben und kulturelle Schaffen auf Jiddisch seit dem ausgehenden 18. Jahrhundert fast ausschließlich auf ostjiddischer Grundlage geschieht, versteht man heute unter *Jiddisch* faktisch *Ostjiddisch,* solange nicht ausdrücklich von *Westjiddisch* die Rede ist. (https://de.wikipedia.org/wiki/Jiddisch Abruf am 6-8-2018)

284 De Vries S. Ph.: Jüdische Riten und Symbole, Hamburg 1999, S: 15

285 Heusler Andreas, Sinn Andrea: Die Erfahrung des Exils, Zusammenfassungen der Lehren und Überlieferungen des Nachbiblischen Judentums, Oldenbourg 2005

286 Glatz Joachim: Synagogen und Denkmalpflege in Sachor Nr.: 10, Sonderheft 1, 1997, S: 66

schiedene Dienstleistungen wie Religionsschule, Bildung, Seelsorge, Hilfe bei Beerdigungen, Heirat, Beschneidungen usw.
In den Orten, so auch in Odernheim, wo sich Juden ansiedelten, entstand der Wunsch, eine Synagoge zu errichten. Für das „Ausheben der Tora“ benötigt man im Judentum die Mindestzahl von zehn religionsmündigen Männern (Minjan[287]). War diese Zahl in einer Gemeinde erreicht, reichte auch eine Wohnstube für den Gottesdienst aus.
Auch in Odernheim gab es 1824 eine Betstube in einem Privathaus, die uns zu Verfügung stehenden Akten, Dokumente und Unterlagen sagen uns aber nichts über den Standort aus. Wahrscheinlich gab es diese Betstube schon früher, denn 1771 zählte die jüdische Bevölkerung in Odernheim am Glan 50 Personen, die bis heute höchste festgestellte Zahl jüdischer Einwohner, die wir anhand von Einwohnerzählungen und Bürgerregistern verifizieren können.
1832 kaufte die jüdische Gemeinde Odernheim am Glan das Grundstück (N° 34) zur Errichtung einer Synagoge:

„erkauft von Simon Geib (Vorbesitzer geboren in Staudernheim; Ehefrau verstarb 1832 Verkauf des Grundstücks); Simon Geib starb 1852 in Rehborn (Am. der Verfasser)) für 100 f. „

(100 Gulden war der durchschnittliche Gebäudewert der Odernheimer Häuser in jener Zeit.) Die Synagoge wurde im Jahr darauf erbaut (1833). Auf den Ortsplänen von 1810 ist dieses Grundstück unbebaut und war ein Verbindungsgang zwischen der Turmgasse und dem heutigen Dorfplatz. Die Odernheimer Synagoge hatte eine Grundfläche von ca. 30 qm² und war eingeschossig. Unter der Synagoge befand sich ein Keller, der aber nicht Eigentum der jüdischen Kultusgemeinde war. Für die jüdische Gemeinde Odernheim war es wohl eine enorme finanzielle Belastung, eine schlichte Synagoge zu erbauen. Es existieren bis heute keine Bilder von der Odernheimer Synagoge. Die Baupläne sowie viele die jüdische Gemeinde betreffende Unterlagen, Akten und Dokumente sind bei dem Brand der

[287] Minjan ist im Judentum das Quorum von zehn oder mehr im religiösen Sinne mündigen Juden, das nötig ist, um einen vollständigen jüdischen Gottesdienst abzuhalten. Dieser findet im Regelfall in einer Synagoge statt.

Synagoge 1898 unwiederbringlich vernichtet worden, da sie in der Synagoge lagerten.
Synagogen zu Beginn des 19 Jhds. wurden eher schlicht erbaut, sie durften nicht die christlichen Gotteshäuser überragen. Einige jüdische Gemeinden bauten bestehende Gebäude zu Gotteshäusern um sog. „Scheunensynagogen“. Im 19. Jhd., in dem die meisten Synagogen gebaut wurden, wandte man sich bewusst dem orientalischen sog. „maurischen“ Baustil zu. Der Gegensatz zu den christlichen Gotteshäusern wurde absichtlich hergestellt, um die Gegensätzlichkeit darzustellen.
Die Odernheimer Synagoge, wurde 1833 gebaut, die begrenzten finanziellen Mittel der Odernheimer Synagogengemeinde ließen wahrscheinlich nur einen schlichten Synagogenbau zu, der sich wohl kaum von den Häusern in der Umgebung unterschied.
Wahrscheinlich wiesen größere rundbogige Fenster, hebräische Inschriften, jüdische Symbole (z.B Davidstern oder Menora) auf die Nutzung als Synagoge hin.
Gegen Mitte und Ende des 19. und Beginn des 20. Jhds. wurden die Synagogengebäude immer aufwendiger und prachtvoller und drückten so das neue Selbstbewusstsein sowie den Fortschritt in der Emanzipation der jüdischen Menschen aus. Beispiele sind die Laufersweiler Synagoge, eingeweiht 1911, Staudernheim 1896, die Meisenheimer Synagoge 1866, die alle Elemente des maurischen Baustils aufweisen. Ende des 19. Jhds. war die Blütezeit der Jüdischen Gemeinde Odernheim vorüber. Die Gemeinde stand wie viele Ländliche jüdische Gemeinden vor der Auflösung.

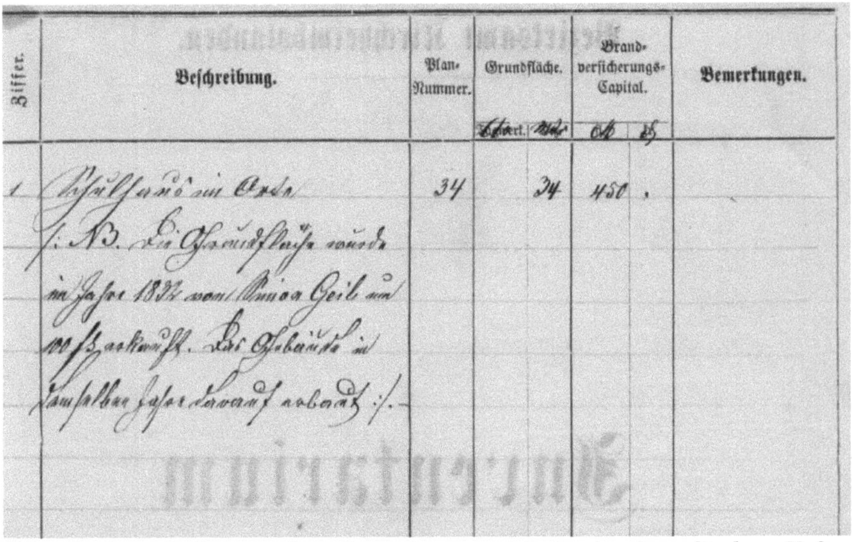

Ziffer.	Beschreibung.	Plan-Nummer.	Grundfläche.		Brand-versicherungs-Capital.		Bemerkungen.
			Dezi.	Are	M	Pf	
1	Schulhaus im Orte /: N3. Die Schulhaus wurde im Jahre 1837 von ... um 100 fl. gekauft. Das Gebäude ist ... erbaut :/.	34		34	450		

Abb.: 2: Ausschnitt aus dem Inventarverzeichnis der Israelischen Kultusgemeinde Odernheim Im Bestand :Gebäude Parzelle N° 34[288]

Innenraum und Inventar der Odernheimer Synagoge

Zur Gestaltung des Innenraums der Odernheimer Synagoge können wir keine Aussage treffen,da wir keinerlei Hinweise hierzu in den Akten und Dokumenten fanden. Die Inventarliste von 1882 der israelischen Kultusgemeinde Odernheim mit den vorhandenen Kultusgegenstände und Einrichtungsgegenständen ist uns erhalten.

288 Gemeindearchiv Odernheim Akte A III No 96a

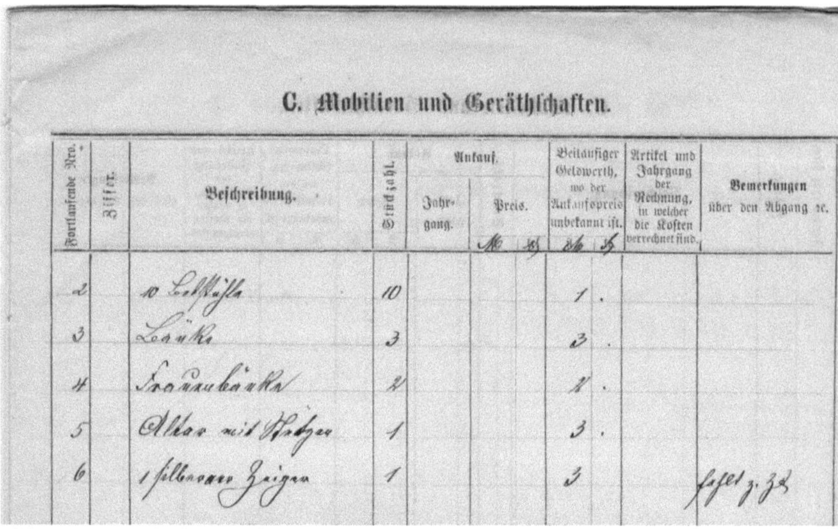

C. Mobilien und Geräthschaften.

Fortlaufende Nro.	Ziffer	Beschreibung.	Stückzahl.	Ankauf. Jahrgang.	Ankauf. Preis. M. Pf.	Beiläufiger Geldwerth, wo der Ankaufspreis unbekannt ist. M. Pf.	Artikel und Jahrgang der Rechnung, in welcher die Kosten verrechnet sind.	Bemerkungen über den Abgang etc.
2		10 Betstühle	10			1 .		
3		Bänke	3			3 .		
4		Frauenbänke	2			2 .		
5		Altar mit Stützen	1			3 .		
6		1 silberner Zeiger	1			3		[illegible]

Abb.: Bestand der Kultus und Einrichtungsgegenstände im Inventarverzeichnis 1882[289]

Übersetzung des Inventarverzeichnisses

Mobilien und Geräthschaften

10 Betstühle
3 Bänke
2 Frauenbänke
1 Altar mit Stützen
1 silberner Zeiger

In Bezug auf die Aufteilung und Einrichtung des Innenraums lassen sich Aussagen treffen, die für viele ländliche Synagogen in unserem Raum zutreffend oder von religiösen Vorschriften vorgegeben sind. So ist die Gestaltung des Innenraums von religiös strukturell vorgegebenen Erfordernissen abhängig.
Die Synagogen in Deutschland sind nach Osten, Jerusalem, ausgerichtet. Die heilige Lade befindet sich an der Ostwand der Synagoge.

[289] Gemeindearchiv Odernheim Akte A III No 96a

Die Gebete werden in Richtung Jerusalem nach Osten gewandt gesprochen. Die Odernheimer Synagogengemeinde besaß fünf Torarollen, die aus nicht verifizierbaren Gründen an die Jüdische Gemeinde in Staudernheim ausgeliehen wurden und deren Verbleib bis heute nicht geklärt ist. In der Synagogenordnung von 1863 wird eine Empore genannt:

"das Betreten der Empore und das Vortreten an die heilige Lade von Seiten anderer als der zu dem Gottesdienstlichen Verrichtungen berufenen Personen ist untersagt."[290]

Aus dieser Beschreibung in der Synagogenordnung von 1863 lässt sich schließen, dass es in der Odernheimer Synagoge einen Toraschrein, eine Nische oder eine Apsis[291] gab, zu der Stufen hinaufführten. Meist führten Stufen die heilige Lade (Aron ha-Kodesch) hinauf, die von einem Vorhang verhüllt ist. Über der Lade ist das Ewige Licht angebracht.
Der Hinweis, dass eine Empore existierte, bestätigt dass die Lade erhöht aufgestellt und diese über Treppen zu erreichen war. Allgemein sind nur wenige Fotografien bekannt, die den Innenraum der Synagogen in unserer ländlichen Region zeigen.

In einem weiteren Dokument, das sich im Stadtarchiv Odernheim fand, ist auch die Thora erwähnt, die sich in dem Besitz der israelitischen Kultusgemeinde Odernheim befand und an die Glaubensbrüder in Staudernheim ausgeliehen wurde. Eine Zusammenarbeit über politische Grenzen hinweg, diese Kooperation wäre zu dieser Zeit in den politischen Gemeinden nicht möglich gewesen.

---

290 Landesarchiv Speyer Bestand H43 Nr.: 248, S: 134-135

291 Apsiden sind typische Bestandteile von antiken Basiliken, Synagogen. Sie treten in der Regel aus der Außenwandfläche hervor, können aber auch im Baukörper liegen oder rechtwinklig ummantelt sein. Die Apsis wird meist von einer Halbkuppel, der Apsiskalotte, überdeckt, kann aber auch eine Flachdecke oder einen Dachstuhl haben. Eine kleine Apsis, meist die von Querschiff- oder Seitenkapellen, wird als *Apsidiole* bezeichnet. Apsiden unterscheiden sich von Wandnischen durch ihre Größe und Begehbarkeit.

Leihvertrag Odernheimer Gebetsrollen

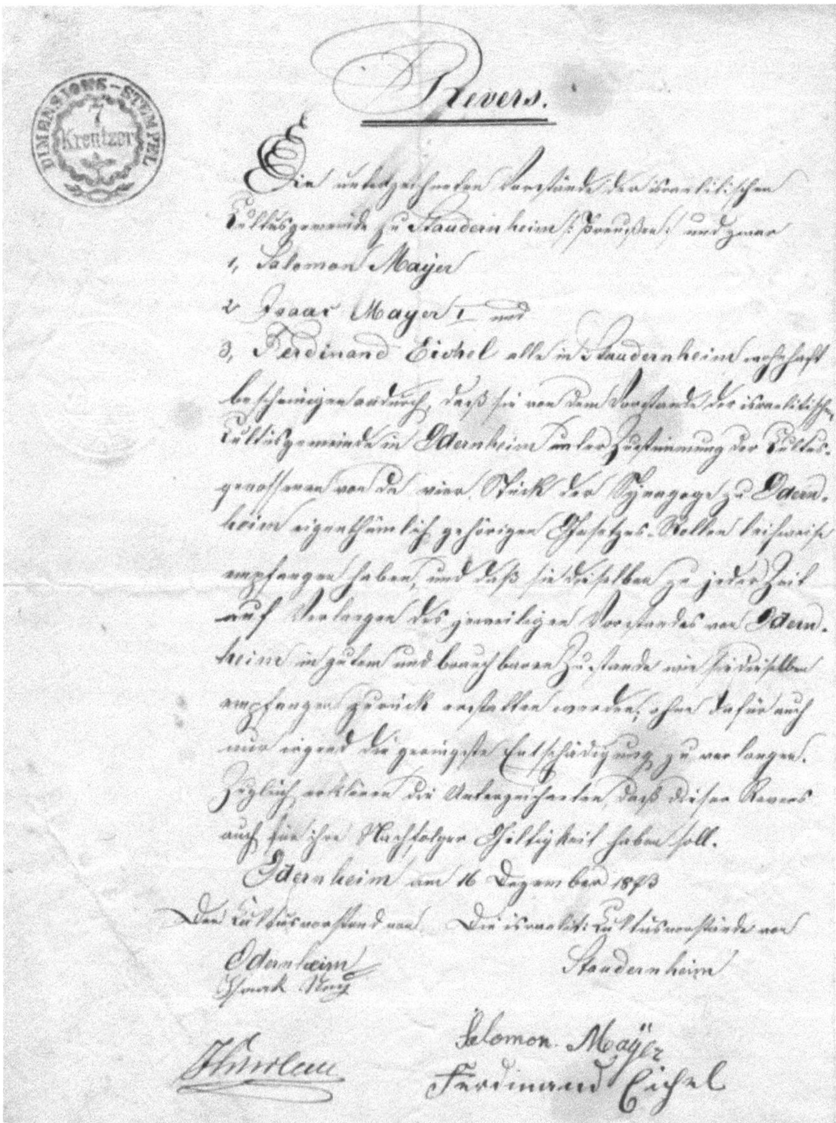

Revers.

Die unterzeichneten Vorstände der israelitischen Cultusgemeinde zu Staudernheim [illegible] und zwar

1, Salomon Mayer

2, Isaac Mayer I und

3, Ferdinand Eichel alle in Staudernheim wohnhaft

bescheinigen dadurch, daß sie von dem Vorstande der israelitischen Cultusgemeinde in Odernheim mit der Zustimmung der Cultusgenossen [illegible] eine Stück der Synagoge zu Odernheim eigenthümlich gehörigen Gesetzes-Rollen leihweise empfangen haben, und daß sie dieselben zu jeder Zeit auf Verlangen des jeweiligen Vorstandes von Odernheim in gutem und brauchbarem Zustande wie sie dieselben empfangen zurück erstatten werden, ohne dafür auch nur irgend die geringste Entschädigung zu verlangen. Zugleich erklären die Unterzeichneten, daß dieser Revers auch für ihre Nachfolger Giltigkeit haben soll.

Odernheim am 16 Dezember 1873

Der Cultusvorstand von Odernheim [illegible]

Der israelit. Cultusvorstand von Staudernheim

[illegible]

Salomon Mayer

Ferdinand Eichel

Abb. 10: Vertrag über die kostenlose Ausleihe der Thora an die Israelitische Gemeinde Staudernheim vom 16.12.1873[292]

[292] Gemeindearchiv Odernheim Akte: A III / 96a

Übersetzung des Revers[293]

Die unterzeichneten Vorstände der israelitischen Kultusgemeinde zu Staudernheim/Preußen und zwar

1. *Salomon Mayer*
2. *Isaac Mayer I und*
3. *Ferdinand Eichel alle in Staudernheim wohnhaft bescheinigen andurch, daß sie von dem Vorstande der israelitischen Kultusgemeinde in Odernheim unter Zustimmung der Kultusgenossenschaft von da vier Stück der Synagoge zu Odernheim eigenthümlich gehörigen Gesetzes Rollen leihweise empfangen haben, und daß sie dieselben zu jederzeit auf Verlangen des jeweiligen Vorstandes von Odernheim in gutem und brauchbaren Zustande wie sie dieselben empfangen zurück erhalten werden; ohne dafür auch nur irgend die geringste Entschädigung zu verlangen. Zugleich erklären die Unterzeichneten, daß dieser Revers auch für ihre Nachfolger Gültigkeit haben soll.*

Odernheim am 16. Dezember 1873

Der Kultusvorstand von Odernheim — *Die israelitischen Kultusvorstände von Staudernheim*

Der Vorlesepult (Almemor auch Bima oder Tewa) befindet sich seit dem 19. Jhd. in der Nähe des Thoraschreins, der Toranische. In dem Inventarverzeichnis wird der Vorlesepult als „Altar mit Stützen" bezeichnet. Anzunehmen ist, dass aufgrund der beengten Verhältnisse in der Odernheimer Synagoge diese Anordnung der notwendigen Einrichtungsgegenstände so gegeben war.
Das Inventarverzeichnis nennt zehn Betstühle sowie drei Bänke. Die Betstühle sind mit der im Judentum vorgeschriebenen Minjan zu erklären, die es erforderlich macht, dass zehn religionsmündige Männer zum Abhalten des jüdischen Gottesdienstes notwendig sind. Es war durchaus üblich, Plätze in der Synagoge zu kaufen, zu mieten oder zu ersteigern, was den wirtschaftlich schwachen Landjuden-

293 Transskribt: Hans Lahm

gemeinden finanziell ein wenig Zusatzeinnahme einbrachte. Ob diese Praxis in Odernheim Anwendung fand, ist nicht überliefert.
Ein weiteres gestalterisches Element war der Bereich, der den Frauen vorbehalten war. In der Aufstellung über das Inventar der Odernheimer Synagoge sind zwei Frauenbänke genannt. Der Bereich, der Frauen vorbehalten war, war durch Sichtschutz vom Bereich der Männer abgetrennt.
Auch könnte, wenn die Raumhöhe vorhanden war, eine hölzerne Empore existiert haben, so wie sie in vielen Synagogen unserer Region vorhanden war. Stellt man sich aber den Innenraum der Odernheimer Synagoge vor, der ca. 30 qm² Grundfläche hatte, sowie die Überlieferung, dass das Synagogengebäude eingeschossig war, ist die Existenz einer Frauenempore eher unwahrscheinlich. Über die Höhe des Synagogengebäudes gibt es keine Überlieferungen.

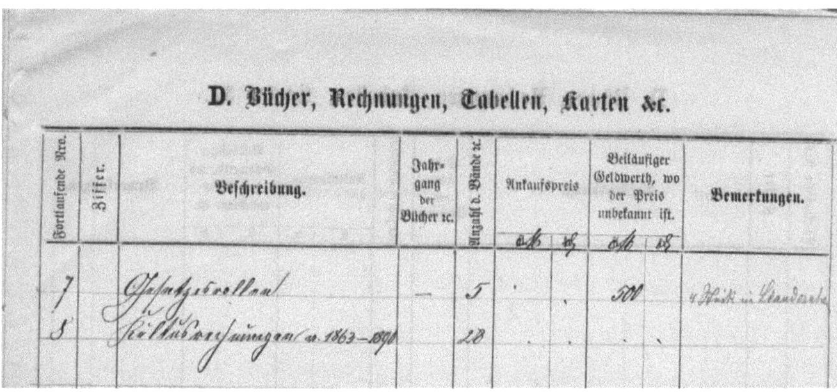

D. Bücher, Rechnungen, Tabellen, Karten &c.

Fortlaufende Nro.	Ziffer.	Beschreibung.	Jahrgang der Bücher &c.	Anzahl d. Bände &c.	Ankaufspreis M	Ankaufspreis Pf	Beiläufiger Geldwerth, wo der Preis unbekannt ist. M	Pf	Bemerkungen.
7		Gesetzesrollen	—	5			500		4 Stück in Staudernheim
8		Kultusrechnungen v. 1863–1890		28					

Abb.: Bestand der Kultus und Einrichtungsgegenstände im Inventarverzeichnis 1882[294]

Übersetzung des Inventarverzeichnisses:

Bücher, Rechnungen, Tabellen, Karten etc.

5 Gesetzesrollen	*4 Stück in Staudernheim*
Kultusrechnungen von 1863-1890	

294 Gemeindearchiv Odernheim A III No 96a

Kultusgegenstände

Die Tora

Hebräisch: „Gebot“, „Weisung“, „Belehrung“, auch Thora, Torah
Zur Hebräischen Bibel, die später im Christentum als altes Testament bezeichnet werden sollte, gehört neben Rechtsvorschriften, Weisheitsliteratur, Moralpredigten, Liebesliedern und mystischen Visionen auch Bücher, die uns über geschichtliche Vorgänge unterrichten wollen. Um historisch verifizierbare Berichte handelt es sich in der Regel nicht.[297]
Die Synagoge ist kein Sakralbau wie etwa eine katholische Kirche, sie erhält erst ihre Bedeutung durch die Tora, die in der Synagoge gelesen wird[298]. Bei der Einweihung einer Synagoge, ist es ein wesentliches Ritual, die Tora festlich in die Synagoge zu überführen. Erst dann ist die Synagoge ein jüdisches Gotteshaus.
Die Tora ist die Hauptquelle für die religiöse jüdische Lebensgestaltung, jüdische Ethik, ein Wegweiser für das Denken und den Lebenswandel, ebenso für die Beziehung zwischen Gott, und Gott zu den Menschen. Die Tora ist eine handgeschriebene Pergamentschriftrolle, die auf zwei Stäbe gewickelt ist. Nimmt der Vorbeter oder Kantor die Tora aus der Toranische, dem Toraschrein (Aron ha Kodesch), so geschieht das Anfassen der Tora an den Stäben, die Gemeinde erhebt sich beim Herausnehmen aus dem Schrein sowie beim Zurücklegen. Die Tora wird beim Lesen oder Tragen immer an den Holzstäben angefasst.
Aus der Tora wird an allen Sabbat- und Feiertagen und an Montagen und Donnerstagen (es waren einst Markttage) gelesen.
Die Tora ist der Grundstein jüdischen Glaubens. Sie wird auch als Pentateuch (Penta = fünf) bezeichnet, da sie aus den fünf Bücher Moses bestehen. Die jüdischen Bezeichnungen für die fünf Torarollen sind jeweils von den ersten Worten im jeweiligen Text abgeleitet. Die Tora wird sehr aufwendig von Hand geschrieben, hierzu wird ein speziell ausgebildeter Schreiber, der Sofer, beauftragt. Zum

297 Brenner, Michael: Kleine jüdische Geschichte, München 2008, S:13
298 Grübel M.: Das Judentum, Köln 1997, S:47

Schreiben einer Tora benötigt der Schreiber etwa ein Jahr. Alle Zeilenbreiten und Zeilenlängen sind durchgehend gleichbleibend.

Abb.: Toraschrein in der Synagoge Bad Kreuznach[299]

[299] Bild: Andreas Ott 6-8-2018

Abb.: Torarollen der jüdischen Gemeinde in Bad Kreuznach[300]

Der Talmud

(Lehre) ist das wichtigste jüdische Gesetzbuch.

In ihm werden die in der Tora enthaltenen fünf Bücher Moses durch Rabbiner gedeutet und erläutert.

Die Auslegung der Tora regelt in Form von Gesetzen, Vorschriften und Geboten so gut wie alle praktischen Fragen des Alltags und des Lebens.

300 Bild: Andreas Ott 6-8-2018

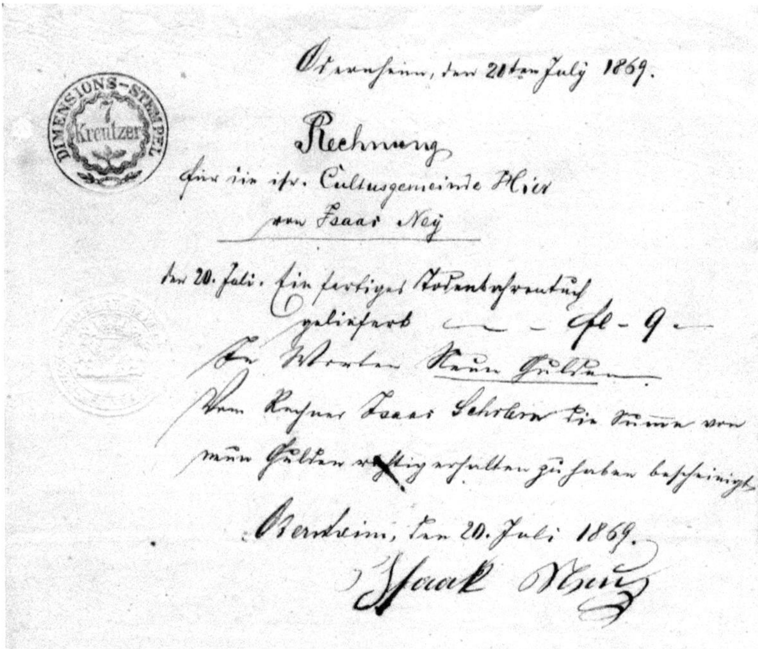
DIMENSIONS-STEMPEL 7 Kreutzer

Odernheim, den 20ten Juli 1869.

Rechnung

für die isr. Cultusgemeinde Hier

von Isaac Ney

den 20. Juli. Ein fertiges Todentohratuch geliefert — fl. 9 —

In Worten Neun Gulden.

Von Herrn Isaac Schröder die Summe von neun Gulden richtig erhalten zu haben bescheinigt

Odernheim, den 20. Juli 1869.

Isaak Ney

Abb.: Rechnung Todentohratuch vom 20.Juli 1869[301]

Jad, Torafinger, Torazeiger

Zum Lesen der Tora verwendet man den Deuter (Jad). Er wird auch als Torafinger oder Torazeiger genannt. Dies ist ein silberner Stab, an dessen Ende eine Hand mit ausgestrecktem Zeigefinger befestigt ist. Der Jad fungiert als Lesehilfe und dient gleichzeitig dem Schutz der zum Teil Jahrhunderte alten Tora vor unsauberen Händen, da diese als heilig gilt. Der Jad wird gemeinsam mit der Tora im Toraschrein aufbewahrt.

Während im Gottesdienst ein Vorleser oder der Rabbiner mit dem Torazeiger die Zeilen entlang fährt und den Text psalmodierend vorträgt (*Lejnen*), überprüft ein Beisteher, der den Text in punktierter Version vor sich hat, den Vortrag des Vorbeters auf dessen Genauigkeit und korrigiert ihn bei Bedarf.

Über den Verbleib des im Inventarverzeichnis aufgeführten „Silbernen Zeigers" teilt Bürgermeister Schmidt mit einem Schreiben an

301 Akte: Gemeindearchiv Odernheim Akte AIII 96a

das königliche Bezirksamt Kirchheimbolanden am 30. November 1898 mit:

„Der silberne Zeiger fehlt schon seit einiger Zeit keiner weiß wo er hingekommen ist"[302].

Abb.: Bild zeigt einen silbernen Torazeiger in einer Tora in Buchform liegend. Die Aufnahme entstand in der Synagoge Bad Kreuznach[303]

Eintrag von 1881 belegt mit einer handschriftlichen und Beglaubigten Abschrift aus dem Grundbuch Odernheim zum Zwecke des Nachweises bei der Brandversicherungskammer Pfalz (heute Bayrische Brandversicherungskammer München Gegr. 1811) den Eintrag des Grundstücks N° 34 Odernheim für die Synagoge: Israelische Kultusgemeinde Odernheim.

[302] Landesarchiv Speyer: Bestand 43, Nr.: 248, Blatt 43

[303] Bild: Andreas Ott 6-8-2018

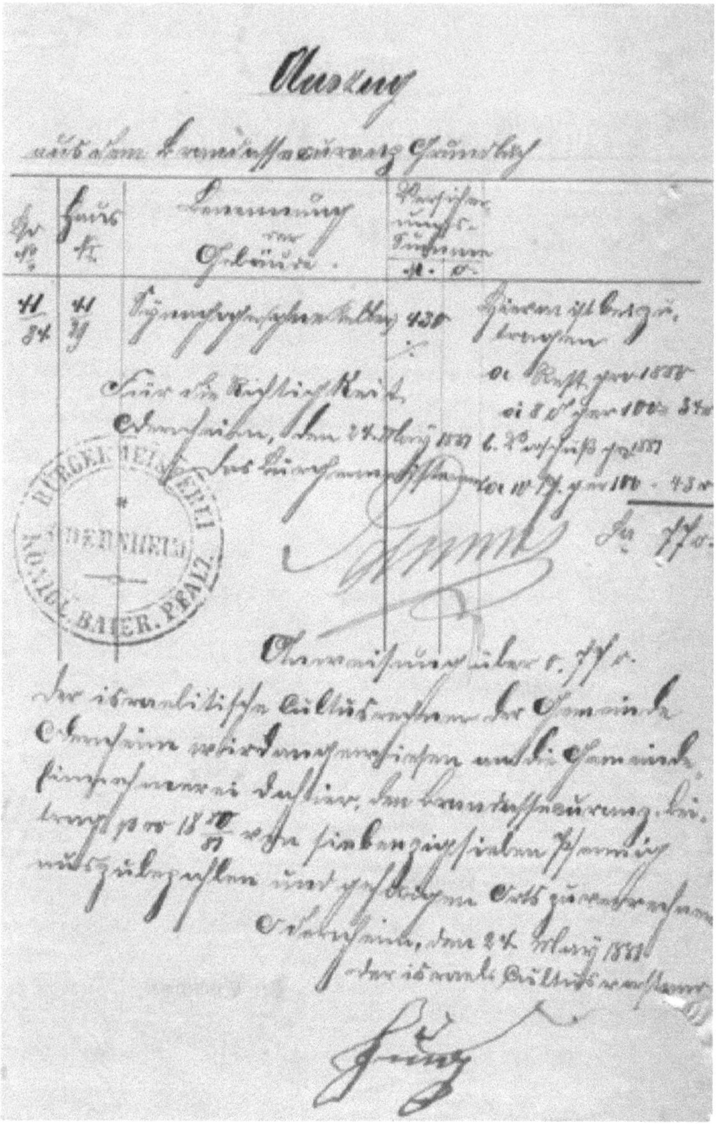

Auszug

Obernheim, den 24. März 188…

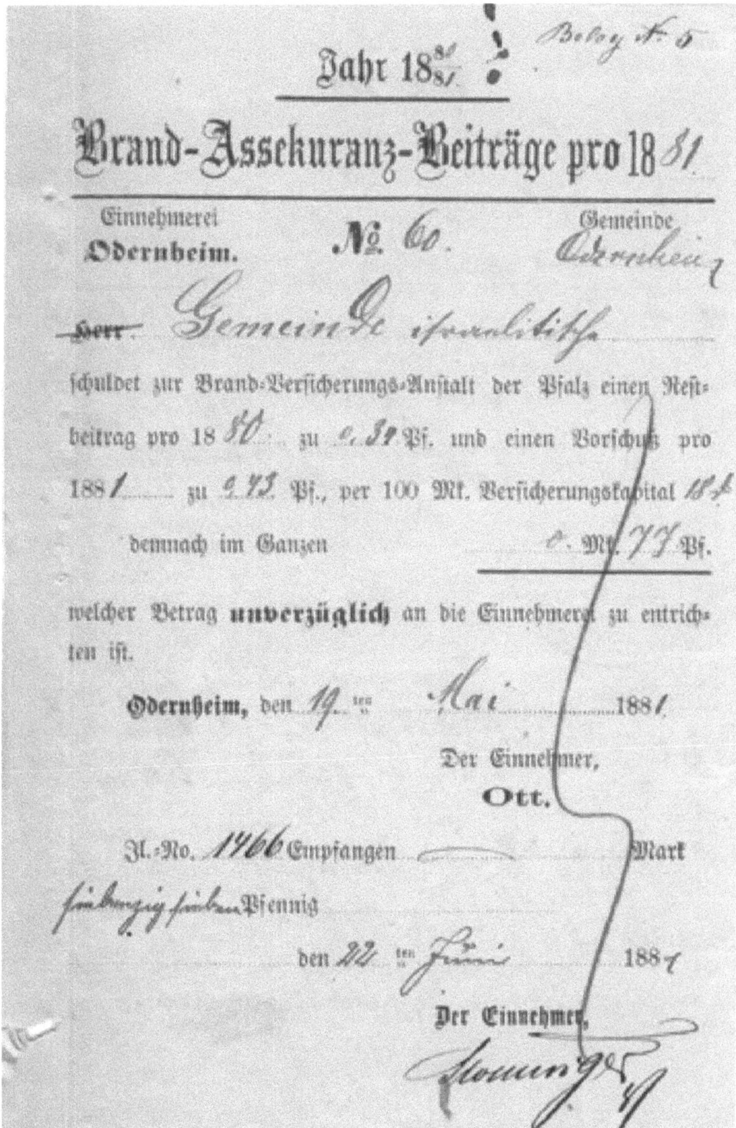
Beleg No. 5

Jahr 18 80/81

Brand-Assekuranz-Beiträge pro 1881

Einnehmerei Odernheim. № 60. Gemeinde Odernheim

~~Herr~~ Gemeinde [illegible]

schuldet zur Brand-Versicherungs-Anstalt der Pfalz einen Restbeitrag pro 1880 zu 0.34 Pf. und einen Vorschuß pro 1881 zu 0.43 Pf., per 100 Mk. Versicherungskapital 184

demnach im Ganzen 0 Mk. 77 Pf.

welcher Betrag **unverzüglich** an die Einnehmerei zu entrichten ist.

Odernheim, den 19ten Mai 1881.

Der Einnehmer,
Ott.

J.-No. 1466 Empfangen — Mark siebenzig sieben Pfennig

den 22ten Juni 1881

Der Einnehmer,

Abb.: Rückseite[304] und Vorderseite der Rechnung über die Beiträge zur Brand Assekuranz

---

304 Gemeindearchiv Odernheim Akte A III No 96a

No 13

Duplikat gegen die Gebühr von 5 Pfg. Formular No. 90.

Kanton Obermoschel Gemeinde Odernheim

Auszug

aus dem

Grundsteuer-Umschreib-Kataster.

Grundbesitzstand der Judengenossenschaft Odernheim.

Besitz-Nr. 142.

Umschreib-Kataster Seite

Bemerkungen.

1. Die Grundsteuer ist nach dem Gesetze vom 15. August 1828 § 2 eine direkte Staatsauflage von Grund und Boden und wird aus dem Flächeninhalte und der natürlichen Ertragsfähigkeit der Grundstücke abgeleitet.
2. Zu diesem Behufe wurden alle Grundstücke gemessen und nach ihrer Bodengüte klassifizirt.
3. Die Pläne hinterliegen bei den k. Rentämtern und bei den Bürgermeisterämtern. Hierin ist jedes Grundstück nach Größe, Lage und Figur genau dargestellt und mit einer fortlaufenden Nummer versehen (Plannummer). Die rothe Nummer bezeichnet die Haus- oder Besitz-Nummer. — Der bei der Messung in der Regel angewendete Maaßstab ist der bayerische Fuß in 2500 oder 5000 Theile getheilt (§ 11) Bei dem einschlägigen k. Rentamt sind die Detailvermessungspläne käuflich zu bekommen.
4. Die Bonitätsklasse drückt den mitteljährigen Ertrag eines bayerischen Tagwerks in 1/6 Scheffel Korn aus, so daß eine Bonitätsklasse einem 1/6 Scheffel Korn oder nach dem festgesetzten Kataster-Normalpreise einem Gulden jährlichen Ertrags gleich ist (§ 26 und 28).
5. Die Verhältnißzahl wird durch Multiplikation des Flächeninhalts mit der Bonitätsklasse gefunden und bezeichnet den mitteljährigen Ertrag des Grundstücks in ganzen und zehntels Gulden.
6. Aus diesen Verhältnißzahlen wird die Steuer berechnet; jede Einheit gibt einen Kreuzer einfache Steuer.
7. Der Besitzer des mit einer Grundrente beschwerten Grund und Bodens hat die Grundsteuer allein zu tragen, dagegen darf er dem Besitzer der Grundrente nach den Bestimmungen der pfälzischen Gesetze und in den von demselben vorgesehenen Fällen ein Fünftel der Rente in Abzug bringen. (Letzter Satz in § 4 des allegirten Gesetzes.)

Bemerkung zu Nro. 3: Nach dem Reichsgesetze vom 17. August 1868 sind vom Jahre 1878 an Stelle der bisherigen nach Tagwerken und Dezimalen ausgedrückten Katasterflächen die Meterfeldmaaße nach Hektaren, Aren und beziehungsweise Quadratmetern in Anwendung zu bringen.

1 Hektar = 100 Aren oder 10,000 Quadratmeter oder 2 Tagwerk $93\frac{44}{100}$ Dezimalen.
1 Are = 100 Quadratmeter oder $2\frac{93}{100}$ Dezimalen.
1 Tagwerk = 100 Dezimalen oder 34 Aren und 7 Quadratmeter.
1 Dezimale = 34,0727 Quadratmeter.

Abb.: Amtlicher Auszug aus dem Grundsteuer-Umschreib Kataster 1880[305]

305 Landesarchiv Speyer: Bestand 43, Nummer 248, Seite 76

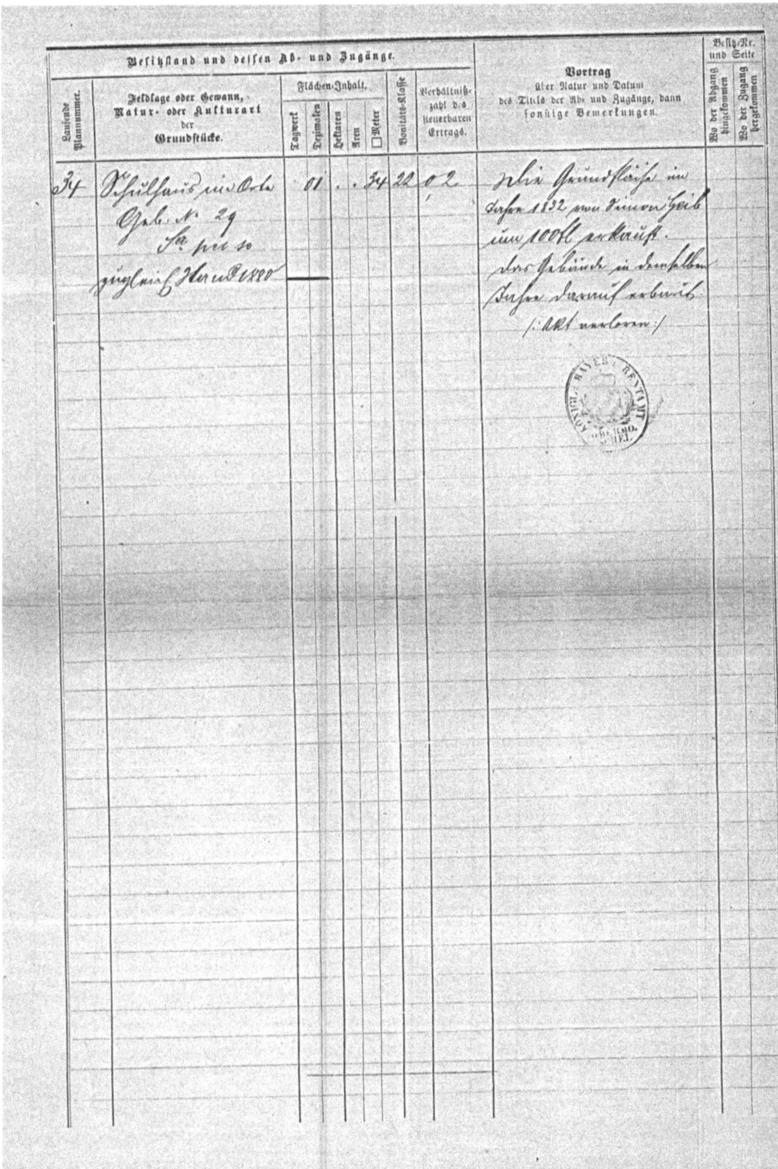

Besitzstand und dessen Ab- und Zugänge.									Vortrag über Natur und Datum des Titels der Ab- und Zugänge, dann sonstige Bemerkungen.	Besitz-Nr. und Seite	
Laufende Plannummer.	Feldlage oder Gewann, Natur- oder Kulturart der Grundstücke.	Flächen-Inhalt.					Bonitäts-Klasse	Verhältnißzahl des steuerbaren Ertrags.		Wo der Abgang hingekommen	Wo der Zugang hergekommen
		Tagwerk	Dezimalen	Hektaren	Aren	□Meter					
34	Schulhaus im Orte Hs. Nr. 29 [illegible] zugleich [illegible] 1880	01	.	.	34	22		0 2	Die Grundfläche im Jahre 1832 von [illegible] um 100 fl gekauft. Das Gebäude in demselben Jahre darauf erbaut. (Akt verloren)		

Abb.: Amtlicher Auszug aus dem Grundsteuer-Umschreib Kataster 1880[306]

306 Landesarchiv Speyer: Bestand, 43 Nummer 248, Seite 77

Der in Abbildung genannte beglaubigte Grundbuchauszug beinhaltet neben dem genannten und bezeichneten Synagogen Gebäude, den dazugehörigen Keller, der ebenfalls im Besitz der Israelitischen Kultusgemeinde war.

Abb. Katasterkarte Oderheim1843 mit der Parzellennummerierung = schwarz,[307]

Am 8. März 1898 ist das Gebäude ausgebrannt.

In der Zeit nach 1898 hatte sich die durch Auswanderung und Wegzug meist in Städte klein gewordene jüdische Gemeinde am Ort aufgelöst. Wann die israelische Kultusgemeinde sich auflöste, ist uns aus der Akte des Landesarchivs Speyer bekannt. Der Anlass der Auflösung der jüdischen Gemeinde war der Brand der Synagoge, die jüdische Gemeinde hatte ihren Status als Körperschaft öffentlichen Rechts verloren, und wurde von nun an als Judengenossenschaft bezeichnet. Unter dem Konstrukt Judengenossenschaft verstand man den Zusammenschluss mehrerer ortsansässiger Odernheimer Juden, die in einem privatrechtlichen Genossenschaftsbund zusammengeschlossen waren.

Die Ruine des Synagogengebäudes (N°34) wurde 1899 an den Privatmann **Abraham Schmidt V** verkauft.

---

307 Lahm Hans: Katasterkarte Odernheim Reproduktion im Privatbesitz

Abraham Schmidt V war am 14.03.1853 in Odernheim geboren. Der Vater von Abraham Schmidt V war Abraham Schmidt II * 05.04.1819 von Beruf Ackermann, dessen Vater wiederum war Johann Philipp Schmidt, Ackersmann verheiratet mit Elisabeth Geib aus Staudernheim (oo am 31.08.1817). Der Bruder von Elisabeth Geib war **Simon Geib** + 1852 in Rehborn, dem Verkäufer des Grundstücks N° 34 in Odernheim.
Diese Familie Schmidt (dt) ist die gleiche wie der Ölmühlen Schmidt (dt)s, der Urvater ist Abraham Schmidt aus der Pfarrgasse.

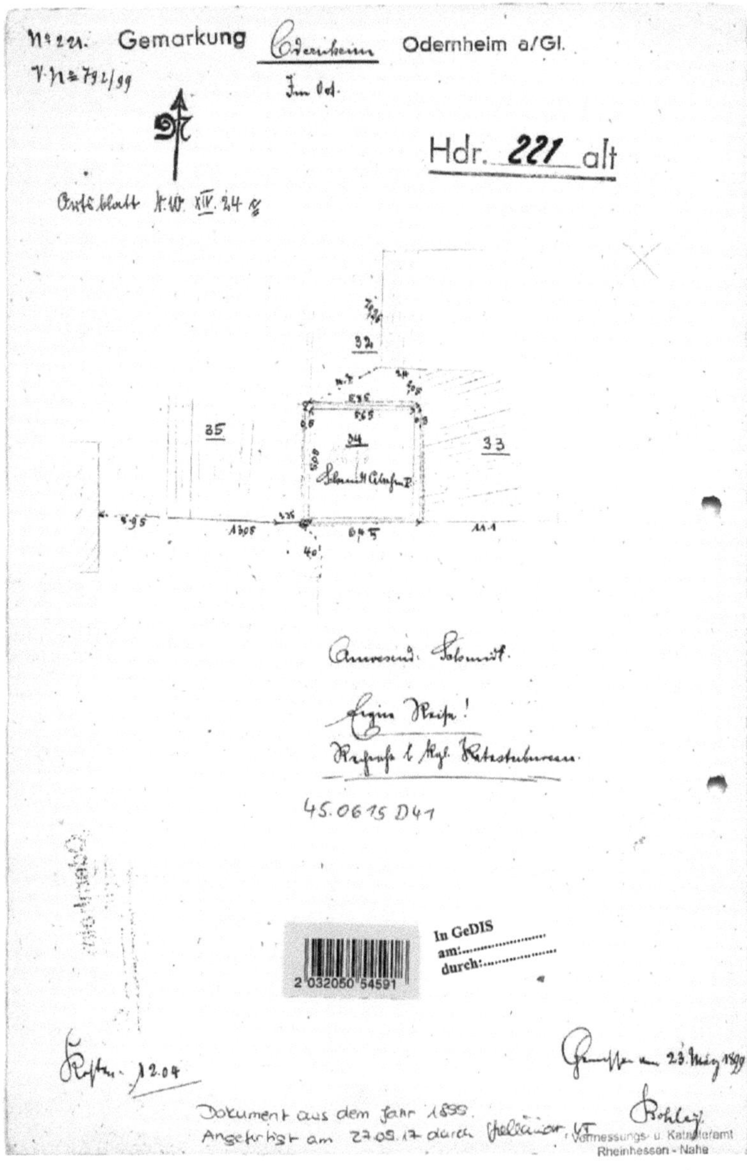

Abb.: Katasterauszug Landeskatasteramt Alzey: Odernheim N° 34 1899[308] vom 27.09.2017

[308] Katasterauszug Landeskatasteramt Alzey: Odernheim N° 34, 1899

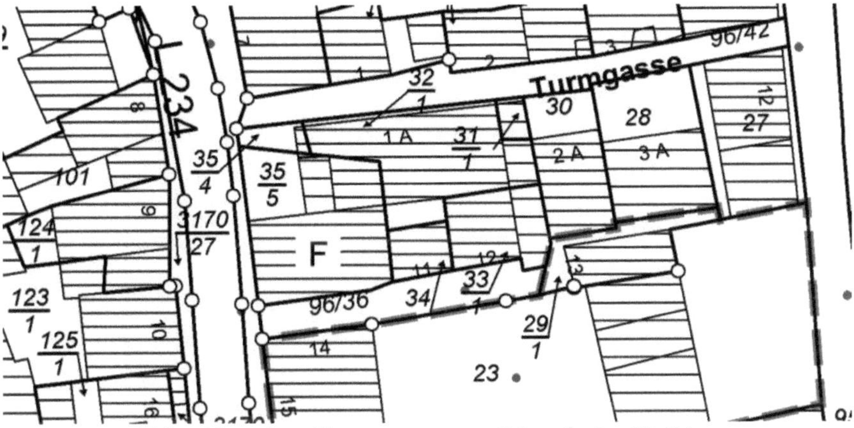

Abb.: Aktueller Katasterauszug Odernheim N° 34[309]

Über das Inventar der Synagoge fand sich eine Inventarliste aus dem Jahre 1894. Es sind verschiedene Einrichtungs- und Kultgegenstände aufgelistet.

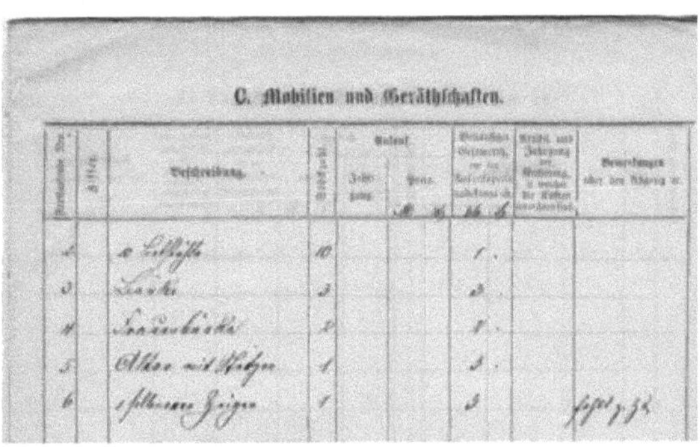
C. Mobilien und Geräthschaften.

[309] Katasteramt Bad Kreuznach: Aktueller Katasterauszug Odernheim Parzelle 34, 30.9.2017

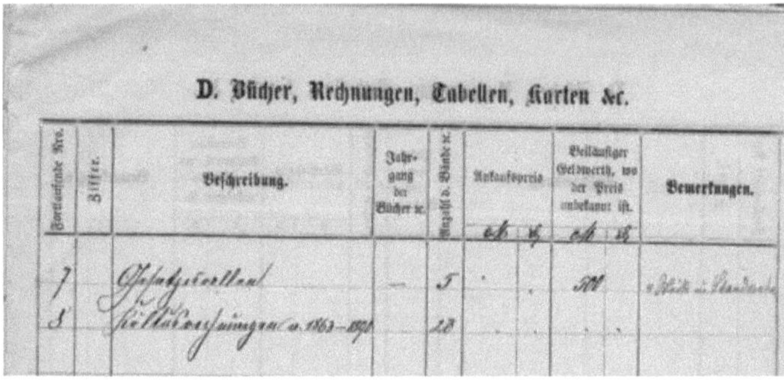

D. Bücher, Rechnungen, Tabellen, Karten &c.

Fortlaufende Nro.	Ziffer.	Beschreibung.	Jahrgang der Bücher &c.	Anzahl d. Bände &c.	Ankaufspreis ℳ	Ankaufspreis ₰	Beiläufiger Geldwerth, wo der Preis unbekannt ist. ℳ	Beiläufiger Geldwerth, wo der Preis unbekannt ist. ₰	Bemerkungen.
7		[illegible]	—	5			500		[illegible]
8		[illegible] 1863–18[illegible]		28					

Abb.: Inventar der Synagoge aus den Aufzeichnungen in der Inventarliste von 1892[310]

Die Bebauung der Parzelle N° 34 in Odernheim heute Vereinsheim des Fanfarenzugs Odernheim

Abb.: Gebäude Parzelle 34 Odernheim 3-10-2017[311]

310 Gemeindearchiv Odernheim Akte A III / 96a

311 Ott Andreas: Foto 3-10-2017

Abb.: Eingemauerter Türsturz und Ornamentstein Gebäude Parzelle 34 Odernheim[312]

Die Brandruine der Synagoge wurde 1899 an Abraham Schmidt V verkauft. Dies geht aus dem Katasterauszug von 1899 hervor.
Das jetzige Gebäude ist im Besitz der Gemeinde Odernheim und wird vom örtlichen Fanfahren Zug als Vereins- und Übungsraum genutzt, wie Karl Schworm[313] schon in der Odernheimer Chronik erwähnte.
Über der Tür sind wohl die aus der Ruine stammenden Fragmente als Zierde verbaut. Es handelt sich offensichtlich um den Türsturz der Eingangstür und ein Blumenornament, das wahrscheinlich über der Eingangstüre platziert war. Die Zeichenkombination, die auf dem Türsturz zu erkennen ist, ergibt keinen erkennbaren Sinn. Eine römische Jahreszahl ergibt die Zeichenkombination ebenfalls nicht. Das Blumenornament ist kein typisches Ornament, das in der jüdischen Symbolik Verwendung findet. Es findet in der einschlägigen Literatur der jüdischen Symbolik keine Erwähnung.

312 Foto Andreas Ott 3.10.2017

313 Schworm Karl et al: Odernheim am Glan und Disibodenberg, Koblenz 1984

Anzunehmen ist, dass diese verbauten Steine aus der Klosterruine Disibodenberg stammen, so wie es vielfach üblich war, Steine der Klosterruine in den Odernheimer Häusern zu verbauen.
Die Synagoge hatte die Hausnummer 29.

Instandhaltung und Unterhaltung der Synagoge in Odernheim

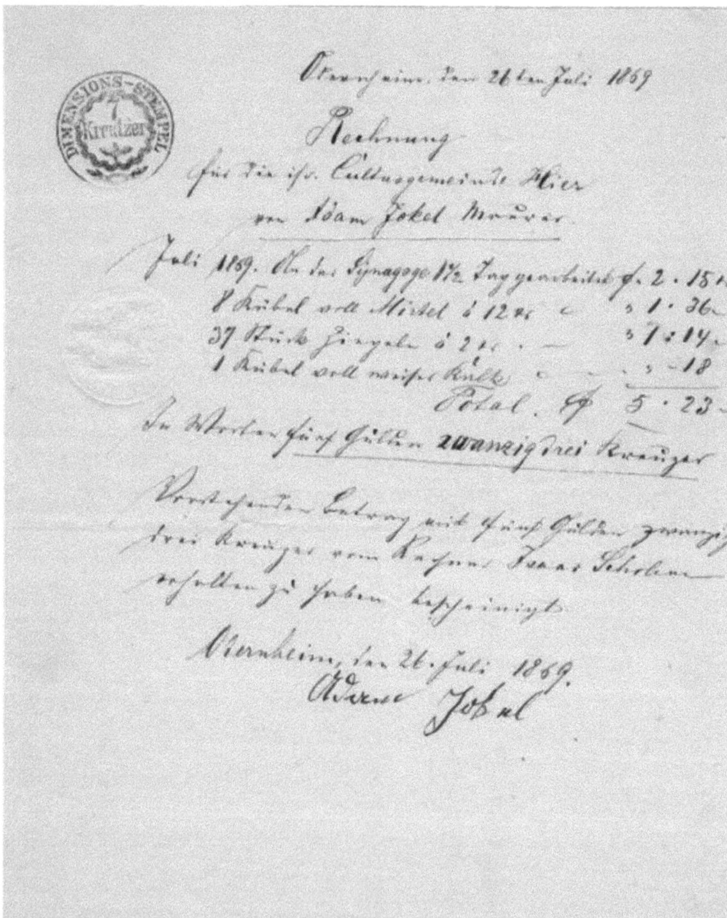

Odernheim, den 26ten Juli 1869

Rechnung

für die isr. Cultusgemeinde Hier

von Adam Jokel Maurer

Juli 1869. An der Synagoge 1½ Tag gearbeitet fl. 2.15 kr
8 Kübel voll Mörtel à 12 kr 1.36
37 Stück Ziegeln à 2 kr 1.14
1 Kübel voll weißer Kalk -.18
Total fl 5.23

In Worten fünf Gulden zwanzig drei Kreuzer

Vorstehenden Betrag mit fünf Gulden zwanzig drei Kreuzer vom Kassier Isaac Scholem erhalten zu haben bescheinigt

Odernheim, den 26. Juli 1869.
Adam Jokel

Abb.: Rechnung von Adam Jokel, Maurer in Odernheim an die Israelitische Kultusgemeinde Odernheim 1869[314]

---

[314] Gemeindearchiv Odernheim Akte A III / 96a

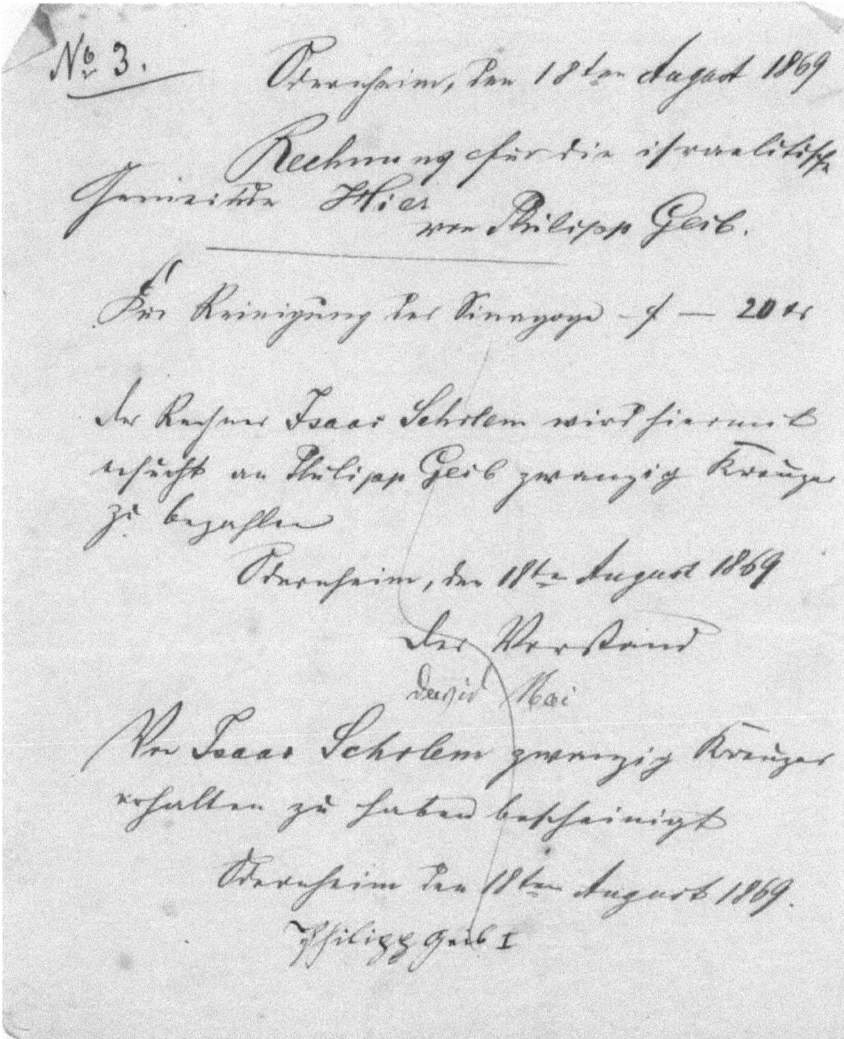

No 3. Odernheim, den 18ten August 1869

Rechnung für die israelitische Gemeinde hier von Philipp Geib.

Für Reinigung der Synagoge – fl – 20 kr

Der Kassirer Isaac Schrlem wird hiermit ersucht an Philipp Geib zwanzig Kreuzer zu bezahlen

Odernheim, den 18ten August 1869

Der Vorstand

dessen Mai

Von Isaac Schrlem zwanzig Kreuzer erhalten zu haben bescheinigt

Odernheim den 18ten August 1869.

Philipp Geib I

Abb: Rechnung 20 Kr(euzer) von Philipp Geib für die Reinigung der Synagoge Odernheim 1869[315]

315 Gemeindearchiv Odernheim Akte A III / 96a

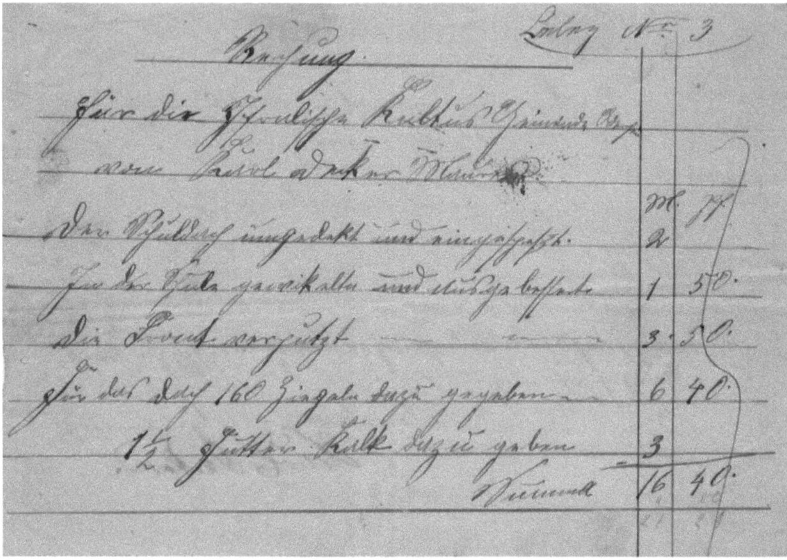

Abb.: Rechnung Dachdecker 1868[316]

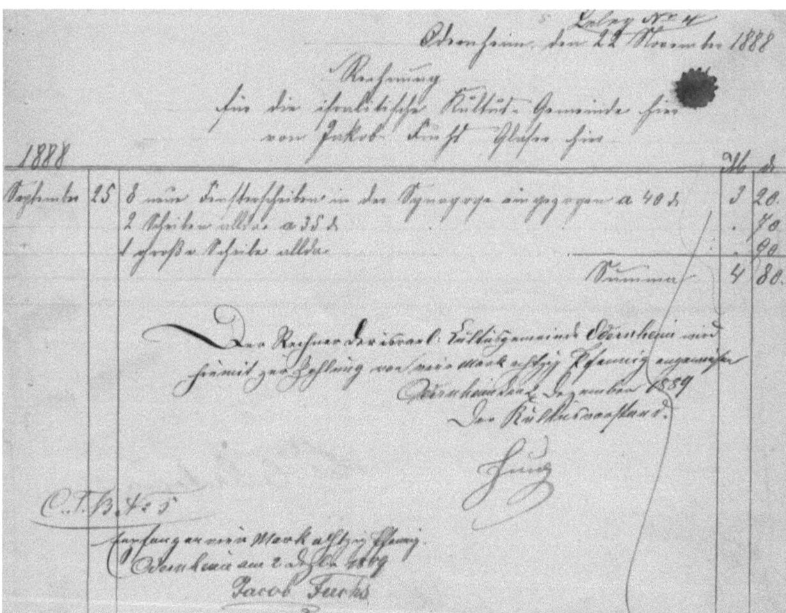

Abb.: Rechnung des Glasers Jakob Fuchs 1888[317]

---

[316] Gemeindearchiv Odernheim Akte A III / 96a

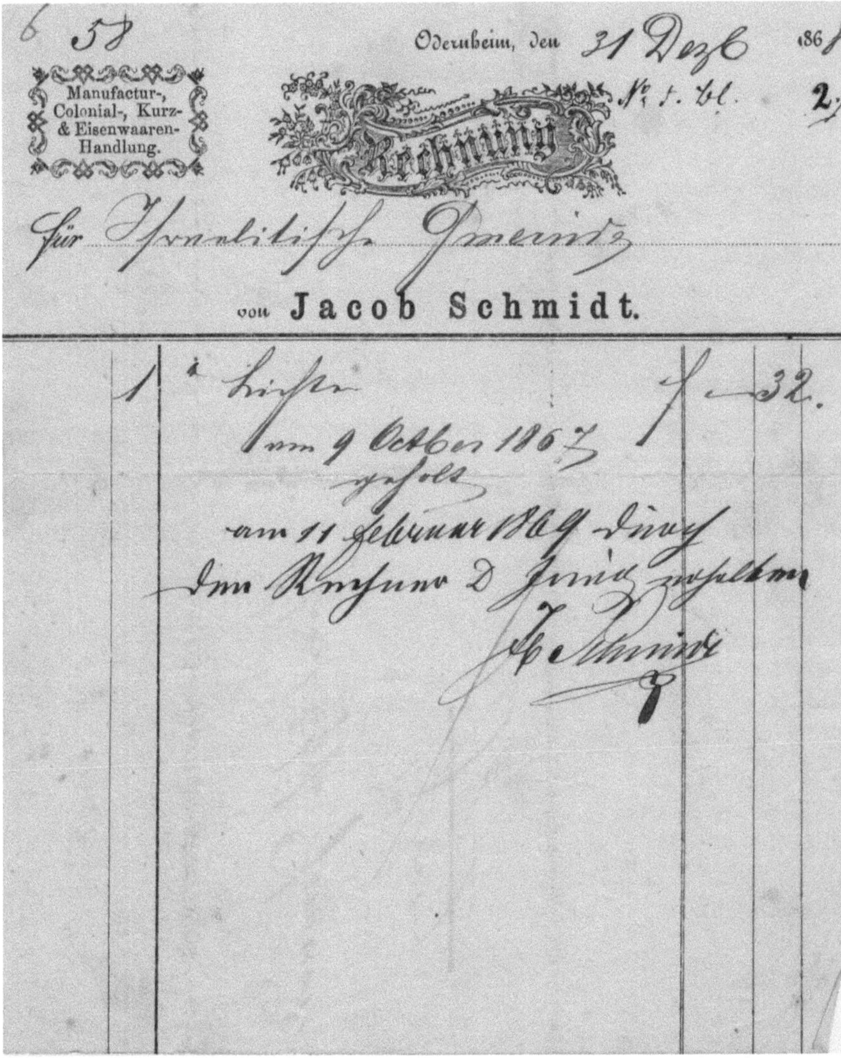
Odernheim, den 31 Dez 1868

Manufactur-, Colonial-, Kurz- & Eisenwaaren-Handlung.

Rechnung

für

von Jacob Schmidt.

Abb.: Rechnung des Kolonialwarenhändlers Jakob Schmidt Odernheim vom 31.12.1868[318]

[317] Gemeindearchiv Odernheim Akte A III / 96a

[318] Gemeindearchiv Odernheim Akte A III / 96a

Religionsschule

Im 18. Jhd. bat der Judenschulmeister Seligmann, Levy zu Hochstätten[319] um Herzoglichen Schutz. Der Schutzbrief für Odernheim wurde am 30. Dec. 1768 ausgestellt und dem Judenschulmeister Herzoglichen Schutz mit dem Niederlassungsrecht in Odernheim gewährt. Von nun an hatte die jüdische Gemeinde einen Schulmeister, der den Kindern Unterricht erteilte. Der Unterricht fand vermutlich in einem Privathaus statt, hier fehlen nähere Hinweise, in welchem Haus.

Die jüdischen Odernheimer Kinder wurden in der israelischen Kultusgemeinde Staudernheim zweimal wöchentlich von einem jüdischer Lehrer aus Sobernheim seit Mitte des 19 Jhds. unterrichtet. Die Israelische Kultusgemeinde Odernheim entrichtete 50 Mark (Gold-Markwährung nach 1873) monatlich für den Religionsunterricht in Staudernheim[320].

Der in Sobernheim tätige Lehrer war Alexander Cahn, der über mehrere Jahrzehnte in Sobernheim wirkte. Er war die prägende Gestalt des jüdischen Gemeindelebens in der 2. Hälfte des 19. Jahrhunderts (1853) war und hier auch erfolgreich ein Israelitisches Knaben-Pensionat in Sobernheim betrieb. Seit 1890 war Lehrer Simon Berendt in der Gemeinde tätig. Mit ihm feierte die Gemeinde die Wiedereinweihung der Synagoge 1904. 1915 konnte er sein 25-jähriges Ortsjubiläum in Sobernheim feiern[321].

Die genannten Lehrer waren auch die Lehrer, die in Staudernheim Religionsunterricht erteilten und folglich den jüdischen Kindern aus Odernheim Religionsunterricht erteilten.

Der letzte Lehrer in Bad Sobernheim war Lehrer Moses.

---

[319] Gemeindearchiv Odernheim VIII / 6, S:60

[320] Landesarchiv Speyer: Bestand H43, Nr.: 248, Blatt 32, 29.10.1898

[321] http://www.alemannia-judaica.de/sobernheim_synagoge.htm

Elementarschule der politischen Gemeinde Odernheim

Das Herzogtum Pfalz-Zweibrücken führte unter dem zum Calvinismus konvertierten Herzog Johann I. 1592 als erstes Territorium der Welt die allgemeine Schulpflicht für Mädchen und Knaben ein[322][323].

Die politische Gemeinde Odernheim war Träger der Elementarschule. Die Schule in Odernheim wurde 1830 erbaut. Die räumlichen Verhältnisse waren von Anfang an eng. Die Schülerzahlen lagen bei 200-250 Schülern. Die Schule wurde als eingeschossiges Gebäude gebaut und es waren zwei Klassenräume vorhanden. Der Unterricht wurde zeitweise in zwei „Schichten" erteilt, vormittags sowie nachmittags[324].

Nach Einführung der Schulpflicht für alle Kinder unabhängig von Herkunft und Religion, mussten auch jüdische Familien ihre Kinder in die kommunale Schule gehen lassen. Von dieser Regelung gab es Ausnahmen. Sobald in einer politischen Gemeinde eine genügende Anzahl jüdischer Kinder vorhanden war, konnte ein jüdischer Lehrer (der staatlich geprüft sein musste) angestellt werden, der die jüdischen Kinder separat unterrichtete.

Belegbar ist, dass jüdische Einwohner Schulgeld für ihre Kinder hier in Odernheim bezahlten. Die Kinder jüdischen Glaubens haben folglich auch die Elementarschule in Odernheim besucht, in den Rechnungsbüchern der Stadt Odernheim sind die Fehltage der Schüler aufgezeichnet. Wenn ein Schüler christlich oder jüdisch in der Elementarschule fehlte, wurde ein Ordnungsgeld von der Gemeinde verhängt. In den Rechnungsbüchern sind Kinder aller Konfessionen aufgeführt, die das Strafgeld (Ordnungsgeld) für geschwänzten Unterricht entrichten mussten.

---

322 Vgl. Emil Sehling (Begr.): Die evangelischen Kirchenordnungen des 16. Jahrhunderts, Band 18: Rheinland-Pfalz I. Mohr-Siebeck, Tübingen 2006, S. 406.

323 Erst mit der Weimarer Republik galt sie in ganz Deutschland. (tagesspiegel.de, Abruf 3-5-2017)

324 vgl. Karl Schworm: Odernheim am Glan und Disibodenberg, Koblenz 1984, S: 369

Mikwe

Die Existenz einer Mikwe in Odernheim wird in der Literatur ohne nähere Angaben zu Ort und Zeit genannt. Es ist sicher, dass eine Mikwe in Odernheim vorhanden war, auch vor der Zeit der Gründung einer israelischen Kultusgemeinde Mitte des 18. Jhds. Da Juden schon im späten Mittelalter in Odernheim lebten, war das rituelle Tauchbad ebenfalls vorhanden. Eine genaue Lokalisation der Mikwe in Odernheim wäre Spekulation.

Die Bedeutung des rituellen Bades ist für das Judentum existenziell. Die Tora enthält zahlreiche Vorschriften zu Reinheit und Unreinheit. Nach dieser Auffassung können Menschen, Tiere und Pflanzen, aber auch unbelebte Gegenstände unrein sein. Diese rituelle Unreinheit galt nicht als Sünde, sondern im Zustande der Unreinheit durfte der gläubige Jude nicht den Tempel besuchen und keine Opfer darbringen.

Als Verunreinigung galt insbesondere der Aussatz (Lepra) und andere Hauterkrankungen sowie Geschlechtskrankheiten, Ausflüsse der Sexualorgane, hierzu zählt auch die Menstruation der Frau, gewollte oder ungewollte Ejakulation des Mannes, den Kontakt mit Toten oder mit verunreinigten Personen. Ebenfalls musste die verheiratete jüdische Frau vor der ehelichen Kopulation die Mikwe aufsuchen.

Die Kontakte zum Unreinen mussten vermieden werden, Verunreinigungen mussten beseitigt werden. Es ging nicht um sauber im Sinne von Körperhygiene sondern um eine spirituelle Reinigung, Reinheit.

Die Verunreinigungen konnten durch untertauchen in „lebendigem Wasser" beseitigt werden. Es kamen Quellwasser, Grundwasser, das Meer, ein See, ein Fluss oder Bach infrage. Auch Regenwasser und geschmolzener Schnee erlaubte es den Juden, sich von Unreinheiten reinzuwaschen.

Diese althergebrachten biblischen Gesetze wurden mit der Zeit angepasst, der Tempel existierte nicht mehr und die Praxis der Bereinigung von spiritueller Unreinheit passte sich dem Zeitgeist an.

Die Mikwe[325] durfte nur in sauberen Zustand benutzt werden, vor dem Besuch der Mikwe reinigten sich die Juden gründlich. Er legte

---

[325] Mikwaot eingedeutscht Mikwe bedeutet „eine Ansammlung von Wasser"

die Kleidung und sogar evtl. den Schmuck ab, sodass das Wasser wirklich an den ganzen Körper kam.
Die Mikwe diente auch der spirituellen Reinigung von Koch- und Küchenutensilien.
Die Mikwe muss bestimmte Kriterien erfüllen, sie muss nach den Regeln der Mischna (Jüd. Gesetzbuch ca. 200 nach der Zeitrechnung) erfolgen, demnach muss die Mikwe ca. 1,40 tief sein und ca. 780 l Wasser enthalten, in der heutigen Zeit sind auch geringere Wassermengen ausreichend (mindestens 268,5l).
In jeder noch so kleinen Gemeinde und selbst dort, wo nur wenige jüdische Familien lebten, war eine Mikwe notwendig und auch meistens vorhanden.
Die Anzahl der hier in Odernheim wohnenden Juden (1771 50 Junden und 1774 wurden 48 Juden in Odernheim/Glan gezählt) im 18. und 19. Jhd. lassen mit hoher Wahrscheinlichkeit den Schluss zu, dass auch hier in Odernheim eine Mikwe vorhanden war, entweder in einem der Häuser, in denen Juden wohnten, oder im Keller der Synagoge (ab 1833), der nachweislich, belegt durch den handschriftlichen Grundbuchauszug, vorhanden war.
Im ehemaligen Regierungsbezirk Rockenhausen und Kirchheimbolanden sind 40 Mikwen bekannt. Aufgespürt haben Historiker die Mikwen anhand von Aufzeichnungen der Gesundheitsbehörden, sog. Physikatsberichte[326,327]. Physikatsberichte sind Berichte über den Gesundheitszustand, Hygienezustand der Bevölkerung (lagern heute im bayrischen Staatsarchiv München), die für jeden bayrischen Regierungsbezirk angefertigt wurden (1860 / 61).
Anfang der 1820 und 1830er-Jahre waren die pfälzischen Gesundheitsbehörden bemüht, die jüdischen Gemeinden zum Bau hygienischer und beheizbarer Mikwen zu bewegen. Diese gesundheitspolitischen Maßnahmen stehen im Zusammenhang mit dem aufkommenden Bewusstsein für Hygiene sowie dem besseren Verständnis für Übertragungswege von Krankheitserregern. Die Gesundheitsbehörde führte in den jüdischen Häusern Kontrollen durch und die herkömmlichen primitiven Mikwen mussten zugeschüttet werden. Die bayrische Staatsregierung hielt viele dieser bestehenden Judenbäder aus hygienischen Gründen nicht mehr für angebracht und gab 1828

---

326 Bayrisches Staatsarchiv München Signatur: cgm 6874/1-207
327 Physikus war im heutigen Sinne ein Amtsarzt

einen Erlass heraus: "Herstellung der Kellerquellenbäder für Israelitinnen".
Als dieser Erlass nicht die gewünschte Wirkung zeigte, die kleineren jüdischen Gemeinden konnten die finanziellen Mittel für einen Mikwe Neubau nicht aufbringen, reagierte die Königlich Bayrische Bezirksregierung in Kirchheimbolanden dahingehend, dass der Bezirksarzt Dr. Beer die hygienischen Verhältnisse der Mikwen, auch mit dem Recht der Schließung von Amtswegen, vor Ort begutachtete.
Das Ergebnis dieser Bemühungen, hygienische Verhältnisse in den Kellerquellenbäder herzustellen, war, dass ein Ministerialerlass alle Judenbäder, die den sanitären Anforderungen nicht gerecht wurden, zuschütten ließ. Die Gemeinden setzten diesen Erlass nur zögerlich um, sodass die Forderung der Herstellung hygienischer Verhältnisse 1838 erneut erlassen wurde.[328]
Es handelte sich zumeist um primitive Keller-Mikwen, die mit Grundwasser gespeist waren. Im Idealfall befand sich die Mikwe in der Nähe der Synagoge. Oft waren die Mikwen einfach gegrabene Schächte im Kellerboden, evtl. mit Naturstein ausgemauert. Stufen oder auch eine Leiter führten hinab in das Wasser.
Häufig wurden in der Nordpfalz Mikwen in Privathäusern gefunden. Diese werden auch fälschlicherweise für Hausbrunnen gehalten und bleiben so unentdeckt.
Es ist anzunehmen, dass das Ritualbad (besonders im Sommer) auch in ortsnahen Bächen oder Flüssen durchgeführt worden ist. Belegt ist das für die jüdischen Gemeinden in Gaugrehweiler und Appel[329].
Mit der Inbetriebnahme einer zentralen Wasserversorgung verschwanden die Keller-Mikwen, denn sie waren kein hygienisches Risiko mehr.

---

[328] Kopp, A.,Die Dorfjuden der Nordpfalz. Dargestellt an der jüdischen Gemeinde Alsenz ab 1655, Meisenheim, 1967, S. 14

[329] Donnersberg Jahrbuch 2010, S:58-61; Hrsg.: Donnersbergkreis Kirchheimbolanden 2010

Abb.: Eingang der Keller Mikwe in Bad Sobernheim[330]

Die jüdische Gemeinde in Odernheim war keine reiche Landjudengemeinde, sodass anzunehmen ist, dass die Mikwe recht primitiv gebaut war und heute nicht so leicht als solche zu erkennen ist oder wäre. Vermutlich befand sich ebenfalls eine Mikwe in Odernheim in einem von Juden bewohnten Haus, die primitiv gebaut war, wie das Beispiel aus Bad Sobernheim im Nachfolgenden veranschaulicht. Bedenkt man die damaligen hygienischen Verhältnisse in Odernheim, mussten die Behörden wegen hygienischer Bedenken tätig werden. Odernheim ist Hochwassergebiet, die Gefahr der Überschwemmung der Mikwe war groß. Einen Kanal gab es nicht, ein sog. Abtritt führte durch die heutige Hauptstraße, um den Unrat, Ausscheidungen, Essensreste, Jauche etc. wegzuspülen. Der Abtritt war eine Ableitung der Heimelbach. Die Straßen waren nicht befestigt.
In Bad Sobernheim fand man 1996 in dem Privathaus Großstraße 53 eine Mikwe, nachdem der Hausbesitzer einen Bericht über eine Mikwe in Waldböckelheim gelesen hatten, kamen die Eigentümer des Anwesens auf die Idee, den unbeachteten Schacht in seinem Keller näher in Augenschein zu nehmen. Das hinzugezogene Landesamt

330 Bild: Andreas Ott 1-8-2018

für Archäologie Rheinland-Pfalz bestätigte die Vermutung, dass es sich um eine Mikwe handelte, und datierte die Kellermikwe auf ca. 1680. Durch Kanalbaumaßnahmen sowie den Einbau eines Tresors in der Sparkasse in der jüngsten Vergangenheit im Altstadtbereich von Bad Sobernheim fiel der Grundwasserspiegel so weit ab, dass der Boden der Mikwe heute nur noch mit ca. 15 cm Wasser bedeckt ist. Zeitweise war der Boden der Mikwe trocken. Die Bewohner des Hauses können sich gut daran erinnern, dass die Mikwe mit Wasser gefüllt war.

Abb.: Blick in die Keller Mikwe in Bad Sobernheim[331]

[331] Bild: Andreas Ott 1-8-2018

Abb.: Deckengewölbe der Keller Mikwe in Bad Sobernheim[332]

[332] Bild: Andreas Ott 1-8-2018

Skizze der Kellersynagoge Bad Sobernheim

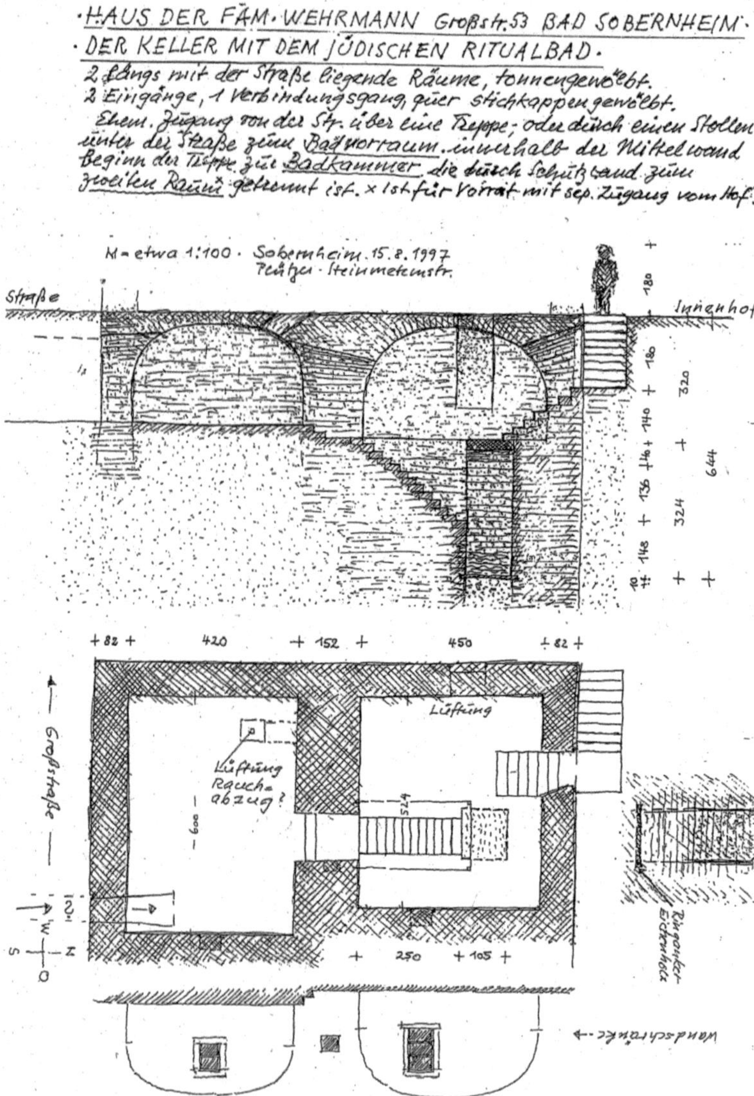

Abb.: Kellersynagoge in Bad Sobernheim Skizze von Hr. Pützer 1997[333]

---

333 Im Archiv von Hans Eberhard Berkemann, Bad Sobernheim

Der Schochet, Schächter

Zu den Notwendigkeiten, die zum Funktionieren einer jüdischen Gemeinde unabdingbar sind, gehört auch der Schächter, der jüdische Metzger. Seit dem Jahre 1220 müssen Kandidaten, die das Schächten ausüben wollen, eine praktisch-theoretische Prüfung als ritueller Schächter vor einem Rabbiner ablegen. Mit dieser erfolgreichen Prüfung hat der Kandidat nachgewiesen, dass er das rituelle Schächten beherrscht. Das von ihm geschächtete Fleisch gilt als koscher und der Verzehr durch Juden ist erlaubt. Zum Schächten ist ein gerades Langmesser vorgeschrieben. Die Klinge muss in einem einwandfreien, schadensfreien Zustand sein. Die Klinge darf keinerlei Scharten, Widerhaken oder sonstigen Defekte aufweisen, die einen sauberen Schnitt nicht möglich machen würden. Vor dem Schächten des Tieres spricht der Schächter einen Segensspruch und schneidet dann mit einem einzigen durchziehenden Schnitt die Halsgefäße durch. Hierbei können dem Schächter Fehler unterlaufen, die dazu führen, dass das Fleisch nicht koscher ist.

Der Genuss von Blut ist einem Juden verboten, die Tora sieht das Blut als Sitz des Lebens und der Seele (siehe jüdische Speisevorschriften).

Der letzte Odernheimer Schächter war Theodor Neu + 1935 aus Odernheim. Aus einigen Urkunden geht hervor, dass Lazarus Isaak ebenfalls das Schächten ausführte, er bezahlte eine Fleischsteuer für geschächtetes Vieh. Es wurden die Häute der geschächteten Tiere gezählt und nach Groß- und Kleinvieh klassifiziert besteuert. Es gab besondere Vorschriften bezüglich des Verkaufs von Fleisch durch Juden von der Meisenheimer Metzgerinnung, denn das Fleisch wurde auch an Christen verkauft. Die christlichen Metzger sahen darin eine Konkurrenz.

Matzebäcker

Das Gebot, Matze zu essen, besteht nur für den ersten Pessach-Abend, den Seder in der jüdischen Diaspora (zwei Tage). Für den Rest der Woche gilt lediglich, dass kein Chametz, also nichts Gesäuertes, gegessen werden darf. Am Seder-Abend gehören drei besondere Matzen – üblicherweise handgebacken und dicker als die gewöhnlichen – auf den Tisch: Die oberste Matze symbolisiert

die Kohanim (Tempelpriester), die mittlere die Leviten (die Tempeldiener) und die unterste schließlich Israel, das Volk der Israeliten. Jede dieser drei Matzot ist von den anderen durch ein Tuch getrennt. Jedem Juden ist es aus religiösen Gründen geboten, ein Stückchen davon zu essen. Ebenfalls wichtig ist am Seder die Prozedur des Versteckens und des Afikomans des „Wiederauffindens", ein Spaß für die am Seder teilnehmenden Kinder.
Die Matzen wurden in speziellen Öfen gebacken
In größeren Jüdischen Landjudengemeinden gab es den Matzebäcker. Für Meisenheim und Laufersweiler sind Matzebäcker bekannt. Berichten zu Folge lieferte der Laufersweiler Matzebäcker Joseph seine Matzen vor jüdischen Feiertagen bis zu den Glaubensgenossen nach Staudernheim und Odernheim. Für Ende des 19. Jhds./ Anfang des 20. Jhds. wird von einem Matzebäcker in Meisenheim berichtet, der auch für die Odernheimer Juden bei der Versorgung mit Matzen eine Rolle gespielt haben dürfte.

Jüdischer Friedhof

Eine jüdische Begräbnisstätte lässt sich in der israelischen Kultusgemeinde Odernheim vor dem Jahre 1898 nicht belegen, Die israelitische Gemeinde Odernheim bestattete ihre Toten in Meisenheim auf dem Jüdischen Friedhof im Bauwald Meisenheim. Es liegen Beitragsquittungen für den Friedhoffond der jüdischen Synagogen-Gemeinde Meisenheim (1879) vor. Oft schlossen sich mehrere Gemeinden zusammen, um einen Friedhof zu erwerben und zu unterhalten. Im Falle der Odernheimer Juden, so geht es aus den Akten im Gemeindearchiv hervor, zahlten die Odernheimer Juden in einen Fond ein, um sich das Recht der Bestattungen auf dem jüdischen Friedhof Meisenheim zu sichern.
Kennt man die Lage des jüdischen Friedhofs Meisenheim und stellt sich den Zustand der damaligen Verkehrswege vor, so kann man erahnen, wie beschwerlich es für die Odernheimer Juden gewesen sein muss, ihre Toten zu bestatten.

Begräbnisordnung der israelischen Glaubensgenossen in der Pfalz vom 26. August 1845, die auch in Odernheim galt

1. *Alles, was mit der Leiche vorzunehmen, um sie zur Beerdigung vorzubereiten, hat in den israelitischen Gemeinden, wo keine Anstalten hierfür auf dem Friedhof bestehen, in dem Trauerhause zu geschehen.*
2. *Der Riß, welcher als Zeichen der Trauer im Kleide gemacht wird, ist ebenfalls zuhause, nachdem der Leichnam in den Sarg gelegt ist und bevor er zugeschlagen wird, vorzunehmen.*
3. *Der Sarg muß mit einem anständigen Leichentuch, das die israelitische Gemeinde aus ihren Mitteln anzuschaffen hat, bedeckt werden.*
4. *Diejenigen israelischen Gemeinden, welche einen gemeinsamen Friedhof besitzen, sollten womöglich einen passenden Leichenwagen auf gemeinschaftliche Kosten erstellen, um sich desselben beim Verbringen der Leichen auf den Friedhof aus entlegenen Orten bedienen zu können. Wird die Leiche zu Grabe getragen, so haben die nächsten Verwandten des Verstorbenen oder der israelitische Vorstand die Träger zu bestimmen, welche in der Regel innerhalb des Dorfes nicht wechseln dürfen.*
5. *Der Rabbiner hat auf Verlangen die Leiche zu begleiten und die erbetene Leichenrede zu halten. Wegen der für solche Kasualien zu besprechenden Taxe wird auf das Reg. Schreiben vom 15. Juli 1845 (Amtsblatt S.240) und was das Halten von Leichenreden betrifft noch besonders auf Ziffer 3 der lithographierten Regierungsentschließung vom 17. April laufenden Jahres Md N 0 m8569 R hingewiesen.*
6. *Wer die Leiche begleiten will, muß anständig gekleidet und namentlich sollen die Träger mit einem Hut bekleidet erscheinen.*
7. *Leidtragende männlichen Geschlechts, welche die Leiche begleiten, müssen gleich hinter der Bahre und dem Leichenwagen gehen. Diesem folgen die Rabbiner, dann der Lehrer mit der männlichen Schuljugend, sofern es ohne Beeinträchtigung des Schulunterrichts geschehen kann, alsdann die übrigen*

langsamen Schrittes in geordnetem Zug. Auf beiden Seiten der Bahre oder des Leichenwagens darf niemand gehen,als etwa die zum Ablösen der Träger bestimmte Personen.

8. *Frauen sollten in der Regel nur Leichenbegängnissen von Frauen und Mädchen folgen; jedoch bleibt ihnen für alle Fälle der Besuch des Friedhofs gestattet.*
9. *Das bisher übliche Almosensammeln darf nur am Sterbehause, bevor der Leichenzug beginnt, oder außerhalb des Ortes und in der Voraussetzung geschehen, daß die eingehenden Geldbeträge zu religiösen oder wohltätigen Zwecken verwendet werden.*
10. *Das Grab muß fertig sein, bevor die Leiche auf dem Friedhof angelangt, damit sie sofort beigesetzt werden kann.*
11. *Der Rabbiner oder dessen Stellvertreter hat zu bestimmen, welche Gebete während des Leichenzugs und auf dem Friedhof gesprochen werden sollen*
12. *Die Gemeindevorstände resp. Die Vorsteher der israelitischen Gemeinden haben für die Aufrechterhaltung der gegenwärtigen Leichenordnung bzw. unter Mitwirkung der Bezirksrabbiner bedacht zu sein und zu diesem Behufe diejenigen Bestimmungen, welche polizeilicher Natur sind, mittels Lokalpolizeibeschlüssen, soweit es angeht, in Vollzug zu setzen.*

Speyer, den 25. August 1845
Königlich bayr. Regierung der Pfalz
Kammer des Innern
In Abwesenheit des k. Präsid.
Unterschrift[334,335]

---

[334] Kopp, A.,Die Dorfjuden der Nordpfalz. Dargestellt an der jüdischen Gemeinde Alsenz ab 1655, Meisenheim, 1967, S. 185 f

[335] LASp Kb VIII/14/12

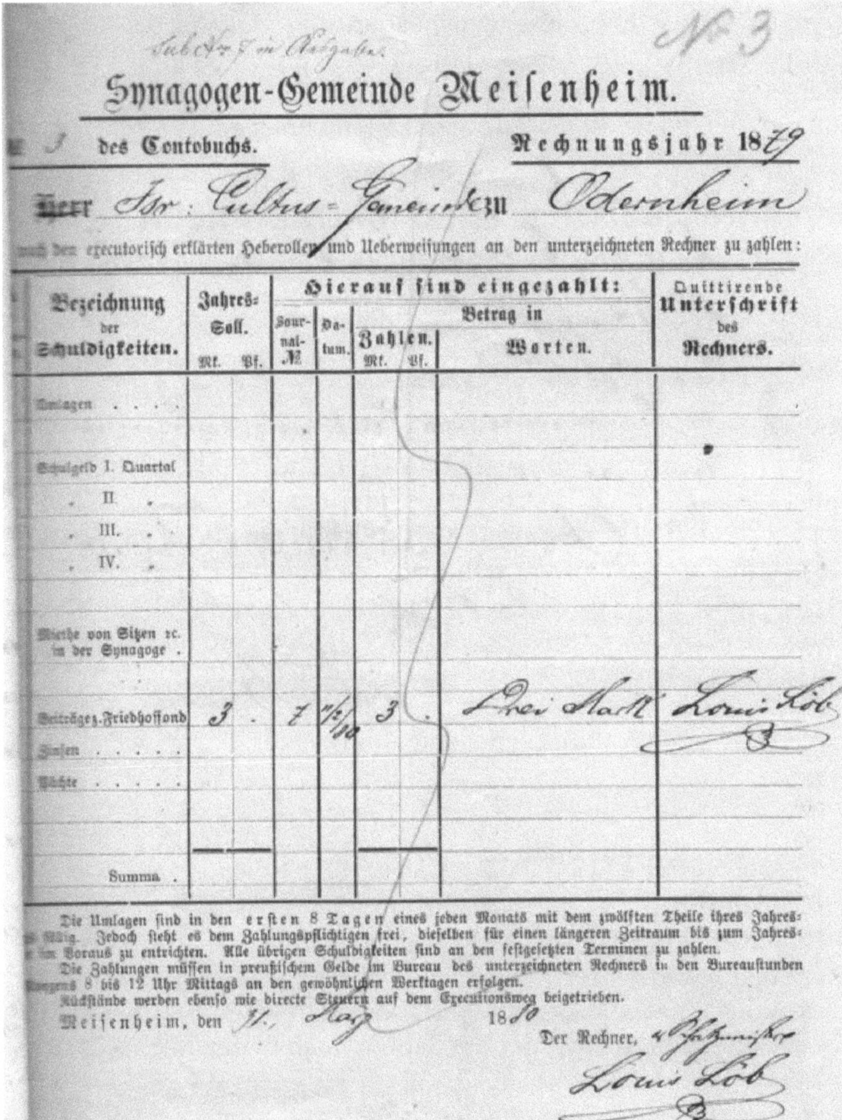

Synagogen-Gemeinde Meisenheim.

№ 3

3 des Contobuchs. Rechnungsjahr 1879

Herr Isr. Cultus-Gemeinde zu Odernheim

… den executorisch erklärten Heberollen und Ueberweisungen an den unterzeichneten Rechner zu zahlen:

Bezeichnung der Schuldigkeiten.	Jahres-Soll. Mk.	Pf.	Hierauf sind eingezahlt: Journal-№	Datum.	Betrag in Zahlen. Mk.	Pf.	Betrag in Worten.	Quittirende Unterschrift des Rechners.
Umlagen								
Schulgeld I. Quartal								
„ II. „								
„ III. „								
„ IV. „								
Miethe von Sitzen rc. in der Synagoge .								
Beiträge z. Friedhoffond	3	.	7	1/2/80	3	.	Drei Mark	Louis Löb
Zinsen								
Pächte								
Summa .								

Die Umlagen sind in den ersten 8 Tagen eines jeden Monats mit dem zwölften Theile ihres Jahres-…. Jedoch steht es dem Zahlungspflichtigen frei, dieselben für einen längeren Zeitraum bis zum Jahres-… im Voraus zu entrichten. Alle übrigen Schuldigkeiten sind an den festgesetzten Terminen zu zahlen.
Die Zahlungen müssen in preußischem Gelde im Bureau des unterzeichneten Rechners in den Bureaustunden …gens 8 bis 12 Uhr Mittags an den gewöhnlichen Werktagen erfolgen.
Rückstände werden ebenso wie directe Steuern auf dem Executionsweg beigetrieben.

Meisenheim, den 31. Mai 1880

Der Rechner,
Louis Löb

Abb.: Quittung über die Anforderung von Friedhoffond Beiträgen 1879[336]

336 Gemeindearchiv Odernheim Akte A III / 96a

Exemplarisch ist nur diese Beitragsquittung genannt, es lässt sich über einen Zeitraum von 30 Jahren eine Einzahlung der israelitischen Kultusgemeinde Odernheim in den Meisenheimer Friedhoffond der Synagogen Gemeinde Meisenheim belegen.

Geplanter jüdischer Friedhof Odernheim

Das Geld, das zur Schadensregulierung für die abgebrannte Synagoge von der bayrischen Versicherungskammer von 1811 gezahlt wurde, sollte dazu genutzt werden, einen Begräbnisplatz für die israelitische Kultusgemeinde Odernheim zu kaufen. Zuerst fasste man ein Grundstück im Johannisholz ins Auge, tatsächlich aber wurde ein Begräbnisplatz östlich des Heimelbaches „an der Rütsch" im Wald angelegt. Bestattet wurde aber dort niemand mehr, da die israelische Kultusgemeinde durch Auswanderung, Wegzug und Tod so weit verkleinert war, dass diese sich auflöste.
Wie schon beschrieben wurden die verbliebenen Gemeindemitglieder der jüdischen Gemeinde Obermoschel zugeteilt. Die letzte bekannte Bestattung eines Odernheimer Juden fand in Meisenheim statt, dort wurde Theodor Neu (+ 1935 in Odernheim) bestattet.
1924 sind die vier verbliebenen jüdische Seelen der Gemeinde Odernheim in dem jüdischen Gemeinderegister Obermoschel gelistet[337].

Der jüdische Friedhof

Der Friedhof heißt in hebräischer Sprache „Haus des Lebens" (bet ha-chajim) oder „ewiges Haus" (bet òlam). Das jiddische bezeichnet den Friedhof als „guten Ort". In Wahrheit ist der Friedhof für den Juden ein Haus des Todes und ein „böser Ort", ein Tummelplatz für böse Geister, den man weder am Sabbat noch in der Nacht besuchen darf.
Die verunreinigende Wirkung der Gräber ist daran schuld, dass nach dem Talmud Judenfriedhöfe nicht innerhalb der jüdischen Siedlungen, etwa in Synagogennähe, angelegt werden durften, sondern nur in einer Entfernung von mindestens 50 Ellen von der Bebauungsgrenze (Mischna Baba Batra 2,9). Andrerseits ließen es die nicht-

---

[337] www.alemannia-judaica.de/obermoschel_synagoge.htm

christlichen Behörden nicht zu, jüdische Bestattungen auf christlichen Friedhöfen vorzunehmen.
So sind bis ins 20 Jhd. hinein für die Städte Judenfriedhöfe vor der Stadtmauer gelegen, für die Landjudenschaft sind jedoch Friedhöfe im freien Feld üblich, die meist von mehreren Dörfern aus belegt wurden[338].
Bestattungen werden von einer Bruderschaft (chewrà qaddischà; Heilige Vereinigung) vorgenommen, um die anderen Gemeindemitglieder vor Verunreinigung (támé) zu schützen, die Berührung des Toten ist mit einer siebentägigen Unreinheit (spirituelle Unreinheit) verbunden.
Der jüdische Friedhof ist meist mit Gras bewachsen. Graswachstum symbolisiert neues, neu entstehendes Leben. Blumenschmuck wie auf christlichen Gräbern würde die Totenruhe stören.
Die Gräber sind nach Osten ausgerichtet. Die Gräber bestehen ewig (bet ólam = Ewiges Haus), bis zur Erscheinung des Messias (des Gesalbten), dann, so die jüdische Jenseitsvorstellung, ist das Erscheinen des Messias mit einer Auferstehung der Frommen vom Tode verbunden, die dann am messianischen Heil teilhaben dürfen.
Die vorstehenden Erläuterungen dienen dazu, zu verstehen, warum jüdische Friedhöfe im ländlichen Raum meist in Waldstücken oder dem freien Feld in einiger Entfernung zu den Ortschaften liegen. In unserer unmittelbaren Umgebung befinden sich vier jüdische Friedhöfe, in Staudernheim, Bad Sobernheim, Meisenheim und Obermoschel. Diese Friedhöfe habe wir alle in Augenschein genommen und die Belegungslisten[339] durchforstet, um Spuren Odernheimer Juden zu finden, was auch gelang.

Tod und Bestattung im Judentum

Dem Toten werden Mund und Augen geschlossen, das Gesicht mit einem Leinentuch bedeckt. In manchen regionalen Traditionen legt man dem Verstorbenen für 20 Minuten auf den Boden, die Füße gegen die Tür gerichtet. Wenn noch nicht geschehen, wird spätes-

338 Jüdische Grabstätten im Kreis Bad Kreuznach, S:4; Bad Kreuznach 1995
339 Jüdische Grabstätten im Kreis Bad Kreuznach; Bad Kreuznach 1995: Hier sind alle jüdischen Friedhöfe im Kreis Bad Kreuznach erfasst und soweit möglich die Belegung dokumentiert

tens jetzt die Bestattungsbruderschaft informiert, die es in den meisten jüdischen Gemeinden gibt.
Bestattungsbruderschaften bestehen aus Frauen und Männern, die sich um die Toten kümmern, sie waschen, kleiden, einsargen und bestatten und dabei alle rituellen und religiösen Vorschriften zu beachten wissen.
Die *„Chewra Kaddischa"* (hebräisch für heilige Bruderschaft heißt übersetzt Heiliger Verein) ist im 14. Jahrhundert in Spanien und Deutschland entstanden. Die Mitglieder dieser Bruderschaft (der auch Frauen angehören) nehmen den höchsten Grad der rituellen Unreinheit auf sich, die durch den Kontakt und die Berührung mit den Toten entsteht. Diese Unreinheit des Umgangs mit Toten ist nicht nur im Judentum unrein, der mittelalterliche Mensch scheute den Umgang mit den Toten, da der Umgang mit Toten unehrenhaft, unrein war. Berufsgruppen (Bestatter, Totengräber, Scharfrichter (Nachrichter) Abdecker, Schinder etc), die Kontakt zu toten Menschen und Tieren hatten, galten als unehrenhaft und wurden gesellschaftlich ausgegrenzt.
Nach der Waschung wird dem Toten sein Totenhemd aus weißem Leinen angezogen. Die Braut hat es dem Mann schon zur Hochzeit geschenkt, es wird zu Lebzeiten bereits am Neujahrfest, am *Jom Kipur* und am *Sederabend* des *Paschafestes* getragen. Seine weiße Farbe symbolisiert Reinheit und Würde, wie auch im Tod alle Menschen gleich sind. Das letzte Hemd hat keine Taschen und symbolisiert, dass man trotz irdischen Reichtums, nichts mit in den Tod nehmen kann. Seit dem 1. Jahrhundert n. Christus verwendet man das einfachste Leinenhemd und einen einfachen unbehandelten Holzsarg. Diese Schlichtheit wurde allgemein übernommen. An der Kopfseite des Toten zündet man ein Licht an. Den Toten lässt man nicht alleine und wechselt sich mit der Totenwache ab. Die Beerdigung soll möglichst bald stattfinden, am gleichen Tag noch oder am nächsten, wenn es möglich ist.

Die Bestattung im Judentum

Der Leichnam des Juden soll weder schnell zerstört noch lange aufbewahrt werden. Er soll weder verbrannt noch einbalsamiert werden. Die Erdbestattung wird als die einzige Methode angesehen, wie mit dem Leichnam umzugehen ist. Hierzu heißt es im 1. Buch Moses:

„Zuletzt wirst du wieder zu Erde zurückkehren, von der du genommen bist. Staub von der Erde bist du, zu Staub musst du wieder werden."
Im Gottesdienst auf dem Friedhof wird die Gerechtigkeit Gottes anerkannt und die Ergebung in seinem Willen kundgetan.
Die Trauergemeinde geleitet den Sarg zum Grab, in das er eingelassen wird. Wenn es zu ermöglichen ist, wird dem Toten Erde aus Israel mit in das Grab gegeben. Zunächst schaufelt der Rabbiner dreimal Erde auf den Sarg, sodann die Angehörigen, danach alle anderen. Ist ein Sohn des Verstorbenen anwesend, so spricht er *Kaddisch* das jüdische Totengebet. Ist kein Sohn des Verstorbenen anwesend, spricht ein anderes Mitglied der Bestattungsgesellschaft *Kaddisch*.
Das *Kaddisch* (Totengebet) ist ein großes Lob Gottes, eine Preisung seiner Heiligkeit, ohne Klage und Kummer. Und doch spricht man mit Kaddisch die Sehnsucht nach Erlösung aus.
Am Ende der Beerdigung stellt sich die Trauergemeinde in zwei Reihen gegenüber auf. Durch diesen Spalier gehen die männlichen Angehörigen hindurch und werden mit den Worten getröstet:
„Der Allgegenwärtige tröste dich inmitten der übrigen, die um Zion und Jerusalem trauern"
Man reißt Gras aus, wirft es hinter sich und spricht:
„Sie werden aus der Stadt empor blühen, gleich Gras des Feldes"
Manche sagen stattdessen:
„Er (Gott) gedenkt, dass wir Staub sind"
Vor dem Verlassen des Friedhofs wäscht man sich die Hände ohne sie abzutrocknen.[340]
Es war sicherlich für die jüdischen Glaubensgenossen beschwerlich, den Toten nach den durchgeführten Totenritualen von Odernheim, zum Friedhof nach Meisenheim zu geleiten. Die Straßen und Wege waren nicht befestigt. Der Transport des Leichnams zum Friedhof wurde wahrscheinlich mit einem Pferdefuhrwerk bewerkstelligt. Ein Tragen des Leichnams ist wegen der Entfernung nur sehr schwer vorstellbar. Die Trauergemeinde folgte zu Fuß.

---

340 Andreas Ott: Tod und Sterben in den Weltreligionen, unveröffentlichtes Seminarkonzept, Odernheim 2011

Zur Geschichte des jüdischen Friedhofes Meisenheim

Der jüdische Friedhof im Bauwald in Meisenheim wurde spätestens Anfang des 18. Jahrhunderts angelegt. Der älteste erhaltene Grabstein datiert in das Jahr 1725. 1859 wurde der Friedhof erweitert (neuerer Teil). Eine letzte Beisetzung fand 1938 statt (Felix Kaufmann). Die Friedhofsfläche umfasst 41,67 ar. Auf dem alten Teil des Friedhofes sind noch auf 105 Gräbern die Grabsteine erhalten, auf dem neuen Friedhof 125 Grabsteine. Der neuere Teil des Friedhofes ist mit einer Bruchsteinmauer im Osten abgegrenzt. Ein großes schmiedeeisernes Eingangstor ist vorhanden.[341] Der jüdische Friedhof war ein Genossenschaftsfriedhof, auf dem mehrere jüdische Gemeinden der Umgebung ihre Toten bestatteten. Der Jüdische Friedhof im Meisenheimer Bauwald ist sehr ursprünglich und es lohnt sich, diesen einmal zu besuchen.

Es wurden Menschen jüdischen Glaubens aus mehreren Gemeinden in Meisenheim bestattet.

In Sobernheim ist David Jung (*16.07.1814 in Odernheim +12.12.1870 in Sobernheim) bestattet.

[341] www.alemannia-judaica.de/meisenheim_friedhof.htm

Abb.: Grabstein David Jung auf dem Friedhof im jüdischen Bad Sobernheim[342]

Rabbiner in Odernheim

Die Regierung des Herzogtums Pfalz-Zweibrücken war gewillt, den Kultus der Juden zu ordnen. 1707 wurde der Binger Rabbiner Mattheiß Arweiler[343] verpflichtet, die Oberämter Meisenheim und Lichtenberg alle Quartal zu besuchen, *„auch wann Er etwa Extraordnaire verlangt werden sollte"*.[344]
Ihm folgte im Amt der Rabbiner Aron Löw aus Bingen.

[342] Bild: Andreas Ott 2018
[343] Mathias Ahrweiler war später Klaus- Rabbiner in Mannheim und ab 1708 kurpfälzischer Landesrabbiner zu Heidelberg
[344] KSchA Zweibrücken Best. IV Nr. 3330

Bestallungsurkunde für den Rabbiner Mattheis Ahrweiler von Bingen

Bestallungsurkunde für den Rabbiner Mattheis Ahrweiler von Bingen als Rabbiner für die Juden der Ämter Meisenheim und Lichtenberg 24. November 1704, Zweibrücken

Von ihro Königlichen Majestät in Schweden zu dero Herzogtum Zweibrücken verordnete Canzlar und Regierungsräte fügen hiermit zu wissen:
Nachdem man eine Notwendigkeit zu sein erachtet, denen sambtlichen in denen Ämbtern Meisenheim und Lichtenberg wohnenden schutzverwandten Juden einen ordentlichen Rabbiner, jedoch uff ihre Kosten, zu bestellen und anzunehmen, welcher die bei ihnen vorfallende und denen jüdischen Ceremonien und Gebräuchen zuwider laufende Mißhellig- und Strittigkeiten untersuche und erörtere, worzu der anjetzo zu Bingen wohnhafte Rabbiner Mattheis Ahrweiler in Vorschlag gebracht worden: Als wird kraft dieses zu einem Rabbiner der in obgemeldten beeden Ämbtern wohnende Judenschaft bestellt und angenommen, dergestalten und also daß Erstlich sambtliche in dem Ambt Meisenheim und Lichtenberg wohnend- und sich jederzeit aufhaltende Juden hinfüro dasjenige, so sie bei einem Rabbiner uff ihre jüdische Ceremonien auszumachen, nirgend anders als bei obbesagtem nunmehro neu angenommenen Rabbé Mattheis Ahrweiler und wer sonst jederzeit hierzu bestellt ist, vorbringen und dessen Decision und Erörterung gewärtig sein sollen.
Zweitens sollen sie, die Juden mehr bemeldt, ihrem Rabbiner von demselben schuldigen Respect allezeit erweisen und in demjenigen, so ihnen von denselben uff ihre jüdischen Ceremonien, jedoch daß ein solches gnädigster Herrschaft und dem Ihrigen nicht zuwider seie, wird anbefohlen, und entschieden werden, gebührenden Gehorsamb bei zehen Reichtaler Straf erzeigen, zu dem Ende dann und Daß drittens sie, die Juden, in einem und anderen sich widersetzen und widerspenstig erweisen sollten, so soll er, der Rabbiner, oder die Vorsteher ein solches bei Oberambt anzeigen und alsdann, daß nach der Sachen Befindung der Gehorsamb mit obriger Straf angesehen werde, gewärtig sein. Er soll aber Viertens der Rabbiner anderster nichts vor sich ziehen, umb solches zu bestrafen, als was nur ihre jüdischen Ceremonien zuwidergehandelt wird, und keineswegs nicht was, so in Civil- oder

Criminalsachen, deren Cognition gnädigster Herrschaft allein zusteht, zu bestrafen sich unterfangen, zu dem Ende dann und damit man wissen möge, ob nicht einige unter diesen Strafen begriffen, so nicht vor den Rabbiner gehören, so soll fünftens er, der Rabbiner, oder die Vorsteher schuldig sein, ein Register über alles, so bei ihnen strafbar vorfällt, zu halten und jedesmalen uff Erforder- oder bei jedesmaliger Freveltätigung bei Oberambt einzugeben und die Hälfte derer bei ihnen vorfallender Strafen, wie herkömmlich (maßen die andere Halbschied gemeiner Judenschaft zuständig), zum Oberambt oder deren verrechneten Beambt- und Bedienten ohngeschmälert einzuliefern. Wann auch sechstens von einem oder anderen ein Schulbann begehret und getan wird, so soll der Rabbiner gehalten sein, dasjenige, so dardurch offenbar und kundig wird, uffrecht und mit seiner mittelst gegebener Handtreu getanen Pflicht anzuzeigen und davon das Geringste nicht zu verschweigen.

Siebendens soll der Rabbiner schuldig sein, alle Quartal ordinarie nach Meisenheim und Lichtenberg zu kommen und bei der Judenschaft in deren Synagog oder sonsten die vorfallende Notdurft zu beobachten, auch wann er etwa extraordinarie verlanget werden sollte, alsdann ebenfalls umb billigmäßige und gewohnheitige Gebühr sich dahin zu verfügen, endlich und Achtens soll der Rabbiner nichts, so gnädiger Herrschaft zuwider sein möchte, geschehen lassen, und selbsten nicht tun, sondern, falls dergleichen unterstanden und erfahren würde, ein solches vom Oberambt anzeigen und ohne dessen Vorwissen diesfalls nichts verrichten.

Daß nun er, Rabbiner, diesem also getreulich nachkommen will und soll, hat er vermittelst abgestatteter handtreulicher Angelobung beim Ambt Meisenheim zugesaget und versprochen, auch einem gleichlautenden Revers unter seiner eigenhändigen Unterschrift und Pittschaft ad acta extradiert, dahingegen man ihme in allen billigen Dingen behörige Manutenenz Königlich Schwedischem Regierungskanzlei-Insiegel, den 24. Novembris 1704[345]

[345] LA Speyer Best. B2 Nr. 242/1, fol. 2ff.

Bestätigung des Rabbiners Aron Löw von Bingen

Regierungsskript an die Oberämter Meisenheim und Lichtenberg, die Bestätigung des Rabbiners Aron Löw von Bingen betr., 30. Mai 1740, Zweibrücken

Demnach Serenissimae Regentis Nostrae Hochfürstliche Durchlaucht auf untertänigst bittliches Ansuchen der Judenschaft, den Rabbiner Aron Löw zu Bingen zum Rabbiner gesamter in beiden Oberämtern Meisenheim und Lichtenberg wohnenden schutzverwandten Juden gnädigst zu conconfimiren, mithin auch gnädigst zu erlauben, geruhen zu wollen, daß derselbe alles das Judenwesen und die zwischen ihren entstehende Händel betreffend salva appellatione dergestalten decidiren könne, daß er die Verbrecher mit behöriger Strafe anzusehen befugt sein solle, welche demnächst denen Beamten jedes Orts anzuzeigen, um solche von denen Gefrevelten erheben zu können: Als wird diese Hochfürstliche gnädigste Entschließung dem Oberamt Meisenheim (Lichtenberg) nachrichtlich und zu Verbescheidung gesamter im Oberamt wohnenden Judenschaft hierdurch rescribiret[346].

Wie Eingangs beschrieben, war die israelitische Kultusgemeinde Odernheim ab 1816 dem Bezirksrabbinat Kaiserslautern, zeitweise wegen Streitigkeiten mit dem Kaiserslauterner Bezirksrabbiners, Kirchheimbolanden, dem Wohnort des Rabbiners, zugeordnet. Wie aus den Unterlagen ersichtlich zahlte die israelitische Kultusgemeinde Odernheim anteilig Gehalt für den Rabbiner. Je nach Größe der israelischen Kultusgemeinde und der Beitragsklassen der Mitglieder variierte der Betrag.

Der Bayrische Staat gewährte Gehaltszuschüsse für die Bezirke und örtlichen Rabbiner. In den uns zu Verfügung stehenden Akten im Stadtarchiv Odernheim war nicht ersichtlich, ob die Israelische Kultusgemeinde Odernheim zeitweise einen Rabbiner angestellt hatte. Es ist davon auszugehen, dass es zu keiner Zeit einen von der israelischen Kultusgemeinde angestellten Rabbiner gab. Ebenso finden sich keine Belege für die Anstellung eines Lehrers. Im 18. Jhd. wohn-

[346] KSchA Zweibrücken Best. IV Nr. 3330

te ein Judenschulmeister, der auch Hochstätten zugezogen war, in Odernheim.
Der Bezirksrabbiner aus Kaiserslautern, zeitweise aus Kirchheimbolanden, kam nur nach Odernheim, wenn seine Anwesenheit unbedingt erforderlich war, z.B. bei Beschneidungen.

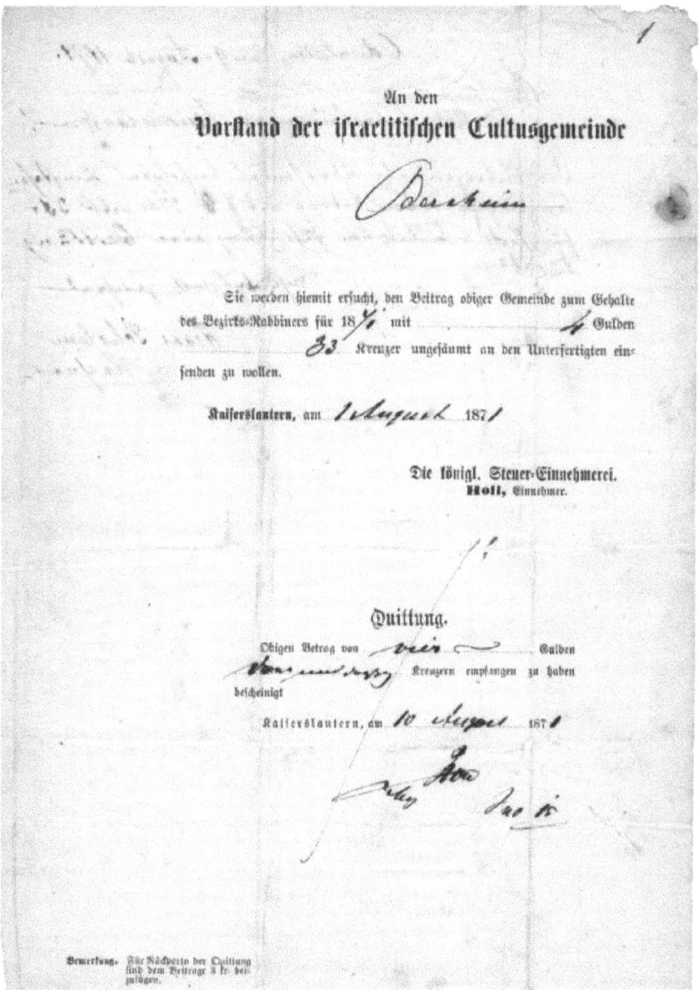

An den
Vorstand der israelitischen Cultusgemeinde
Odernheim

Sie werden hiemit ersucht, den Beitrag obiger Gemeinde zum Gehalte des Bezirks-Rabbiners für 18 71 mit 4 Gulden 33 Kreuzer ungesäumt an den Unterfertigten einsenden zu wollen.

Kaiserslautern, am 1 August 1871

Die königl. Steuer-Einnehmerei.
Holl, Einnehmer.

Quittung.

Obigen Betrag von vier Gulden [illegible] Kreuzern empfangen zu haben bescheinigt

Kaiserslautern, am 10 August 1871

Bemerkung. Für Nachporto der Quittung sind dem Beitrage 3 kr. beizufügen.

Abb.14: Anforderung Gehalt Bezirksrabbiner 1871[347]

[347] Gemeindearchiv Odernheim A III / 96a

Gebete und Gottesdienst

Das erste zusammenfassende Gebetbuch entstand im 11. Jhd., im 17. Jhd. vollendete Rabbi Nehorai das bis heute noch aktuelle Gebetbuch[348].

Die wichtigsten Gebete

Psalm 145: Lobgesang auf Gott
Sch `ma Israel: Glaubensbekenntnis: Bekenntnis des Alleinigen Gottes: „Höre Israel, der Ewige ist unser Gott, der Ewige ist einzig"
Achtzehnbittgebet: Ursprünglich das Kerngebet des Gottesdienstes, beinhaltet persönliche Bitten, wie auch Bitten für die Gemeinschaft und Israel.
Kaddisch: Lobpreisung Gottes, aber auch das Gebet für den Seelenfrieden der Verstorbenen.
Alejun: Schlussgebet, Lobpreis Gottes

Sabbat

Nach einer alten jüdischen Legende sprach Gott mit den Kindern Israel und sagte: „Kinder, wenn ihr die Tora annehmt und ihre Vorschriften (Mizwot) befolgt, mache ich euch ein kostbares Geschenk."
„Und was wäre das für ein Geschenk?", fragten die Kinder Israel.
„Die kommende Welt!"
„Sag uns, wie die kommende Welt sein wird!", forderten die Kinder Israel.
Und Gott erwiderte: „Ich habe euch schon den Sabbat gegeben. Der Sabbat schmeckt wie die kommende Welt[349]."

In den im Stadtarchiv Odernheim gefundenen Aufzeichnungen ist in zwei Dokumenten die Rede von „Schabbes", der Dialektform des Sabbat. Der Sabbat hat für Juden wie kaum ein anderer Tag eine große Bedeutung. Der Sabbatgebot (schawat = ruhen) ist das vierte nach orthodoxer und calvinistischer Zählung von Zehn Geboten der

348 M.Stern; Was ist Judentum? S:116
349 Kolatsch, Alfred J.; Jüdische Welten verstehen, sechshundert Fragen und Antworten; Wiesbaden 1996

alttestamentarischen Überlieferung (nach katholischer und lutherischer Zählung das dritte Gebot).
Der Sabbat beginnt Freitags bei Sonnenuntergang und endet Samstag ebenfalls bei Sonnenuntergang.
Der Sabbat erinnert an das Ruhen Gottes, nachdem er die Welt in sechs Tagen erschaffen hatte, sowie an den Auszug des Volkes Israels aus Ägypten.
Grundsätzlich gibt es drei tägliche Gebete oder Gottesdienste (am Morgen, Mittag, Abend). Kann man nicht in der Gemeinschaft beten, so kann man dies auch alleine tun. Das Beten sollte auf Hebräisch erfolgen, die Toralesung muss auf hebräisch geschehen. Am Sabbatmorgen werden acht Personen aufgerufen, die aus der Tora lesen. Für einen traditionellen Gottesdienst ist eine Gruppe von 10 Männern über 13 Jahren erforderlich (Minjan). Die Gebete werden von allen Gläubigen leise gesprochen, nur der Vorbeter spricht im Anschluss daran die letzten Sätze eines Gebetes laut. Ein Sabbatgottesdienst kann 2-3 Stunden dauern, an Wochentagen ca. 45 Minuten. Die Gottesdienste wurden in unseren ländlichen Gemeinden meist vom Religionslehrer geleitet, der meist auch als Kantor fungierte, oder von Gemeindemitgliedern, die eine gute Stimme besaßen[350].
Der Sabbat ist der Höhepunkt der Woche, an diesem Tage dürfen keinerlei Arbeiten verrichtet werden, es darf nichts Neues geschaffen werden, nichts getan werden, was die Welt verändert.
Die zeitgenössische Erzählung von Th. Rothschild gibt uns einen Einblick in die Sabbatstimmung. Da uns keinerlei Überlieferungen aus dem Leben der Odernheimer Juden zu Verfügung stehen und die Zeitzeugen nicht mehr leben, vermittelt die Erzählung Sabbatstimmung einen Eindruck dieses Festtages Anfang des 20. Jhds.

---

[350] Christoph Pies; Jüdisches Leben im Rhein-Hunsrück Kreis; Schriftenreihe des Hunsrücker Geschichtsvereins Nr. 40; S:86-88

Sabbatstimmung

Der Sabbat brachte reiches Licht und starke Wonne in unsere Kindertage. Er begann eigentlich schon am Freitagmittag. Es gab Kuchen und Kaffee zum Mittagessen. Dann hatten wir keine Schule. Wer kennt die Wonnen eines schulfreien Nachmittags! Wir fühlten uns reich und groß, glücklich und mutig; die kleinen häuslichen Geschäfte waren bald verrichtet. Dann gingen wir unserem Vater entgegen, der seit Montag mit seinem Fuhrwerk abwesend war und seinen Geschäften nachging. Wir wurden nicht müde, seiner zu warten. Wir legten unser Ohr auf den Boden und lauschten, wir spähten mit scharfen Augen die Landstraße entlang. War das bekannte Fuhrwerk endlich am Horizont aufgetaucht, so liefen wir demselben voll kindlicher Freude entgegen. Wir durften dann aufsitzen und mit heimfahren. Wir hätten die Freude mit keiner anderen der ganzen Welt eingetauscht. Mit großer Wichtigkeit hatten wir ausgespannt und abgeladen. Jedesmal gab's köstliche Dinge zu schauen. Der sorgende Vater brachte Obst, Butter, Geflügel, Zicklein, das Fell oder den Balg irgendeines Wildes oder ein altertümliches Gerät mit nach Hause. Was war das für ein Wunderland, das er allwöchentlich durchfuhr! Unterdessen wehte schon Sabbatstimmung im ganzen Haus. Der Vater war jetzt wieder da, alles war sauber geputzt und gereinigt, der Fußboden war mit Teppichen belegt. Wir mußten uns waschen und die Sabbatkleider anziehen. Der Werktag mit seinen Sorgen und Plagen, mit seinem Gewöhnlichen und Alltäglichen lag hinter uns. Eine neue Welt umfing uns feierlich, froh, wir fühlten den Odem des Heiligen und Reinen. Wie eine Priesterin stand die Mutter vor den Sabbatlichtern, sie breitete ihre Hände darüber aus und sagte den Segensspruch. Nur ihre Lippen bewegten sich. In diesem Augenblick wuchs unsere Ehrfurcht vor ihr, und ich glaube nicht, daß wir es gewagt hätten, sie am Freitagabend zu erzürnen. Die Synagoge erhöhte die Stimmung. Da gab's manches zu erleben. Wir hatten mitzusagen und mitzusingen. Ich war ernstlich fromm und suchte so viel als irgend möglich zu beten. Wir lieferten jahrelang den Kidduschwein. Darum durften wir den Becher einschenken und ihn dem Vorbeter reichen. Dies kleine Amt schien uns wichtig und bedeutungsvoll. Oft verließ ich mit dem stolzen Bewußtsein die Synagoge: heute kann der liebe Gott mit dir zufrieden sein. Ich hätte an solchen Abenden aber auch keinen Bubenstreich und keine groben Unarten anstellen können. Wie in der Synagoge, so war es auch im Haus. Es war ein geschlossener Kreis, der Tisch war schön gedeckt, alles war licht in der Stube. Sie hatte ihr feiertägliches Gewand angezogen. Der Vater machte Kiddusch. Das Essen war so ziemlich jeden Freitag gleich. Unsere Mutter konnte fein kochen. Aber mit ihrer Kunst mischte sich der ganz besondere Geschmack, den der Sabbat den Speisen noch gab, und es hat uns nie besser geschmeckt als an diesen Abenden. Die Erlebnisse der ganzen Woche erzählten wir dem Vater, er gab uns Kunde von den seinigen. Das Tischgebet beendete ein stimmungsvolles Familienfest. Bald saßen wir wieder am Tisch. Man las, plauderte, spielte und ließ es sich gern gefallen, wenn die Mutter noch ein bißchen Obst oder sonstige Leckerbissen auftrug. Der Großvater kam herauf oder die Kinder des im Hause wohnenden Onkels kamen zu uns herunter. Die Stunden gemeinsamen Erlebens machten uns froh und heiter, gaben uns innere Festigkeit und inneres Schwergewicht. Ungern gingen wir ins Bett. Der Morgen setzte fort, was der Abend begonnen hatte. Die Mutter hatte alle Hände voll zu tun, bis sie uns gerichtet hatte. Bald schritten wir neben dem Vater und der Mutter zur Synagoge. Es ist uns als Kindern kaum einmal in den Sinn gekommen, den Gottesdienst zu versäumen. Schule und Haus hätten ein Versäumnis kaum durchgehen lassen. Aber es war uns so vertraut, daß wir mitleidig diejenigen betrachteten, die sich auf der Straße schwatzend herumtrieben, solange wir dem Gottesdienst die Treue hielten. Nach dem Gottesdienst hörten wir gewöhnlich einem kurzen Lehrvortrag zu, der in einem Trauerhause abgehalten wurde. Der Nachmittag, während Vater und Mutter ruhten, sah uns in Wald und Flur. Wir durchstrichen sie mit offenen Augen und tranken ihre Schönheit und ihre Wunder. Oder aber wir unterhielten uns mit wilden Bubenspielen, bei denen es heiße Köpfe und hitziges Blut gab. Ungern unterbrachen wir sie, um in die Kinderlehre zu gehen. Sie fand eine halbe Stunde vor Beginn des Nachmittagsgottesdienstes statt. Der Rabbiner und später der Lehrer besprachen mit uns Gegenstände der sogenannten Religionslehre. Wir brachten für den Unterricht keine rechte Stimmung mit. Er war zu ganz ungelegener Zeit und darum wenig wertvoll. Wichtiger war der Nachmittaggottesdienst selbst, besonders für unsere Barmizwohjungens, die zur Thora aufgerufen wurden. Jeder gab sich Mühe, seinen Lobspruch gut herzusagen. Wir waren harte und unbarmherzige Richter. Jeder, der nur einen leichten Fehler gemacht hätte, wäre der Lächerlichkeit verfallen gewesen. Der Sabbat hatte aber noch nicht alle seine Herrlichkeiten ausgekramt. Es lagen immer noch einige in seinem reichen Füllhorn. Wir durften mit dem Vater ins Wirtshaus. Gerne lauschten wir dem Gespräche der Großen. Es war doch schön, groß zu sein. Nach dem Abendgottesdienst eilten wir nach Hause. Dort hatte die Mutter schon alles hergerichtet zum Howdoloausmachen: Wein, Kerze und Gewürzbüchslein. Wieder durften wir etwas erleben und tief drang uns der Scheidegruß des Sabbats ins Herz. Es war uns eigenartig zumute, wenn der Vater in den Wein, den er auf den Tisch schüttete und das Licht darin auslöschte, seine Finger tauchte und sich damit die Augen rieb. Ein Wunderland hatte sich geschlossen und schon spielte der Werktag in die Stube. Es schien uns erträglicher, weil hinter ihm wieder ein Sabbat mit seinem Zauber und seiner Weihe wie ein rosiger Schimmer sich zeigte.

Th. Rothschild.

Abb.: Erzählung Sabbatstimmung von Th. Rothschild[351]

Regierungsreskript an die Oberämter und Ämter das Verbot jüdischer Handelsgeschäfte an Sonn- und Feiertagen Betr. 5. November 1739

Bei Fürstlicher Regierung hat man mißfällig vernehmen müssen, wie daß die Judenschaft in hiesigem Fürstentum sich unterstehe, ihren wucherlichen Handlungen auf Sonn- und Feiertäge nachzugehen. Allermaßen nun aber durch sotanes Handlen und Wucheren die Sonn- und Feiertäge entheiliget und die Christen dadurch sehr geärgert wer-

351 Rothschild, Th.: Bausteine zur Unterhaltung und Belehrung aus jüdischer Geschichte und jüdischen Lebens, Frankfurt am Main 1927; S: 115-117

den: So wird sämtlichen Ober- und Unterämtern, in specie aber dem N. hierdurch anbefohlen, denen Juden ernstlich zu gebieten, daß sie auf Sonn- und Feiertägen sich des Handelens und Wucherens gänzlich enthalten, auch mit ihren Pferden nicht auf- und abreiten, sondern sich in ihren Häusern still und eingezogen halten; derjenige aber, so dargegen zu handeln sich unterfangen würde, jedesmalen mit einem Gulden Frevel angesehen werden, im Fall aber ein Jud auf solchen Tägen außerhalb des Orts sich begeben müßte, er zuforderist bei des Orts Beamten sich anmelden und seine causales eröffnen solle, da sodann von dem Beamten nach Beschaffenheit derer Umstände das Gesuch entweder in besondern, keinen Zeitverlust leidenden Fürfällen zu verwilligen oder sonst abzuschlagen und dahin hauptsächlich zu sehen ist, daß denen Juden das Verreisen außer Ort anderst nicht als nach dem Mittagsgottesdienst verstattet werde, es seie dann, daß ganz besondere Ursachen vorwalten, welche ein anderes ohnumgänglich suadiren[352].

Begründung des Sabbatgebots

„Gedenke des Sabbattages, daß du ihn heiligst. Sechs Tage lang sollst du arbeiten und all deine Geschäfte verrichten. Doch der siebte Tag ist ein Ruhetag für den Herrn deinen Gott. Du sollst dann keinerlei Arbeit tun, weder du selbst noch dein Sohn, noch deine Tochter, noch dein Knecht, noch deine Magd, noch dein Vieh, noch dein Fremdling, der sich in deinen Toren befindet. Denn in sechs Tagen hat der Herr den Himmel und die Erde, das Meer und alles was sich darauf befindet, erschaffen; Doch am siebten Tag ruhte er. Darum segnet der Herr den Sabbat und erklärte ihn für heilig".
Exodus, 20,8-11

„Halte den Tag des Sabbats! Heilig sollst Du ihn halten, so wie es der Herr dein Gott, befohlen hat. Sechs Tage lang sollst du arbeiten und all deine Geschäfte verrichten, aber der siebte Tag ist ein Sabbat zu Ehren des Herrn, deines Gottes; du sollst keinerlei Geschäfte an ihm verrichten, weder du selbst, noch dein Sohn, noch deine Tochter, noch dein Knecht, noch deine Magd, noch dein Ochse oder Esel, noch sonst eins von deinen Tieren, aber auch Fremde nicht, der in deinen Toren sich aufhält, damit auch dein Knecht und deine Magd ruhe wie

[352] KSchA Best. IV Nr. 3330

du. Denke daran, dass du Knecht im Ägypterland gewesen bist und dich der Herr,dein Gott, mit starker Hand und ausgestreckten Armen hinweggeführt hat. Darum hat der Herr, dein Gott, die befohlen, den Sabbat zu heiligen".
Deuteronomium 5,12-15

Am Schabbat sind 39 Arten von „Arbeit" verboten.

„Was soll man am Schabbat tun? Nur ruhen? Nur von der grauen Alltagsarbeit ausruhen? Doch das heißt gewiss nicht bloß schlafen, sich rekeln und müßig, faul, träge sein, sondern sich mit Liebe aus sein besseres Selbst, auf seine Seele, auf Gott konzentrieren. Auch spazieren gehen, doch nicht wandern, nicht über zweitausend Ellen aus der Stadt herausgehen, sich nicht abhetzen und ermüden, sondern die Natur genießen; auch nachmittags, wie es vielfach üblich ist, im Lehrhaus oder Bethaus zu einem rabbinischen Vortrag, einer Predigt, zum Lernen kommen; auch lesen und mindestens den fälligen Thoraabschnitt und seine Kommentare; auch Kranke besuchen, vor allem aber im Hochgefühl des einen Tages besonnen und guter Dinge sein[353]".

Vorbereitung am Freitag

Die notwendigen Arbeiten müssen vor Eintritt des Sabbats verrichtet sein, also vor dem Sonnenuntergang am Freitagabend.
In Vorbereitung auf den am Freitagabend beginnenden Sabbat werden aus Weizenmehl vier Sabbatbrote gebacken (Strietzel, Tatscher), Ist der Teig geknetet, wird ein Stückchen Teig entnommen, ein Segensspruch gesprochen und dann im Feuer geopfert.
„Die Wohnung wird gerichtet wie zu einem Fest, alle Geräte werden geputzt, und der Tisch wird weiß gedeckt. Man badet und zieht möglichst von Kopf bis Fuß frische Kleidung an. Man tut Geld und was man sonst in den Taschen hat, heraus und bereitet sich in jeder Weise auf den Schabbat vor, an dem nicht gehastet und nicht gearbeitet wird, an dem kein Geschäft und keine Alltagssorge existiert.[354]"

---

353 Hirsch, Leo: Jüdische Glaubenswelt, Gütersloh, Bertelsmann 1966, S: 100f.
354 Hirsch, Leo; Jüdische Glaubenswelt; Gütersloh: Bertelsmann 1966; S: 86

„Die Synagoge ist heller erleuchtet als an anderen Abenden, doch das Mincha-, das Nachmittagsgebet, wird wie immer gesprochen, und erst das Abendgebet ist ausführlicher und feierlicher. Es fängt mit Psalmen an, die Vorbeter und Gemeinde wechselweise vortragen, dann folgt das berühmte, nach verschiedenen Melodien zu singende Sabbatlied Lecha Dodi des Salomo Alkabez (um 1505- 1576).[355]"
„Bei der letzten Strophe des „Lecha Dodi" wendet man sich zur Tür, wie um den eintretenden Schabbat selbst zu empfangen. Nach einem Kaddisch der Trauernden, und den allabendlichen Gebeten mit dem Sch `ma singt der Vorbeter ein biblisch kurzes, schabbatliches mit besonders eindrucksvoller Melodie:

Wahren sollen die Söhne Jisraels die Feier,
zu machen die Feier in ihren Geschlechtern
als ewigen Bund
Zwischen mir und den Söhnen Jisraels
Ist sie Zeichen auf ewig
Denn eines Tages
Machte Er den Himmel und die Erde
Aber am siebten Tage
Feierte Er und eratmete.
Exodus 31,16-17

Die Schmone Esre ist am Freitagabend kein Achtzehn-, sondern ein Siebengebet, da zu Ehren des Schabbats die Alltagsbitten ausfallen und festliche, auf den siebten Tag bezügliche Sätze an ihrer Stelle treten. Vor den Schlussgebeten, dem Alenu und dem Kaddisch, wendet der Vorbeter sich zur Gemeinde und „macht Kaddisch", spricht den Segen über einen Becher Wein.[356]"

Freitagabend zu Hause

„Nun ist der Tisch gedeckt, vor dem Platz des Hausherrn sind die beiden braunglänzenden Schabbatbrote unter einem samtenen, goldbestickten Deckchen verborgen, daneben strahlt der große Weinbecher, und mitten auf dem Tische stehen die Leuchter mit den

355 Hirsch, Leo; Jüdische Glaubenswelt; Gütersloh: Bertelsmann 1966; S: 86
356 Hirsch, Leo: Jüdische Glaubenswelt, Gütersloh, 1966, S: 87f.

Schabbatkerzen. Die Hausfrau überprüft noch einmal ob alles recht geordnet ist, und nun kommt ihr großer Augenblick. Sie zündet die Lichter an, erst flackern die noch die aufstrebenden, goldenen Flämmchen ein wenig, dann leuchten sie still und stet. Die Frau hebt die Hände gegen die Lichter, um sie nicht zu sehen, ehe sie gebenscht, gesegnet sind, und spricht den Segen über die Lichter.[357]"

Wenn der Hausherr aus der Synagoge heimkehrt, segnet er die Kinder. Dann setzt sich die Hausfrau auf einen geschmückten Platz. Vater und Kinder singen das Frauenlob aus den Sprüchen Salomons. (Sprüche 31, 10-31)
„Man steht auf zur feierlichsten Handlung des Freitagabends, der Hausherr erhebt den Kidduschbecher, der mit wein, so gut man ihn nur haben kann, bis zum Rand gefüllt, und beginnt mit den Bibelworten vom siebten Weltschöpfungstag, an welchem Gott ruhte, den Kiddusch, die Heiligung des Schabbats.[358]"

„Danach trinkt er (der Hausherr) sitzend vor dem Wein und gibt auch den anderen zu trinken, so dass der Becher von Mund zu Mund bis zum Jüngsten geht. Dann wäscht man sich, spricht den Segen, setzt sich zu Tisch und schweigt[359]".

„Zuerst aber hebt der Hausherr die beiden Schabbatbrote, sagt den Segen, schneidet von dem einen Barches (Sabbatbrot) ein Stück, tunkt es in Salz und ißt davon, ehe er für die anderen reihum Stück um Stück abschneidet und es ihnen reicht, damit auch sie es segnen und davon essen[360]."

„damit auch hat die Mahlzeit schon begonnen, die so reich und festlich wie nur möglich sein mindestens ein Gang mehr, daher Fleisch und Fisch, enthalten soll als ein wochentägliches Mahl[361]".

---

[357] Hirsch, Leo: Jüdische Glaubenswelt, Gütersloh, 1966, S: 86
[358] Hirsch, Leo: Jüdische Glaubenswelt, Gütersloh, 1966, S: 90f.
[359] Hirsch, Leo: Jüdische Glaubenswelt, Gütersloh, 1966, S: 91
[360] Hirsch, Leo; Jüdische Glaubenswelt; Gütersloh: Bertelsmann 1966; S: 91
[361] Hirsch, Leo; Jüdische Glaubenswelt; Gütersloh: Bertelsmann 1966; S: 91f.

„Nach dem Essen, doch vor dem Benschen (Lobpreisungen), werden Semirot, Lieder zu Ehren des Schabbats, gesungen, deren kunstvolle Texte von Abraham ibn Esra (1089-1164) und anderen mittelalterlichen Dichtern stammen und deren Melodien verschieden sind[362]".

„Am Schabbatmorgen pflegt man später aufzustehen als an Wochentagen,und auch der Gottesdienst beginnt später. In den meisten größeren Gemeinden werden, da man vor dem Morgengebet nicht frühstückt, besondere Morgengottesdienste in kleineren Beträumen abgehalten, die sogenannte Haschkama, die gewöhnlich frühestens um sieben, spätestens um acht Uhr beginnt, so daß man nicht lange nach neun Uhr jedenfalls wieder zu Haus ist, Kiddusch machen und mit Muße frühstücken kann, bevor man dann am späteren Vormittag zum großen, allgemeinen Gottesdienst „nach Schul" geht[363]".

Das Morgengebet beginnt wie an Wochentagen, doch schon in seinem ersten Teil sind neue Psalmen zum höheren Ruhme Gottes eingefügt, und dann, als ein erster schabbatlicher Höhepunkt, folgt die Hymne Nischmat kol chaj („Die Seele alles Lebens rühmt deinen Namen") ...[364]

Nach einer weiteren dichterischen Verklärung von Gottes Einheit, die hier wie durch aufgehendes Sonnenlicht gesehen ist, folgen die täglichen Gebete um das Sch`ma und die schabbatliche Schmone Esre, dann mit besonderer Feierlichkeit das Ausheben der Thora aus der heiligen Lade.

Der Vorbeter geht zum Aron hakodesch, nimmt die Thora-Rolle, die aus der unter solchem Gebet geöffneten Lade „ausgehoben" wurde, in seine beiden Hände und singt, während er sie umfängt, und die Gemeinde wiederholt Vers um Vers.

---

362 Hirsch, Leo; Jüdische Glaubenswelt; Gütersloh: Bertelsmann 1966; S: 91f.

363 Hirsch, Leo; Jüdische Glaubenswelt; Gütersloh: Bertelsmann 1966; S: 100f

364 Hirsch, Leo; Jüdische Glaubenswelt; Gütersloh: Bertelsmann 1966; S: 101f.

Ein leises Gebet spricht die Gemeinde, während der Vorbeter in feierlichem Zug die Thora zum Lesepult trägt, die Thora, die ihres Umhangs und Wimpels entkleidet, auf das Vorlesepult gelegt und aufgerollt wird; worauf der Vorbeter als ersten einen Kohen, einen Mann vom Priesterstamm Aaron, aufruft, dieser vortritt und die beracha spricht. Nun folgt die Vorlesung aus der Thora. Die Thora, die fünf Bücher Moses, ist dafür in 54 Abschnitte eingeteilt, so daß für jeden Schabbat des Jahres ein Abschnitt (Sidraordnung) festliegt; nach dem Anfangswort der Sidra wird der Schabbat benannt. Allerdings hat der jüdische Kalender nicht regelmäßig 54 Schabbatot, so daß in Ausnahmefällen zu bestimmten Malen zwei Abschnitte vorgetragen werden. Jeder Abschnitt ist, da am Schabbat acht Männer, am Montag und Donnerstag nur drei,zur Thora aufgerufen werden, in acht Teilabschnitte (sieben Parschiot und eine Teilwiederholung) eingeteilt. Nach der Vorlesung jeder Parascha spricht der Aufgerufene die Schluss Benediktion, der nächste wird aufgerufen, tritt vor und betet seinen Segensspruch, der Vorbeter liest die nächste Parascha. Dann wird die Thora emporgehoben und zusammengerollt und mit der Mappa umwickelt, mit dem Mäntelchen umkleidet, wieder mit der silbernen Jad und dem Brustschild geschmückt, eine Ehre für die beiden Männer, denen diese Ämter zufallen,und später wieder unter feierlichen Gesängen vom Vorbeter in die heilige Lade „eingehoben".

In der alten, monoton bedeutsamen Singsang-Melodie folgt dem Thoraabschnitt eine Vorlesung aus den Prophetenbüchern, die aber nicht wie die Bücher Moses nach ihrer Abfolge geteilt sind; der Vortrag eines Prophetenkapitels (Haftara) wird nach seiner Bedeutung und besonderen Beziehung zum Inhalt des jeweils fälligen Thoraabschnittes bestimmt. Nach einem Gebet für das Wohl der Gemeinde und einem weitern für das Vaterland trägt der Vorbeter die Thorarolle zum Aron hakodesh zurück und ruft wieder zu Gottes Ruhm die Gemeinde auf, die wieder mit Preisworten antwortet und einen Davids Psalm spricht, und endlich beim Einheben in die heilige Lade schließt die Handlung mit Bibelworten.

Der Vorbeter spricht das halbe Kaddisch; das Schacharit, das morgendliche Gebet, ist beendet, das Mussafgebet beginnt. Mussaf heißt wörtlich das 'Zusätzliche' ... und ist heute die an die Stelle des Opfers getretene Gebetfolge, deren Anfangs- und Hauptstück die Schmone Esre ist. ... Das Gebet, der Kedusch, wird wie immer erst leise von jedem einzelnen und dann laut vom Vorbeter gebetet, und folgt der Wechselchor.

„Das Minchagebet (Nachmittagsgottesdienst) ist am Schabbat ausführlicher als sonst. Es beginnt wie an Wochentagen mit dem 145. Psalm, dem aber ein besonderes Gebet 'Und es kommt ein Erlöser für Zion' sich anschließt, und nun folgt eine Thoravorlesung, wozu aber nur drei Personen aufgerufen werden. Gelesen wird der erste Teil des erst am kommenden Schabbat fälligen Abschnittes. Wenn die Thorarolle wieder eingehoben ist, bete man die Schmone Esre, die der Vorbeter dann wiederholt. ...

In den Wintermonaten schließt das Minchagebet mit der Vorlesung der Psalmen 104 und 120 bis 134 vor dem Alenu und dem Kaddisch, in den Sommermonaten mit den Pirke Abot, den Sprüchen der Väter, den volkstümlichsten Abschnitten der Mischna[365]."

"Während man am Freitag, so früh es nur angeht, zum Abendgebet zu kommen sucht, um so früh wie möglich zum Schabbat zu kommen, spricht man am Tag darauf, so spät es nur angeht, das Abendgebet, um den Schabbat noch lange wie möglich zu behalten. Erst wenn es Nacht ist, beginnt man, und die Chassidim versuchen auch dann noch, den Festtag zu verlängern, indem sie ihm vor seinem Abschied die große dritte Schabbatmahlzeit widmen, die sie gern mit Wein und Fisch wie eine rechte Suda halten und das königliche Geleitmahl oder das Mahl des Königs David nennen ... ein Abglanz und Anklang dieser mit der wachsenden Nacht und dem schwindenden Fest sich füllenden Abschiedsstimmung zittert selbst noch in den Melodien mit, nach denen hierzulande die beide Eröffnungspsalmen des Abendgebets am Schabbatausgang gesungen werden. Nur durch diese, den 144. und den 67. Psalm und Gebete mit andern Bibelstellen die uns für die redliche Arbeit in der Woche den Segen Gottes verheißen, und durch einen besonderen Abschnitt in der Schmone

365 Hirsch, Leo; Jüdische Glaubenswelt; Gütersloh: Bertelsmann 1966; S: 102f

Esre unterscheidet sich das Schabbat-Ausgangsgebet vom täglichen Abendgebet; vor dem Alenu und dem Kaddisch allerdings macht der Vorbeter noch Hawdala, die dem Kiddusch beim Schabbatbeginn entsprechende Zeremonie des Schabbatendes, die auch ebenso von jedem Hausherrn noch daheim wiederholt werden muss“[366].

Hawdala

Der Sabbat endet mit einem Schlussritual, der Hawdala (Trennung, Unterscheidung), am Samstagabend nach Sonnenuntergang. Es soll ein Unterschied zwischen dem Sabbat und dem Alltag bewusst gemacht werden, ein Übergang vom Ruhetag zu den Werktagen.
Zur Hawdala (Sabbatende) sind notwendig:

- Wein oder ein anderes Getränk, etwa Bier oder Milch (nur kein Wasser), womit man den Becher oder das Glas übervoll gießt (so übervoll möge Gott uns das Maß des Guten für die beginnende Woche bemessen)
- Bessamin, das sind wohlriechende Gewürze, und zwar mindestens zweierlei Art, gewöhnlich Zimt und Nelken, die in besonderen, vielfach uralten, in den Familien weitervererbten Besomimbüchsen aus Silber oder Holz bewahrt werden – die Wohlgerüche sollen die Trauer über das Schabbatende gewissermaßen hinwegscheuchen und die Alltagsseele erquicken, wenn die Schabbatseele uns verlässt
- endlich die Hawdalakerze, gewöhnlich aus gelbem Wachs mit mehreren Dochten – breit und hell soll uns die Flamme leuchten, zierlich geflochten.

Auch die Frauen haben die Pflicht, die Hawdala zu hören, und gewöhnlich gibt man während des Vorgangs dem jüngsten Kinde das Licht zum Halten. Der Hausherr selbst aber nimmt in die rechte Hand den Becher mit Wein und die Besomimbüchse in die linke, während er den Vorspruch der Hawdala spricht.

Dann segnet der Hausherr das Getränk mit dem Weinsegen

---

[366] Hirsch, Leo; Jüdische Glaubenswelt; Gütersloh: Bertelsmann 1966; S: 101-110

Dann stellt der Hausherr den Becher zurück, öffnet die Besomimbüchse, nimmt sie in seine rechte Hand und spricht den Segen über die Gewürze.

„Nun riecht und erquickt er sich an ihrem Wohlgeruch und reicht das feine Gefäß den andern reihum, bis jeder daran gerochen hat, und spricht nun, nachdem er dem Licht seine Hände genähert und sie im Licht betrachtet hat, den Segen über die Flamme."
Dann erhebt der Hausherr nochmals den Becher und spricht den Unterscheidungssegen.
Man trinkt nun vom Wein, löscht mit dem Rest des Weins die Kerzen und wünscht sich „Gut Woch!" (Schawua). Diesen Wunsch beantwortet man mit „Gut Woch! Gut Jahr!"[367]

Der Synagogen-Ausschuss

Die Verwaltung der israelischen Kultusgemeinde und der Synagoge in Odernheim unterstand dem örtlichen Synagogenvorstand (auch Synagogenausschuss oder Synagogenrepräsentanz). Der Synagogenvorstand vertrat die Israelische Kultusgemeinde nach außen, verwaltete die Synagoge, war Ansprechpartner in religiös-kulturellen Angelegenheiten usw. Der Synagogenvorstand hatte auch die Verantwortung für die ordnungsgemäße Buchhaltung und das Führen von Kassenbüchern. Für diese Aufgabe wurde ein Mitglied des Synagogenausschusses vom Synagogenausschuss gewählt. Aus den Akten im Stadtarchiv Odernheim gehen in den verschiedenen Jahrgängen wechselnde Besetzungen des Synagogenausschusses hervor.

---

367 Hirsch, Leo; Jüdische Glaubenswelt; Gütersloh: Bertelsmann 1966; S: 101-110

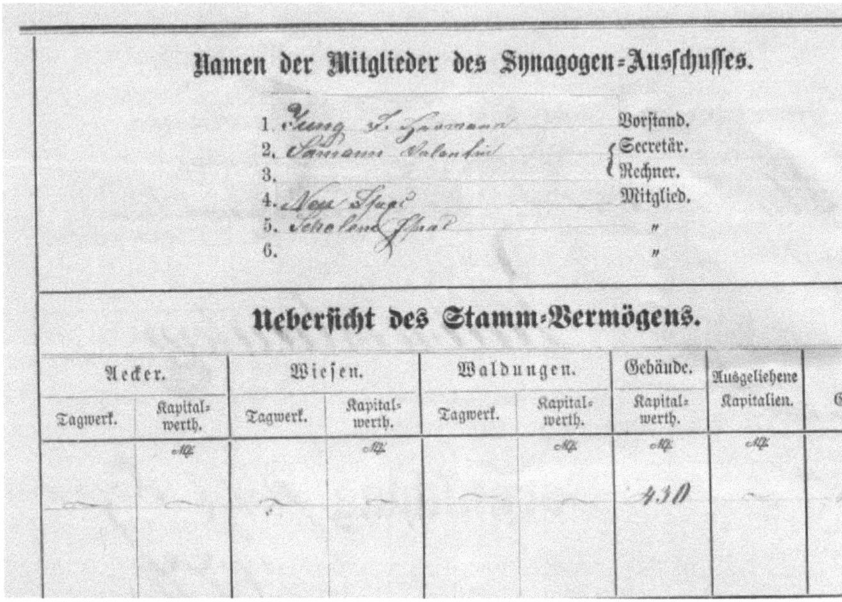

Namen der Mitglieder des Synagogen-Ausschusses.

1. Vorstand.
2. Secretär.
3. Rechner.
4. Mitglied.
5. "
6. "

Ueberſicht des Stamm-Vermögens.

Aecker.		Wiesen.		Waldungen.		Gebäude.	Ausgeliehene Kapitalien.
Tagwerk.	Kapitalwerth.	Tagwerk.	Kapitalwerth.	Tagwerk.	Kapitalwerth.	Kapitalwerth.	
	M.		M.		M.	M.	M.
—	—	—	—	—	—	430	—

Abb.15: Synagogenausschuss von 1878. Im Stammvermögen ist der Wert der Synagoge angegeben[368]

Mitglieder des Synagogenausschusses 1864, Mitglieder der jüdischen Gemeinde 29
1865, Mitglieder der jüdischen Gemeinde 27
Vorstand: Hermann Jung
Sekretär und Rechner: David Jung
Mitglied: David Neu

Mitglieder des Synagogenausschusses 1866,
Mitglieder der jüdischen Gemeinde: k.A.
Vorstand: Isaak Scholem
Sekretär und Rechner: David Jung
Mitglied: David Neu

Nach der Umsiedlung von David Jung nach Sobernheim wurde Valentin Sämann als Sekretär und Rechner vom Bezirksamt Kirchheimbolanden ernannt. Valentin Sämann war von 1873-1898 Ge-

368 Gemeindearchiv Odernheim Akte A III / 96a

meindeschreiber von Odernheim. Da David Jung „ausgewandert“ war, stellte dieser die ordnungsgemäße Buchführung und die Korrespondenz für die israelischen Kultusgemeinde sicher.

Mitglieder des Synagogenausschusses 1867,1868,
Mitglieder der jüdischen Gemeinde: k.A.
Vorstand: David Neu
Sekretär und Rechner: David Jung
Mitglied: Isaak Scholem

Mitglieder des Synagogenausschusses 1869, 1871, 1872, 1873, 1874, 1875, 1876, 1877,
Mitglieder der jüdischen Gemeinde: k.A.
Vorstand: Isaac Neu
Sekretär und Rechner: Isaak Scholem

Mitglieder des Synagogenausschusses 1870,
Mitglieder der jüdischen Gemeinde: k.A.
Vorstand: David Neu
Sekretär und Rechner: Isaak Scholem

1878 wurde Valentin Sämann, der christlichen Glaubens war, in den Synagogenausschuss berufen, um eine ordnungsgemäße Buchführung und Synagogenausschussarbeit zu gewährleisten. Der Synagogenausschuss war ab 1869 nur mit zwei Mitgliedern besetzt, was gegen die gesetzliche Mindestbesetzung verstieß. Das Bezirksamt Kirchheimbolanden bestätigte die Berufung von Valentin Sämann als zuständige Aufsichtsbehörde. Valentin Sämann war 1873-1898 Gemeindeschreiber der Gemeinde Odernheim am Glan und mit bürokratischen Abläufen vertraut.

Mitglieder des Synagogenausschusses 1878
Mitglieder der jüdischen Gemeinde 16
Vorstand: Jakob Hermann Jung
Sekretär und Rechner: Valentin Sämann
Mitglied: Isaak Neu
Mitglied: Isaak Scholem

Mitglieder des Synagogenausschusses 1879
Mitglieder der jüdischen Gemeinde 17
Vorstand: Jakob Hermann Jung
Sekretär und Rechner: Valentin Sämann
Mitglied: Isaak Neu
Mitglied: Isaak Scholem

Mitglieder des Synagogenausschusses 1880
Mitglieder der jüdischen Gemeinde 16
Vorstand: Jakob Hermann Jung
Sekretär und Rechner: Valentin Sämann
Mitglied: Isaak Neu
Mitglied: Isaak Scholem

Mitglieder des Synagogenausschusses 1881
Mitglieder der jüdischen Gemeinde 18
Vorstand: Jakob Hermann Jung
Sekretär und Rechner: Valentin Sämann
Mitglied: Isaak Neu
Mitglied: Isaak Scholem

Mitglieder des Synagogenausschusses 1882
Mitglieder der jüdischen Gemeinde 18
Vorstand: Jakob Hermann Jung
Sekretär und Rechner: Valentin Sämann
Mitglied: Isaak Neu
Mitglied: Isaak Scholem

Mitglieder des Synagogenausschusses 1883
Mitglieder der jüdischen Gemeinde 20
Vorstand: Hermann Jakob Jung
Sekretär und Rechner: Valentin Sämann
Mitglied: Isaak Neu
Mitglied: Isaak Scholem

Mitglieder des Synagogenausschusses 1884,1885, 1886
Mitglieder der jüdischen Gemeinde 1884 18
Mitglieder der jüdischen Gemeinde 1885 18
Mitglieder der jüdischen Gemeinde k.A.

Vorstand: Hermann Jakob Jung
Sekretär und Rechner: Valentin Sämann
Mitglied: Isaak Neu
Mitglied: Isaak Scholem

Die Wahl des Synagogenausschusses wurde vom Bezirksamt Kirchheimbolanden angeordnet und es wurde auf die Einhaltung der Formalien geachtet.

Bekanntmachung

Die nach der Allerhöchsten Anordnung vom 27. März 1872, Amtsblatt S. 989 stattfindende Wahl des Synagogen = Ausschusses für die Kultusgemeinde Odernheim für die Periode 1887/92 wird durch den Unterzeichneten vom kgl. Bezirksbeamten Kirchheimbolanden ernannten Wahlkommissär am Freitag den 10. Juni d. Js. Nachmittags 2 Uhr im Gemeindehause zu Odernheim abgehalten.
Dieses wird mit den Befügungen zur öffentlichen Kenntnis gebracht, daß 5 Personen zu wählen sind, männlich, 3 in den Synagogenausschuß und 2 Ersatzmänner und daß die ausgefüllten Stimmenzettel, welche von den Wählern nicht zu unterschreiben sind, bis längstens ½ 3 Uhr Nachmittags zusammengelegt, pünktlich zurückgegeben sein müssen.
Odernheim, den 9. Juni 1887

Der Wahlkommissär
Schmidt (Bürgermeister Abraham Schmidt Anm. des Verf.)
Bescheinigung

Daß vorstehende Bekanntmachung in der Kultusgemeinde Odernheim in ortsüblicher Weise bekannt gemacht wird, wird hiermit bescheinigt

Unterschrift

Jacob Hermann Jung[369]

---

369 Landesarchiv Speyer: Bestand H43 Nr. 248 Blatt 98

Nach erfolgter Wahl wurde der Synagogenausschussvorsitzende, der Synagogenvorsteher, gewählt, für die Wahlperiode 1887-1892 war dies Hermann Jakob Jung

Mitglieder des Synagogenausschusses 1888
Mitglieder der jüdischen Gemeinde 17
Vorstand: Hermann Jakob Jung
Sekretär und Rechner: Valentin Sämann
Mitglied: Isaak Neu
Mitglied: Isaak Scholem

Mitglieder des Synagogenausschusses 1889
Mitglieder der jüdischen Gemeinde 16
Vorstand: Hermann Jakob Jung
Sekretär und Rechner: Valentin Sämann
Mitglied: Isaak Neu
Mitglied: Isaak Scholem

Mitglieder des Synagogenausschusses 1890
Mitglieder der jüdischen Gemeinde 14
Vorstand: Hermann Jakob Jung
Sekretär und Rechner: Valentin Sämann
Mitglied: Isaak Neu
Mitglied: Isaak Scholem

Mitglieder des Synagogenausschusses 1891, 1892
Mitglieder der jüdischen Gemeinde 1891 14
Mitglieder der jüdischen Gemeinde 1892 14
Vorstand: Jakob Hermann Jung
Sekretär und Rechner: Valentin Sämann
Mitglied: Isaak Neu
Mitglied: Isaak Scholem

Die Daten zu den jeweiligen Synagogenausschüssen sind aus den uns zu Verfügung stehenden Akten im Stadtarchiv Odernheim entnommen.[370]

---

[370] A III 96a Gemeindearchiv Odernheim

Mit Rundschreiben vom 1. Mai 1882 wurde die israelische Kultusgemeinde Odernheim vom königlichen Bezirksamt Kirchheimbolanden aufgefordert, einen neuen Synagogenausschuss zu wählen. Dies geschah im 5-Jahres-Turnus. Die Wahlvorschläge mussten im Einvernehmen mit dem Bürgermeisteramt in einer Wahlvorschlagsliste erfasst und dem königlichen Bezirksamt vorgelegt werden, dann fand die eigentliche Wahl statt.

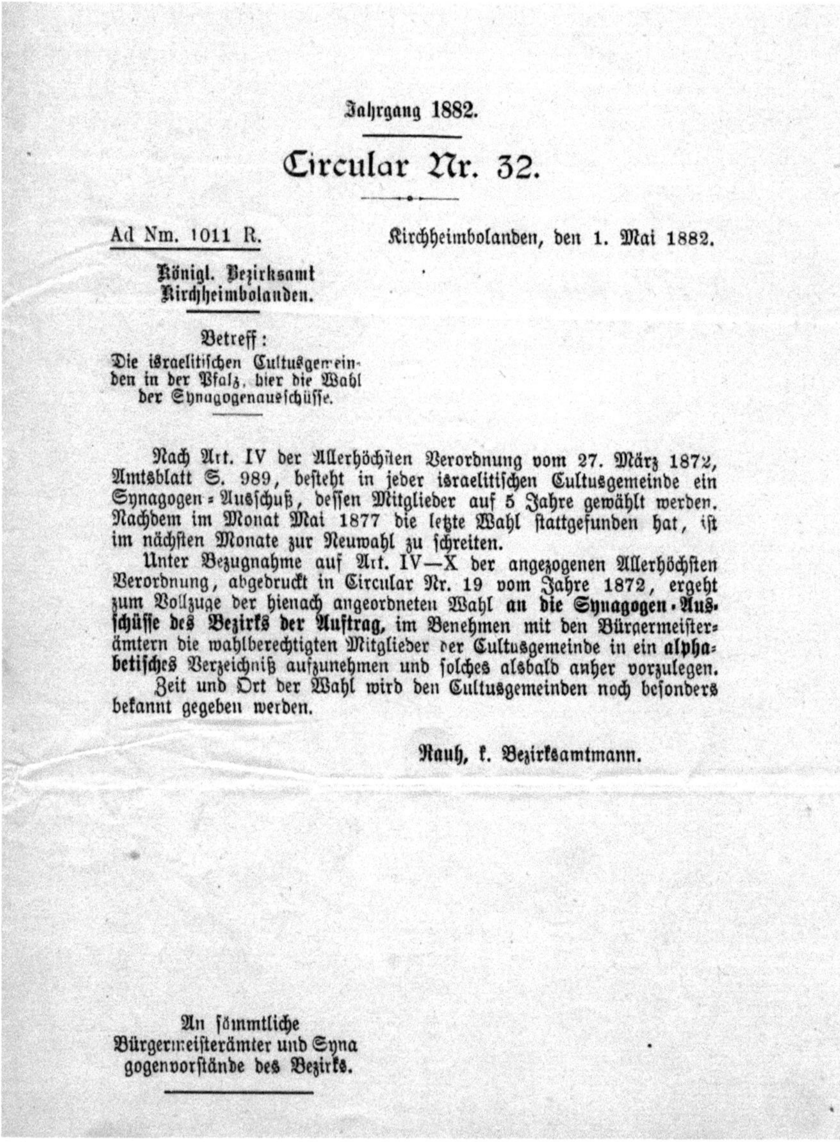

Jahrgang 1882.

Circular Nr. 32.

Ad Nm. 1011 R. Kirchheimbolanden, den 1. Mai 1882.

Königl. Bezirksamt
Kirchheimbolanden.

Betreff:
Die israelitischen Cultusgemeinden in der Pfalz, hier die Wahl der Synagogenausschüsse.

Nach Art. IV der Allerhöchsten Verordnung vom 27. März 1872, Amtsblatt S. 989, besteht in jeder israelitischen Cultusgemeinde ein Synagogen-Ausschuß, dessen Mitglieder auf 5 Jahre gewählt werden. Nachdem im Monat Mai 1877 die letzte Wahl stattgefunden hat, ist im nächsten Monate zur Neuwahl zu schreiten.

Unter Bezugnahme auf Art. IV—X der angezogenen Allerhöchsten Verordnung, abgedruckt in Circular Nr. 19 vom Jahre 1872, ergeht zum Vollzuge der hienach angeordneten Wahl **an die Synagogen-Ausschüsse des Bezirks der Auftrag,** im Benehmen mit den Bürgermeisterämtern die wahlberechtigten Mitglieder der Cultusgemeinde in ein **alphabetisches** Verzeichniß aufzunehmen und solches alsbald anher vorzulegen.

Zeit und Ort der Wahl wird den Cultusgemeinden noch besonders bekannt gegeben werden.

Rauh, k. Bezirksamtmann.

An sämmtliche
Bürgermeisterämter und Synagogenvorstände des Bezirks.

Abb.: Circular (Rundschreiben) Nr.32: Aufforderung zur Neuwahlen der Synagogenausschüsse 1882[371]

[371] Akte: A III 96a Gemeindearchiv Odernheim

Der Synagogenausschuss musste sich auch mit den Formalien der Bürokratie auseinandersetzen, wie dieses Rundschreiben von 1878 zeigt. Die Akten der israelischen Kultusgemeinde Odernheim ist ein Sammelsurium unterschiedlicher Papierformate, sodass diese Weisung der einheitlichen Papiergröße notwendig geworden war. Die DIN-A4-Normung wurde erst im 20 Jhd. realisiert[372].

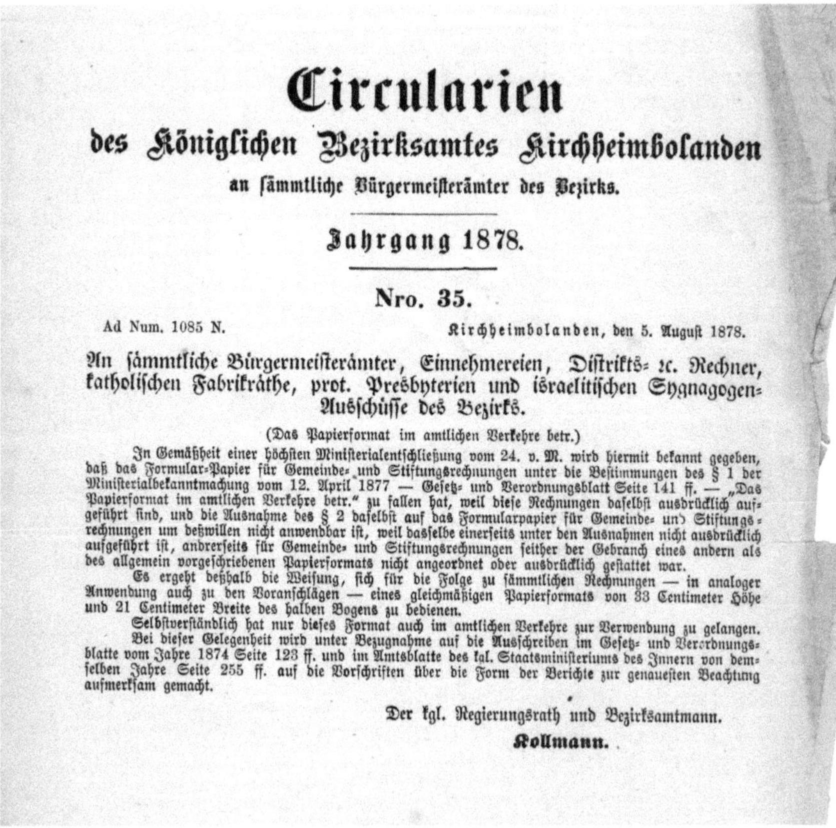

Circularien

des Königlichen Bezirksamtes Kirchheimbolanden

an sämmtliche Bürgermeisterämter des Bezirks.

Jahrgang 1878.

Nro. 35.

Ad Num. 1085 N. Kirchheimbolanden, den 5. August 1878.

An sämmtliche Bürgermeisterämter, Einnehmereien, Distrikts- ꝛc. Rechner, katholischen Fabrikräthe, prot. Presbyterien und israelitischen Synagogen-Ausschüsse des Bezirks.

(Das Papierformat im amtlichen Verkehre betr.)

In Gemäßheit einer höchsten Ministerialentschließung vom 24. v. M. wird hiermit bekannt gegeben, daß das Formular-Papier für Gemeinde- und Stiftungsrechnungen unter die Bestimmungen des § 1 der Ministerialbekanntmachung vom 12. April 1877 — Gesetz- und Verordnungsblatt Seite 141 ff. — „Das Papierformat im amtlichen Verkehre betr." zu fallen hat, weil diese Rechnungen daselbst ausdrücklich aufgeführt sind, und die Ausnahme des § 2 daselbst auf das Formularpapier für Gemeinde- und Stiftungsrechnungen um deßwillen nicht anwendbar ist, weil dasselbe einerseits unter den Ausnahmen nicht ausdrücklich aufgeführt ist, andrerseits für Gemeinde- und Stiftungsrechnungen seither der Gebrauch eines andern als des allgemein vorgeschriebenen Papierformats nicht angeordnet oder ausdrücklich gestattet war.

Es ergeht deßhalb die Weisung, sich für die Folge zu sämmtlichen Rechnungen — in analoger Anwendung auch zu den Voranschlägen — eines gleichmäßigen Papierformats von 33 Centimeter Höhe und 21 Centimeter Breite des halben Bogens zu bedienen.

Selbstverständlich hat nur dieses Format auch im amtlichen Verkehre zur Verwendung zu gelangen.

Bei dieser Gelegenheit wird unter Bezugnahme auf die Ausschreiben im Gesetz- und Verordnungsblatte vom Jahre 1874 Seite 123 ff. und im Amtsblatte des kgl. Staatsministeriums des Innern von demselben Jahre Seite 255 ff. auf die Vorschriften über die Form der Berichte zur genauesten Beachtung aufmerksam gemacht.

Der kgl. Regierungsrath und Bezirksamtmann.

Kollmann.

Abb.: Vorschrift über die Verwendung von einheitlichem Schreib- und Formular Papier 1878[373]

---

[372] Die Standardgrößen für Papierformate in Deutschland sind die vom Deutschen Institut für Normung (DIN) erstmals am 18. August 1922 in der DIN-Norm DIN 476 festgelegten Formate. Das Verhältnis zwischen Breite und Höhe eines Blattes beträgt

[373] Akte: AIII 96a Gemeindearchiv Odernheim

Beziehungen zu Staudernheim

Um einen jüdischen Gottesdienst abzuhalten sind zehn religionsmündige Männer (mindestens 13 Jahre alt) erforderlich, diese kamen vielleicht an Feiertagen zusammen oder die israelische Kultusgemeinde musste Hilfeleistungen beim Gottesdienst von der Nachbargemeinde kostenpflichtig in Anspruch nehmen.
Ein Anschluss an die jüdische Gemeinde im benachbarten preußischen Staudernheim war von den Behörden nicht genehmigt worden. Es war nur ein Anschluss an eine bayrisch-pfälzische Gemeinde möglich.
Nachdem im Nachbarort Staudernheim 1896 eine neue Synagoge eingeweiht worden war, besuchten die noch in Odernheim wohnenden Juden möglicherweise trotz der offiziellen Zuteilung nach Obermoschel die Synagoge in Staudernheim.
Wie schon erwähnt wurden 1924 noch vier jüdische Einwohner gezählt. Offiziell wurden diese Odernheimer Juden in Obermoschel als Gemeindemitglieder geführt. Ob sie tatsächlich in Obermoschel oder in Staudernheim ihren religiösen Verpflichtungen nachkamen, ist noch ungeklärt.
Aus der Sichtweise der Staudernheimer israelischen Kultusgemeinde wird der gescheiterte Zusammenschluss der beiden israelischen Kultusgemeinden Staudernheim und Odernheim/Glan wie folgt beschrieben:

„Erbaut hatte die Staudernheimer Gemeinde ihre Synagoge zu einem Zeitpunkt, als sie nur noch über 45 Mitglieder verfügte. Eine erhoffte Vereinigung mit der kleineren Gemeinde von Odernheim kam nicht zustande. Selbst als 1898 der dortige Betsaal ausbrannte und die Kultusgemeinde, die nur noch aus drei Familien bestand, aufgelöst wurde, untersagte die bayrische Behörde eine Fusion mit Staudernheim. Staudernheim war ja preußisch und weder nach dem preußischen noch nach dem bayrischen Gesetz eine Synagogengemeinde korporativem

Status. Die Odernheimer Juden wurden der Gemeinde Obermoschel zugeordnet“ (Forschungsstand 1995 Am. der Verfasser).[374]
Die Staudernheimer Glaubensbrüder halfen bei der Ausrichtung des Gottesdienstes der israelischen Kultusgemeinde Odernheim, wie folgende Rechnungen bzw. Quittungen belegen.

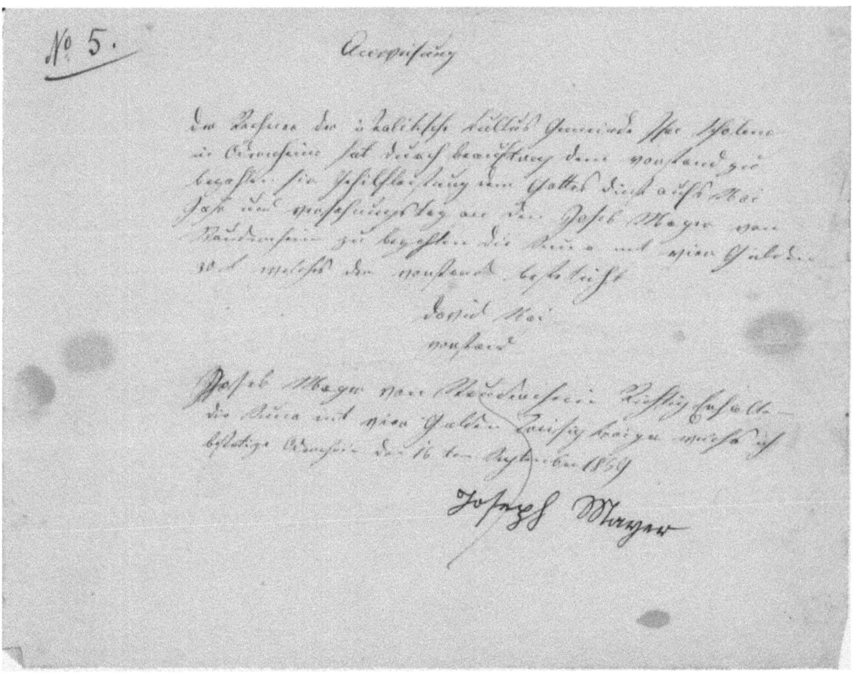
No 5.

Abb.: Rechnung Hilfeleistung beim Gottesdienst 1869[375]

[374] Jüdische Grabstätten im Kreis Bad Kreuznach, Heimatkundliche Schriftenreihe des Landkreises Bad Kreuznach; Hrsg.: Landkreis Bad Kreuznach S:458; Bad Kreuznach 1995
[375] Gemeindearchiv Odernheim: Akte AIII / 96a

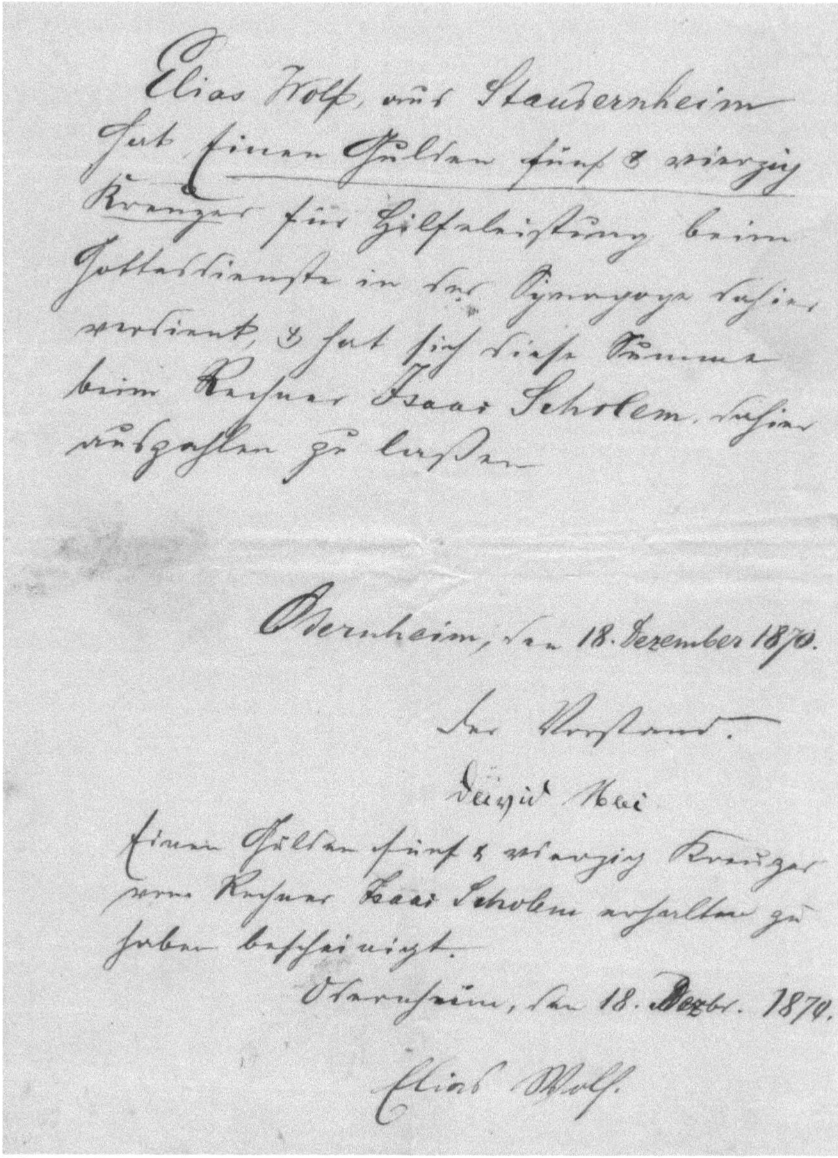
Elias Wolf, aus Staudernheim hat einen Gulden fünf & vierzig Kreuzer für Hilfeleistung beim Gottesdienste in der Synagoge dahier verdient, & hat sich diese Summe beim Rechner Isaac Scholem dahier auszahlen zu lassen.

Odernheim, den 18. Dezember 1874.

Der Vorstand.

[illegible]

Einen Gulden fünf & vierzig Kreuzer vom Rechner Isaac Scholem erhalten zu haben bescheinigt.

Odernheim, den 18. Dezbr. 1874.

Elias Wolf.

Abb.: Rechnung des Staudernheimer Juden Elias Wolf an die israelische KultusgemeindeOdernheim für Hilfeleistungen beim Gottesdienst 1874[376]

376 Gemeindearchiv Odernheim Akte AIII /96a

Die israelische Kultusgemeinde Odernheim und die jüdische Gemeinde in Staudernheim unterhielten offenbar einen regen Kontakt. Das belegt die Ausleihe der Torarollen sowie die Rechnungen für Hilfeleistungen im Gottesdienst, die auf eine Zusammenarbeit über politische Grenzen hinweg hinweist.
Nachdem sich die Odernheimer Gemeinde am 6.10.1898 aufgelöst hatte, wurden die Kultusgegenstände, auch die Torarollen aus der Synagoge Odernheim, zur israelischen Kultusgemeinde nach Obermoschel verbracht. Die verbliebenen Odernheimer Juden wurden durch das Bezirksamt am 6.10.1898 der israelischen Gemeinde Obermoschel zugeteilt. Beim Novemberpogrom 1938 wurde die Synagoge in Obermoschel am frühen Morgen des 10. November durch SA-Leute und andere Nationalsozialisten aufgebrochen. Der Innenraum, die Einrichtung und die fünf wertvollen Buntglasfenster wurden zerstört. Die Ritualien sowie die demolierte Einrichtung wurden auf den Marktplatz geschleppt und dort verbrannt. Bei den verbrannten Ritualgegenständen befanden sich höchstwahrscheinlich auch die Odernheimer Torarollen, die in der Synagoge in Obermoschel lagerten. Das Gebäude selbst blieb von einer Brandstiftung verschont. Im Zweiten Weltkrieg wurden in dem Synagogen Gebäude in Obermoschel französische Kriegsgefangene und Ostarbeiter untergebracht[377]

Die Staudernheimer Juden gingen spätestens ab 1930 in die Synagoge Sobernheim zu den Gottesdiensten[378].

Auflösung der israelischen Kultusgemeinde Odernheim

Das Bezirksamt sah schon 1857 wegen der geringen Anzahl ansässiger Juden in Odernheim die Notwendigkeit zur Auflösung der israe-

---

[377] http://www.alemannia-judaica.de/obermoschel_synagoge.htm (Abruf am 28.4.2018)

[378] Jüdische Grabstätten im Kreis Bad Kreuznach, Heimatkundliche Schriftenreihe des Landkreises Bad Kreuznach; Hrsg.: Landkreis Bad Kreuznach S:459; Bad Kreuznach 1995

lischen Kultusgemeinde Odernheim. Hierzu wurde der Synagogenausschuss der israelischen Kultusgemeinde angehört, wie nachfolgendes Protokoll belegt.

Protokoll

Heute den sechs und zwanzigsten April 1857 hat das unterzeichnete Bürgermeisteramt der Gemeinde Odernheim die Familienhäupter der dahier bestehenden israelischen Kultusgemeinde fünf an der Zahl in Folge Auftrages kgl. Landkommissariat Kirchheimbolanden vom 18. Dieses Monats von sich beschieden, um dieselben bezüglich der etwaigen Auflösung ihrer Gemeinde oder dem ferneren Bestehen zu Protokoll zu vernehmen.
Vom Zwecke ihres hierseins unterrichtet,verkünden dieselben Folgendes:
Für die Auflösung unserer Gemeinde können wir uns nicht erklären, besonders die wir hier eine im Jahr 1832 gebaute Synagoge besitzen und sehr weit von der nächsten inländischen israelischen Gemeinde entfernt sind. Die geringe Anzahl der Familienhäupter besteht seit circa acht Jahren und kann nicht lange fortbestehen. Die Mittel zur Bestreitung der Cultusausgaben besitzen wir und können und wollen nachweisen daß wir dieselben wir besitzen, so auch ferner hier (.............) vermögen.

Diese Erklärung bestätigen mit ihrer Unterschrift, mit Ausnahme der Simon Neu, welcher erklärte, des Schreibens unkundig zu sein.

Das Bürgermeisteramt J. Jung
Dr. Nagel
H. Gottschlich
Siegel
David Neu
Hermann Jung[379]

Im Jahre 1865 wurde erneut versucht, die Auflösung der israelischen Kultusgemeinde auf Initiative der politischen Gemeinde Odernheim

379 Landesarchiv Speyer: Bestand H43 Nr. 248 Blatt 110

zu betreiben. Gegen diese Initiative legte der Synagogenausschuss der israelitischen Kultusgemeinde Odernheim erfolgreich Veto ein, denn die Israeliten waren in der Lage, die Kosten der Kultusgemeinde aus eigener Kraft zu tragen.

Odernheim, den 12. April 1865
Königliches Landkommissariat

Auf das Schreiben N° 23 vom 25 ten vorigen Monats im unsrigen Betreffe hat nun die Ehre einem male hochlöblichen Bezirkskommissariat gehorsamst zu berichten, wie folgt:
In der Gemeinde ..... im Orte Odernheim waren nur fünf israelitische Familien mit sieben selbstständigen Kultusgenossen. Da diese Anzahl den hiesigen Israeliten nicht durch eine (............) (einen Zuwachs Anm. des Verf.) verstärkt wird und daher auf die Klage des Synagogen und Reklamations = Ausschusses nicht bestätigt werden könne, so dürfte das Fortbestehen der hiesigen israelischen Gemeinde nicht am Platze sein. (............)

Bürgermeisteramt Odernheim

Schmidt[380]

In der israelischen Kultusgemeinde gab es offensichtlich Differenzen, wie mit der israelischen Kultusgemeinde Odernheim weiter zu verfahren ist. Das Ausschussmitglied David Neu legte sein Amt nieder und teilte dies dem zuständigen Bezirksamt, das als Aufsichtsbehörde für die Kultusangelegenheiten zuständig war, mit. Die Kritik von Teilen der Odernheimer israelischen Kultusgemeinde richtete sich auch gegen die Verwaltung der Finanzen, die David Jung verwaltete. Auch gab es Streitigkeiten, wie die finanziellen Lasten innerhalb der Gemeinde aufzuteilen sei.

Odernheim, den 5. August 1868
Hochlöbliches Bezirksamt

---

[380] Landesarchiv Speyer: Bestand H43 Nr. 248 Blatt 107

Der gehorsamst unterzeichnete Vorstand der israelischen Kultusgemeinde, David Neu von Odernheim kann die fortwährenden Streitigkeiten dieser Gemeinde auf gütlichem Wege nicht schlichten – denn: Einen malen die Umlagen auf Klassen, die uns von nach Steuern ausgelegt haben; die Einen wollen den Rechner David Jung, wegen mangelhafter Geschäften abgesetzt haben, von nunan sie dieselben so keine Zahlung mehr leisten wollen. Die Einen wollen die Synagoge aufgelößt haben, während die anderen für den Fortbestand derselben sind. Unter diesen Umständen sieht sich der gehorsamst Unterzeichnete veranlaßt dem hochlöblich königlichen Bezirksamt seine Vorstandschaft zu Füßen zu legen. Er wird sich für wahr nicht mehr um diese strittige Gemeinde kümmern.
Mit vollkommenster Hochachtung
Einem Hochlöblichen Bezirksamt

Gehorsamst

David Neu[381]

Im Mai 1898 beschäftigte sich der Gemeinderat mit einem Antrag der israelischen Gemeinde bei der politischen Gemeinde Odernheim auf Veräußerung des Bauplatzes der abgebrannten Synagoge. Ein Wiederaufbau war, aufgrund der mangelnden Finanzen und der wenigen Mitglieder, nicht möglich. Die Synagoge schon Jahre unbenutzt. Die hiesigen Juden gehen schon 20 Jahre (die Angaben, wie lange die Odernheimer Juden nach Staudernheim zum Beten gingen, variieren zwischen 20 und 40 Jahren Anm. des Verf.) nach Staudernheim zum Gottesdienst.
Unter der Synagoge befindet sich ein Keller, der im Besitz der Erben Geib (Das Grundstück, auf dem die Synagoge errichtet wurde, war von Simon Geib 1832 erworben Anm. des Verf.) ist. Für Beschädigungen am Keller durch Regen etc. war die israelitische Kultusgemeinde haftbar[382]. Diese Vereinbarung wurde von Bürgermeister Schmidt und dem Synagogenausschuss Odernheim protokolliert und unterschrieben.

---

381 Landesarchiv Speyer: Bestand H43 Nr. 248 Blatt 123
382 vgl. Landesarchiv Speyer Best. H 43 Nr. 248 Blatt 10

Da das schützende Gebäude über dem Keller fehlte, befürchteten die Erben des Kellers, dass Schäden in der Bausubstanz auftreten könnten.

Vor der Auflösung der israelischen Kultusgemeinde Odernheim versuchte die jüdische Gemeinde in Staudernheim, die Odernheimer Glaubensgenossen in ihre Gemeinde offiziell zuteilen zu lassen. Die Problematik bestand darin, dass Verhandlungen zwischen den preußischen und bayrischen Behörden, die die Kultusangelegenheiten jeweils regelten, aufgenommen werden musste. Die jüdische Gemeinde Staudernheim hatte kurz zuvor, am 24 .Juli 1896, ihre neue Synagoge eingeweiht und hatte gegen den Mitgliederzuwachs nichts einzuwenden, wie die nachfolgende Stellungnahme des Vorsitzenden der Judenschaft in Staudernheim Leopold Mayer dokumentiert:

„Verhandelt zu Meddersheim den 20. Juni 1898

Vorgeladen erscheint:
Der Vorsitzende der Judenschaft in Staudernheim der Handelsmann Leopold Mayer von dort und sagt. Nachdem er mit der Verfügung Königl. Landratsamtes vom 27. Mai des Monats Nr. 2661 bekannt gemacht worden wie folgt:
Die Juden in Odernheim sind schon lange nicht Zahl wenig genug um in ihrer Gemeinde Gottesdienste abhalten zu können und kommen deshalb schon seit 40 Jahren zu uns nach Staudernheim. Wir sind damit einverstanden, dass sie in unsere Gemeinde eintreten. Ebenso sind wir bereit eine Synagogengemeinde nach den Vorschriften des Gesetztes vom 23.Juli 1847 zu bilden. Unseren Friedhof haben wir selbst beschafft. Bis jetzt sind die Juden von Odernheim in Meisenheim beerdigt worden. Wir sind bereit ihnen das Recht des Synagogenbesuches und der Beerdigung ihrer Toten auf unserem Friedhof...........[383]*“*

Die Nachfolgenden Bilder zeigen die Betstube bis 1896 und die Synagoge in Staudernheim, die ab 1896 genutzt wurde. Die Odernheimer Juden gingen schon Jahre vor der Auflösung ihrer Gemeinde

383 Landesarchiv Speyer Best. H 43 Nr. 248 Blatt 14

nach Staudernheim, um ihren Gottesdienst zu feiern. Die Betstube befand sich im Hause eines jüdischen Viehhändlers über einem Stall.

Abb.: Jüdische Betstube im Winkel in Staudernheim bis 1896[384]

[384] Bild: Andreas Ott 16-8-2018

Abb.: Eingang zur Treppe der jüdischen Betstube Staudernheim im 1. Stock[385]

385 Bild: Andreas Ott 16-8-2018

Abb.: Synagoge in Staudernheim erbaut 1896[386]

Die zuständigen Behörden hatten untereinander ebenfalls einen regen Schriftverkehr. Das Königlich Bayerische Bezirksamt Kirchheimbolanden und das Königlich Preußische Landratsamt Meisenheim.

386 Bild: Andreas Ott 16-8-2018

Königlich Bayerisches Bezirksamt Kirchheimbolanden
Kirchheimbolanden 23.Mai 1898
Betreff:
Auflösung der israelitischen Kultusgemeinde
in Odernheim

(............) zur Zeit Verhandlungen wegen der Auflösung der israelitischen Kultusgemeinde Odernheim und Zuteilung der dortigen Israeliten zu einer anderen Kultusgemeinde gepflogen. Letztere haben nun um Zuteilung zu der israelitischen Kultusgemeinde Staudernheim mit dem Rechte des Synagogenbesuchs und der Beerdigung der Toten auf dem dortigen jüdischen Friedhof gegen Überlassung des Kultusvermögens geboten. (......) gefälligen Einnahmen der (.....) Kultusgemeinde, zu der die Israeliten von Staudernheim gehören um gefällige Zuleitung der Äußerung.

An das kgl. Preußische Landratsamt Meisenheim[387]

Auch die politische Gemeinde Staudernheim nahm Stellung aufgrund der Anfrage des Königlich Bayerischen Bezirksamtes Kirchheimbolanden zu der angedachten Vereinigung der israelischen Kultusgemeinden Staudernheim und Odernheim:

„Ohne diese Bildung durfte eine Vereinigung der Judenschaften von Staudernheim und Odernheim nach meiner Ansicht nicht wohl zulässig sein. Sobald mir mitgeteilt sein wird welche Verstärkung an Seelen durch die Judenschaft in Odernheim in Aussicht gestellt werden kann werde ich dann Herrn Regierungspräsidenten erneute Vorlage machen. Die Gemeindevertretung von Staudernheim hat sich mit Beschluss vom 20. Juni des Jahres damit einverstanden erklärt,dass die Judenschaften von Staudernheim und Odernheim sich vereinigen, jedoch unter der Voraussetzung dass der Zivilgemeinde Staudernheim Mehrkosten nicht erwachsen werden[388]*“.*

Isaak Neu aus dem Synagogenausschuss der israelischen Kultusgemeinde Odernheim bietet der israelischen Kultusgemeinde in Stau-

---

387 LHA Koblenz Bestand 467 Nr. 1534 Blatt 33
388 vgl. Landesarchiv Speyer Best. H 43 Nr. 248 Blatt 13a

dernheim an, dass die Brandentschädigungssumme sowie der Erlös des Verkaufs des Synagogen-Grundstücks der Staudernheimer Kultusgemeinde zugute komme soll, im Gegenzug dürfen die Odernheimer Juden die Synagoge benutzen und ihre Toten in Staudernheim auf dem Judenfriedhof bestatten[389].

Nun schaltete sich auch der Odernheimer Gemeinderat ein, da es um die Begräbnisplätze der Odernheimer Juden ging. Wird die israelische Kultusgemeinde Odernheim aufgelöst, würden auch die Rechte der Odernheimer Juden, in Meisenheim bestattet zu werden, erlöschen.

Rathsprotokoll 31.Juli 1898
Betreff: Auflösung der israelitischen Kultusgemeinde Odernheim
(....) Dem Gemeinderath wurden die in diesem Betreffe entstandenen Verhandlungen bekannt gegeben.
Der Gemeinderat beschließt dass er bereit wäre mit Staudernheim in Verhandlung zu treten um die Begräbnisplätze für die Odernheimer Juden sicherzustellen. Die Gemeinde Odernheim würde für Grabplätze aus dem Vermögen und der Brandentschädigungssumme aus dessen Zinsen bestreiten[390]. (.....)

13. September 1898

Rathsprotokoll
Gemeinderath Odernheim

(...) Die Verwaltung des Vermögens der Israeliten sowie dessen Nutznießung geht hiernach der Eingemeindung der Odernheimer Juden nach Obermoschel auf die israelitische Kultusgemeinde Obermoschel über. Eine Zuteilung der Juden zu Staudernheim ist unzutunlich. Der Gemeinderath beabsichtigt für die Odernheimer Juden einen eigenen Kirchhof herzustellen. Nachdem zur Zeit noch doch Verhandlungen mit der Gemeinde Meisenheim gepflogen werden,und es bei der geringen Zahl der hiesigen Juden zweckmäßiger wäre wenn für diese Gräber in Meisenheim angekauft werden würden. Dies wäre auch den hiesigen

---

389 vgl. Landesarchiv Speyer Best. H 43 Nr. 248 Blatt 11
390 vgl. Landesarchiv Speyer Best. H 43 Nr. 248 Blatt 29

Juden sehr erwünscht. Ein endgültigen Beschluss noch nicht fassen zu können weshalb um eine Wartefrist nachgesuchte werden soll. In einer späteren Sitzung würde dann ein definitiver Entschluss gefasst werden können. Von der Einräumung eines Platzes auf dem neuen Friedhof (Der christliche Friedhof der Odernheimer wurde erweitert (Anm. der Verfasser)) glaubt der Gemeinderath absehen zu müssen, da eine solche nicht dem Wunsche der Odernheimer Bürger sei[391].

Auflösungsbeschluss für die Israelische Kultusgemeinde Odernheim

Mit Schreiben vom 6. Oktober 1898 löste das zuständige Bezirksamt Kirchheimbolanden die Israelische Kultusgemeinde Odernheim auf. Zuvor waren schon einige behördliche Versuche unternommen worden, die Israelische Kultusgemeinde Odernheim aufzulösen, jedoch konnten die Mitglieder der Kultusgemeinde es bis zum 6.10. 1898 verhindern. Der Auflösung ging ein umfangreicher Schriftverkehr voraus.

Kirchheimbolanden, den 6. Oktober 1898
Königl. Bayer. Bezirksamt
Kirchheimbolanden

Betreff:
Die israelische Kultusgemeinde Odernheim; hier Auflösung derselben

Ich habe heute die israelische Kultusgemeinde Odernheim aufgelöst und die dortigen Israeliten der jüdischen Kultusgemeinde Obermoschel zugewiesen, der Synagogenausschuß daselbst ist angewießen, alsbald dafür Sorge zu tragen, daß die in der Synagoge zu Staudernheim hinterlegten Inventargegenstände abgeliefert werden. Ich ersuche in dieser Hinsicht des Weiteren zu veranlassen[392].
An das
Königl. Preuß. Landratsamt
Meisenheim

---

391 Landesarchiv Speyer Best. H43 Nr. 248 Blatt 31
392 LHA Koblenz Bestand 467 Nr. 1534 Blatt 45

Das Königl. Preuß. Landratsamt Meisenheim wurde ebenfalls über die Auflösung informiert, da die Juden aus Odernheim sehr enge Kontakte nach Staudernheim (Staudernheim war preußisches Staatsgebiet) pflegten. Die Odernheimer Juden gingen in Staudernheim schon 30 Jahre zum Beten, ihre Kinder besuchten die dortige jüdische Religionsschule. Wie aus dem Auflösungsschreiben ersichtlich hatten die Odernheimer Juden ihre aus der Synagoge in Odernheim stammenden Inventarien in Staudernheim untergebracht.
Nun stellte sich die Frage, welcher Kultusgemeinde die Odernheimer Juden zugeordnet werden sollten. Der Wunsch der Odernheimer Juden war schon seit längerem, der israelischen Kultusgemeinde Staudernheim zugeteilt zu werden, von behördlicher Seite namens des Bezirksamtes Kirchheimbolanden sollten die Odernheimer Juden der israelischen Kultusgemeinde im Bayrischen Obermoschel zugeteilt werden. Diese Entscheidung weckte wiederum den Widerspruchsgeist der Juden aus Odernheim. Diese verweigerte die unterschriftliche Kenntnisnahme des Auflösungsbeschlusses und formulierten ihren Widerspruch, wie dem nachfolgenden Schreiben zu entnehmen ist:

Odernheim, den 13.Oktober 1898
Königliches Bezirksamt
Kirchheimbolanden

Die gehorsamst Unterzeichneten früheren Mitglieder der eingegangenen Synagogengemeinde dahier ist unterm vom hiesigen Bürgermeisteramt ein Beschluß des Hochverehrten Bezirksamtes, betr. „Die Regelung der israel. Kultusangelegenheiten" zur Kenntnisnahme vorgelegt worden, nach welchem die hier vorhandenen Israeliten der israel. Kultusgemeinde Obermoschel zugeteilt werden sollen. In Anbetracht dessen, daß Obermoschel von hier „elf" Kilometer entfernt liegt, das jüdische Religionsgesetz indessen nicht gestattet am Sabbat = Feiertage eine größere Strecke als höchstens „fünf" Kilometer zurückzulegen, so ist für uns & unseren Familienmitgliedern die Anteilnahme am Gottesdienst (..............). Der Besuch der dortigen Synagoge ist an diesen Tagen vollständig ausgeschlossen. Ebenso ist es auch unseren Kindern der großen Entfernung wegen nicht möglich am Religionsunterricht dorten teilnehmen zu können.

Die ergebenst Unterzeichneten besuchen schon seit bereits länger als dreißig Jahren die Synagoge der Israeliten der im näher gelegenen Staudernheim & ihre Kinder nahmen an dem Religionsunterricht teil, welchen der israel. Religionslehrer wöchentlich zweimal zu Staudernheim erteilt. – Wir bezahlen dafür an die dortige Cultuskasse unsere Cultusabgaben sowie an den Lehrer das Lehrgeld. Da wir nun voraus setzen müssen, daß wenn wir Mitglieder der Synagogengemeinde zu Obermoschel werden, diese uns zur Beisteuerung ihrer sehr wesentlichen Cultusabgaben heranziehen würden und der wir nach Staudernheim unter den (........) Umständen (...........) wir noch beziffern müssen, so wäre die für uns eine doppelte Last, die wir nicht tragen können.
Aus diesen Gründen erlauben sich die ergebenst Unterzeichneten einem Hochzuverehrenden Bezirksamt folgenden Vorschlag zu machen:
Die Gehorsamst Unterzeichneten sind damit einverstanden, der Synagogengemeinde Obermoschel zugeteilt zu werden, auch das vorhandene (..............)[393]

Die Einwände, die von der Judenschaft aus Odernheim vorgebracht wurden, wurden in einem Beschluss des Kgl. Bezirksamts Kirchheimbolanden der königlichen Regierung der Pfalz Kammer des Innern in Form eines Schreibens übermittelt:

An die königliche Regierung der Pfalz
-Kammer des Innern –
Kirchheimbolanden, den 6. Dezember 1898
Betreff: Die israelische Kultusgemeinde Odernheim, hier deren Auflösung

Die Synagoge zu Odernheim brannte am 8. März 1898 ab. Dieselbe wird wohl niemals wieder aufgebaut werden. Als die dortigen Juden den Versuch machten, den Erlöß aus der Synagoge mit der Brandentschädigung zur freien Verfügung zu erhalten, ergab es sich, daß die jüdischen Familienväter an Zahl so zusammengeschmolzen waren, daß ein Synagogenausschuß nicht mehr gebildet werden konnte. Es war schon mit Rücksicht auf die erforderlichen Maßnahmen zur Siche-

393 Landesarchiv Speyer: Bestand H43 Nr. 248 Blatt 39

rung des Vermögens geboten, die israelische Gemeinde Odernheim aufzulösen, und die bisherigen Angehörigen derselben einer anderen Judenschaft zuzuteilen. Die Odernheimer Juden wollten sich dem Religionsverbande in Staudenheim, aber nächstgelegenen preußischen Gemeinde zugeteilt werden. Allein da dort eine israelische gemeinde nicht besteht, so blieb nichts anderes übrig als eine Zuteilung zur nächstgelegenen Judengemeinde Obermoschel. Hiermit war auch das Bezirksrabbinat Kaiserslautern einverstanden.
Gegen den in diesem Sinne ergangenen bezirksamtlichen Beschluß vom 6. Oktober laufenden Jahres ist keine Beschwerde eingelaufen. Aber die beiden jüdischen Familienväter baten, von den Kultus Ausgaben der Gemeinde Obermoschel mit Ausnahme des Beitrages zum Rabbinatsgehaltes befreit zu bleiben. Der Synagogenausschuß Obermoschel lehnte dieses Ansinnen, mit gutem Grunde ab, gewährte den Gesuchstellern aber einige Erleichterungen. Dieselben wurden durch die sachleitende bezirksamtliche Verfügung am 30. Oktober laufenden Jahres verständigt.
Hingegen richtet sich offenbar die Vorstellung vom 29. November laufenden Jahres. Es ist richtig, daß es der jüdische Ritus verbietet an Sabbath und Feiertagen eine größere Strecke als 5 Kilomater zurückzulegen. Allein nach den eingezogenen Erkundigungen (der weitere Text fehlt)[394]

Am 10. November 1898 fragte das Königl. Bezirksamt Kirchheimbolanden beim Bürgermeisteramt Odernheim über den Verbleib der Inventargegenstände der aufgelösten Synagogengemeinde an. Nun musste die Auflösung der Israelischen Kultusgemeinde abgewickelt werden, was wiederum zu einem umfangreichen Schriftverkehr führte, da nun die israelische Kultusgemeinde Obermoschel Anspruch erhob.
Der Bürgermeister Abraham Schmidt[395] antwortete mit folgendem Schreiben:

„Bürgermeisteramt Odernheim
30. November 1898

---

[394] Landesarchiv Speyer: Bestand H43 Nr. 248 Blatt 49 ff
[395] Abraham Schmidt von 1884- zu seinem Tode 1899 Bürgermeister in Odernheim

An Königl. Bezirksamt Kirchheimbolanden:
An Inventar ist nichts mehr vorhanden außer 4 Gebetsrollen, die sich in Staudernheim befinden, kamen in den 60 er Jahren unentgeltlich und leihweise nach Staudernheim. 1 Gesetzesrolle in Händen des Schuhmachers David Neu dahier. Die Rollen sind in ordentlichem Zustande und können an Liebhaber verkauft werden.
Die Gegenstände sind beim Brand der Scheune Schmidt und dem Abriß der Synagoge abhanden gekommen.
Zwei Stühle,Bänke,Frauenbänke,Gebetsstühle und Altar kamen beim Synagogenabriß zu Verlust, dieselben wurden zerschlagen und verschüttet. Der silberne Zeiger fehlt schon seit einiger Zeit keiner weiß wo er hingekommen ist.[396]"

Bürgermeisteramt
Schmidt

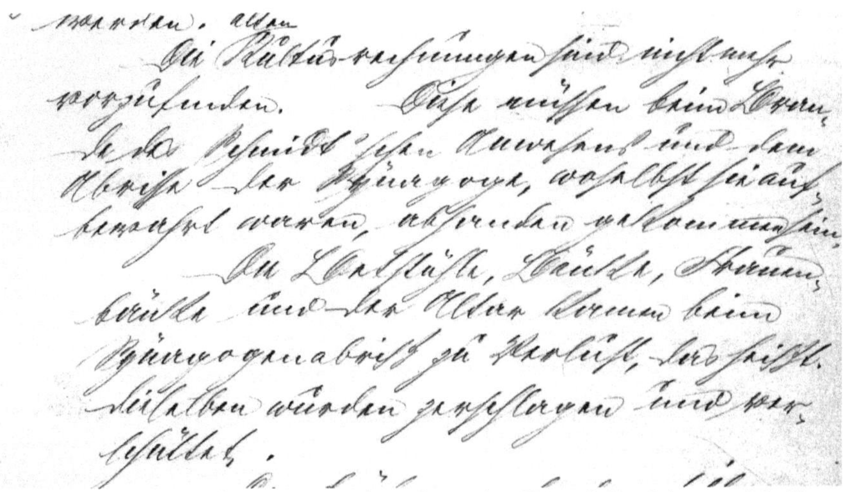

Abb. Ausschnitt Brief von Bgm. Schmidt an das Königl. Bezirksamt 30. November 1898[397]

Daraufhin verfügte das Bezirksamt Kirchheimbolanden die Herausgabe der Inventargegenstände der aufgelösten Synagogengemeinde

---

[396] Landesarchiv Speyer Best. H43 Nr 248 Blatt 43
[397] Landesarchiv Speyer Best. H43 Nr 248

Odernheim an die Israelische Kultusgemeinde Obermoschel. Die Gesetzesrollen, Torarollen stellen einen nicht unerheblichen ideellen und materiellen dar und waren leihweise der jüdischen Gemeinde Staudernheim überlassen.

Kirchheimbolanden 13. Januar 1899

Aufforderung des Königl. Bezirksamtes Kirchheimbolanden an die israelitische Gemeinde Staudernheim binnen 14 Tagen die Torarollen (Gesetzesrollen) an die israelische Gemeinde Obermoschel herauszugeben ansonsten wird dies von einem königlichen Beamten zwangsweise auf Kosten der Staudernheimer Gemeinde vollzogen. 4 Torarollen befanden sich in der Staudernheimer Gemeinde. 1 Torarolle befand sich bei Issak Neu in Odernheim[398]

Die aus Odernheim stammenden Gesetzesrollen wurden von der jüdischen Gemeinde Staudernheim der Kultusgemeinde Obermoschel übergeben, allerdings, so vermerkt die Kultusgemeinde Obermoschel in einer Mitteilung an das Königl. Bezirksamt Kirchheimbolanden mit einer Überschreitung der gesetzten Frist von 14 Tagen.

Obermoschel, den 9. Februar 1899

Bestätigung des Erhalts der 5 Torarollen durch die israelische Cultusgemeinde Obermoschel, doch 14 Tage später als die gesetzte Frist.

Gegengezeichnet vom Königl. Bezirksamt Kirchheimbolanden[399]

Um Verwechslungen in Zukunft auszuschließen und um die Eigentumsverhältnisse eindeutig kenntlich zu machen wurde weiterhin verfügt:

Aktennotiz des Königl. Bezirksamt Kirchheimbolanden vom 14.2.1899 Die Torarollen der israelischen Kultusgemeinde Odernheim, sind als solche kenntlich zu machen[400].

---

398 vgl. Landesarchiv Speyer Best. H 43 Nr. 248 Blatt 25
399 vgl. Landesarchiv Speyer Best. H 43 Nr. 248 Blatt 55
400 vgl. Landesarchiv Speyer Best. H 43 Nr. 248 Blatt 57

Sitzung vom 8. Januar 1900.
Auszahlung der Brandentschädigung der abgebrannten Judenschule an Wirt Philipp Schmidt in Odernheim.

Gegen die Auszahlung der Brandentschädigung ad 425 M für die abgebrannte Synagoge an den Erwerber des Bauplatzes der alten Synagoge an Wirt Philipp Schmidt in Odernheim, besteht eine Erinnerung nicht[401].

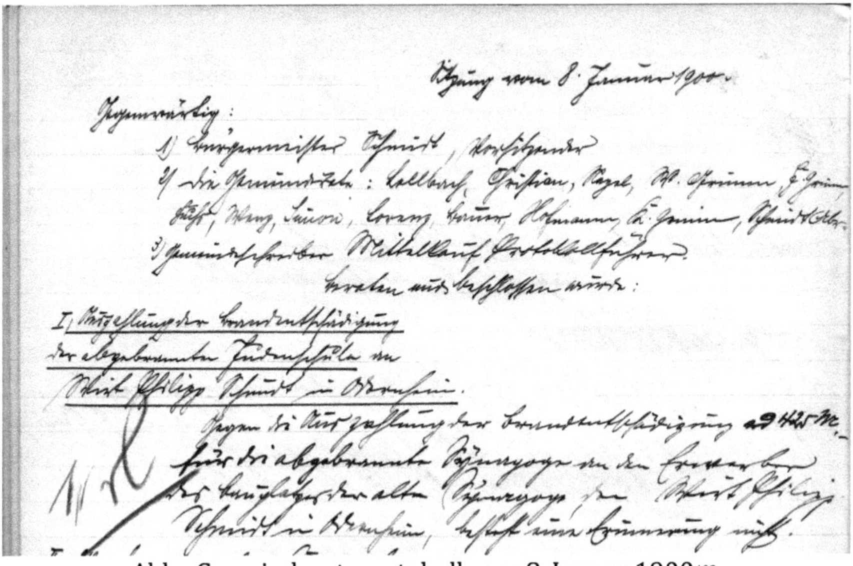

Abb.: Gemeinderatsprotokoll vom 8. Januar 1900[402]

Obwohl die Odernheimer Juden der Israelischen Kultusgemeinde Obermoschel zugeteilt wurden, gingen die jüdischen Kinder aus Odernheim in den Religionsunterricht der Staudernheimer jüdischen Gemeinde.

---

[401] Sitzungsprotokolle des Gemeindetaths Odernheim 1899-1900; Gemeindearchiv Odernheim

[402] Sitzungsprotokolle des Gemeindetaths Odernheim 1899-1900; Gemeindearchiv Odernheim

Bisher sind von der Gemeinde Odernheim 50 M zu den Kosten zu den Kosten des Religionsunterrichts (in Staudernheim durch den Religionslehrer aus Sobernheim Anm. des Verf.) welcher den schulpflichtigen Kindern der Judenschaft erteilt beigetragen worden. Eine beglaubigte Abschrift der Protokollar Verhandlung welche der Bürgermeister mit dem Vorsteher der Judenschaft den 20. Juli des Jahres (1898 Anm. des Verf.) aufgenommen hat beehre ich mich zur Kenntnisnahme beizufügen[403].

Der Königl. Landrat
29. Oktober 1898

Statistik des Frey Kgl. Bayr. Rheinkreises,Bevölkerung der Kantone Obermoschel und Rockenhausen nach Konfession[404] für die Jahre 1802 und 1837

Odernheim:

1802 25
1837 34

Oberhausen:

1802 5
1837 3

[403] vgl. Landesarchiv Speyer Best. H 43 Nr. 248 Blatt 13
[404] Kopp, August,Die Dorfjuden der Nordpfalz. Dargestellt an der jüdischen Gemeinde Alsenz ab 1655, Meisenheim, 1967, S.424 ff.

Duchroth:

1802 20
1837 -

Rehborn:

Für die Jahre 1802 und 1837 sind in Rehborn keine Juden genannt

In der Statistik:
„Etat contenance le nombre des familles d ´Habitats de la Prouince de la Saure, de leurs Enfants et Religions, le tour diuise par Villes, Villages et Seigneuries (....)"
für das Fürstentum Zweibrücken von 1688. Oberamt Meisenheim:

Werden für Rehborn 2 jüdische Familien genannt[405].

Nationalsozialismus (1933-1945)

„Es bedeutet, zum Beispiel, daß wir in einem Raum mit lieben Freunden stehen können und wissen, daß neun von zehn unsere Feinde werden, wenn es die Meute verlangt – und uns, wie bei dem Bergarbeiter Paar, die Fensterscheiben einwerfen würden. Es bedeutet, als Mitglied, einer fest zusammengewachsenen Gemeinde zu riskieren, als Nichtsnutz, als Krimineller oder als Übeltäter zu gelten, sobald man nicht die Ansichten dieser Gemeinde teilt. Das ist ein völlig automatischer Vorgang, fast jeder verhält sich in solchen Situationen wie ein Automat.
Aber es gibt auch immer eine Minderheit, die das nicht tut, und mir kommt es so vor, als ob unsere Zukunft, die Zukunft von jedermann, von dieser Minderheit abhängt. Und wir sollten uns

[405] Blinn Dieter, Judenrecht im Fürstentum Pfalz-Zweibrücken. Quellen zum Recht für Juden eines Reichsterrotoriums vom 16. Bis zum 18. Jahrhundert. Eine Dokumentation in: Zeitschrift für die Geschichte der Saargegend, Nr. 42,1994, S. 41

Methoden überlegen, unsere Kinder so zu erziehen, daß diese Minderheit gestärkt wird, und nicht, worauf unsere Erziehung jetzt hinausläuft, mit den Wölfen heulen[406]*."*
Doris Lessing 1995

Der latente Antisemitismus, der nicht nur im Deutschen Reich und in der Weimarer Republik, sondern auch in allen europäischen Staaten zu finden war, gipfelte in Deutschland mit der Machtergreifung der Nationalsozialisten, die über die Religion eine „Rasse" definierten, jüdische Menschen an den Rand der Gesellschaft drängten und die jüdische Bevölkerung in der Propaganda Ungeziefer gleichsetzte, das vernichtet werden könne.
Viele Juden waren Mitte des 19., Anfang des 20. Jhds. zu christlichen Religionen konvertiert, was aber keine Auswirkungen auf die Klassifizierungen nach den Nürnberger Gesetzen hatte, die Religion und Rasse gleichsetzte.
Schon sehr früh gründete sich in Odernheim eine Ortsgruppe der NSDAP. Stolz schildert Karl Schworm in einem Denunziationsbrief[407] an den Reichsführer SS Heinrich Himmler, er als *„alter Nationalsozialist, der im Jahr 1921 zu Odernheim am Glan (Westmark) die erste Ortsgruppe der Bewegung*[408] *im ganzen besetzten Gebiet gründete"*[409].
Die NSDAP erreichte bei der März Wahl 1933 einen Stimmenanteil von 66%. Die Gleichschaltungsgesetze vom 31.3.1933 und 7.4.1933 setzten die demokratischen Grundprinzipien außer Kraft, Beschlüsse im Gemeinderat waren nicht mehr notwendig, es herrschte auch in der Gemeinde Odernheim das Führerprinzip. Nachdem Bürgermeister Fritz Blaesy am 12.4.1934 starb, übernahm der zweite Bürgermeister die Vertretung des Bürgermeisters. Am 28.4.1934 wurde Hermann Wagner zum Bürgermeister bestimmt und ernannt und behielt dieses Amt bis zur Befreiung durch die Amerikaner 1945[410].

---

406 Doris Lessing: Mit leiser persönlicher Stimme, München 1995, S:148 f.
407 Karl Schworm denunzierte einen politischen Gegner: Landesarchiv Speyer Bestand 91 Nr.: 3634 (Gestapoakten)
408 Hermann Wagner wird ebenfalls als Gründer der NSDAP Ortsgruppe in Odernheim genannt.
409 Landesarchiv Speyer Bestand 91 Nr.: 3634
410 vgl. Karl Schworm: Odernheim am Glan und Disibodenberg, Koblenz 1984, S:368

Die nationalsozialistische Organisation und Politik durchdrang sehr schnell die gesamte Verwaltungsstruktur der Gemeinde Odernheim. Als das Gesetz zur Verhütung erbkranken Nachwuchses RGB. I, S.529 (GzVeN) vom 14. Juli 1933 am 1. Januar 1934 in Kraft trat, wurden einige Odernheimer Bürger vom Bürgermeister Hermann Wagner dem zuständigen Gesundheitsamt gemeldet. Das Erbgesundheitsgericht Zweibrücken[411] ordnete daraufhin die „Unfruchtbarmachung" mit gerichtlichem Beschluss an. In einem Fall wurde der betroffene Bürger vom Odernheimer Polizeidiener begleitet und in das städt. Krankenhaus Kaiserslautern zur „Unfruchtbarmachung" verbracht. Die Kosten der zwangsweisen Sterilisation wurden dem Betroffenen in Rechnung gestellt[412].

Dass eine enge Zusammenarbeit mit der Gestapo in Neustadt bestand, belegen 32 auf Odernheimer Bürger bezogene Akten, die sich im Bestand des Landesarchivs Speyer befinden. Das Spektrum der Ermittlungen reicht von politischer Opposition, Kriminalität, volksschädlichem und volksfeindlichem Verhalten sowie zeittypischen Vergehen wie dem Unterlassen des „Deutschen Grußes" u.a. und natürlich nicht zu vergessen, Vergehen von insbesondere Menschen jüdischen Glaubens.

Auch die Judenfeindlichen Maßnahmen, die unmittelbar nach der Machtergreifung des NS-Regimes einsetzten, sind für Odernheim dokumentiert und wurden auch in diesem Sinne radikal umgesetzt. Die gegen Juden gerichteten Maßnahmen waren keineswegs der Geheimhaltung unterworfen, sondern fanden offiziell statt, wie das Beispiel der öffentlichen Versteigerung des Hausrates vom 7.4.1941 und die „Verwertung der Immobilien und Grundstücke" der Familien Ludwig Maier und Anna Neu zeigt.

Der Familienstammbaum der Familien Neu / Maier in Odernheim[413]

Isac Maier (Mayer) *23.Oktober 1766, Namensänderung 1808

---

[411] Das Erbgesundheitgericht verwies bei Überlastung die Entscheidungen auch an das Amtsgericht Rockenhausen

[412] Gemeindearchiv Odernheim Akte IV/123

[413] Gemeindearchiv Odernheim Standesamtliche Unterlagen Recherche: Hans Lahm 9-2017

Josef Neu (+ 25.09.1814 in Odernheim) oo 8.2.1799 Glückelchen Süskind *26.5.1770 in Offenbach +27.2.1815 in Odernheim

Kinder von Josef(ph) Neu und Glückelchen Süskind:
Simon Neu (*13.März 1813 + 25.Oktober 1875), er wohnte **Hausnummer 134**[414]
Alexander Neu (* 25.3.1805 in Odernheim), er wohnte **Hausnummer 83**
David Neu (*30.12.1808 in Odernheim + 14.03.1871 in Odernheim) oo 21.12.1831 in Odernheim Maria Baum (*21.10.1804 in Bose (Fürstenthum Birkenfeld)) + 15.05. 1879 in Odernheim) Er wohnte **Hausnummer 136**
Berlé Isac +10.5.1804 starb im Alter von 1 Jahr

Kinder von David Neu und Maria Baum:
Isaak Neu (* 09.08.1838 + 24.04.1906 in Odernheim) oo 27.06.1866 in Odernheim Carolina Isaak (*26.06.1842 in Grumbach + 01.09.1885 in Odernheim) Isaak und Carolina Neu wohnten in der **Hausnummer 136**[415]

Abb.: Doppelgrab auf dem jüdischen Meisenheimer Friedhof höchstwahrscheinlich(Platte auf dem Grabstein fehlt) Isaak Neu + 1906 und (C)Karol(ine) Neu +1885 inOdernheim[416]

[414] Gemeindearchiv Odernheim: Standesamt, Bürgerregister 1
[415] Gemeindearchiv Odernheim: Standesamt, Bürgerregister 1
[416] Foto: Andreas Ott 10-2017

Abb.: Grab von (C)Karol(ine) Neu +1. September 1885 in Odernheim[417]

Kinder von Isaak und Caroline Neu:

Theodor Neu *** 26.03.1878 in Odernheim,** wohnte in **Hausnummer 73**

Carl Neu * 09.06.1880 in Odernheim

Julius Neu * 01.09.1885 in Odernheim

Fanny Neu * 08.03.1869 in Odernheim

Paulina Neu * 25.06.1871 in Odernheim

Mathilda Neu * 08.10.1873 in Odernheim wohnte Landsbergstraße 25 ½ in Obermoschel oo Wilhelm Strauß, Uhrmacher *24.10.1867 + 1.7.1928 in Obermoschel, Kinder: Selma Strauß

[417] Foto: Andreas Ott 10-2017

*19.11.1905 in Obermoschel + 2.9.1927 in Obermoschel und Richard Strauß * 21.7.1907 in Obermoschel + 11.9. 1930 in Obermoschel

Bertha Neu * 15.02.1876 in Odernheim

Henriette Neu * 20.08.1882 in Odernheim + 28.6.1951 in Frankfurt oo 14.5. 1909 in Frankfurt, Wilhelm Schäfer, Küfer, Katholisch * 25.5.1885 in Gaggenau Amt Rastatt. Sie wohnten in Frankfurt am Main, Höhenstraße 19

Theodor Neu Schuhmacher (* 26.03.1878 in Odernheim +20.01.1935 in Odernheim), er ist der letzte Odernheimer Jude, der auf dem Jüdischen Friedhof in Meisenheim bestattet wurde. oo 05.11.1906 in Odernheim **Anna Falkenberg** (*13.03.1877 in Rülzheim +28.12.1940 im Lager Camp de Gurs) wohnten in **Hausnummer 73**

Kinder von Theodor und Anna Neu:

Werner Ferdinand (*12.02.1913 in Odernheim + 1978 in Saint Louis, USA) wohnte bis zu seiner Auswanderung 1938 in **Hausnummer 73**

Hertha Meier geb. Neu (*31.08.1907 in Odernheim +26.02.1962 in Heidelberg) oo 01.11.1934 **Ludwig Meier** (*1906 in Ulmet +1945 in Lublin, Majdanek) wohnten in **Hausnummer 73**

Kind von Hertha und Ludwig Meier:

Johanna Meier (*27.11.1935 in Odernheim +8. Juli 2010) wohnte in **Hausnummer 73**

Legende:
* = Geburtsdatum
\+ = Sterbedatum
oo = Heiratsdatum

Gewerbe der Familien Neu/Meier

Im Nationalsozialismus wurde der Prozess der Verdrängung von Juden aus dem Wirtschaftsleben und den damit verbundenen Enteignungsprozessen (Entjudung) und Aneignungsprozessen (Arisierung) seit der Machtergreifung 1933 systematisch betrieben. Geschah die noch in den Jahren 1933-1938 ohne gesetzliche Grundlage, gingen die Machthaber ab Ende 1938 mit einer staatlichen Verordnung zur zwangsweisen Enteignung und/oder Arisierung über.

Ende 1938 (3.12.1938 Verordnung über den Einsatz jüdischen Vermögens) gab Ludwig Meier seinen Kolonialwarenladen am 10.09.1938 auf, Anna Neu meldete ihr Gewerbe zum 10.01.1939 ab. Der Zeitpunkt der Gewerbeabmeldungen steht augenscheinlich im Zusammenhang mit der staatlichen Verordnung zur Enteignung von jüdischem Eigentum und dem Aufenthalt von Ludwig Maier im KL Dachau vom 12. November 1938 bis 17. Januar 1939.

Auszüge aus dem Gewerberegister[418]

Gewerbe von Theodor und Anna Neu geb. Falkenberg[419]

17.08.1926: Theodor Neu Handel mit Häuten von Großvieh, bisher Schuhmacher und Handel mit Landkram, Kolonialwaren sowie Ziegenhäuten

Auf Anordnung des Reichswirtschaftsministers vom 5. Mai 1934 wurden reichsweit alle Einzel- und Kolonialwarenhändler zu einer Zwangsmitgliedschaft im Handelsschutzverband der Pfalz e.V. von den Bürgermeistereien angemeldet. So wurde auch Theodor Neu, der ein Geschäft für Landkram und Kolonialwaren betrieb, zwangsweise dem Handelsschutzverband gemeldet[420]. Bei Theodor Neu steht in Klammern ergänzend, dass er Israelit ist.

---

[418] Gemeindearchiv Odernheim: Das Gewerberegister ist erst ab 1900 vorhanden, wir können erst Einträge ab 1900 nachvollziehen

[419] Gemeindearchiv Odernheim Gewerberegister

[420] Akte: A III Nr. 269 Gemeindearchiv Odernheim

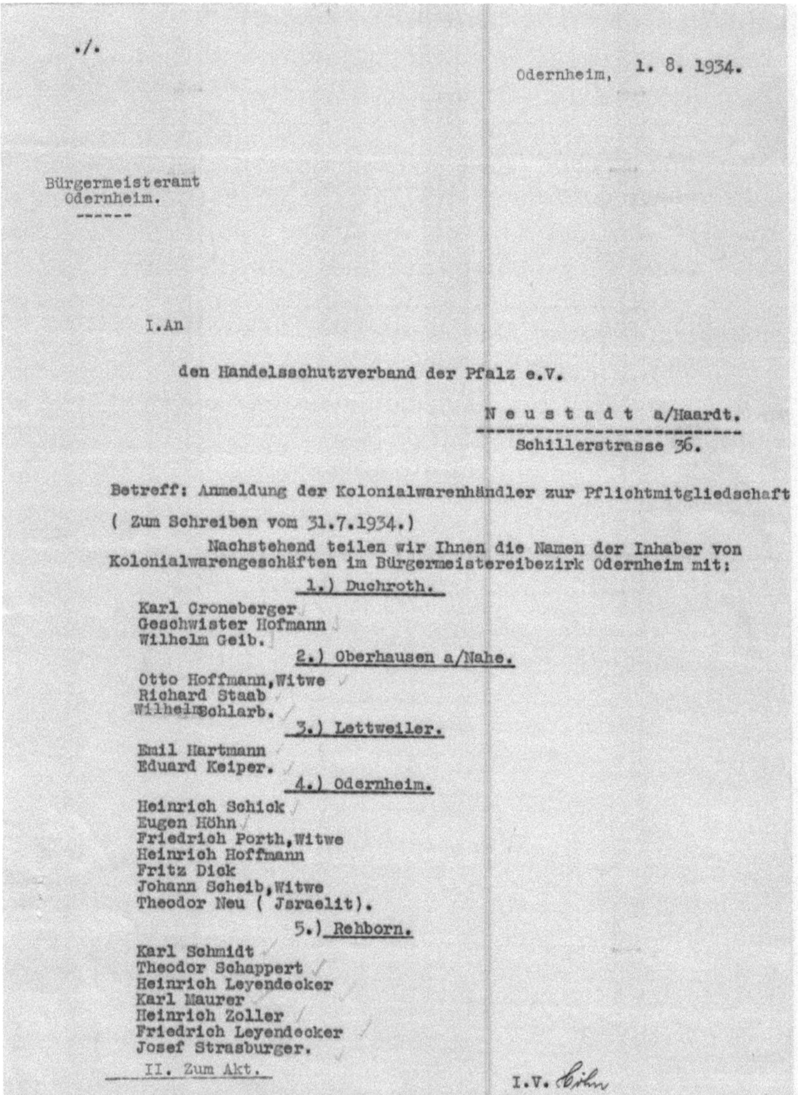

./.

Odernheim, 1. 8. 1934.

Bürgermeisteramt
Odernheim.

I.An

den Handelsschutzverband der Pfalz e.V.

N e u s t a d t a/Haardt.
Schillerstrasse 36.

Betreff: Anmeldung der Kolonialwarenhändler zur Pflichtmitgliedschaft

(Zum Schreiben vom 31.7.1934.)

Nachstehend teilen wir Ihnen die Namen der Inhaber von Kolonialwarengeschäften im Bürgermeistereibezirk Odernheim mit:

1.) Duchroth.

Karl Croneberger
Geschwister Hofmann
Wilhelm Geib.

2.) Oberhausen a/Nahe.

Otto Hoffmann,Witwe
Richard Staab
Wilhelm Schlarb.

3.) Lettweiler.

Emil Hartmann
Eduard Keiper.

4.) Odernheim.

Heinrich Schick
Eugen Höhn
Friedrich Porth,Witwe
Heinrich Hoffmann
Fritz Dick
Johann Scheib,Witwe
Theodor Neu (Jsraelit).

5.) Rehborn.

Karl Schmidt
Theodor Schappert
Heinrich Leyendecker
Karl Maurer
Heinrich Zoller
Friedrich Leyendecker
Josef Strasburger.

II. Zum Akt.

I.V.

Abb.: Zwangsanmeldung des Kolonialwarenhändlers Theodor Neu zum Handelsschutzverband der Pfalz[421]

[421] Akte: AIII Nr. 269 Gemeindearchiv Odernheim

04.06.1936: Anna Neu geb. Falkenberg Ww. Von Theodor Neu: Ab 01.05.1936 weiterhin Schuhmacherei und Schuhlager übernommen.
10.01.1939: Theodor Neu Ww. (Anna Neu geb.: Falkenberg; Am. der Verfasser):
Ab 01.01.1939 Aufgabe Schuhmacherei und Schuhgeschäft

Abb.: Peter Steinacher *1891 Aufnahme von 1970[422]

Bei Theodor Neu erlernte Peter Steinacher geb. 1891 (Großvater von Rolf Scholl) das Schuhmacherhandwerk, nebenbei auch das im Judentum gebräuchliche rituelle Schächten von Tieren.

Gewerbe von Ludwig Meier[423]

17.11.1934: Ab 01.11.1934 Ludwig Meier Viehhandel in Odernheim
12.05.1936: Ab 01.05.1936 Ludwig Meier von der Schwiegermutter übernommen: Schuhmacherei, Schuhlager, Kolonialwaren, Handel mit Häuten und Därmen.
04.06.1936 : Ludwig Meier Schuhmacherei und Schuhlager wieder unter dem Namen der Schwiegermutter (Anna Neu geb. Falkenberg, Anm. der Verfasser)

422 Bild: Rolf Scholl
423 Gemeindearchiv Odernheim Gewerberegister

28.07.1938: Ludwig Meier, Aufgabe des Gewerbes Handel mit Häuten und Därmen
10.09.1938: Ludwig Meier, Aufgabe Kolonialwarengeschäft

Antijüdische Maßnahmen und Boykotte

Eine der ersten Maßnahmen gegen die jüdischen Gewerbetreibenden war der Boykottaufruf vom 1. April 1933.
Der von den Nationalsozialisten bezeichnete Judenboykott, sollte die jüdische Geschäftstätigkeit treffen und finanzielle Einbußen verursachen. Ziel des Boykotts waren jüdische Geschäfte, Warenhäuser, Banken, Arztpraxen, Rechtsanwalts- und Notarkanzleien, den das NS-Regime seit März 1933 plante und am Samstag, dem 1. April 1933, in ganz Deutschland durchführen ließ.
Die schon im Parteiprogramm der NSDAP von 1920 geplante Verdrängung der deutschen Juden aus dem Wirtschaftsleben wurde erstmals am 1.4.1933 durch eine reichsweite, gezielt nur gegen Juden gerichtete Maßnahme in Angriff genommen.
Am Abend des 1. April brach die NS-Führung den Boykott ab. Die Bevölkerung verhielt sich nicht wie die NSDAP geplant hatte. Der überwiegende Teil der Bevölkerung verhielt sich passiv.

Jüdischer Viehhandel 1933- 1945

Die Nationalsozialisten hatten eine große Anhängerschaft unter der Landbevölkerung. Der Reichsnährstand, wie die Landwirtschaft damals genannt wurde, sollte in der Lage sein, das Deutsche Reich zu ernähren. Die nationalsozialistische Regierung unternahm große finanzielle Anstrengungen, um die Landwirtschaft zu subventionieren. Die Schuldigen waren schnell ausgemacht: „Der geldgierige jüdische Viehhändler übervorteilt den rechtschaffenen deutschen Bauern“. Die antijüdische Hetze tat ihr Übriges.
Eine der ersten antijüdischen Repressalien erhielt der jüdische Viehhandel durch die Umorganisation des deutschen Viehhandels in der Reichsvereinigung der Viehhändler (RdV). Dieser fand zwischen 1935 und 1937 weitgehend statt. Mit der Machtübernahme Adolf

Hitlers wurde der Reichsvereinigung der Viehhändler die reichsweite Organisation des Viehhandels übertragen. Viehhändler erhielten nur dann einen Gewerbeschein, wenn sie in der Reichsvereinigung der Viehhändler Mitglied waren. Aufgenommen wurden in der neugegründeten Reichsvereinigung der Viehhändler aber nur unbescholtene arische Personen. Somit war den jüdischen Viehhändlern die Mitgliedschaft in der RdV verwehrt.
Die jüdischen Viehhändler waren wider Erwarten nicht so leicht aus dem Viehhandel zu verdrängen. Sie blieben handelsbestimmend, handelten weiterhin trotz Beschränkungen auf Märkten und in den Ställen der Landwirte. Vollkommen ausschließen von einem auf den anderen Tag konnte man die jüdischen Viehhändler nicht, der Viehhandel wäre zum Erliegen gekommen. Jüdische Viehhändler verfügten über traditionell gewachsene geschäftliche Verbindungen. Ohne jüdische Viehhändler konnten die Landwirte ihr Vieh nicht oder nur schlecht verkaufen, sie wussten ja auch nicht, wer ihnen das Vieh abnehmen sollte.
Vor der Machtübernahme durch die Nationalsozialisten waren im Deutschen Reich 50% der tätigen Viehhändler Juden.
Besonders abgelegene Höfe waren auf die Reisenden jüdischen Viehhändler angewiesen. Ab Mitte 1935 verschärften sich die antijüdischen Maßnahmen in der Viehhandelsbranche. Die Gleichgeschaltete Presse forderte die „arischen Bauern" auf, ihr Vieh direkt an die Metzger bzw. Schlachthöfe zu verkaufen. Die staatlich organisierte Hetzpropaganda stellte die jüdische Händler als „hinterlistig und durchtrieben" dar, weiter, „ein Viehhandel mit Juden führe immer zu einem Verlustgeschäft". Neben der Kriminalisierungskampagne gegen jüdische Viehhändler bemühte sich die Propaganda den Bauern (Reichsnährstand) die wichtige Rolle innerhalb des NS-Staates zu vermitteln. Die Bauern waren ein wichtiger Faktor für Hitlers aggressive Expansionspolitik. Ziel war die autarke Versorgung mit landwirtschaftlichen Erzeugnissen, das Regime wollte von Lebensmittelimporten unabhängig sein.
Je mehr die staatlichen Repressalien zunahmen, desto mehr verlagerte sich das Geschäft des Viehhandels in die Ställe, wo eine staatliche Kontrolle nur schwerlich möglich war.
Diese Beschränkungen des Viehhandels hatten auch auf die Geschäfte des Ludwig Maier in Odernheim Auswirkungen. Es wurde versucht, den verbliebenen Odernheimer Juden die Existenz zu nehmen.

Ab 1936 war für jüdische Viehhändler der Handel mit Vieh so weit eingeschränkt, dass dieser meist im Verborgenen stattfand und sich so der staatlichen Überwachung entzog. Ab Anfang des Jahres 1938 „kann man von einem geregelten jüdischen Viehhandel“ nicht mehr sprechen. Den jüdischen Handel mit Vieh bezeichnen die Parteiorgane der NSDAP „als verschwindend gering“.

Der 1933 nach langer Pause „probehalber“ stattgefundene Viehmarkt in Odernheim war auch der letzte Viehmarkt bis 1945. Es ist naheliegend, dass der Viehmarkt den Landwirten in der Umgebung einen Absatzmarkt bieten und die Abhängigkeit von jüdischen Viehhändlern reduziert werden sollte.

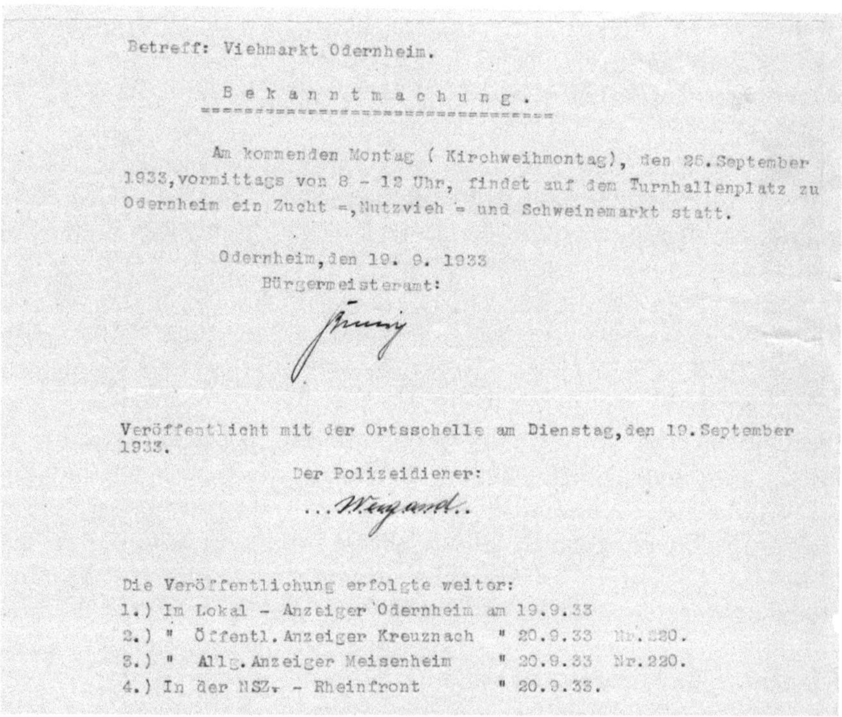

Betreff: Viehmarkt Odernheim.

Bekanntmachung.

Am kommenden Montag (Kirchweihmontag), den 25.September 1933,vormittags von 8 - 12 Uhr, findet auf dem Turnhallenplatz zu Odernheim ein Zucht =,Nutzvieh = und Schweinemarkt statt.

Odernheim,den 19. 9. 1933
Bürgermeisteramt:

Veröffentlicht mit der Ortsschelle am Dienstag,den 19.September 1933.

Der Polizeidiener:
...Weigand..

Die Veröffentlichung erfolgte weiter:
1.) Im Lokal - Anzeiger Odernheim am 19.9.33
2.) " Öffentl.Anzeiger Kreuznach " 20.9.33 Nr.220.
3.) " Allg.Anzeiger Meisenheim " 20.9.33 Nr.220.
4.) In der NSZ. - Rheinfront " 20.9.33.

Abb.: Bekanntmachung Viehmarkt in Odernheim[424]

[424] Akte: VII 236 Gemeindearchiv Odernheim

Auf dem am 25. September 1933 auf dem Turnhallenplatz in Odernheim stattgefundenen Viehmarkt wurden 18 Stück Großvieh sowie 36 Ferkel aufgetrieben.
Es gab Überlegungen den Odernheimer Viehmarkt als Preiszuchtviehmarkt weiterhin stattfinden zu lassen, dieses Vorhaben wurde am 18. Mai 1934 vom Gemeinderat Odernheim nicht befürwortet.
Wie aus den Akten ersichtlich erschienen die vom Veterinär geforderten Auflagen, bezüglich der hygienischen Bedingungen, für die Odernheimer Räte zu aufwendig und zu teuer.
Schon 1934, vor Beginn der Umorganisation des Viehhandels, versuchten die Nationalsozialistischen Machthaber jüdischen Handel mit Vieh in Odernheim einzuschränken. Wie der Nachfolgende Runderlass für Odernheim zeigt, soll die hebräische Sprache (Jiddisch Am. der Verfasser) aus dem öffentlichen Leben auf den Viehmärkten in Odernheim verbannt werden.
Nur gab es in Odernheim und den zugehörigen Orten keinen Viehmarkt mehr, wie die Notiz der Gemeindeverwaltung zeigt.

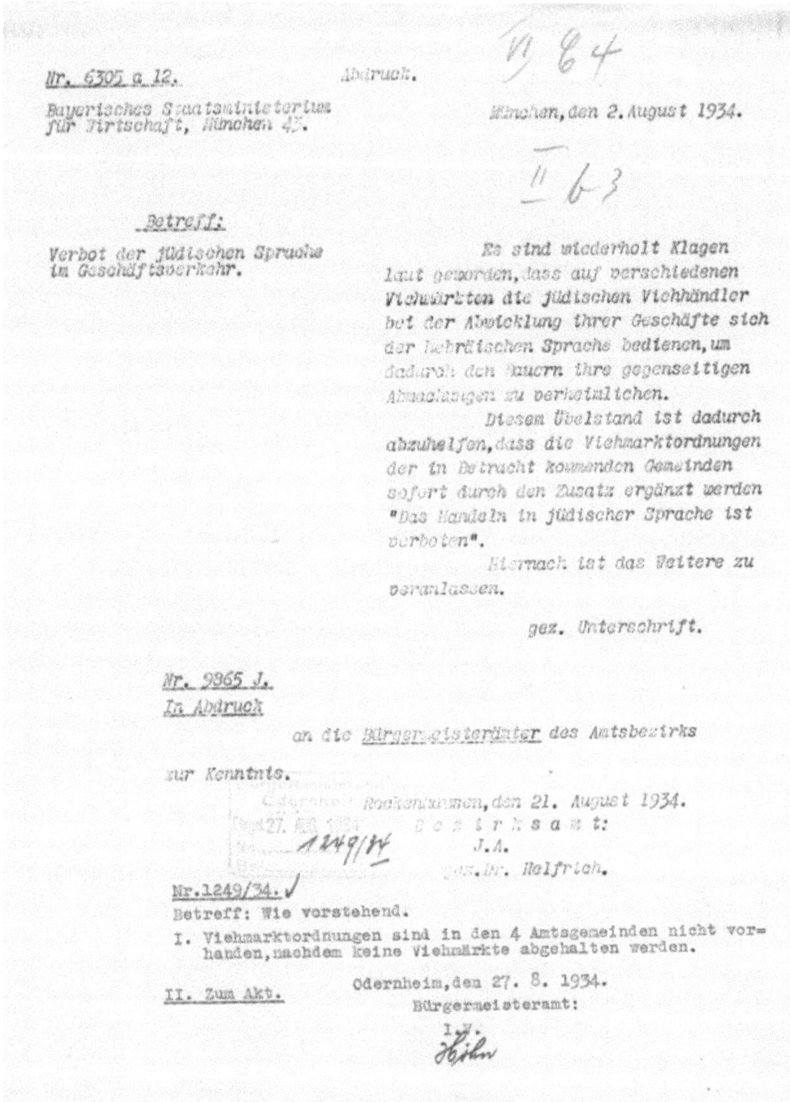
Nr. 6305 a 12. Abdruck.

Bayerisches Staatsministerium für Wirtschaft, München 43.

München, den 2. August 1934.

Betreff:

Verbot der jüdischen Sprache im Geschäftsverkehr.

Es sind wiederholt Klagen laut geworden, dass auf verschiedenen Viehmärkten die jüdischen Viehhändler bei der Abwicklung ihrer Geschäfte sich der hebräischen Sprache bedienen, um dadurch den Bauern ihre gegenseitigen Abmachungen zu verheimlichen.

Diesem Übelstand ist dadurch abzuhelfen, dass die Viehmarktordnungen der in Betracht kommenden Gemeinden sofort durch den Zusatz ergänzt werden "Das Handeln in jüdischer Sprache ist verboten".

Hiernach ist das Weitere zu veranlassen.

gez. Unterschrift.

Nr. 9865 J.
In Abdruck

an die Bürgermeisterämter des Amtsbezirks

zur Kenntnis.

Rockenhausen, den 21. August 1934.
Bezirksamt:
J.A.
gez. Dr. Helfrich.

Nr. 1249/34.
Betreff: Wie vorstehend.

I. Viehmarktordnungen sind in den 4 Amtsgemeinden nicht vorhanden, nachdem keine Viehmärkte abgehalten werden.

II. Zum Akt.

Odernheim, den 27. 8. 1934.
Bürgermeisteramt:
I.V.

Abb.: Verbot der jüdischen Sprache im Geschäftsverkehr; Rundschreiben 1934[425]

425 Gemeindearchiv Odernheim Akte A II / 42

Ein Entwurf für eine Viehmarktordnung[426] lag bereits vor, bevor sich der Rat gegen die Veranstaltung eines Preisviehmarktes entschloss.

Nürnberger Gesetze

Ab 15.9.1935 traten die Nürnberger Gesetze in Kraft, die zu einer Verschärfung der Diskriminierung von Juden führten. Dies waren:

1. Reichsbürgergesetz[427]
2. Gesetz zum Schutze des deutschen Blutes und der Ehre[428]
3. Das Reichsflaggengesetz (zur Vervollständigung)

Die Gesetze wurden auf dem 7. Reichsparteitag der NSDAP beschlossen, der Reichstag tagte in einer außerordentlichen Sitzung in Nürnberg, und verkündet, daher der Name „Nürnberger Gesetze".
In jeder Amtsstube, auch in der im Rathaus Odernheim, hing ein Merkblatt, das die Unterschiede zwischen Ariern und Juden deutlich machen sollte. Die Diskriminierung, der Druck und die Schikanen auf die noch verbliebenen Juden in Odernheim waren allgegenwärtig. Antisemitismus war nun Staatsdoktrin.

---

426 Gemeindearchiv Odernheim Akte A II / 42
427 RGBI iS. 1146
428 RGBI iS. 1145

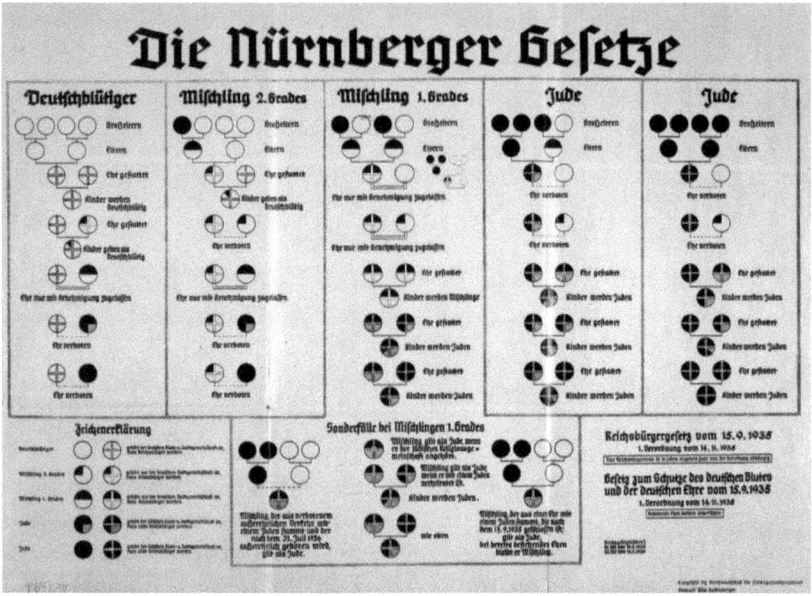

Abb.: Schautafel: "Die Nürnberger Gesetze[429]"

Ab dem 17.August 1938 mussten Juden den zusätzlichen Vornamen „Sara" (Frauen) bzw. „Israel" (Männer) annehmen, um sich als Juden kenntlich zu machen. So geschehen auch in Odernheim, wie diese Einwohnermeldekarte von Herta und Johanna Neu zeigt, wurden die Zusatznamen von Amtswegen zwangsweise von den Einwohnermeldebehörden ergänzt (Reichsverordnung vom 17. August 1938) und mussten auch offiziell von den Betroffenen geführt werden.

[429] Schautafel: "Die Nürnberger Gesetze " Archiv Andreas Ott

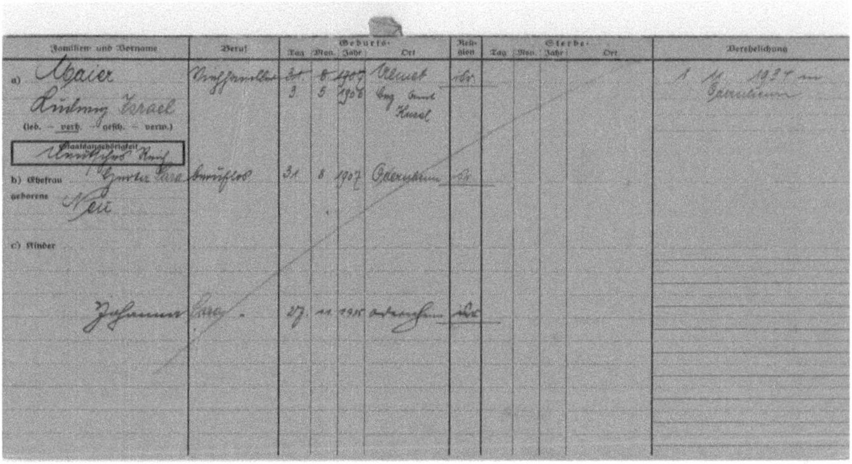

Abb. 16: Einwohnermeldekarte ca. 1939[430]

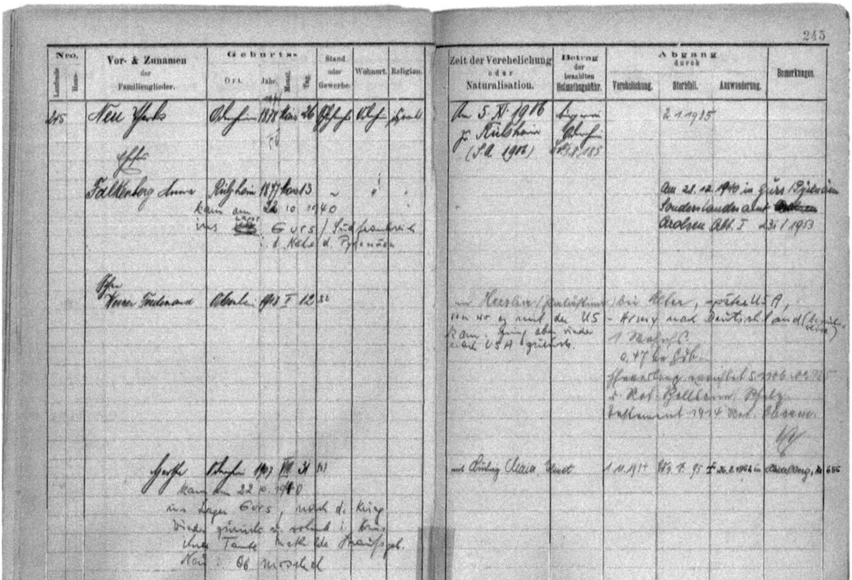

Abb.: Auszug aus dem Bürgerregister Bd. 2 S: 245;Familie Isaak und Anna Neu geb. Falkenberg[431]

430 Gemeindearchiv Odernheim: Einwohnermeldewesen

431 Gemeindearchiv Odernheim: Standesamtliche Unterlagen; Bürgerregister Band 2; S: 245

Beachtenswert, der Eintrag bei Frau Anna Falkenberg *„kam am 22.10.1940 ins ~~KZ~~ Lager Gurs/ Südfrankreich i.d. Nähe d. Pyrenäen"*

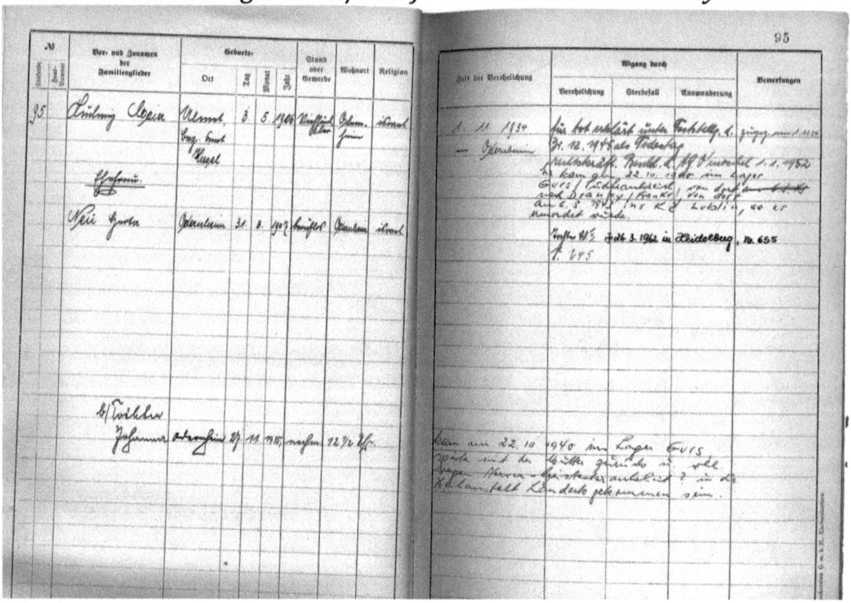

Abb.: Auszug aus dem Bürgerregister Bd. 2 S:95; Familie Ludwig und Herta Maier geb. Neu[432]

In den standesamtlichen Urkunden in Odernheim/ Glan sind die Bürger israelitischen Glaubens mit Blei- oder Rotstift markiert. Bei fast allen gesichteten Geburts-, Heirats- und Sterbeurkunden von jüdischen Bürgern ist diese Aufschrift „Jude" und der Zwangsname „Sara" oder „Israel" vermerkt. Diese Markierung ist bis in die Standesamtunterlagen um 1800 zurückzuverfolgen. Eine Folge der Rassengesetzgebung, die verhindern wollte, dass z.B. Nichtjuden und Juden heirateten (sog. „Mischehen"). Juden waren schneller in den Akten und Bürgerregistern zu identifizieren. Die Kennzeichnung von jüdischen Mitbürgern sollte diskriminieren.
In einzelnen älteren Unterlagen, wie die der Bürgermeisterrechnungen von 1538, sind jüdische Personen mit einem roten Kreuz durch die Nationalsozialisten gekennzeichnet worden.

---

432 Gemeindearchiv Odernheim: Standesamtliche Unterlagen; Bürgerregister Band 2; S: 95

Eine große Bedeutung kam dem Sippenbuch zu, das nachweisen sollte, dass man keine jüdischen Vorfahren hat.
Es finden sich im Stadtarchiv verschiedene Karteikästen, die für die Schule erstellt wurden, sodass die Schüler „ihren Ariernachweis“ im Unterricht im Fach „Rassenkunde“ erstellen konnten (mussten). Die Aufnahme in die Massenorganisationen der NSDAP, des Militärs u.a., war von diesem Ahnennachweis (Abbildung in der Anlage) abhängig. Das Resultat des Ariernachweises bestimmte die Bildungskarriere sowie die berufliche Laufbahn.

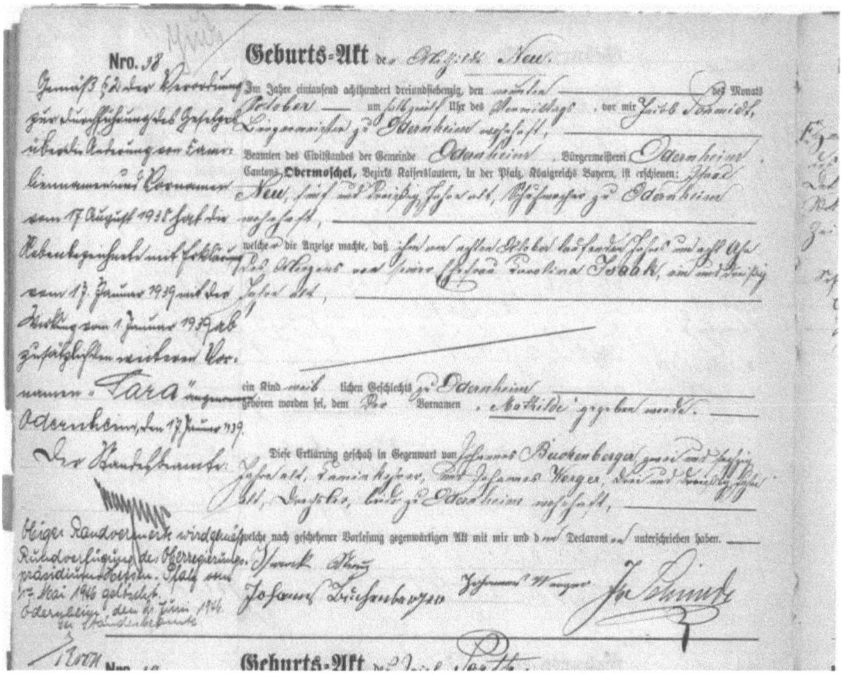

Abb.: Geburtsurkunde Mathilde Neu 1873 (siehe Transskribt)[433]

Übersetzung der Urkunde von Mathilde Neu:

Geburtsakt Mathilde Neu
Im Jahr eintausend achthundert drei und siebenzig den neunten des Monats October um halb zwölf des Vormittags, vor mir Jakob Schmidt, Bürgermeister zu Odernheim wohnhaft, Beamten des Civilstandes des

[433] Standesamt Odernheim

Gemeinde Odernheim, Bürgermeisterei Odernheim, Kantons Obermoschel, Bezirks Kaiserslautern, in der Pfalz, Königreich Bayern, ist erschienen: Isaac Neu, fünf und dreißig Jahre alt, Schuhmacher zu Odernheim wohnhaft, welcher die Anzeige machte, daß ihm am achten October laufenden Jahres um acht des Morgens von seiner Ehefrau Karolina Isaak, ein und dreißig Jahre alt ein Kind weiblichen Geschlechts zu Odernheim geboren worden sei, dem der Vorname „Mathilde" gegeben wurde.

Randbemerkung vom 01.Januar 1939

Gemäß § 2 der Verordnung zur Durchführung des Gesetzes über die Änderung von Familiennamen und Vornamen vom 17. August 1938 hat die Nebenbezeichnete mit Erklärung vom 17. Januar 1939 mit der Wirkung vom 1. Januar 1939 ab zusätzlichen weiteren Vornamen „Sara" angenommen
Odernheim, den 17. Januar 1939
Der Standesbeamte
Unterschrift
Weitere Randnotiz vom 21. Juni 1946
Obiger Randvermerk wird gemäß Rundverfügung des Oberregierungspräsidiums Hessen-Pfalz vom 1.Mai 1946 gelöscht

Odernheim, den 21. Juni 1946
der Standesbeamte
Unterschrift [434]

Geburtsurkunde von Mathilde Neu, geboren in Odernheim mit dem Zwangseintrag (Links oben im Bild) „Sara" unter Berufung auf die Gesetzgebung vom 17. August 1938. Weiterhin ist über dem Zwangseintrag mit Bleistift das Wort „Jude" geschrieben. Darunter der Löscheintrag, auf Weisung der Oberregierungspräsidiums Hessen-Pfalz vom 1.Mai 1946 erfolgt.
Der Zwangseintrag wurde in allen amtlichen Urkunden vorgenommen. Die Ausweise erhielten den Zwangsnamen sowie einen Stempel mit einem „J".

---

[434] Transskribt: Hans Lahm

Am 1. September 1941 verpflichtete die *Polizeiverordnung über die Kennzeichnung der Juden*[435] alle Personen im Deutschen Reich, die nach den Nürnberger Gesetzen als Juden einschließlich der Geltungsjuden[436] definiert waren, vom vollendeten sechsten Lebensjahr an einen gelben Judenstern „sichtbar auf der linken Brustseite des Kleidungsstückes in Herznähe fest aufgenäht zu tragen". Die Odernheimer Juden wurden vor Inkrafttreten dieser Polizeiverordnung deportiert.

Das nachfolgende Schreiben des Staatsministeriums des Innern an die Regierungen, Polizeibehörden und Staatspolizeiämter steht im Zusammenhang der von Mai bis August 1935 stattfindenden Boykottpropaganda gegen Juden. Es kam in diesem Zeitraum zu lokalen Ausschreitungen in verschiedenen Städten. Es wurden ordnungspolizeiliche Verbote erlassen wie: Verbot des Zutrittes in Kinos, Schwimmbädern, Parkanlagen, Kurorten, Gaststätten usw.

---

435 RGBl I, S. 547

436 Der nationalsozialistische Begriff Geltungsjude kommt zwar weder in den Nürnberger Gesetzen des nationalsozialistischen Deutschen Reiches noch in der Ersten Verordnung zum Reichsbürgergesetz vom 14. November 1935 vor, war aber gebräuchlich und beschreibt jenen Teil der „Mischlinge", die per definitionem rechtlich als Juden galten im Unterschied zu den Personen, die nach der Verordnung als jüdische Mischlinge bezeichnet wurden.

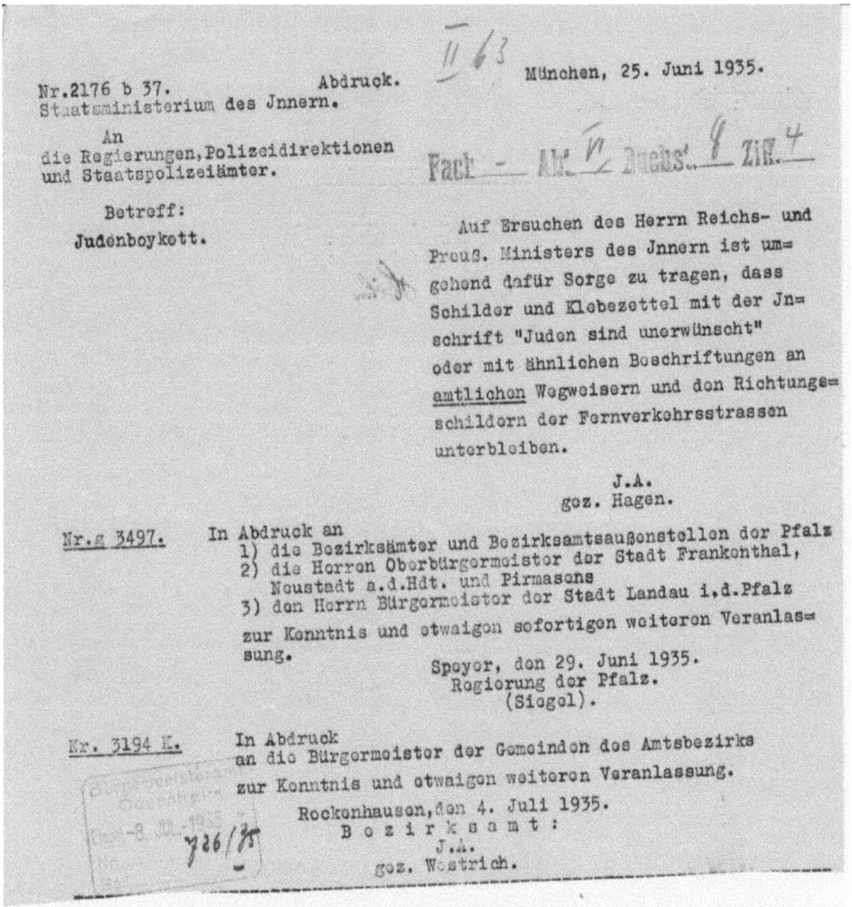

Nr.2176 b 37. Abdruck. München, 25. Juni 1935.
Staatsministerium des Jnnern.

An
die Regierungen, Polizeidirektionen
und Staatspolizeiämter.

Betreff:
Judenboykott.

Auf Ersuchen des Herrn Reichs- und Preuß. Ministers des Jnnern ist umgehend dafür Sorge zu tragen, dass Schilder und Klebezettel mit der Jnschrift "Juden sind unerwünscht" oder mit ähnlichen Beschriftungen an amtlichen Wegweisern und den Richtungsschildern der Fernverkehrsstrassen unterbleiben.

J.A.
gez. Hagen.

Nr.g 3497. In Abdruck an
1) die Bezirksämter und Bezirksamtsaußenstellen der Pfalz
2) die Herren Oberbürgermeister der Stadt Frankenthal, Neustadt a.d.Hdt. und Pirmasens
3) den Herrn Bürgermeister der Stadt Landau i.d.Pfalz

zur Kenntnis und etwaigen sofortigen weiteren Veranlassung.

Speyer, den 29. Juni 1935.
Regierung der Pfalz.
(Siegel).

Nr. 3194 K. In Abdruck
an die Bürgermeister der Gemeinden des Amtsbezirks
zur Kenntnis und etwaigen weiteren Veranlassung.

Rockenhausen, den 4. Juli 1935.
Bezirksamt:
J.A.
gez. Westrich.

Abb.: Rundschreiben „Judenboykott“ 1935[437]

Ab dem 24. März 1936 gab es keine staatlichen Beihilfen mehr für kinderreiche jüdische Familien, sie waren auf jüdische Hilfsorganisationen angewiesen wie die „jüdische Winterhilfe“. Ab dem 19. November 1938 hatten Juden nur noch Anspruch auf jüdische Wohlfahrtsunterstützung

[437] Gemeindearchiv Odernheim Akte AII / 42

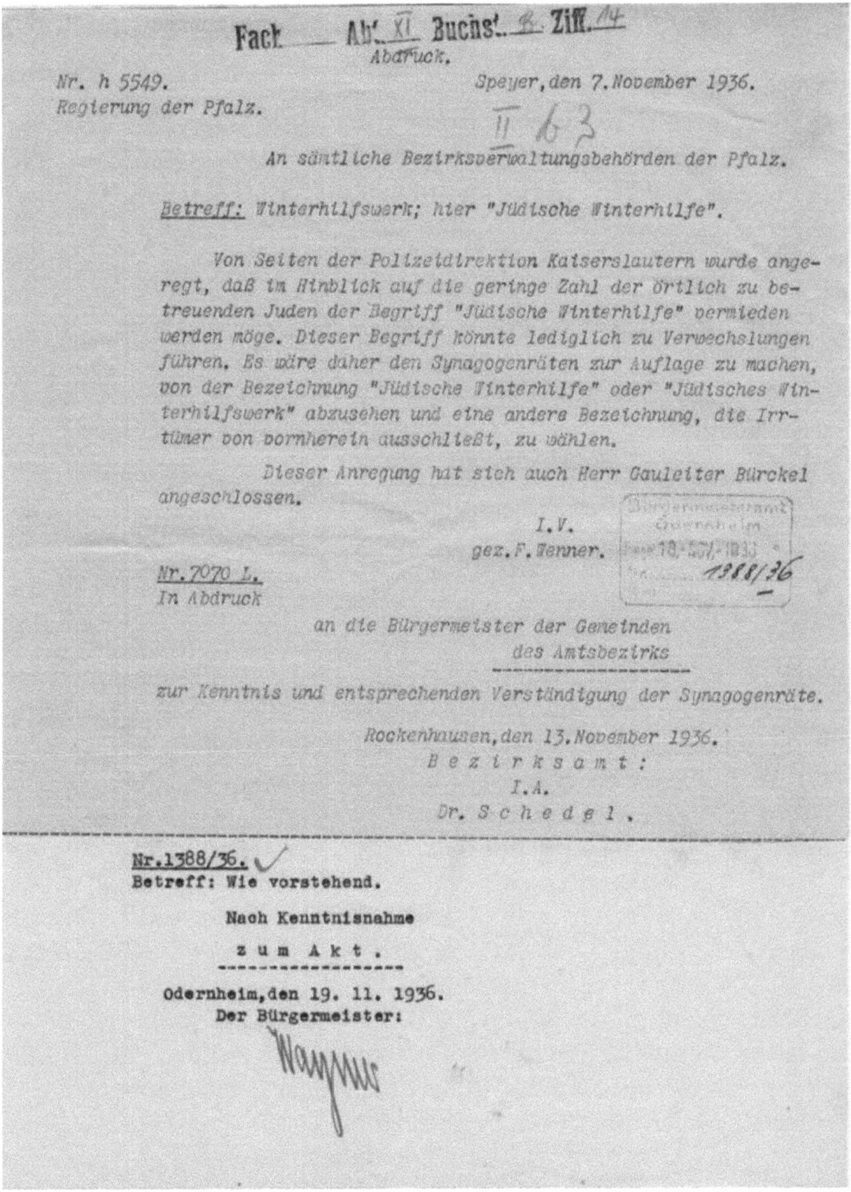

Fach Abt. XI Buchst. B. Ziff. 14

Abdruck.

Nr. h 5549. Speyer, den 7. November 1936.

Regierung der Pfalz.

II 63

An sämtliche Bezirksverwaltungsbehörden der Pfalz.

Betreff: Winterhilfswerk; hier "Jüdische Winterhilfe".

Von Seiten der Polizeidirektion Kaiserslautern wurde angeregt, daß im Hinblick auf die geringe Zahl der örtlich zu betreuenden Juden der Begriff "Jüdische Winterhilfe" vermieden werden möge. Dieser Begriff könnte lediglich zu Verwechslungen führen. Es wäre daher den Synagogenräten zur Auflage zu machen, von der Bezeichnung "Jüdische Winterhilfe" oder "Jüdisches Winterhilfswerk" abzusehen und eine andere Bezeichnung, die Irrtümer von vornherein ausschließt, zu wählen.

Dieser Anregung hat sich auch Herr Gauleiter Bürckel angeschlossen.

I.V.

gez. F. Wenner.

1388/36

Nr. 7070 L.

In Abdruck

an die Bürgermeister der Gemeinden des Amtsbezirks

zur Kenntnis und entsprechenden Verständigung der Synagogenräte.

Rockenhausen, den 13. November 1936.

Bezirksamt:

I.A.

Dr. Schedel.

Nr. 1388/36.

Betreff: Wie vorstehend.

Nach Kenntnisnahme

zum Akt.

Odernheim, den 19. 11. 1936.

Der Bürgermeister:

Abb. 20: Rundbrief „Jüdische Winterhilfe"[438]

[438] Gemeindearchiv Odernheim Akte AII / 42

Folgen der Nationalsozialistischen Gesetzgebung für die Familien Neu/Meier

Betrachtet man die vorgenannten judendiskriminierende Reichsgesetzgebung und Maßnahmen, die in Odernheim galten und auch durchgesetzt wurden, so waren die Familien Neu und Meier stark in ihren Persönlichkeitsrechten und Möglichkeiten diskriminierend eingeschränkt:

1. Die Arisierung („Entjudung") der Wirtschaft, der Zwang zur Geschäftsaufgabe, Juden durften sich auch nicht mehr am Kapitalmarkt und auch nicht mehr im Finanzwesen (Bankgeschäfte, Erspartes war gesperrt usw.) betätigen
2. Rassengesetzgebung, die Juden aus der Gesellschaft ausgrenzten und
3. Einschränkung bzw. Verbot von jüdischen Wohlfahrtsorganisationen.

Für die Familien Neu/Meier bedeutete das, dass sie von Ende 1938/ Anfang 1939 faktisch mittellos waren, und keine Einnahmen generieren konnten. Sie lebten, so wie es Herta Maier in einem Antrag auf Entschädigung von 1953 beschrieb, vom Spargroschen.
Hinzu kamen weitere Verbote wie: Juden mussten ihre Radios abgeben und Telefone abmelden, ebenso ihre Fahrräder und Autos. Juden wurden von allen öffentlichen Positionen vertrieben. Sie hatten keine Möglichkeiten mehr, als Arbeitnehmer Geld zu verdienen. Die selbstständige Arbeit wurde durch Gewerbeverbote und Einschränkungen des Handels sowie der Bewegungsfreiheit stark eingeschränkt, wenn nicht gar verboten. Sperrstunden schränkten die Mobilität, z.B. Einkaufen, stark ein. Es war ihnen verboten, Busse und Bahnen und öffentliche Telefone zu benutzen. Dazu kamen zahlreiche Berufsverbote wie für jüdische Metzger das Schächtverbot im Tierschutzgesetz (das heute noch besteht).
Ludwig Maier kam infolge der Novemberpogrome des 9/10. November 1938, Reichskristallnacht, Reichspogromnacht, in Schutzhaft und wurde vom 12 November 1938 bis 17. Januar 1939 in Dachau inhaftiert. Im Nationalsozialismus wurde von dem Instrument der Schutzhaft als Mittel zur Prävention massenhaft Gebrauch gemacht. Es diente nicht irgendwelchen Schutzzwecken, schon gar nicht, wie

oft behauptet wurde, dem Schutz der Betroffenen vor dem „Volkszorn". Die Inhaftierung sollte den Verkauf von Eigentum (insbesondere Firmen und Immobilien und Vermögenswerten) und die Ausreise der Juden aus dem Deutschen Reich erzwingen oder erpressen. Die meisten Juden (reichsweit wurden infolge der Novemberpogrome ca. 30.000 Juden in Schutzhaft genommen) kamen nach kurzer Zeit wieder frei, so auch Ludwig Maier.

Das erklärte Ziel der Nationalsozialisten war es, die Juden aus dem Deutschen Reich zu vertreiben und die Vermögenswerte zu beschlagnahmen. Ab 1940 wurden Juden, die keine Möglichkeit der Ausreise mehr hatten, in „den Osten" deportiert (im Sprachjargon der Nationalsozialisten hieß die Deportation „Umsiedlung"), um dann in den Konzentrationslagern getötet zu werden.

9.November 1938 sogenannte Reichskristallnacht oder Reichspogromnacht

Am 7. November 1938 erschoss der polnische Jude Herschel Seibel Grynzpan den Legationssekretär der deutschen Botschaft Ernst Eduard von Rath mit einem Revolver.
Am 9. Oktober 1938 hatte die polnische Regierung mittels Erlass bekannt gegeben, dass alle in Deutschland lebenden jüdischen Polen, die nicht bis zum 29. Oktober bei den polnischen Behörden ihren Pass umschreiben lassen würden, nicht mehr in ihr Geburtsland einreisen dürfen. Die Deutsche Regierung reagierte sofort und schob alle von der Anordnung betroffenen Juden sofort über die Grenze nach Polen ab, so hoffte man, das Problem zu lösen. Diese Abschiebeaktion betraf ca. 18.000 von geschätzten 70.000 polnischen Juden, die sich meist illegal im Deutschen Reich aufhielten und zumeist verarmt waren. Diese Gruppe jüdischer heimat- und staatenlos gewordener Juden irrte in der Folgezeit tagelang durch deutsch-polnisches Grenzgebiet und lebte, da sie ohne Nahrung und Unterkunft waren, unter unsäglichen Umständen. Auf internationalen Druck erlaubte nach Wochen die polnische Regierung die Einreise. Herschel Seibel Grynzpan wollte mit dem Attentat auf die Situation

der Staatenlosen hinweisen. Auch seine Eltern befanden sich in dieser Gruppe ausgewiesener Juden.
Dieses Attentat war der Anlass zu organisiertem reichsweitem Judenboykott und ein willkomener Vorwand der sog. Reichskristallnacht. Die organisatorischen Pläne hierfür sowie die Namenslisten der Juden, die in Schutzhaft genommen werden sollten, lagen längst in den Schubladen der Staatspolizeistellen.

Chronologie der Ereignisse vom 9. auf den 10 November 1938

Goebbels machte gegen 22 Uhr in München vor den versammelten Partei- und SA-Führern die Nachricht bekannt, dass der Diplomat Ernst Eduard von Rath seinen Verletzungen erlegen sei. Er benutzte den Tod von Raths zu einer antisemitischen Auslegung des Attentats, in der er „die Jüdische Weltverschwörung" für den Tod des Diplomaten verantwortlich machte. Er lobte die angeblich „spontanen" judenfeindlichen Aktionen im ganzen Reich, bei denen auch Synagogen in Brand gesetzt worden seien, und verwies dazu auf Kurhessen und Magdeburg-Anhalt.
Er äußerte, dass die Partei nicht als Organisator antijüdischer Aktionen in Erscheinung treten wolle, aber diese dort, wo sie entstünden, auch nicht behindern werde. Die anwesenden Gauleiter und SA-Führer verstanden dies als indirekte, aber unmissverständliche Aufforderung, die „spontanen" Aktionen des „Volkszorns" zu organisieren.
Nach Goebbels' Rede telefonierten sie gegen 22:30 Uhr mit ihren örtlichen Dienststellen. Danach versammelten sie sich im Münchner Hotel „Rheinischer Hof", um von dort aus weitere Anweisungen für Aktionen durchzugeben. Goebbels selbst ließ nach Abschluss der Gedenkfeier nachts Telegramme von seinem Ministerium aus an untergeordnete Behörden, Gauleiter und Gestapostellen im Reich aussenden. Diese wiederum gaben entsprechende Befehle an die Mannschaften weiter, in denen es etwa hieß:[439]
„Sämtliche jüdische Geschäfte sind sofort von SA-Männern in Uniform zu zerstören. Nach der Zerstörung hat eine SA-Wache aufzuziehen, die

[439] www.wikipedid.de/Reichskristallnacht

dafür zu sorgen hat, dass keinerlei Wertgegenstände entwendet werden können. [...] Die Presse ist heranzuziehen. Jüdische Synagogen sind sofort in Brand zu stecken, jüdische Symbole sind sicherzustellen. Die Feuerwehr darf nicht eingreifen. Es sind nur Wohnhäuser arischer Deutscher zu schützen, allerdings müssen die Juden raus, da Arier in den nächsten Tagen dort einziehen werden. [...] Der Führer wünscht, dass die Polizei nicht eingreift. Sämtliche Juden sind zu entwaffnen. Bei Widerstand sofort über den Haufen schießen. An den zerstörten jüdischen Geschäften, Synagogen usw. sind Schilder anzubringen, mit etwa folgendem Text: ‚Rache für Mord an vom Rath. Tod dem internationalen Judentum. Keine Verständigung mit Völkern, die judenhörig sind.' Dies kann auch erweitert werden auf die Freimaurerei."[440]

Der Chef der Gestapo-Abteilung für Regimegegner, Heinrich Müller, sandte um 23:55 Uhr ein Blitzfernschreiben an alle Leitstellen der Staatspolizei im Reich: Die staatlichen Ordnungsorgane sollten sich heraushalten. Sie sollten aber für den „Schutz" des jüdischen Eigentums vor Plünderung sorgen.

„Es ist vorzubereiten die Festnahme von etwa 20–30.000 Juden im Reiche. Es sind auszuwählen vor allem vermögende Juden. Nähere Anordnungen ergehen noch im Laufe dieser Nacht."

Polizei und SS waren demnach eine Stunde nach der SA über die angeordneten Pogrome informiert, die seit 23:00 begonnen hatten. Sie sollten diese zu der längst geplanten Internierung wohlhabender Juden nutzen. Nachdem Himmler neue Rekruten der Waffen-SS vereidigt hatte, erteilte er die „näheren Anordnungen" Heydrich, der diese um 1:20 Uhr seinerseits als Blitzfernschreiben an alle Untergebenen sandte. Darin bekräftigte er das Verbot zu plündern, den Schutz für Nachbargebäude vor Bränden und ergänzte, dass „auch jüdische Ausländer nicht zu belästigen seien". Die Zahl der Festzunehmenden ließ er offen:

„Sobald der Ablauf der Ereignisse dieser Nacht die Verwendung der eingesetzten Beamten hierfür zulässt, sind in allen Bezirken so viele Juden – insbesondere wohlhabende – festzunehmen, als in den vorhandenen Hafträumen untergebracht werden können."

Die Leitung der Zerstörungen oblag den Kreispropagandaämtern der NSDAP. Sie beriefen die SA-Ortsgruppen ein, die ihre Mitglieder ins-

---

[440] vgl. :www.wikipedia.de/Reichskristallnacht

truierten und in Marsch setzten, um die Befehle auszuführen[441]. Die Befehlskette lief überwiegend über die gefestigten Parteistrukturen der NSDAP, in vielen Fällen wurde die Verwaltungsebene gar nicht oder sehr viel später informiert.
Konkret lief die Befehlskette:
Reichspropagandaminister Joseph Goebbels telegrafierte an die Gau- und die Kreis-Gliederungen der NSDAP. Polizei, Feuerwehren und Gestapo erhielten Befehl vom Chef der Gestapo-Abteilung für Regimegegner, Heinrich Müller, sich aus den Pogrommaßnahmen herauszuhalten.
Die in München anwesenden Gauleiter, unter ihnen auch Gauleiter Bürckel, instruierten die Gauleitung (stellvertretenden Gauleiter) und die Kreisleitung, in Person von Karl Graf und seinem Stellvertreter Peter Knippel der NSDAP in Rockenhausen. Kreisleiter Karl Graf[442] instruierte den Ortsgruppenleiter Hermann Wagner in Odernheim, der dann den SA-Sturm Odernheim in Marsch setzte.

Die Reichspogromnacht in Odernheim/Glan

Der SA-Sturm Odernheim versammelte sich im ortsansässigen Sturmlokal[443] und bekam die Befehle aus München übermittelt.
In der direkten Nachbarschaft der Familie Neu ereignete sich ein Sterbefall, die örtliche Leitung der SA beschloss aus Pietätsgründen keine Zerstörungen des Inventars und ggf. Misshandlungen der Familie Neu/Maier vorzunehmen. Dem SA-Mann G. aus Odernheim wurde befohlen, vor dem Hause der Familie Neu in der Wilhelm Frickstraße 187 heute Hintergasse 19, Wache zu stehen. Es sollten wilde Ausschreitungen verhindert werden, die durch vielleicht übereifrige Volksgenossen initiiert wurden. Der Volkszorn wurde staatlich gelenkt. Die Gewalt gegen die Juden sollte, wie im Befehl aus München ausgeführt, von offiziellen Organen der NSDAP ausge-

---

441 vgl. :www.wikipedid.de/Reichskristallnacht

442 Karl Graf, der seinen Namen Josef in der Zeit von 1933-1945 abgelegt hatte, war glühender Antisemit, schon 1936 anlässlich einer Rede in Obermoschel machte er sie *„Juden"* als *„Todeskeim für unser Volk"* aus. Vgl. Pfälzische Tageszeitung vom 8.Juli 1936

443 Es ist nicht eindeutig geklärt, wo sich das offizielle Sturmlokal der Odernheimer SA befand.

übt werden. Polizei und Feuerwehr hatten den Befehl, nicht einzuschreiten, es sei denn, „arisches" Eigentum wäre gefährdet.
Nachdem in Odernheim am Glan für den SA-Sturm Odernheim die Reichspogromnacht recht unbefriedigend verlief und das Rache- und Vergeltungsbedürfnis noch nicht befriedigt war, fuhren sie in die umliegenden Orte um bei der Zerstörung jüdischen Eigentums tatkräftig mitzuwirken.
Die nächstgelegenen Orte mit einem jüdischen Bevölkerungsanteil waren Staudernheim und Obermoschel, deren israelischer Kultusgemeinde die Odernheimer Juden angehörten.

Zerstörung der Odernheimer Torarollen

Obermoschel: *„Um 3:30 Uhr kam die SA. ihre von der Volkswut angetriebenen Schläger und Rabauken stammten aus vielen Ortschaften. Auch einige aus Obermoschel waren dabei. Sie brachen die Synagoge auf und holten die Kultgegenstände heraus. Dann plünderten und zerstörten die Meute unter Führung von Karl Hettesheimer (Stahlberg) das in der Synagoge angelegte Lebensmittelmagazin (Die jüdischen Moscheler hatten es offensichtlich in Erwartung schlimmer Zeiten in den Monaten zuvor angelegt). Eier und Konserven flogen auf die Straße. Erwin Lamb, ein Nachbar:" Bei den Helden waren einige dabei, die das Zeug bestimmt gerne gegessen hätten, denn die hatten so etwas zu Hause nicht."*
Inzwischen waren die Kultgegenstände mit einer Rolle zum Marktplatz gefahren worden. Hier wurde alles auf einen großen Haufen geworfen und angesteckt. Die Feuerwehr hatte zuvor Schläuche auf den Marktplatz gelegt, um zu verhindern, daß das Feuer auf die Nachbarschaft übergriff. Nach dem Feuer stürmte die SA die Wohnungen der Juden und verwüstete sie. Bei Oskar Brück warfen sie das Klavier aus dem Fenster. Brücks Ehefrau Jenny erlitt einen Nervenzusammenbruch."[444]
In der Obermoscheler Synagoge befanden sich die Kultusgegenstände der aufgelösten israelitischen Kultusgemeinde Odernheim, insbesondere nachweislich die fünf Torarollen, die im Laufe des Auflösungsverfahrens auf Weisung des Bezirksamtes, der Odernheimer

---

[444] Reinhold Rehberger: Kern Deutsch, Der Landkreis Rockenhausen in der Nazi- Zeit, Geldern 1989, S:246

Kultusgemeinde nach Obermoschel verbracht wurden. Der Erhalt der Torarollen wurde von dem damaligen Synagogenvorstand 1898 in Obermoschel quittiert. Die noch vorhandenen Inventarien der ehemaligen Odernheimer Synagoge wurden ebenfalls in der Synagoge Obermoschel verwahrt. Die Torarollen sowie das verbliebene Inventar der ehemaligen israelischen Kultusgemeinde Odernheim wurden in der in der Nacht vom 9. auf den 10. November 1938 im Rahmen der organisierten Pogrome verbrannt und somit unwiederbringlich zerstört.

Verhaftungswelle im Zuge der Reichspogromnacht

Der Odernheimer Jude Ludwig Maier wurde im Zuge der am 9.11.1938 befohlenen Verhaftungswelle am 12. November 1938 festgenommen, in die Sammelstelle nach Obermoschel verbracht und von dort zum Bahnhof Kaiserslautern, weiter mit der Reichsbahn nach Dachau. Ludwig Meier war bis zum 17. Januar 1939 im „Schutzhaftlager[445]" Dachau interniert.

Auf Nachfrage in der KZ-Gedenkstätte Dachau vom 12.11.2017 teilte das Archiv der Gedenkstätte Dachau folgende Daten auf Anfrage am 28.12.2017 über Ludwig Maier mit:

Ludwig, Maier, geb.: 03.05.1905 in Ulmet, wohnhaft in Odernheim, Geschlecht: männlich, Beruf: Schuhmacher, Konfession israelisch.
Quellenhinweis: NARA Zugangsbuch Nr. 104/23697
Datum Zugang: 12.11.1938, Datum entlassen: 17.01.1939, Haftnummer: 23713, Haftkategorie: Jude, Schutzhäftling, Nationalität: Deutsches Reich[446].

---

[445] Das 1933 von den Nationalsozialisten errichtete Konzentrationslager Dachau war das erste „offizielle" Lager seiner Art, das neben Auschwitz zum Inbegriff der Konzentrationslager wurde. Dachau wurde als „Schutzhaftlager", „Arbeitslager" für Juden, Regimegegner, politischer Gefangene und Personen, die nicht in das Weltbild der NS-Philosophie passten, errichtet. Das Konzentrationslager war Ausbildungsstätte der SS-KZ-Wachmannschaften (in Dachau wurde das Konzept KZ entwickelt, die Lagerordnung von Dachau war später für alle KZ verbindlich). Dachau ist heute Gedenkstätte.

[446] Dachau Archiv IST 101/119

Im Jahr 1939 zahlte die Familie Neu/ Maier 1800 RM „Judenvermögensabgabe“ an das Finanzamt Obermoschel.[447] Die finanziellen Ressourcen der Familie Neu/Maier sollten geschwächt werden, ein Klima der Existenzbedrohung und der Angst, sich nicht sicher zu fühlen, wurde erzeugt. Um dem Entschluss zur unfreiwilligen Auswanderung und zur Aufgabe seiner Gewerbe Nachdruck zu verleihen, wurde Ludwig Maier im Schutzhaftlager Dachau physisch und psychisch gefoltert.[448]

Abb.: Grab von Theodor Neu *26.3.1878 in Odernheim +2.1.1935 in Odernheim auf dem jüdischen Friedhof in Meisenheim[449]

Deportation Odernheimer Juden nach Camp de Gurs

22. September 1940: Über 6.500 Juden aus Baden, der Pfalz und dem Saarland wurden an diesem Tag auf Betreiben des *badischen Gaul-*

[447] Landesamt für Finanzen RLP, Amt für Wiedergutmachung AktZ.: VA 481987 und VA 481988,
[448] Quelle IST 101/119
[449] Foto Andreas Ott 12.10.2017

eiters Robert Wagner und seines pfälzischen Kollegen Joseph Bürckel in das im unbesetzten Frankreich (Vichy Frankreich[450]) gelegene Internierungslager Gurs deportiert (*sog. Wagner/Bürckel Aktion*). Die Deportation war sehr detailliert geplant und fand nach neuerer Forschung auf Weisung und mit der Zustimmung des Reichssicherungshauptamtes in Berlin statt.

Der Pfälzer Gauleiter Bürckel war ein überzeugter Nationalsozialist und langjähriger Weggefährte Adolf Hitlers und wollte, wohl im vorauseilendem Gehorsam, „sein" Gau (das Gau Saarpfalz, ehemals Rheinpfalz) für judenfrei erklären.

Für viele der deportierten Juden war dies nur eine Zwischenstation in die Vernichtungslager des Ostens.

Die Deportation der pfälzischen Juden bedeutete gleichsam das Ende der jüdischen Gemeinden in den Städten und Dörfern der Pfalz, die 1933 noch 6.487 jüdische Einwohner zählten. Bedingt durch die 1933 einsetzende Entrechtung und Verfolgung hatten etwa 5.000 jüdische Menschen die Pfalz verlassen, waren ins Ausland emigriert oder in die vermeindliche Anonymität größerer Städte geflüchtet.

Die noch in der Pfalz verbliebenen Juden, es waren noch insgesamt 825, wurden in einer Deportationsliste erfasst.

1938 gab es noch eine jüdische Familie (4 Personen) in Odernheim (Familie Ludwig Maier/ Anna Neu), die am 22. Oktober 1940 in das Konzentrationslager Gurs in Südfrankreich deportiert wurde, mit ihnen alle, die auf der Deportationsliste standen.

Dies waren:

Anna Neu geb.: Falkenberg (* 1877(Ww. Von Theodor Neu + 1935 in Odernheim)), Ludwig Maier (*1906), Herta Maier geb. Neu (*1907 (Tochter von Anna Neu)) und Tochter Johanna Maier (*1935)

---

[450] Eine von den Nationalsozialisten eingesetzte Regierung im unbesetzten Teil Frankreichs mit der Hauptstadt Vichy

Lfd. Nr.	Familienname	Vorname	Geburts-datum	Letzter Wohnort	Straße und Haus-Nr.
632	Katz	Berta	8.8.81	Oberhausen	
633	Katz	Rosa	20.6.05	"	
634	Katz	Ludwig	9.3.80	"	
635	Katz	Herbert	16.5.09	"	
636	Katz	Elsa	23.8.87	"	
637	Katz	Siegmund	4.1.84	"	
638	Katz	Emma	17.12.81	"	
639	Katz	Johanna	31.1.89	"	
640	Kahn	Emilie	31.8.86	"	
641	Mayer	Frieda	23.4.62	Oberlustadt	
642	Brück	Adolf	3.1.70	Obermoschel	
643	Brück	Oskar	2.6.80	"	
644	Brück	Jenny	16.5.85	"	
645	Lorig	Leo	21.2.92	"	
646	Lorig	Recha	26.1.99	"	
647	Lorig	Karl	30.5.23	"	
648	Speier	Sally	13.10.76	"	
649	Speier	Marie	16.5.82	"	
650	Strauß	Mathilde	8.10.73	"	
651	Löb	Leo	7.11.64	Odenbach/Glan	
652	Löb	Karolina	4.3.62	"	
653	Maier	Ludwig	3.5.06	Odernheim	
654	Maier	Johanna	27.11.35	"	
655	Maier	Herta	31.8.07	"	
656	Neu	Anna	13.3.77	"	
657	Dreifus Ww.	Johanna	31.3.60	Pirmasens	Kirchbergstr.36
658	Dellheim	Arthur	2.9.90	Rockenhausen	
659	Rosenfelder	Jonas	3.12.08	"	
660	Fränkel	Heinrich	9.4.90	"	
661	Dreyfuss	Heinrich	12.7.78	"	

Abb.: Auszug aus der Original Deportationsliste „Wagner/ Bürckel Aktion" 1940[451]

[451] Landesarchiv Speyer, Bestand H42/395

Die „ Wagner-Bürckel-Judenaktion" war mit großer Akribie und Detailversessenheit geplant worden, um in der Öffentlichkeit keine Aufmerksamkeit zu erregen und um die Abläufe für spätere Deportationen zu optimieren. Noch waren 1940 Deportationen von Juden im großen Stil die Ausnahme. Die Gestapo erfasste und registrierte genau die Reaktion der Bevölkerung auf die Deportationen von Juden, um ggf. entgegenwirkende Propaganda-Maßnahmen u.a. einleiten zu können.
Die Nationalsozialisten werteten die gewonnenen Erkenntnisse aus und setzten diese bei der systematischen Deportation, die Mitte Oktober 1941 aus dem Reichsgebiet begannen, um.
Wie in dem nachstehenden Merkblatt für die Polizeikräfte, die an der Deportation beteiligt waren, zu entnehmen ist, waren die Kriterien und Details genau geplant. Der Inhalt des Merkblattes erklärt den Ablauf der Deportation am 22. Oktober 1940 sehr detailliert.

Merkblatt für die Beamten zum Einsatz bei der Deportation der saarpfälzischen Juden am 22. Oktober 1940

- *(1)Ausgewiesen werden nur Volljuden. Mischlinge, Angehörige von Mischehen sind von der Aktion auszunehmen. Staatenlose Juden werden grundsätzlich festgenommen. Jeder Jude gilt als transportfähig; ausgenommen sind nur Juden, die tatsächlich bettlägerig sind.*
- *(2)Zur Erfassung der Juden sind in Ludwigshafen, Kaiserslautern und Landau Sammelstellen errichtet. Die Heranführung der Festgenommenen erfolgt mit Omnibussen. Für jeden Omnibus ist ein Kriminalbeamter als Transportführer bestimmt. Je nach Bedarf werden ihm Schutzpolizei, Gendarmerie- oder Kriminalbeamte zugeteilt. Der Transportführer ist für die Erfassung, den Transport und die Betreuung seiner Gruppe bis zur Abfahrt des Zuges von der Sammelstelle verantwortlich. (.........)*
- *(6)Von den Festgenommenen ist nach Möglichkeit mitzuneh-*

men: Für jeden Juden einen Koffer oder Paket mit Ausrüstungsstücken, die zugelassene Gewichtsmenge beträgt für Erwachsene bis 50 kg, Kinder bis 30 Kg; vollständige Bekleidung; für jeden Juden eine Wolldecke; Verpflegung für mehrere Tage; Eß- und Trinkgeschirre; für jede Person bis zu 100 RM Bargeld.

- *(7)Nicht mitgenommen werden dürfen: Sparbücher, Wertpapiere, Schmuckgegenstände und Bargeldbeträge, die über die Freigrenze (100 RM) hinausgehen. (.........)*
- *(13) Es ist unbedingt erforderlich, daß die Juden bei der Festnahme korrekt behandelt werden. Ausschreitungen sind auf jeden Fall zu verhindern*[452].

Um eine Vorstellung darüber zu bekommen, wie die Verhältnisse in Camp de Gurs waren, kommen im Folgenden Zeitzeugen zu Wort, die Zustände und Bedingungen in Gurs beschreiben. Fr. Anna Neu geb. Falkenberg aus Odernheim verstarb im Dezember 1940 im Lager Camp de Gurs und wurde auf dem Lagerfriedhof beigesetzt. Von den überlebenden Odernheimer Juden sind keine Berichte über den Aufenthalt in Gurs überliefert.

Ankunft in Camp de Gurs

Ein Augenzeuge: *„Die Landschaft um Gurs ist schön, die Ernährung und die hygienischen Verhältnisse waren schrecklich, die Todesrate enorm. Wenn man morgens aus der Baracke trat, durfte man den schmalen Plankensteg nicht verfehlen, sonst steckte man bis über die Knie im Morast. Gurs liegt in einem Hochmoor, isoliert von den Dörfern der benachbarten Täler. Aller Verkehr zwischen den Baracken vollzog sich über diese wackeligen Laufplanken, und vorausgesetzt, man hatte einen Passierschein, galt das weitgehend auch für den zwischen den stacheldrahtumzäunten „Inselchen" (....) denn unsere Baracken waren streng getrennt nicht nur nach Geschlechtern, sondern auch nach Herkunftsgruppe. (.....)*[453]

<u>Ankunft in Gurs:</u> *„Aus der Nacht traten die ersten in die erleuchtete*

---

[452] Simmert, Johannes: Die nationalsozialistische Judenverfolgung in Rheinland-Pfalz 1933-1945, Koblenz, 1974, S. 472 f.

[453] Bernt Engelmann: Wie wir die Nazizeit erlebten, Frankfurt am Main, Olten, Wien 1984, S: 322

Baracke. Alte Frauen, zittrige Greisinnen, Frauen mit Kindern, stumm mit schreckstarren Augen, Frauen mit friedlich schlafenden Säuglingen im Arm.
„Wo kommen Sie her?"
„Aus Mannheim."
„Nein, ich meine von welchem Ort in Frankreich?"
„Wir waren nicht in Frankreich, wir sind gleich hierhergekommen."
„Aber, wo waren Sie vorher?"
„In Mannheim."
Wir begriffen nichts. Die Dienstbaracke stand voller Frauen, die Stumm, in entsetzlicher Müdigkeit, in stumpfen Gleichmut, in flackernder Angst, der Ohnmacht nahe, uns anstarrten, als ob wir wilde Tiere wären. Und immer neue, immer neue drängten durch die Tür, immer neue Lastwagen führen vor, eine leuchtende Kette von Scheinwerfern, Lastwagen hinter Lastwagen, ihre Reihe war nicht abzusehen. „Ist hier das Hotel", fragte ein altes Mütterchen. „Welches Hotel?".[454]

Ein weiterer Augenzeugenbericht über die Ankunft in Gurs:
„Wir kamen dann in Gurs spät Abend an, es war eine trübe Beleuchtung, ein Schlamm, daß meine jüngste Schwester, die war 10 Jahre alt, ihren Schuh verloren hat. Es war ein so fetter schlemm. Dann wurden wir verteilt auf Baracken, die Männer fuhren weiter, wir wußten gar nicht wohin, dann wurden wir verteilt. Wir haben nen Schrecken bekommen, wie wir in die Baracken reinkamen, da war`s dunkel und kalt und keine Betten, nichts hat man gesehen. Und so ein paar Gestalten nur, die kamen gleich auf uns zu und fragten, wo wir herkamen usw. Unter anderem waren da auch Portugiesen, portugiesische Frauen...... Und dann hat`s geheißen, wir müssen unsere Strohsäcke füllen. Dann haben wir den Strohsack gefüllt, aber wie.... Den Strohsack mußte man zurückschlagen, weil die ganze Baracke mit Schlamm voll war vom Rein- und Rausgehen...."[455]

---

[454] Hanna Schramm: Menschen in Gurs. Mit einem biografischen Beitrag zur französischen Emigrantenpolitik 1933-1945, Worms 1977, S:65
[455] Cacilie Friedmann, zitiert nach „Gurs", Deportation und Schicksal der Mannheimer und anderer badisch- pfälzischer Juden 1940-1945, Mannheim 1985, S: 51

Die Verpflegung in Camp de Gurs

Die Verpflegung in Gurs entsprach dem Unterbringungsstandard. Die Verpflegung war sehr fettarm und so bemessen, dass ein langsames Verhungern die Folge war.

„Ende 1940 erhielten die Internierten folgende durchschnittliche tägliche Nahrung:

Morgens: Ein warmes schwarzes Kaffee- Ersatz- Getränk (0,25 l).

Mittags: Eine Gemüsesuppe (weiße Bohnen, Erbsen, Kohl etc.) mit – theoretisch- einem kleinen Stückchen Fleisch. Die Suppe (0,5 l) war meist gehaltlos wässrig-dünn.

Abends: Suppe (0,5l) wie am Mittag. Dazu kamen in der Regel 250-300 g Brot(....) Nur Kinder unter einem Jahr erhielten ein bißchen Milch.“[456]

Und weiter:

„Manchmal bekamen wir verdorbenes Fleisch geliefert, das grün und blau angelaufen war und erst desinfiziert werden musste. Einmal bekamen wir als Fleisch 30 bis 40 Kilo stinkende Därme, die vergraben werden mußten, ein anderes Mal 200 Kilo heißgewordenen Spinat, von dem 3 Kilo als genießbar aussortiert wurden. Es gab viele Ödemkranke mit Schwellungen an den Beinen und Händen und um die Augen; wenn man die Finger auf die Schwellungen drückte, blieben verfärbte Vertiefungen zurück. Die Ödemkranken litten an großer Müdigkeit und waren arbeitsunfähig; sie verfielen zusehends und konnten nicht mehr stehen noch gehen. Ihre angeschwollenen Füße gingen nicht mehr in die Schuhe“.[457]

Hygiene in Camp de Gurs

(.....) es gab überhaupt keine Möglichkeit, seine Wäsche im Lager sauberzubekommen(.......) in Gurs war ja schon das Wasser ein Problem (.......) Später wurden in den Ilots Duschen eingebaut. 25 Personen hatten die Möglichkeit, sich gleichzeitig unter einer Dusche zu waschen, aber oft wurde das Wasser abgestellt, bevor man fertig war, und so

---

456 Adam Rutkowski: Le camp d` internement de Gurs. In:Le Monde Juif“, Heft 100 1980, S: 135

457 Hanna Schramm: Menschen in Gurs. Mit einem biografischen Beitrag zur französischen Emigrantenpolitik 1933-1945, Worms 1977, S:138

war man gezwungen, sich wieder anzuziehen, die Seife noch am Körper (....) Die Belüftung war absolut unzulänglich, die Luft war stickig, vor allem nachts (....) die Baracken waren, trotz Reparaturen, immer durchlässig für Wind und Regen, Frost. Die sanitäre Situation war von Anfang an dadurch belastet, daß es fast uberhaupt kein Material für die Schlafstellen gab. Anfangs waren weithin weder Stroh noch Schlafsäcke vorhanden (.......) später gab es Strohsäcke, deren Inhalt nur alle paar Monate erneuert wurde (....) im allgemeinen hatte jeder nur zwei Decken. Betttücher gab es nicht (.....) Auch das Wasser in Gurs war ein Problem. Das Reservoir war so (ungünstig) konstruiert, daß es nicht genug Wasser liefern konnte. Von 6-9 Uhr, von 12-15 Uhr, von 18-21 Uhr wurde Wasser ausgegeben. Vor den 8 Eimern mit Wasser die für 1000 oder mehr Personen reichen sollten, bildeten sich lange Schlangen. Diese 8 Eimer mußten den 1000 Menschen genügen, sich selbst zu waschen, ihre Wäsche und das Geschirr zu säubern und die Baracken zu putzen (.....) Ein großer Trog in einer der Baracken jedes Frauen-Ilots diente als Waschbecken. Aus etwa 40 Wasserhähnen gibt es kaltes Wasser nur zu bestimmten festgesetzten Zeiten (.....)"[458]

Eine weitere Zeitzeugin berichtet:

„Dafür trat als Folge der anfangs sehr mangelheften Körperpflege bald die Ungezieferplage auf; zuerst die Läuse, dann die Flöhe und später die schlimmen Plagegeister, die Wanzen, die fast aus allen Kämpfen als Sieger hervorgingen. Auch die Rattenplage sei hier nicht vergessen."[459]

Ein weiterer Bericht eines Zeitzeugen:

„Am quälendsten waren, bei Frost oder Morast, die unvermeidlichen Gänge zur Latrine:

Es gab in jedem Ilot (.....) etwa zwei oder drei „Hochburgen"; das war ein Aufbau, zu dem etwa sechs bis acht Stufen führten, oben von außen durch eine Wand verdeckt, befand sich ein Brett mit sechs Löchern, jedes vom anderen durch eine halbhohe Wand getrennt, und zu Häuptern ein Dach. Unter jedem Loch befand sich ein Faß, das zwei- bis dreimal in der Woche geleert wurde. Diese „Hochburgen" waren in der Nacht nicht beleuchtet, die Treppenstufen im Winter mit Eis und Schnee bedeckt. Aber auch unterwegs war der Weg durch den hohen

---

[458] Claude Laharie: Le camp de Gurs, Prèsentation succinte, Oloron 1979, S: 5

[459] Hans- Joachim Fliedner: Die Judenverfolgung in Mannheim 1933 – 1945, Stuttgart 1971, S: 89

Schlamm für Gesunde, noch mehr für Kranke eine Qual (....)"[460]

Krankheit und Tod im Camp de Gurs

„Tag für Tag ereigneten sich tragische Vorfälle wie der folgende: In der Nacht ging eine Frau auf den Abort. Sie trat neben den Laufsteg, fiel auf das Gesicht und konnte sich nicht mehr aus dem Schlamm freimachen. Als sie lange nicht zurückkam, ging die Tochter, welche neben ihr schläft, nachzusehen. Sie fand die Mutter tot, erstickt auf dem Gesicht liegend. Immer wieder musste man von den Latrinen, die das Ekelerregendste waren, was man sich denken konnte, ohnmächtige Menschen, ja selbst Tote, die einer akuten Herzschwäche erlegen waren wegtragen."[461]

Der Ausbruch der Ruhr, ein weiterer Zeitzeugenbericht schildert Eindrucksvoll den Ausbruch einer Ruhr Epidemie im Lager Gurs:

„Eines Tages fand ich die Latrine stark verunreinigt, blutiger Durchfall. Auch auf der Holztreppe, die hinaufführte, sogar auf den Zugangswegen fanden sich Spuren. Frau Lewisohn hatte auf ihrer Seite dasselbe beobachtet. Nachdem ich alles gründlich gereinigt und desinfiziert hatte, ging ich in die Krankenbaracke, um die Beobachtung zu melden. „Wir wissen schon, ziemlich üble Sache!" sagte Doris Schönberg, die Oberschwester, Tochter des bekannten Sektfabrikanten, ein schönes kräftiges Mädchen, das ihren kurz zuvor erlernten Beruf mit Hingabe und Tatkraft ausübte. „Vier liegen schon bei uns, aber es scheint in allen Baracken loszugehen".

„Was ist es denn?"

„Den Anzeichen nach Ruhr, aber man kann es ohne bakteriologische Untersuchung nicht genau sagen". Täglich nahm die Zahl der Kranken zu. Die Epidemie trat in allen Ilots geleichzeitig auf. Sie setzte mit hohem Fieber ein, das von starkem mit blutgemischten Durchfall und Schmerzen im Leib begleitet war. Der Durchfall kam so plötzlich, daß die Kranken ihre Wäsche, den Strohsack und den Fußboden beschmutzten. In schwereren Fällen trat Brechreiz ein, später eine Aus-

---

460 Maria Krehbiel-Darmstädter: Briefe aus Gurs und Limonest 1940-1943, Heidelberg 1979, S: 21

461 Paul Sauer: Die Schicksale der jüdischen Bürger Baden- Württembergs während der nationalsozialistischen Verfolgungszeit 1933-1945, Stuttgart 1969, S: 274

trocknung aller Schleimhäute, begleitet von starkem Durst, und in ganz schweren Fällen Bewußtlosigkeit und Darmkontinenz (Anm. Darminkontinenz)."[462]

Hunger und Verzweiflung

Es ist kaum in Worte zu fassen, was die Häftlinge, darunter ca. 60 Nordpfälzer, durchleben mussten. Mit Einbruch des Winters waren schon einige der Häftlinge an Schwäche und Unter- und Mangelernährung verstorben. Auch die Odernheimerin Anna Neu verstarb schon im ersten Winter im Camp de Gurs. Der nachfolgende Zeitzeugenbericht schildert die Verzweiflung, die unter den Häftlingen herrschte, kennt man diese durchlebten Abgründe, so ist es nicht verwunderlich, dass die überlebenden Odernheimer Juden Frau Herta Maier geb. Neu und ihre Tochter Johanna schwerste psychische Schäden davontrugen. Die Überlebenden waren durch die Ereignisse und das erlebte im Lager Camp de Gurs und Rivesaltes auf das Schwerste traumatisiert, was für Herta Maier und ihre Tochter Johanna immer wieder bedeutete, in psychiatrischen Krankenhäusern behandelt zu werden.

Betty Friesländer-Bloch fasste diese Verzweiflung in Worte:

„Die Tage, Wochen und Monate schleichen dahin. Jede Minute wird uns zur Stunde, jede Stunde zu einer Ewigkeit! Die Baracken sind dunkel, da keine Fenster vorhanden sind, ohne Tageslicht. So kauern wir auf einer Schütte Stroh, welches als Streue auf dem schmutzigen Fußboden liegt. Hunger! Entsetzlicher Hunger beherrscht unser Denken und Fühlen. Elend, Trostlosigkeit, Heimweh zermürben unsere Ichheit. Wassersuppe zweimal täglich und eine kleine Ration Brot ....? Wie lange wir dies aushalten? Haben unsere Verfolger Berechnungen[463] *anstel-*

---

462 Hanna Schramm: Menschen in Gurs. Mit einem biografischen Beitrag zur französischen Emigrantenpolitik 1933-1945, Worms 1977, S:41

463 Betty Friesländer-Bloch hatte mit ihrer Vermutung recht: Tatsächlich sind Berechnungen von SS-Ärzten bekannt, die die Überlebenszeit in Abhängigkeit von Verpflegung und körperlicher Arbeit errechnen, Die Verpflegung war so kalkuliert, dass bei schwerster körperlicher Arbeit und einer entsprechenden Anzahl von Kalorien die Überlebenszeit berechnet drei Monate betrug.

len lassen, wie lange ein Mensch bei Wassersuppe und Brot ....?! Hunger, Hunger! Es pocht und wühlt in unseren Gedärmen, es nagt an unseren Herzen, er macht die Menschen rabiat und böse.
Greise, bis zu fast 100 Jahren, Sieche, Blinde und Gelähmte, Taubstumme, Kinder und Babys, alles mußte diesen Schmerzensweg antreten. Ein zu Haft Verurteilter weiß wie lange er schmachten muß, wir aber wissen nicht, wann sich uns wieder einmal die Tore der Freiheit und Menschlichkeit öffnen.
Wohl stand ein Ofen in unserer Baracke, vorerst fehlte es aber an Heizmaterial. Ich hatte keine getrocknete Wäsche mehr für mein Kind, das alle zehn Minuten in seinem Kote schwamm. Der einzige Brunnen, der sich vor unserem Ilot befand, war in diesen kalten Wintertagen zugefroren (im Sommer meist versiegelt), desgleichen die Lavabos in den waschraumartigen Baracken. Wie sollten wir ohne Wasser auskommen! Mit harten Gegenständen wie Holz oder Steinen bemühten wir uns mit unseren zerschundenen, steifgefrorenen Fingern, das eingefrorene Wasser aufzuhacken. An ein Waschen konnten wir überhaupt nicht denken, es fehlte an Bütten und Seife. Um uns in dieser Kälte zu helfen, rissen wir immer wieder Balken und Holz von der Decke unserer Baracke oder suchten außerhalb derselben nach Abfallholz und dergleichen, wissend, daß, wenn man uns dabei erwischte, eine schwere Strafe darauf besteht. Not kennt kein Gebot, Not gibt uns die absurdesten Hilfsmittel in die Hände.
(.....) Grimmig kalt waren diese Dezembernächte in Gurs! Die Wände Glitzerten, so als ob man im Freien kampieren würde. Eingemummt in Mantel, Kopftuch, Schuhen und Handschuhen sank man erschöpft auf das elende, verseuchte Strohlager. Die Strümpfe und Schuhe waren vom Schlamm stets durchnäßt, und man hatte keine, um sie zu wechseln. Wenn der Hunger quält, wenn Frost den ermatteten, gegeißelten Körper schüttelt, wenn Ungeziefer einen fast zum Wahnsinn treibt, wenn Mäuse und Ratten, ebenfalls vom Hunger getrieben, pfeifend im Stroh rascheln und dann über die Leiber und Gesichter huschen, ist an ein Schlafen nicht zu denken. Da die Mäuse und Ratten bei uns keine Nahrung vorfanden, zerfraßen sie unsere Kleider, Hüte und unsere Koffer. (.....) Eisige Winde drangen durch die Löcher und Ritzen der

---

Die fettarme Hungerkost in Kombination mit Barbituraten kam auch in der sog. „wilden Phase" der Kindereuthanasie zur Anwendung, die Kinder starben häufig an Infekten, insbesondere der Lunge (Senklunge).

Baracken. Da und dort wehklagen und wimmern die gequälten, verzweifelten Menschen auf ihrem Lager. Manche bekommen Schreikrämpfe, andere hadern und wünschen den Tod herbei. Es gab aber auch Menschen, die jetzt erst beten lernten und den Allmächtigen um Hilfe anriefen. Gegen Morgen forderte die Natur dann schließlich doch ihre Rechte und umfing uns Ärmste in ihren Schlaf (...)"[464]

Der Hölle Camp de Gurs entkommen

„Zwischen Waffenstillstand 1940 und dem Ende des Jahres 1942 (...) konnten etwa 2000 Internierte aus Gur emigrieren (...) Ende 1940 gab es im Lager Gurs 4200 Personen, die auswandern wollten, die meisten von den deportierten Badener und Pfälzer (.......) ganze Familien mit Kindern oder Verwandten in die USA (....) Die Visa für die USA, nur vier Wochen gültig, waren Ende 1940 fast alle verfallen. Von rund 400 Visas waren nur 40 noch gültig (....) Mit Besitz eines Visums war noch keineswegs das Ende der Leiden gegeben. Um aus Frankreich herauszukommen, mußten fünf Bedingungen erfüllt werden: Ein Visum für ein überseeisches Land; ein Durchreise- Visum (das die Vichy[465]*- Behörden ausstellen mußten); eine Schiffskarte und Devisen für die Reisekosten (rund 400 US-Dollar)"*[466]

Nicht wenigen Internierten gelang die Flucht und sie konnten untertauchen.

Der Ablauf der Deportation nach Gurs aus Sicht der Täter

Die Deportation der pfälzisch Badischen Juden fand am 22. Oktober 1940, einem Dienstag in den frühen Morgenstunden statt. Auf einer vorbereiteten Liste, waren die Namen und Wohnorte der zu deportierenden gelistet. Die Deportation wurde vor Ort von den örtlichen

---

464 Paul Sauer: Die Schicksale der jüdischen Bürger Baden- Württembergs während der nationalsozialistischen Verfolgungszeit 1933-1945, Stuttgart 1969, S: 273f.

465 Das Vichy Regime war nach der Kapitulation Frankreichs im unbesetzten Teil Frankreichs von den NS Machthabern eingesetzt worden

466 Adam Rutkowski: Le camp d` internement de Gurs. In:Le Monde Juif", Heft 100 1980, S: 140ff.

Polizeibehörden durchgeführt.
Der folgende Mitschnitt anlässlich der Eichmann-Verhöre (22.5.1960 -15.12.1961) hatte auch die Deportation der Pfälzisch- Badischen Juden vom 22.10.1940 zum Inhalt:
„(......) aus ihren Wohnungen geholt und mit jeweils maximal 50 Kilo Gepäck und 100 Mark zu den Zügen getrieben. Ihr Eigentum verfiel dem deutschen Staat. Das bewegliche Eigentum wurde im März 1941 versteigert. Es waren neun Züge, und erst nach einer Fahrt von vier Tagen und drei Nächten wurden die Deportierten aus den Waggons gelassen (.....) in französische KZs. Weniger als tausend konnten auswandern oder fliehen. 2000 starben in den französischen Lagern an Hunger und Krankheiten, alle anderen wurden später (....) nach Osten transportiert und dort ermordet."[467]
Der Odernheimer Ludwig Maier wurde von Gurs in das Sammellager Drancy bei Paris verbracht und von dort in den „Osten" in das Vernichtungslager Majdanek bei Lublin deportiert und dort umgebracht.
Für die „zurückgelassenen" Vermögen der am 22. Oktober 1940 aus der Westmark (Saarpfalz) „evakuierten Juden war „eine möglichst baldige und günstige Verwertung anzustreben[468]"

Die Enteignung der Odernheimer Juden Familie Neu/Maier

Nachdem die Familien Anna Neu und Ludwig Maier am 22. Oktober 1940 in den frühen Morgenstunden abgeholt worden waren, um nach Camp de Gurs deportiert zu werden, wurde das Wohnhaus unmittelbar nach Verlassen des Hauses der Familien Neu/Maier versiegelt und es wurde mit der „Verwertung jüdischen Eigentums" begonnen[469]. Aus dem Schriftverkehr des Bürgermeister Hermann Wagners mit dem Landratsamt geht hervor, dass das Haus unmittel-

[467] Jochen von Lang: Das Eichmann Protokoll, Tonbandaufzeichnungen der israelischen Verhöre, Frankfurt am Main, Berlin, Wien 1985, S: 66
[468] Simmert, Johannes: Die nationalsozialistische Judenverfolgung in Rheinland-Pfalz 1933-1945, Koblenz, 1974, S. 472 f.
[469] Landeshauptarchiv Koblenz Bestand 922 Nummer 10060

bar nach der Deportation der Familie Neu/ Maier von der Wehrmacht genutzt wurde[470].

Am 6. Februar 1941 wurde in Gegenwart des Ortsbürgermeisters Hermann Wagner und einem Vertreter des Landratsamtes, einem Regierungsinspektor, das Inventar der Familien Neu/ Maier erfasst und inventarisiert[471],mit dem Ziel, die Habe der Familie Neu/Meier, wie es gängige Praxis war, zu versteigern. Zu diesem Zeitpunkt war Frau Anna Neu geb. Falkenberg schon tot, sie starb im Dezember 1940 in Gurs.

[470] Landeshauptarchiv Koblenz Bestand 922 Nummer 10060

[471] Landeshauptarchiv Koblenz Bestand 922 Nummer 10060

Abb.: Grab von Anna Neu geb. Falkenberg auf dem Lagerfriedhof in Gurs[472]

Versteigerung und Verkauf des Besitzes der Familie Neu

<u>Betreff:</u> Evakuierung der Juden, hier Feststellung der beweglichen Habe

<u>Verzeichnis</u>

der in der Wohnung der evakuierten Juden (Jüdin) Maier Israel Ludwig und Neu Sara Anna in der Gemeinde Odernheim Str.______, Ha. Nr. ______am 6. Februar 1941 festgestellten Gegenstände:

1 alter Küchentisch
4 alte Küchenstühle (Holz)
1 alter Küchenschrank
1 Geschirrunterteil
1 Abstell
1 alter kl. Küchenherd
1 Schränkchen 2türig
1 Holzstuhl
1 Gestell
geringwertiges Geschirr (Glas-Porzellan, Email-Eisen)
1 Einkochapparat
1 Ofen
1 Pult
1 Lehnstuhl
1 Sofa
1 Ofen
1 kl. Tisch
1 Zimmertisch
1 ..... sessel mit Rückenlehne
1 Lehnsessel
1 Rohrsessel
1 Wandspiegel
2 Zimmerrohrstühle
1 Holzstuhl
1 Schusternähmaschine

---

472 Bild: Berthold Schmidt, Odernheimer Geschichten

2 ältere Betten
1 Nachttisch
1 Stuhl
1 Rundofen
2 Betten
1 Waschkommode
1 Stuhl
1 Bette
1 Nachttisch
1 Waschkommode
1 älterer 2 türiger Kleiderschrank
1 neuerer 2 türiger Kleiderschrank
2 Holzstühle
1 Gestell
1 Schränkchen
1 Badewanne

Im Keller
Etwas Kohlen und Briketts
Im Schopp
Brennholz
1 Leiterwagen
I. Stock hinteres Zimmer:
(abgeschlossen und versiegelt)
verschiedene Kleider
1 Karton mit Schuhen
3 große und kleine Kisten mit Kleidern

Der Vertreter des Untertreuhänders

Reg. Insp.

Für die Gemeinde Odernheim

Der Bürgermeister

Wagner[473]

473 Landeshauptarchiv Koblenz Bestand 922 Nummer 10060

Das Protokoll der Versteigerung, die am 7.3.1941 13:00 begann und um 15:30 endete, enthielt neben dem Gesamterlös, auch die Auflistung derjenigen, die Gegenstände aus dem Hausstand der Familien Neu/ Meier ersteigerten, sowie den jeweilig erzielten Preis.

Versteigerung

Heute den 7.3.41 1 Uhr zu Odernheim, im Anwesen Nr. 126 ehemals dem Meier Israel Lud. und der Neu Sara Anna gehörige Gegenstände werden auf Anstehn des Untertreuhänders Landrat Rockenhausen öffentlich meistbietend unter folgenden Bedingungen versteigert:

1. *Garantie wird für keine der Gegenstände übernommen*
2. *Der Steigpreis nebst 10 Pfg. von der Hk als Kostenbeitrag ist sofort zahlbar*
3. *Die baren Auslagen werden aus dem Erlös gedeckt*
4. *In Besitz gelangt der Steigerer durch Zuschlag und Zahlung*
5. *Gerichts-& Erfüllungsort ist Obermoschel*

Worüber Protokoll von den Beteiligten unterschrieben
Schluss der Versteigerung 4 ½.
Erlös: 359,40 RM
(............)
Der Versteigerer:
Odernheim, den 7.3.41
Mader[474]

[474] Landeshauptarchiv Koblenz Bestand 922 Nummer 10060 Blatt 17, im weiteren beinhaltet das Dokument die Liste der versteigerten Gegenstände, Name des Steigerers (Käufers) und den erzielten (Erlös) Preis.

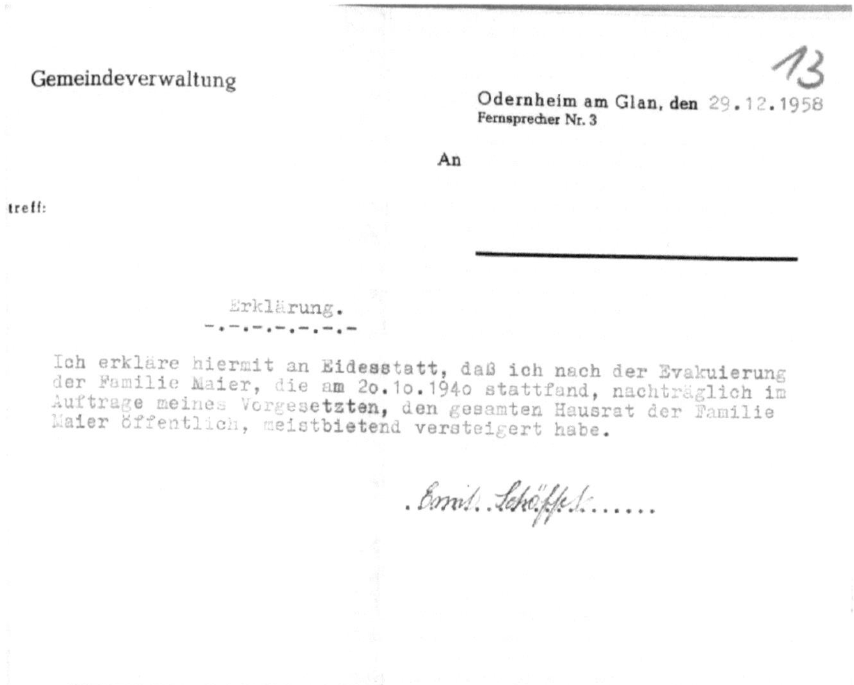

Gemeindeverwaltung

13

Odernheim am Glan, den 29.12.1958
Fernsprecher Nr. 3

An

treff:

Erklärung.
-.-.-.-.-.-.-

Ich erkläre hiermit an Eidesstatt, daß ich nach der Evakuierung der Familie Maier, die am 2o.1o.1940 stattfand, nachträglich im Auftrage meines Vorgesetzten, den gesamten Hausrat der Familie Maier öffentlich, meistbietend versteigert habe.

.Emil.Schöffel......

Abb. Eidesstattliche Erklärung des Polizeidieners Odernheim von 1958[475]

Bei der Sparkasse Obermoschel, Kontonummer 499, wurde vom Landratsamt ein Sperrkonto für Erlöse, die im Zusammenhang mit der Verwertung des Eigentums der Familien Neu/Meier stand, eingerichtet. Auf dieses Sperrkonto wurde der Erlös der Versteigerung eingezahlt. Prokura für dieses Konto hatte das Landratsamt in Rockenhausen als Untertreuhänder. Treuhänder war das Deutsche Reich, vertreten durch das Finanzamt Obermoschel im Auftrag der Oberfinanzdirektion Saarbrücken.

Zur weiteren „Verwertung" des Hauses der Familie Neu/Meier, machte nun das Landratsamt Rockenhausen den Vorschlag, das Anwesen zu vermieten, wogegen der Ortsbürgermeister Wagner intervenierte.

Odernheim (Pfalz), den 17.März 1941

---

[475] LA Speyer Bestand J / Nr.: 1307

Der Bürgermeister
An Landrat
Rockenhausen

Betreff: Verwaltung und Verwertung der zurückgelassenen Vermögenswerte der evakuierten Juden zum Auftr. v. 10.3.41

Wenn die Wohnung der Judenfamilie Maier/Neu, Odernheim ganz frei ist, hat die Gemeinde sehr großes Interesse für das ganze Anwesen. Die Gemeinde beabsichtigt, für die Einrichtung der Steuer- und Gemeindeeinnehmerei zu Eigentum zu erwerben. Sie hat deshalb kein Interesse daran, dass die Wohnung vermietet wird, zumal heute das ganze Haus von der Wehrmacht benutzt wird. Vor einer evtl. Vermietung muss der jetzige Verputz restlos entfernt und die Zimmer neu verputzt werden. Sie wollen daher von einer Vermietung absehen.
Wagner[476]

Es wurde restlos alles verwertet, die bei der Versteigerung nicht versteigerten Öfen wurden für 5 und 3 RM verkauft, ebenso das Brennmaterial aus dem „Schopp", das die Gemeinde Odernheim kaufte.
Odernheim (Pfalz), den 17.März 1941

Der Bürgermeister
An Landrat
Rockenhausen

Betreff: Verwertung der zurückgelassenen Vermögenswerte der evakuierten Juden Zum Auftr. v. 10.3.41

Das zurückgelassene Brennmaterial wurde restlos von der Gemeinde selbst übernommen. Es handelt sich um:
10.- Ztr. Briketts a 1,10 RM 11.---- RM
1 Ster Brennholz a 7,50 RM 7,50.---- RM
zusammen 18,50.---- RM

476 Landeshauptarchiv Koblenz Bestand 922 Nummer 10060 Blatt 23

Dieser Betrag wurde heute auf das bei der Sparkasse in Obermoschel errichtete Sperrkonto überwiesen[477].

Wagner

Auch diese Erlöse wurden auf das Sperrkonto eingezahlt.

Odernheim, den 18.März 1941

Der Bürgermeister
in
Odernheim a. Glan

An den Landrat Rockenhausen

Betreff: Ausräumung der Judenwohnungen. Zum Schr. v. 10.3.1941

Anlässlich der Räumung der Judenwohnung Meier/Neu, Odernheim sind folgende Kosten entstanden, die aus der Gemeindekasse Odernheim vorschussweise bezahlt wurden:
Zurechtstellung der Möbel bei der Bestandaufnahme durch einen Beamten des Landrates, beschäftigt waren 3 Mann den ganzen Tag (Höhn Fr., Euler Wilhelm, Weigand Wilhelm) =

3 Tage à 4,80 RM	*RM 14,40*
2Tage à 4,80 RM	*RM 9,60*
Ausrufen der Versteigerung	*RM 6.---*
Abfahren von 1 Wagen Gerümpel	*RM 5.---*
---------------	
zusammen	*RM 35.---*

Ich bitte um baldgefl. Rückersatz dieses Betrages
Wagner[478]

Der Betrag von 35 RM wurde von dem Sperrkonto der Familie Maier- Neu Sparkasse Obermoschel auf das Konto des Bürgermeisteramts Odernheim überwiesen.

Niederschrift
über

---

[477] Landeshauptarchiv Koblenz Bestand 922 Nummer 10060 Blatt 24
[478] Landeshauptarchiv Koblenz Bestand 922 Nummer 10060

die Übergabe (in en bloc) von Bett- und Leibwäsche, sowie Kleidungsstücken von den evakuierten Juden des Landkreises Rockenhausen durch den Landrat in Rockenhausen als Untertreuhänder zur Verwaltung und Verwertung des zurückgelassenen Vermögens
An: die Kreisamtsleitung der NSV[479] *(Sonderkonto Eindeutschung von Polen)*

Termin der Zahlung: sofort

Restbestände von Bunt Wäsche von Neu-Maier, Odernheim 60.----
Auf das Sperrkonto bei der Kreissparkasse Obermoschel
Gesamtverkaufserlös: sechzig Reichsmark

Rockenhausen, den 03. Juni 1941

Für den Landrat Für den Übernehmer Sachverständigen:

Reg. Insp.
Landrat
NSV[480]

Das Ziel der Nationalsozialisten war es ein Großdeutsches Reich zu schaffen. Dazu wurden in den besetzten Ostgebieten die Massenvertreibungen der einheimischen Bevölkerung betrieben, die jüdische Bevölkerung wurde gezielt durch Erschießungen von Einsatzkommandos umgebracht, oder in Konzentrationslager, Ghettos verbracht. Hauptziel war es ein „rassisch“ arisches Siedlungsgebiet zu schaffen. In die „geräumten“ Siedlungsgebiete wurden dann Polen, mit arischen „Rassemerkmalen“ angesiedelt. Ebenfalls fanden sog. Volksdeutsche[481] neue Heimstätten in den zwangsgeräumten Siedlungsgebieten.

---

479 Nationalsozialistische Volkswohlfahrt
480 Landeshauptarchiv Koblenz Bestand 922 Nummer 10060 Blatt 34
481 Volksdeutsche war in der Zeit des Nationalsozialismus eine Bezeichnung für außerhalb des Deutschen Reichs in den Grenzen von 1937 und Österreichs lebende Personen deutscher Volkszugehörigkeit und nichtdeutscher Staatsangehörigkeit, vor allem in Ost- und Südosteuropa. Davor war es üblich, sie als „Auslandsdeutsche“ zu bezeichnen

Die NSV stattete die Familien mit Hausrat, Kleidung und Wäsche aus. Die „Restbestände" Buntwäsche von der deportierten Familie Maier-Neu wurde diesem Zweck zugeführt.
Nachdem das Landratsamt Rockenhausen bestimmt hatte das Haus der Familien Neu- Maier zu vermieten, ließ der Bürgermeister Wagner ein Kostenvoranschlag erstellen, mit dem die Kosten der Renovierung veranschlagt wurden. Da der Bürgermeister Wagner vorhatte, das Haus der Familie Neu- Maier für die Gemeinde zu erwerben, schilderte er den Zustand des Hauses nicht sehr wohlwollend, dem tatsächlichen Zustand entsprechend.

Verwertung des Hauses der Familie Neu

Odernheim(Pfalz) den 15. Juli 1941

Der Bürgermeister
in
Odernheim a. Glan

An den Landrat
Rockenhausen

Betreff: Herrichten des Judenhauses Neu in Odernheim

Das in Odernheim stehende Judenhaus Neu ist in einem derartigen Zustande, dass es einer arischen Familie nicht zugemutet werden kann, dieses ohne die nötigen Herrichtungsarbeiten zu beziehen.
Ich habe daher einen Kostenvoranschlag für die allernötigsten Reparaturarbeiten erstellen lassen, den ich hiermit zur Genehmigung vorlege.
Nach Genehmigung will ich die Reparaturarbeiten, deren Kosten evtl. durch die erzielte Miete abgegolten werden können, ausführen lassen und dann mit der Genehmigung des Landrates die Wohnung vermieten, anderenfalls bleibt diese leer stehen, nachdem sich kein Mieter findet, der die Wohnung in ihrem derzeitigen Zustande bezieht.
Wagner[482]

---

[482] Landeshauptarchiv Koblenz Bestand 922 Nummer 10060

Aufgrund des Schreibens vom 15.7.1941 wurde vom Landratsamt Rockenhausen, die Überprüfung des vom Bürgermeister in Odernheim eingeholten Kostenvoranschlag durch den Kreisbaumeister in Auftrag gegeben um die Kosten für die Renovierung des Anwesens zu ermitteln. Das Haus der Familie Maier/Neu wurde renoviert, es entstanden mehr Kosten, als die im Kostenvoranschlag genannten. Nach einem ausführlichen Schriftverkehr zwischen dem Ortsbürgermeister Wagner und dem Landratsamt Rockenhausen, wurde der Mehrbetrag ebenfalls zu Lasten der Familien Maier/ Neu von deren Sperrkonto an die ausführenden Handwerker überwiesen.
Vom Verkauf des Anwesens an die Gemeinde Odernheim, zur Einrichtung der Einnehmerei, wurde von Seiten des Landratsamtes als Untertreuhänder, Abstand genommen, vielmehr bestand das Landratsamt auf die Vermietung des Anwesens.

Odernheim(Pfalz) den 29. Juli 1941

Der Bürgermeister
in
Odernheim a. Glan

An den Landrat
Rockenhausen

Betreff: Verwaltung und Verwertung des Vermögens der evakuierten Juden; hier Herrichtung des Judenhauses Neu/Maier in Odernheim. Zum Auftr. v. 22.7.41.
Beigeschlossen übersende ich drei Rechnungen über ausgeführte Arbeiten am Judenhaus Neu/Maier in Odernheim und zwar über

Tüncherarbeiten mit	*462,62.-- RM*
Maurerarbeiten mit	*25,80.-- RM*
Glaserarbeiten mit	*14.— RM*

Zusammen	*502,42.—RM*

Mit Verfügung vom 22.ds.Mts. ist ein Betrag von 458,06 RM für Reparaturarbeiten freigegeben worden. Der Unterschiedsbetrag ist für hinzugekommene Maurer- und Glaserarbeiten sowie den Aussenanstrich von Fenstern und Läden.

Ich bitte den ganzen Rechnungsbetrag nach Überprüfung zu überweisen.
Z.Zt. bin ich bemüht zwei Mieter für das Anwesen zu erhalten mit denen vor dem Einzug entsprechende Mietverträge in zweifacher Ausfertigung abgeschlossen werden, die ich dem Landrat zur Genehmigung vorlege.

i.A. Unterschrift[483]

Undurchsichtige Geldströme

Die NS-Machthaber, vertreten durch die ausführenden Behörden, dazu zählte das Bürgermeisteramt, das Landratsamt, die Gauleitung, das Finanzamt Obermoschel, die Oberfinanzdirektion sowie die Reichsbank, taten alles, um den Weg des enteigneten Geldes zu verschleiern.
Es wurden zwei Mietparteien für das Anwesen gefunden, die Mietverträge[484] abgeschlossen und dem Landratsamt Rockenhausen zur Genehmigung vorgelegt, die diese auch genehmigte. Der Mietzins musste monatlich auf das Sperrkonto der Familie Neu/Maier bei der Sparkasse Obermoschel eingezahlt werden, der Bürgermeister in Odernheim ließ sich vierteljährlich Bericht erstatten, ob die Zahlungen der Mieter als Eingang auf das Sperrkonto gebucht waren. Die Mietverhältnisse begannen am 15.9.1941[485]. Die Kosten für die Renovierung und Instandsetzung sowie die Kosten, die durch die Versteigerung anfielen, wurden von dem Sperrkonto der Familien Neu/Maier beglichen. Zur Sicherung der Forderungen wurde vom Sperrkonto des 3. Vorsitzenden des Wohltätigkeitsvereins der jüdischen Gemeinde Obermoschel „Gemillus Chesed“, Herrn Sally Speier, ein wahrscheinlich durch die NS- Machthaber erzwungenes „Darlehen“ (1940) in Höhe von 400 RM auf das Sperrkonto der Familien Neu/Meier eingezahlt. Die Rückzahlung erfolgte im Rahmen der Wiedergutmachungsverfahren am 26.2.1948. Weiterhin ließ das Finanzamt eine Sicherungshypothek in Höhe von 1350 RM im

483 Landeshauptarchiv Koblenz Bestand 922 Nummer 10060 Blatt 33
484 Landeshauptarchiv Koblenz Bestand 922 Nummer 10060, Blatt 54 f.
485 Landeshauptarchiv Koblenz Bestand 922 Nummer 10060 Blatt 54

Grundbuch von Odernheim auf die Grundstücke Nr. 186 und 188[486] (Wohnhaus und Scheune der Familie Neu/Meier sowie die Grundstücke 3025, 3026, 3027) eintragen, zur Sicherung der „Judenvermögensabgabe". Wäre diese nicht gezahlt oder das Sperrkonto der Familie Neu/Maier nicht gedeckt worden, wären das Anwesen und die Scheune im Zuge der Zwangsvollstreckung in das Eigentum der Vermögensverwaltung des Deutschen Reiches, vertreten durch die Oberfinanzdirektion Saarbrücken, übergegangen.
Die Scheune[487] der Familie Neu/Maier war von Anna Neu an eine Nachbarin vermietet worden, nachdem die Familien Neu/Meier deportiert waren, wurde der Mietzins ebenfalls auf das Sperrkonto der Familie einbezahlt.
Im Besitz der Familie Neu/Meier befanden sich ein weiteres Grundstück in der Gemarkung Staudernheim (Grundbuch Staudernheim, Band 21, Art. 1017, Flur 21 „Im Bistich"[488]), dieses war ebenfalls beschlagnahmt und an einen Odernheimer Landwirt verpachtet. Dieser Pachtzins wurde auch auf das Sperrkonto der Familie Neu/Meier einbezahlt.
Ebenfalls wurde das Sperrkonto in Abwesenheit der Familien Neu/Meier mit Abgaben wie Brandversicherung, Berufsgenossenschaft[489], Judenvermögensabgaben usw. belastet.
Am 16.3.1943, nach der Abwicklung der monetären Anteile des Vermögens der Familien Neu/Maier, „verfiel" das Guthaben des Sperrkontos dem Deutschen Reich, und wurde auf das Konto bei der Bank der Deutschen Arbeit, Kontonummer 7018 mit dem Verwendungszweck V: Neu/Maier Odernheim, überwiesen.
Nachdem das Vermögen der Familie Neu/Maier dem „Reich verfallen" war, wurde am 22.September 1943 der Immobilien und Grundstücksbesitz ebenfalls als dem „Reich verfallen" erklärt und durch die Oberfinanzdirektion Westmark in Saarbrücken für das Reich eingezogen. Somit war die Familie Neu/Maier zwangsweise enteig-

486 Landeshauptarchiv Koblenz Bestand 922 Nummer 10060
487 Landeshauptarchiv Koblenz Bestand 922 Nummer 10060
488 Landeshauptarchiv Koblenz Bestand 922 Nummer 10060 Blatt 6
489 Ab dem 1.1.1939 betrieben Fr. Anna Neu, die unter Theodor Neu Wwe. firmierte, sowie der Schwiegersohn Hr. Ludwig Meier kein Gewerbe mehr, Ludwig Meier meldete kurz nach seinem Aufenthalt im Schutzlager Dachau das Gewerbe ab, bzw. ließ es von Anna Neu abmelden.

net. Wie in anderen Fällen auch rechnete niemand mit der Rückkehr von Angehörigen der Familie Maier. Zu diesem Zeitpunkt war Anna Neu geb. Falkenberg schon tot, sie starb im Dezember 1940 kurz nach der Ankunft im Camp de Gurs.

Der Oberfinanzpräsident

Saarbrücken, 22. September 1943
Westmark

0 5300 B-Pf 656 St 3 *Einschreiben*

Betrifft: Verfallenes und eingezogenes Vermögen, Grundstück Pl. Nr. 186,188,3025,3026 und 3027 eingetragen beim Grundbuchamt Obermoschel
Grundbuch von Odernheim Band V Blatt 412
Eigentümer: Wwe. Anna Sara Neu geb. Falkenberg

Das Vermögen des ~~Mit~~- Eigentümers des oben verzeichneten Grundbesitzes ist gemäß §3 der Elften Verordnung zum Reichsbürgergesetz dem Reich verfallen.
Ich beauftrage hierdurch das Finanzamt, den Grundbesitz in die volle Verwaltung (Einziehen der Mieten usw.) zu nehmen und ggf. die Verwertung vorzubereiten. Hinweis auf meine für die Verwaltung und Verwertung weiterhin maßgebliche Rdverf vom 15. Mai 1942 05210-20 St 3. (................)

Finanzamt
Obermoschel[490]

Strafrechtliche Würdigung der judenfeindlichen Aktionen in Odernheim am Glan

Es fanden sich keine Hinweise auf eine Aufarbeitung und rechtliche Würdigung der antisemitischen Repressalien, die während der Nationalsozialistischen Gewaltherrschaft in Odernheim an den jüdischen Familien Ludwig Maier und Anna Neu begangen wurden. Dass

[490] Landeshauptarchiv Koblenz Bestand 922 Nummer 10060 Blatt 31

es Vorfälle gegen die Familien Ludwig Maier und Anna Neu gab, liegt nahe.
Von staatlicher Seite befohlene Gewalt fand statt. (Ludwig Maiers Internierung in Dachau, Deportation nach Gurs 1940, Zwangsenteignung des „zurückgelassenen Eigentums").
Wohl wurden aber Strafanzeigen gegen führende Odernheimer NSDAP-Funktionäre wegen Körperverletzung erstattet, die im Zusammenhang mit dem „Erbgesundheitsgesetz" (Sterilisationen) und politischer Verfolgung in der Zeit von 1933-1945 stattfanden. In dem Landeshauptarchiv in Koblenz sowie im Landesarchiv Speyer sind die für Odernheim relevanten Strafrechtsakten gelagert und auch einzusehen.
Zivilrechtlich hatte das Enteignungsverfahren, das durch die Nationalsozialisten gegenüber dem Eigentum der Familien Ludwig Maier und Anna Neu begangen wurde, Folgen, wie im nachfolgenden Kapitel dokumentiert.

Restitutions- und Wiedergutmachungsverfahren

Unmittelbar nach Kriegsende wurde durch das Commandement Supreme Interallié mit dem Gesetz Nr. 1 das nationalsozialistische Recht außer Kraft gesetzt
Das Gesetz Nr. 24 vom 08.12.1945 regelte die Anzeige von Ausplünderungsmaßnahmen gegen Personen, auch Deutsche, wegen Zugehörigkeit zu einer Rasse oder einer Weltanschauung.
Die Restitution, die Herstellung alter (Besitz-)Verhältnisse, begann 1947. Das französische Oberkommando erließ am 10.11.1947 die Verordnung[491] 120, die Rückerstattung geraubter Vermögensobjekte zum Inhalt hatte. Mit der Verordnung 120 konnten Rückerstattungsansprüche bei deutschen Gerichten geltend gemacht werden. Weiter regelte das Gesetz die Bildung eines Wiedergutmachungsfonds. Die Verordnung war als Gesetz im französischen Besatzungsgebiet auszuführen.

---

[491] Amtsblatt des französischen Oberkommandos in Deutschland, 14.11.1947

Bald nach der Gründung des Landes Rheinland-Pfalz wurde am 25.11.1947 und 23.07.1948 (Regelung Höhe der Rentenzahlung) die erste Landesverfügung zur „Wiedergutmachung politischer Schäden", welches die Soforthilfe für die Opfer des Nationalsozialismus regelte, erlassen[492].
Am 22.05.1950 trat das Landesgesetz über die Entschädigung der Opfer des Nationalsozialismus in Kraft, welches wie in der Gesetzesbegründung alle Opfer des Nationalsozialismus entschädigen sollte. Die ehemaligen jüdischen Bürger waren Teil dieses Personenkreises.
Auf Bundesebene trat am 18.09.1953 das Bundesentschädigungsgesetz[493] in Kraft. Das Gesetz galt vorrübergehend für drei Jahre.
Danach trat am 29.06.1956[494] das Bundesgesetz zur Entschädigung für Opfer der nationalsozialistischen Verfolgung in Kraft sowie am 19.07.1957[495] das Bundesgesetz zur Regelung der Rückerstattungspflichtigen Geldverbindlichkeiten des Deutschen Reiches und gleichgestellter Rechtsträger.

Seltsamer Fund

Artikel in der Rheinpfalz Nr. 32 vom 25-10-1947[496]

*„**Seltsamer Fund:** Als vor acht Jahren aus dem Vermögen der Judenfamilie Maier/Neu in Odernheim Möbelstücke und andere Gegenstände versteigert wurden, gelangte auch ein an und für sich harmloser unscheinbarer Spiegel (Wandspiegel) in den Besitz einer hiesigen Familie. Nun teilte die ehemalige Besitzerin aus Frankreich mit, in dem Spiegel sei Bargeld versteckt. Daraufhin wurde der Spiegel im Beisein mehrerer Einwohner von hier geöffnet und tatsächlich fand man sorgfältig eingenäht in einem Säckchen einige tausend Mark Papiergeld vor."*

Die Währungsreform von 1948 trat am 20. Juni 1948 in den drei westlichen Besatzungszonen Deutschlands (der amerikanischen,

492 Mais, Edgar, Wiedergutmachung. Eine Dokumentation, Birkenfeld, 1992, S. 20 ff.
493 BGBl. I S.1387
494 BGBl. I, 1956, S.562
495 BGBl. I, S. 734
496 Landeshauptarchiv Koblenz Bestand 922 Nummer 10060 Blatt 52

britischen und französischen) in Kraft. Ab dem 21. Juni 1948 war dort die **Deutsche Mark** („DM", auch „D-Mark") alleiniges **gesetzliches Zahlungsmittel**. Die beiden bisher gültigen Zahlungsmittel **Reichsmark** und die (zu ihr fest im Verhältnis 1:1 notierende) **Rentenmark** (beide abgekürzt als „RM") wurden zwangsumgetauscht und dabei mehr oder weniger im **Nennwert** herabgesetzt.

Besuch Herta Maier in Odernheim 1949

Frau Herta Meier und der für die Nachlasssache (Anna Neu, Theodor Neu Wwe.) bevollmächtigte Karl Welsch aus Kaiserslautern besuchten Ende April, Anfang Mai 1949 Odernheim und besichtigten das Elternhaus Odernheim, Hauptstraße 126 (Heute Hintergasse 19), von Herta Maier geb. Neu. Die Besichtigung war Anlass für das nachfolgende Schreiben des Bevollmächtigten Karl Welsch an das Finanzamt Obermoschel und das Bürgermeisteramt Odernheim.

Abschrift
Karl Welsch *Kaiserslautern, den 22.5.1949*
Steuerberater
Kaiserslautern

An das
1. *Finanzamt Obermoschel*
2. *Bürgermeisteramt Odernheim*

Betrifft: Nachlasssache Anna Neu, Wwe. früher Odernheim

Als bevollmächtigter der Erben in der rubrizierten Nachlasssache teile ich Ihnen folgendes mit:
Nach Besichtigung des zum Nachlass gehörigen Anwesens Odernheim/Hauptstraße 126 durch den Generalbevollmächtigten und der Miterbin Herta Maier wurde festgestellt, dass sich das Anwesen in einem total vernachlässigten Zustand befindet.
Folgende Mängel müssen ohne Verzug behoben werden, weil sonst der Bestand des Gebäudes ernstlich gefährdet wird.
1. *Erneuerung der Dachrinne an der Rückseite des Hauses.*
2. *Alle Fenster, insbesondere deren Rahmen sind nachzusehen und auszubessern und neu zu verkitten. Soweit die Rahmen*

durch Fäulnis unbrauchbar geworden sind, ist Ersatz anzubringen, zerbrochene Scheiben zu ersetzen.

3. *Alle Türen und Fenster müssen gestrichen werden*
4. *Kellerladen müssen nachgesehen und neu angebracht werden, soweit dies erforderlich ist.*
5. *Das Dach ist an vielen Stellen undicht geworden. Es ist eine Neudeckung des Daches erforderlich.*

Nachdem die laufende Instandhaltung unterblieben ist, und ein solches Vorgehen im Widerspruch zu einer ordnungsgemäßen Geschäftsführung steht, bitte ich sofort zu handeln, damit weiterer Schaden vermieden wird.
Vermutlich wird das Finanzamt einwenden, dass die vorhandenen Mittel nicht ausreichen um diese Reparaturen im Augenblick ausführen zu können. Hierzu stelle ich fest: Das Bürgermeisteramt hat nach vorliegenden Informationen Mieter eingewiesen, von denen anzunehmen war, dass sie auf die pflegliche Behandlung der Mieträume keine Rücksicht nehmen. Demgemäss wolle sich das Bürgermeisteramt dahingehend mit dem Finanzamt Obermoschel verständigen, dass die Gemeinde mindestens die Hälfte der Kosten übernimmt.
Die Erben verlangen von mir, dass sowohl das Finanzamt wie das Bürgermeisteramt für den entstandenen Schaden haftbar gemacht werden soll.
Ich bitte um Stellungnahme.

Hochachtungsvoll
Welsch
Steuerberater[497]

Als nach ca. acht Wochen nach dem Schreiben des Bevollmächtigten Karl Welsch keine Stellungnahme von Seiten des Finanzamtes Obermoschel und dem Bürgermeisteramt Odernheim erfolgte, schrieb Frau Herta Maier einen handschriftlichen Brief an das Finanzamt Obermoschel und erinnerte an den verwahrlosten Zustand des Hauses der Familie Neu/Maier in Odernheim und die Abrechnung der Einnahmen und Ausgaben das Haus ihrer Tante Mathilde Strauß in Obermoschel betreffend. Frau Herta Maier lebte zu dieser Zeit noch in Septfonds, Frankreich.

---

[497] Landeshauptarchiv Koblenz Bestand 922 Nummer 10060 Blatt 72

Septfonds, den 24. Juli 1949

An das Finanzamt Obermoschel:
Erlaube mir Ihnen heute zu schreiben und bitte Sie um Mitteilung, ob sie immer noch die Verwaltung der Häuser haben; So bitte ich Sie; sich mit der Renovierung unseres Wohnhauses in Odernheim zu beschäftigen, das sich in einem furchtbar verwahrlosten Zustand befindet. Auch bitte ich Sie um eine Abrechnung von dem Haus meiner verstorbenen Tante Mathilde Strauß. Hr. Rolf O. hat 5 Räume treibt in dem Haus ein Geschäft, bepflanzt fast den ganzen Garten zahlt monatlich 27 Mark was zu wenig ist. Erwarte eine diesbezügliche Nachricht Ihrerseits.
Hochachtungsvoll
Frau Herta Maier[498]

Rückgabe des Gartengrundstücks

Mit Urteil vom 01. Oktober 1949 wurden die am 11. Mai 1939 von Frau Anna Neu geb. Falkenberg an den praktischen Arzt Eduard Nagel verkauften Grundstücke Odernheim Plan Nr.: 313 und 313$^1/_2$ wieder den Erben der Frau Anna Neu, Fr. Herta Maier geb. Neu und Werner Neu zugesprochen. In der Klagebegründung heißt es:
"Unter dem Zwang der damaligen Verhältnisse musste Frau Neu als Jüdin die im Klageantrag näher bezeichneten Grundstücke an den Beklagten übertragen. Es kann hier ganz davon abgesehen werden, näher zu schildern, mit welcher Brutalität die Nazipartei- Stellen damals die Juden zwangen, ihre Liegenschaften an Arier zu übertragen[499]*".*
In seiner Stellungnahme schrieb Eduard Nagel, dass er den vom Landratsamt vorgeschriebenen Preis von 1020 RM bezahlte, den Frau Neu bei dem Finanzamt Obermoschel einzahlen musste, darüber hinaus zahlte lt. mündlicher Absprache mit Frau Neu Eduard Nagel 780 RM, die bei Frau Neu verblieben und nicht im notariellen Kaufvertrag genannt wurden[500]. Da Familie Neu/Maier kein Einkommen mehr hatte, lebte diese bis zur „Evakuierung" von diesem Geld, schrieb Eduad Nagel in seiner Stellungnahme.

---

498 Landeshauptarchiv Koblenz Bestand 922 Nummer 10060 Blatt 79
499 LA Speyer Bestand J 7 Nr.: 1593
500 LA Speyer Bestand J 7 Nr.: 1593

Rückgabe des Zwangsenteigneten Grundbesitzes

Das Anerkenntnisurteil-Endurteil in Sachen Rückgabe der Grundstücke Plan Nr.: 186,188,3025,3026,3027 in Odernheim wurde am 10. Februar 1950 verkündet. Das Land Rheinland-Pfalz als derzeitiger Sequester des noch in seinem Bereich befindlichen Vermögens des Deutschen Reiches wurde verurteilt, die genannten Grundstücke zurückzugeben sowie den Abrechnungsbetrag in Höhe von 442,06 DM an die Kläger Herta Maier und Werner Neu auszuzahlen[501]. Die endgültige Rückübertragung fand erst am 22.1.1951 statt.

An das Finanzamt Obermoschel

Landesfinanzamt
Neustadt/Haardt, 3. *März 1950*
Neustadt/Haardt
0 5250 B - P 2a - Rest. 324/49

Betrifft: Rückerstattungssache 1. Frau Herta Maier geb. Neu in Frankreich, 2. Werner Neu, früher in Odernheim, nun in USA, vertreten durch Dr. Mayer, Saarbrücken.
In vorbezeichneter Rückerstattungssache ist durch die Wiedergutmachungskammer Kaiserslautern Anerkenntnis – Endurteil ergangen. Danach hat das Land Rheinland-Pfalz die strittigen Grundstücke in der Steuergemeinde Odernheim Bd. V Bl. 412
Pl. Nr. 186, 188, 3025, 3026 und 3027 an die Kläger herauszugeben und die bis 19. Juni 1949 erzielten Überschüsse mit 442,04 und die weiterhin noch erzielten Überschüsse herauszuzahlen. (.............)
Nach Durchführung dieser Maßnahme erbitten wir kurzen Bericht.
Im Auftrag

501 LA Speyer Bestand J 7 Nr.: 1592

Finanzamt Obermoschel[502] *Unterschrift*

Rückübertragung der Grundstücke in Staudernheim

Finanzamt Bad Kreuznach
Bad Kreuznach, den *11. Januar 1951*
- Liestelle-

An
Das Finanzamt in Obermoschel

<u>Betrifft:</u> Wiedergutmachungssache der Frau Herta Maier, geb. Neu-Sept.-Fonds ./. Rheinland-Pfalz
<u>Bezug:</u> Verfg. Der Oberfinanzdirektion von Rheinland-Pfalz vom 8.1.51 – B Kr. 91/50.-

Nach den mir von der Oberfinanzdirektion übersandten Unterlagen hat Frau Herta Maier bezüglich das im Grundbuch von Staudernheim, Band 21, Art. 1017, Flur 21, Parz. 140, Acker „Im Bistich" eingetragenen Grundstücks Klage erhoben. Das Grundstück ist eingetragen auf den Namen des Schusters Theodor Neu in Odernheim. Nach den mir überreichten Unterlagen wird das Grundstück von dem dortigen Finanzamt verwaltet. Eine Umschreibung des Grundstücks auf den Namen des Deutschen Reiches ist seinerzeit nicht vorgenommen worden. Die Oberfinanzdirektion hat verfügt, dass zwecks Durchführung einer gütlichen Erledigung durch die dortige Dienststelle ein Vergleichsentwurf nebst Rechnungslegung in der üblichen Form nach hier eingereicht wird und dass auf Grund dieser Unterlagen von hier aus mit dem Prozessbevollmächtigten der Klägerin der Abschluß des Vergleiches erstrebt werden soll. (................)

Unterschrift[503]

502 Landeshauptarchiv Koblenz Bestand 922 Nummer 10060 Blatt 95
503 Landeshauptarchiv Koblenz Bestand 922 Nummer 10060 Blatt 105

Rückforderung des Versteigerten Hausrates der Familie Maier- Neu

Am 30.1.1958 reichten Herta Meier und Werner Neu, vertreten durch Rechtsanwalt Dr. jur. Paul Mayer aus Bad Dürkheim, Klage gegen die Oberfinanzdirektion Koblenz ein bezüglich Schadensersatz für die zwangsweise versteigerten Mobilien und Wertgegenstände aus dem von den Nationalsozialisten beschlagnahmten Elternhaus in Odernheim.

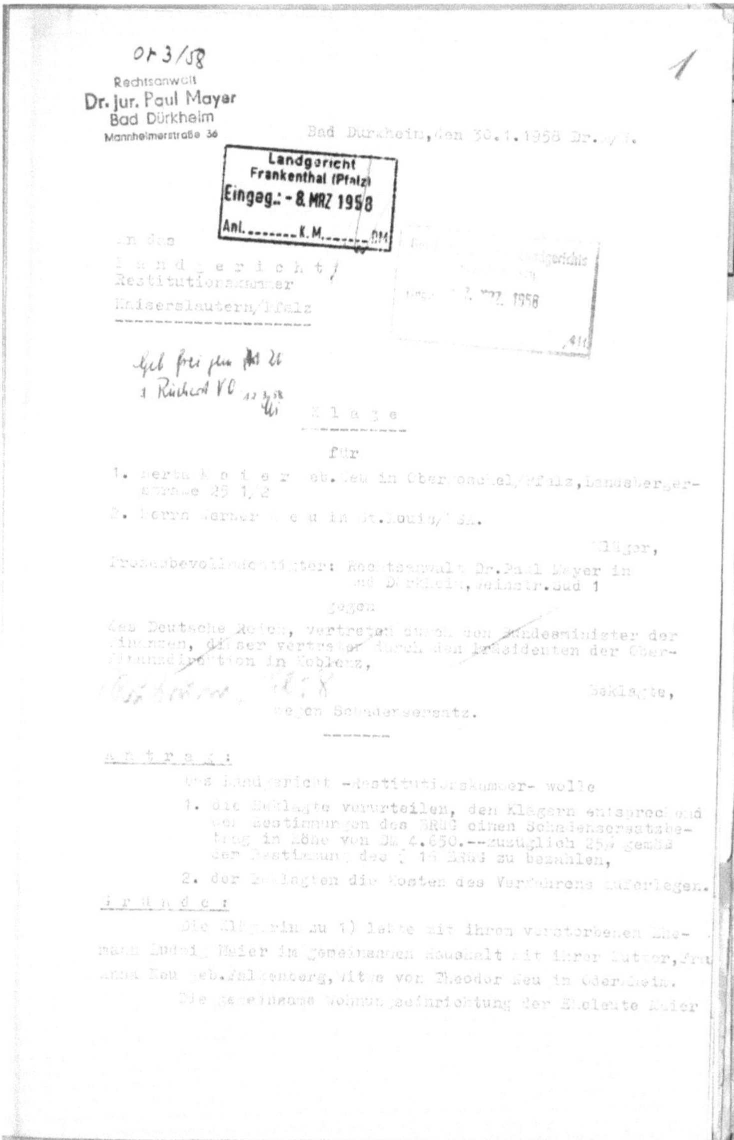
Rechtsanwalt
Dr. jur. Paul Mayer
Bad Dürkheim
Mannheimerstraße 36

Bad Dürkheim, den 30.1.1958

Landgericht
Frankenthal (Pfalz)
Eingeg.: - 8. MRZ 1958
Anl. .... K.M. .... DM

An das
Landgericht
Restitutionskammer
Kaiserslautern/Pfalz

Klage

für

1. Berta Meier geb. Neu in Obermoschel/Pfalz, Landsbergerstraße 25 1/2
2. Herrn Werner Neu in St. Louis/USA.

Kläger,

Prozeßbevollmächtigter: Rechtsanwalt Dr. Paul Mayer in Bad Dürkheim, Weinstr. Süd 1

gegen

das Deutsche Reich, vertreten durch den Bundesminister der Finanzen, dieser vertreten durch den Präsidenten der Oberfinanzdirektion in Koblenz,

Beklagte,

wegen Schadensersatz.

Antrag:

Das Landgericht -Restitutionskammer- wolle

1. die Beklagte verurteilen, den Klägern entsprechend den Bestimmungen des BRüG einen Schadensersatzbetrag in Höhe von DM 4.650.-- zuzüglich 25% gemäß der Bestimmung des § 16 BRüG zu bezahlen,
2. der Beklagten die Kosten des Verfahrens auferlegen.

Gründe:

Die Klägerin zu 1) lebte mit ihrem verstorbenen Ehemann Ludwig Meier im gemeinsamen Haushalt mit ihrer Mutter, Frau Anna Neu geb. Falkenberg, Witwe von Theodor Neu in Odernheim.

Die gemeinsame Wohnungseinrichtung der Eheleute Meier

Abb.: Klageschrift vom 30.1.1958[504]

504 LA Speyer Bestand J 7 Nr.: 1309

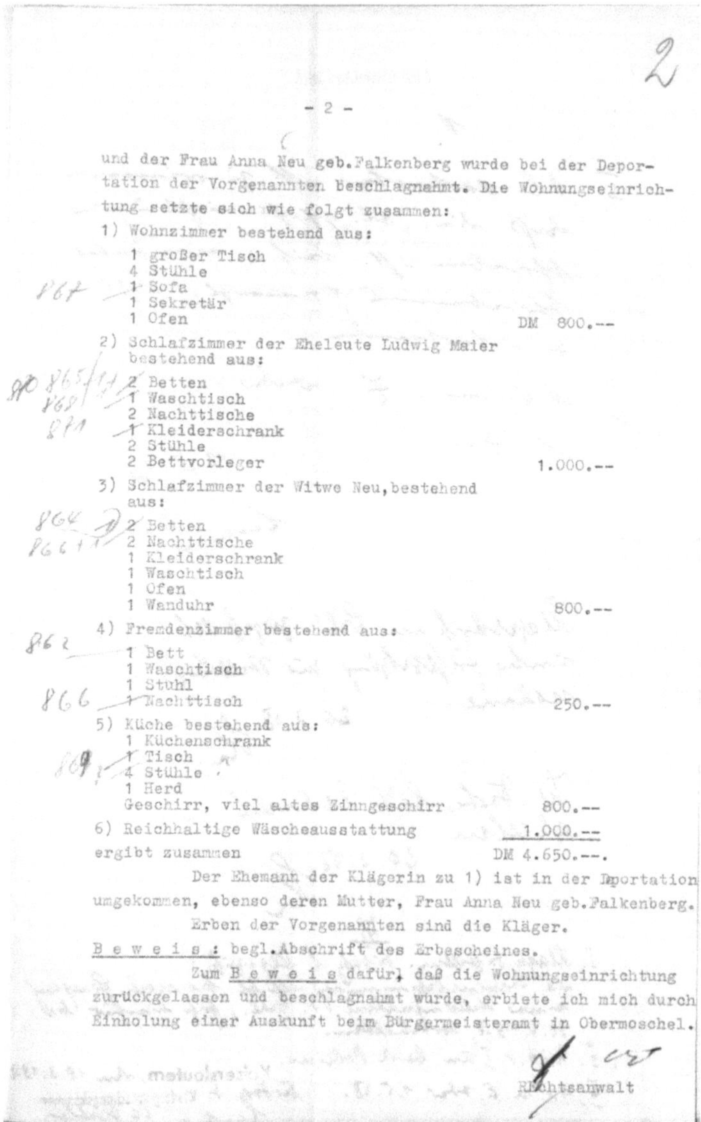
2

\- 2 -

und der Frau Anna Neu geb.Falkenberg wurde bei der Deportation der Vorgenannten beschlagnahmt. Die Wohnungseinrichtung setzte sich wie folgt zusammen:

1) Wohnzimmer bestehend aus:
   1 großer Tisch
   4 Stühle
   1 Sofa
   1 Sekretär
   1 Ofen — DM 800.--

2) Schlafzimmer der Eheleute Ludwig Maier bestehend aus:
   2 Betten
   1 Waschtisch
   2 Nachttische
   1 Kleiderschrank
   2 Stühle
   2 Bettvorleger — 1.000.--

3) Schlafzimmer der Witwe Neu, bestehend aus:
   2 Betten
   2 Nachttische
   1 Kleiderschrank
   1 Waschtisch
   1 Ofen
   1 Wanduhr — 800.--

4) Fremdenzimmer bestehend aus:
   1 Bett
   1 Waschtisch
   1 Stuhl
   1 Nachttisch — 250.--

5) Küche bestehend aus:
   1 Küchenschrank
   1 Tisch
   4 Stühle
   1 Herd
   Geschirr, viel altes Zinngeschirr — 800.--

6) Reichhaltige Wäscheausstattung — 1.000.--

ergibt zusammen — DM 4.650.--.

Der Ehemann der Klägerin zu 1) ist in der Deportation umgekommen, ebenso deren Mutter, Frau Anna Neu geb.Falkenberg.

Erben der Vorgenannten sind die Kläger.

B e w e i s : begl.Abschrift des Erbscheines.

Zum B e w e i s dafür, daß die Wohnungseinrichtung zurückgelassen und beschlagnahmt wurde, erbiete ich mich durch Einholung einer Auskunft beim Bürgermeisteramt in Obermoschel.

Rechtsanwalt

Abb.: Klageschrift vom 30.1.1958[505] Seite 2. Die mit Bleistift eingetragenen Nummern bezeichnen gerichtliche Verfahren bzw. behördliche Beschlagnahme, welche die Kläger mit den Erwerbern der jeweils gelisteten Inventargegenstände führten.

[505] LA Speyer Bestand J 7 Nr.: 1309

Das Verfahren endete mit Urteil vom 15.6.1959 mit einem Vergleich, in welchem die Kläger 2200 DM zugesprochen bekamen. Der ursprüngliche Schadensbetrag von 4650 DM wurde gemindert, da einige der Möbelstücke zurückgegeben waren oder eine entsprechende Entschädigung von den damaligen Erwerbern gezahlt wurde[506].
Die auf Seite 2 der Klage neben den gelisteten Inventargegenständen handgeschriebenen Nummern entsprechen den Aktenzeichen der jeweils von der Klägerin angestrengten gerichtlichen Rückgabeverfahren (1948-1950). Diese Verfahren sind unter der Signatur Bestand J 7 und der jeweiligen Nummer im Landesarchiv Speyer archiviert. Die einzelnen Verfahren begannen mit der von der französischen Besatzungsmacht ergangenen Beschlagnahme, um den rechtmäßigen Besitz zu klären. Danach folgte die gerichtliche Klärung, die in allen Fällen zugunsten der Kläger, den Erben Neu/Maier entschieden wurde. Der überwiegende Teil der Erwerber von Inventargegenständen aus dem zwangsweise versteigerten Besitz der Familie Neu/Maier gab die Gegenstände zurück, andere zahlten einen Ausgleich zu dem tatsächlichen Wert. Nur bei einigen Erwerbern wurde das Verfahren durch ein Gerichtsurteil entschieden. Es handelte sich um Inventar- und Einrichtungsgegenstände, z.B. um ein Bett, Gläser und Geschirr, eine Badewanne, einen Kleiderhaken (Wert 0,70 RM), eine Kommode usw., die jeweils einzeln von den verschiedenen Erwerbern zurückgefordert wurden. Nach Abschluss der Verfahren und Klärung der Besitzverhältnisse wurde die Beschlagnahme wieder aufgehoben
Bis auf einen Erwerber mussten die anderen beklagten Erwerber keine Gerichtskosten bezahlen, da diese die Meinung vertraten, Frau Herta Maier hätte die Einrichtungsgegenstände bei den Erwerbern persönlich einfordern können. Fr. Herta Maier war mindestens einmal nach Kriegsende in Odernheim, um ihr Elternhaus in Augenschein zu nehmen. Auch ihr Bruder Werner Neu besuchte Odernheim in der Nachkriegszeit. Dieser Argumentation folgte das Gericht. Frau Herta Maier wohnte zum Zeitpunkt der Grundstückrückgabe (17.01.1951) in Obermoschel, Landsbergstraße 25 ½, im Haus ihrer verstorbenen Tante Mathilde Strauß geb. Neu, wo sie nach der Rückkehr 1950 aus Frankreich lebte. Werner Neu in St. Louis, USA.

---

506 LA Speyer Bestand J 7 Nr.: 1309

Fr. Herta Maier geb. Neu und Hr. Werner Neu waren Erben ihrer in Rivesaltes 1941 verstorbenen Tante Mathilde Strauß geb. Neu. Auch dieses Widergutmachungsverfahren wurde vor dem Landgericht in Kaiserslautern im Rahmen eines Verfahrens geklärt[507]. Herta Maier und Werner Neu bekamen das Haus in der Landsbergstraße 25 $^1/_2$ in Obermoschel, das vor der Deportation Eigentum der Tante Mathilde Strauß geb. Neu (Uhrmacher Wilhelm Strauß Wwe.) war, zurück übertragen. Ebenso die Wertgegenstände aus dem Geschäftsbetrieb von Mathilde Strauß, die das Uhren- und Schmuckgeschäft ihres verstorbenen Mannes bis zur Arisierung bzw. Gewerbeverbot durch die Nationalsozialisten betrieb[508]. Bei dieser Klage wurde von seiten der Kläger Fr. Herta Maier geb. Neu und Werner Neu ein Entschädigungsbetrag von 6200 DM eingefordert. Auch im Falle des Restitutionsverfahrens von Mathilde Strauß geb. Neu ging es um die Entschädigung des versteigerten Mobiliars und um vor der Deportation vorhandene Kunst und bewegliche Vermögenswerte[509]. Im Laufe des Verfahrens wurde darüber gestritten, ob der Goldschmuck schon 1939 abgegeben werden musste (11. Reichsverordnung zum Reichsbürgergesetz) oder ob die Wertgegenstände noch bis zur Deportation (22.10.1940) im Besitz von Frau Mathilde Neu waren. Das Verfahren endete mit einem Vergleich, der Fr. Herta Maier eine Entschädigungssumme für die in der Klage genannten Mobilien und Vermögenswerte in Höhe von 3300 DM zusprach[510].

Vergleich zwischen dem Finanzamt Bad Kreuznach und Herta Maier

Vergleich zwischen dem Finanzamt Bad Kreuznach im Auftrag des Ministeriums für Finanzen und Wiederaufbau Rheinland- Pfalz und Frau Herta Maier, bezüglich der Rückgabe des Grundstücks in Staudernheim:

(............)

---

507 LA Speyer Bestand J / Nr.: 1307,1308

508 LA Speyer Bestand J / Nr.: 1307, 1308

509 LA Speyer Bestand J / Nr.: 1307, 1308

510 LA Speyer Bestand J / Nr.: 1307

„Mit dem vorstehenden Vergleich hat daher nur die Übergabe des Grundstücks in Staudernheim zu erfolgen.(............)
Seit Mai 1950 ist Frau Herta Maier berechtigt, die Pacht selbst einzuziehen. (..........)
Die Parteien stellen fest, dass die Entziehung des Grundstücks in Staudernheim seinerzeit bösgläubig erfolgt ist.[511]*"*
(.............)

Die Übertragung des Haus und Grundbesitzes in Odernheim fand am 22.1.1951 statt, somit war die Rückübertragung im sog. Restitutionsverfahren[512] des Besitzes, das auf (Un-) Rechtgrundlage der 11. Verordnung zum Reichsbürgergesetz unrechtmäßig beschlagnahmt wurde, wieder Eigentum der Erben von Anna Neu geb. Falkenberg (Theodor Neu Wwe.) Werner Neu und Herta Maier.
Aus einem weiteren Schriftwechsel geht hervor, dass Frau Herta Maier Witwenrente als Leistung für Opfer der NS-Gewaltherrschaft bezog sowie eine Haftentschädigung vom Wiedergutmachungsamt Mainz auf Antrag erstattet bekam.
Ebenso beantragte Frau Herta Maier Versorgungsleistungen für ihre Tochter Johanna Meier, die aufgrund der erlebten Gewalt und Deportation schwere psychische Schäden erlitt.

Jüdische Odernheimer Opfer der Nationalsozialistischen Herrschaft

Von den in Odernheim geborenen, und/oder längere Zeit am Ort wohnhaften jüdischen Bürgern sind in der NS-Zeit umgekommen, die Angaben beruhen auf den Listen von Yad Vashem, Jerusalem und den Angaben des *"Gedenkbuches - Opfer der Verfolgung der Juden*

[511] Landeshauptarchiv Koblenz Bestand 922 Nummer 10060
[512] Restitution: Rückerstattung oder Abgeltung von unrechtmäßigen Enteignungen, z.B. Mobilien, Immobilien, Grundstücke, während der Zeit des Nationalsozialismus durch den NS- Staat.

unter der nationalsozialistischen Gewaltherrschaft in Deutschland 1933-1945"[513]; Ergänzung durch eigene Recherche[514]:

Hier genannte jüdische Opfer der Verfolgung aus Odernheim / Glan in der NS Diktatur sind sowohl Ermordete als auch Deportierte, die die Gräuel überlebten, oft mit massiven körperlichen und psychischen Folgen.

1. **Hertha Maier geb. Neu** (*31. August 1907 in Odernheim + 26.Februar 1962 in Heidelberg. Herta Maier befand sich Lager Gurs: Deportation am 22. Oktober 1940- 14. März 1941. Maier, Herta, geboren am 31.8.1907 in Odernheim, war zu einem nicht genannten Zeitpunkt im Lager Rivesaltes[515]. Danach im Centre á Septfonds. Insgesamt war Frau Herta Meier 48 Monate inhaftiert.
   Lebte noch nach 1945 in Septfonds Frankreich. „Tauchte[516]" aber nach dem Krieg mit ihrer Tochter Johanna in Obermoschel wieder (1950) auf, und wohnte im Haus ihrer Tante Mathilde Strauß geb. Neu und starb 1962 in Heidelberg.[517,518,519]
2. **Johanna Maier** (*27. November 1935 +08. Juli 2010), die damals zum Zeitpunkt der Deportation 5 jährige Tochter von Ludwig und Hertha Maier überlebte die NS-Zeit, wurde durch die Lageraufenthalte psychisch krank.
3. **Ludwig Maier** (*3. Mai 1906 in Ulmet + 1945 in Lublin, Majdanek), Infolge der Ereignisse in der Reichskritallnacht,

513 www.bundesarchiv.de/gedenkbuch/directory.htm Gedenkbuch - Opfer der Verfolgung der Juden unter der nationalsozialistischen Gewaltherrschaft in Deutschland 1933-1945

514 Gemeindearchiv Odernheim: Standesamtliche Unterlagen: Geburten Odernheim 1885 Nr.66

515 ITS Digital Archive, Bad Arolsen Alphabetische Liste der Insassen des Lagers Rivesaltes, 1.1.9.13/11187195/

516 Formulierung aus dem Bürgerregister Standesamt Odernheim

517 Bürgerregister Band 2 S:245

518 Reinhold Rehberger; Kerndeutsch, Der Landkreis Rockenhausen in der Nazizeit; 1989

519 www.bundesarchiv.de/gedenkbuch/directory.htm Gedenkbuch - Opfer der Verfolgung der Juden unter der nationalsozialistischen Gewaltherrschaft in Deutschland 1933-1945

Reichsprogromnacht wurde Ludwig Meier vom 12. November 1938 – 17.Januar 1939 im Konzentrationslager (Schutzhaftlager) Dachau in Schutzhaft genommen; 22.10.1940 in das Internierungslager Gurs. Von dort in das Sammellager Drancy (20 km nordöstlich von Paris) dann kam Ludwig Maier am 6. März 1943 von Drancy[520] in das Konzentrationslager Lublin, Majdanek[521] (Vorort von Lublin),er wurde dort ermordet [522,523]. Der genaue Zeitpunkt des gewaltsamen Todes ist nicht verifizierbar. Der amtlich festgelegte Todeszeitpunkt ist der 31.Dezember 1945.

4. **Anna Neu geb. Falkenberg**, (*1877 in Odernheim + 28.Dezember 1940 in Camp de Gurs[524, 525]) wurde am

---

520 Das Sammel- und Durchgangslager Drancy war zeitweilig ein berüchtigtes Gefangenenlager in der Stadt Drancy, 20 km nordöstlich von Paris, und erlangte traurige Berühmtheit als *der* Ort der Shoa in Frankreich, von wo ca. 65.000 hauptsächlich französische Juden mit der Eisenbahn in die deutschen Vernichtungslager überwiegend im heutigen Polen (Auschwitz-Birkenau und andere) transportiert wurden. Etwa 63.000 von ihnen wurden in diesen ermordet oder starben zuvor an den katastrophalen Umständen des Transports, der Unterbringung und Behandlung.

521 Das KZ Majdanek (offiziell KL Lublin, KZ Lublin, auch in der Schreibweise *K.L. Lublin;* Majdanek ist ein Vorort von Lublin) war das erste Konzentrationslager der *SS-Inspektion der Konzentrationslager (IKL)* im besetzten Polen. Wie Auschwitz-Birkenau wurde Majdanek zeitweise auch als Vernichtungs-/Todeslager genutzt.

522 www.bundesarchiv.de/gedenkbuch/directory.htm Gedenkbuch - Opfer der Verfolgung der Juden unter der nationalsozialistischen Gewaltherrschaft in Deutschland 1933-1945

523 Reinhold Rehberger; Kerndeutsch, Der Landkreis Rockenhausen in der Nazizeit; 1989

524Das Camp de Gurs in der französischen Ortschaft Gurs nördlich der Pyrenäen war bereits vor dem Zweiten Weltkrieg das größte französische Internierungslager. Es wurde zunächst für politische Flüchtlinge aus Spanien und ehemalige Kämpfer des Spanischen Bürgerkrieges errichtet. Bekannt wurde dieses Lager vor allem in Südwestdeutschland durch die spätere Deportation fast aller Juden aus Baden, der Pfalz und dem Saarland, die im Oktober 1940 im Rahmen der Wagner-Bürckel-Aktion von Nationalsozialisten und deren französischen Kollaborateuren hierhin transportiert wurden. Die meisten dieser Internierten wurden anschließend von hier 1944 erneut deportiert und in den Vernichtungslagern in Gaskammern von

22.Oktober 1940 in das Internierungslager Gurs deportiert und starb dort am 28.Dezember 1940

5. **Paula Ochs geb. Scholem,** (*1890 in Odernheim +31.Dezember 1945 amtlich festgelegter Todeszeitpunkt[526]) lebte in Saarbrücken mit ihrem Mann Theodor Ochs, Emigrierte am 1. Februar 1939 nach Belgien, wurde dort nach dem deutschen Überfall im Lager Mechelen[527] (Malines) interniert und am 20.September 1943 in das Konzentrationslager Auschwitz deportiert. Gilt dort als verschollen. Der Todeszeitpunkt wurde amtlich festgelegt.
6. **Emil Scholem;** (*1875 in Odernheim + 25. August 1943 in Auschwitz)[528],wohnte in Frankfurt am Main wurde 1943 nach Auschwitz deportiert und dort ermordet.
7. **Mathilde Strauß geb. Neu Ww.,** (*1873 in Odernheim + 8. Dezember 1941[529] in Camp de Rivesaltes[530,531,532]) Frau des

---

den Deutschen ermordet, was den französischen Stellen seinerzeit bewusst war.

525 www.bundesarchiv.de/gedenkbuch/directory.htm Gedenkbuch - Opfer der Verfolgung der Juden unter der nationalsozialistischen Gewaltherrschaft in Deutschland 1933-1945

526 www.bundesarchiv.de/gedenkbuch/directory.htm Gedenkbuch - Opfer der Verfolgung der Juden unter der nationalsozialistischen Gewaltherrschaft in Deutschland 1933-1945

527 Das SS-Sammellager Mechelen in der Dossin-Kaserne befand sich von Juli 1942 bis September 1944 im belgischen Mechelen (deutsch *Mecheln*; frz. *Malines*; auch *Kamp Mechelen*). Es diente als *Durchgangslager* für die Deportation der Juden, "Zigeunern" aus Belgien in deutsche Vernichtungslager.

528 www.bundesarchiv.de/gedenkbuch/directory.htm Gedenkbuch - Opfer der Verfolgung der Juden unter der nationalsozialistischen Gewaltherrschaft in Deutschland 1933-1945

529 LA Speyer Bestand J7 Nr.: 1307 Erbschein

530 Das Lager von Rivesaltes (franz. *„Camp de Rivesaltes“*) wurde 1939 als Militärlager, Camp Maréchal Joffre – kurz Camp Joffre, errichtet und diente ab 1941 der Internierung verschiedener Bevölkerungsgruppen. Es befindet sich ca. 45 Kilometer nördlich der spanischen Grenze nahe der Stadt Perpignan im französischen Departement Pyrénées-Orientales.

531 www.bundesarchiv.de/gedenkbuch/directory.htm : Gedenkbuch - Opfer der Verfolgung der Juden unter der nationalsozialistischen Gewaltherrschaft in Deutschland 1933-1945

Uhrmachers Wilhelm Strauß, Obermoschel; Deportation nach Camp de Gurs von dort nach Camp de Rivesaltes.

8. **Heinrich (Henri) Scholem,** (*25.07.1885 in Odernheim +31.Dezember 1945 in Auschwitz von Amts wegen festgelegter Todeszeitpunkt[533,534])
Wohnte in Pirmasens, Emigrierte von dort nach Marseille in Frankreich; wurde dann im Sammellager Drancy interniert und wurde am 31.Juli 1943 in das Konzentrationslager Auschwitz deportiert, gilt dort als verschollen. Seine Frau Ida Scholem geb. Isaak (+05.08.1943) und seine Tochter Hilde (+ 31.07.1943)wurden in Auschwitz ebenfalls ermordet.

[532] www.bundesarchiv.de/gedenkbuch/directory.htm Gedenkbuch - Opfer der Verfolgung der Juden unter der nationalsozialistischen Gewaltherrschaft in Deutschland 1933-1945

[533] Gemeindearchiv Odernheim: Standesamtliche Unterlagen: Geburten Odernheim 1885 Nr.66

[534] www.bundesarchiv.de/gedenkbuch/directory.htm Gedenkbuch - Opfer der Verfolgung der Juden unter der nationalsozialistischen Gewaltherrschaft in Deutschland 1933-1945

Abb.: Gedenkstein am Familiengrab Wilhelm Strauß (Ehemann) fürMathilde Strauß geb. Neu Friedhof Obermoschel[535]

535 Foto Andreas Ott 10-2017

Anhang
Gulden und Reichsmark

Gulden
In Bayern galt schon seit langer Zeit die Rheinische Währung. Der Zusatz „rheinisch“ wird bei der Angabe von Gulden in der Literatur kaum erwähnt, es wird auch nicht vom Reichsgulden gesprochen sondern nur vom Gulden.

1 Gulden = 60 Kreuzer = 240 Pfennige = 480 Heller

Die Guldenwährung wurde nach der Reichsgründung 1871 durch die Markwährung ersetzt. Es dauerte bis ca. 1873, dann war die Mark Reichsweit Zahlungsmittel

1 Mark = 100 Pfennige

Der neue Pfennig (ab 1871) war ein anderer als der Pfennig der Guldenwährung (4 Pfennige = 1 Kreuzer). Die Währungsumstellung von Gulden auf Mark erfolgte in folgendem Verhältnis:

1 Gulden = 1 $^5/_7$ Mark = 1,71 Mark

Der Gulden wird oft in den handschriftlichen Unterlagen, aber auch in der Literatur mit „f.“ oder „fl.“ abgekürzt. „f“ oder „fl“ ist die Abkürzung für Florentiner.

Albus
Albus war eine seit dem Spätmittelalter in den Teilen des deutschen Reiches, vor allem im Rheinland, verbreitete Währung. Der Name *albus* stammt aus dem Latein und bedeutet weiß. Wegen des höheren Silbergehalts differenzierte sich diese hellere Münze farblich von den anderen minderwertigen Münzen. Daraus resultierte der Name *denarus albus* (weißer Pfennig).

1 Reichstaler = 1 ½ Gulden = 22 ½ Batzen = 30 Groschen = 45 *Albus* = 90 Kreuzer = 360 Pfennige = 384 Heller

Groschen und Kreuzer

Der Groschen galt im deutschen Sprachraum meist als 12 Pfennig; viele regionale *(Klein-) Groschen,* z. B. Neugroschen, Groten (Plural: Grote) in Norddeutschland, engl. Groat, Mariengroschen, Grösch(e)l galten als zwischen 2½ und 10 Pfennig. Auch das spätere Münznominal „Kreuzer" zu 4 Pfennig entstand aus der sprachlichen Verkürzung des kleinen Kreuzgroschens.

Der Kreuzer geht auf eine Groschenmünze zurück, welche ab 1271 in Meran in Südtirol geprägt wurde. Wegen des Doppelkreuzes auf der Vorderseite der Münze erhielt sie bald den Namen Kreuzer. Sie breitete sich im 15. und 16. Jahrhundert im gesamten Süden des deutschen Sprachraumes aus. Das Reichsmünzgesetz von 1551 machte sie zur Einheit für das kleine Silbergeld.

In Deutschland war der Kreuzer bis zur Einführung der Mark 1871 in Gebrauch.

(Gold)Mark

Kurz nach der Gründung des Deutschen Reichs am 18. Januar 1871 beschloss der Reichstag bereits am *4. Dezember 1871 das erste Reichsmünzgesetz*. Das Gesetz enthält zwei besonders wichtige Bestimmungen. Erstens wird eine einheitliche Reichswährung, die in 100 Pfennige unterteilte *Mark*, eingeführt.
Zweitens war die Mark als goldgedeckte Währung konzipiert.
Mit Ausnahme Bremens galten zuvor in den altdeutschen Staaten Silberwährungen in Talern oder Gulden. Eine andere Bezeichnung für die goldgedeckte Mark („Reichsgoldwährung") ist „Goldmark". *Mark* war aber die offizielle Bezeichnung, wie sie auf den Münzen und Banknoten der Zeit angegeben war.
Das *zweite Reichsmünzgesetz vom 9. Juli 1873* enthielt präzisere Vorschriften für die sich noch in Umlauf befindlichen Silbermünzen und die Kleinmünzen. Zwischen den beiden Reichsmünzgesetzen ließen die beiden Mecklenburg als einzige deutsche Staaten 1872 Klein-

münzen (1, 2 und 5 Pfennigmünzen) prägen, die in der Umschrift ihrer Wertseiten ihr Verhältnis zur Mark nannten (z. B. *ZWANZIG EINE MARK* für das 5 Pfennigstück). Mit dem Inkrafttreten des zweiten Reichsmünzgesetz 1873 wurden nun alle Münzen im Deutschen Reich einheitlich gestaltet.

Ahnenbuch[536], Sippenbuch, „Arier Nachweis“

Abb.: Ahnenbuch 1934 Deckblatt

536 Archiv Hans Lahm: Ahnenbuch 1934

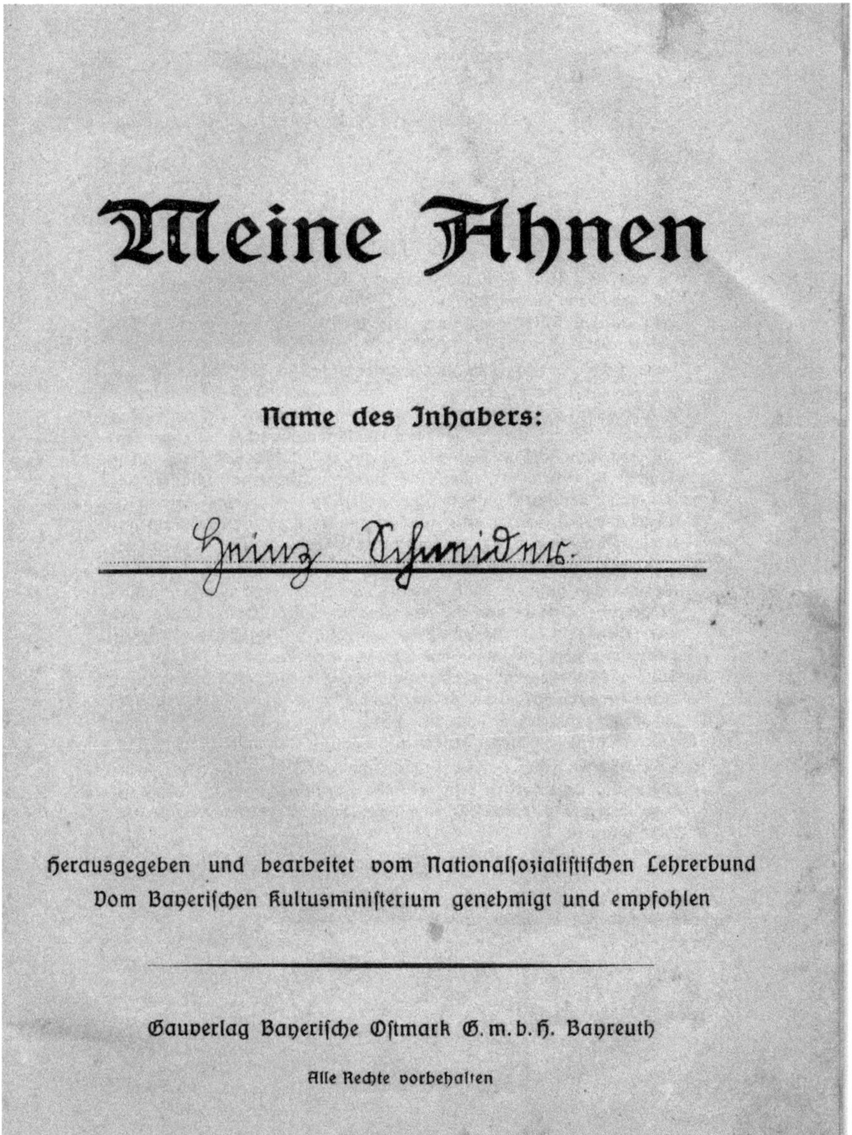
Meine Ahnen

Name des Inhabers:

Heinz Schneider.

Herausgegeben und bearbeitet vom Nationalsozialistischen Lehrerbund
Vom Bayerischen Kultusministerium genehmigt und empfohlen

Gauverlag Bayerische Ostmark G. m. b. H. Bayreuth

Abb.: Ahnenbuch 1934 Blatt 1

Vorwort

Es gab eine Zeit, da dachte jeder nur an sich. Jeder wollte nur für sich das Beste haben. Wie es dem Mitmenschen, dem Nachbarn, ja dem ganzen Volke ging, war ihm gleichgültig. Das war die Zeit größter Selbstsucht.

Diese Zeit ist überwunden. Adolf Hitler, unser Führer, lehrte uns anders denken. „Du bist nichts, dein Volk ist alles“ muß die Richtschnur in unserem Leben sein. Bei allem Handeln müssen wir an unsere deutschen Brüder und Schwestern, an unser deutsches Volk denken. Wir sind nicht froh und glücklich, wenn es uns gut geht, aber viele deutsche Menschen Not leiden. Wir müssen arbeiten und schaffen, damit unser deutsches Volk wieder ein geachtetes, großes Volk wird. Wenn wir nicht nur an uns, sondern immer auch an das Wohl unseres Volkes denken, dann handeln wir auch richtig im Sinne unseres Führers, dann sind wir Nationalsozialisten.

Wenn wir so handeln wollen, müssen wir selbst recht tüchtige, gesunde deutsche Männer und Frauen werden. Unsere Eltern haben uns das Leben geschenkt. In uns kreist das Blut unserer Eltern. Aber sie gaben uns noch viel mehr mit für das Leben. Sie gaben uns mit dem Blute alle Fähigkeiten und Eigenschaften, gute und auch schlechte. Die guten Anlagen sollen wir pflegen und entwickeln, die schlechten müssen wir niederdrücken und bekämpfen. Denn wir wollen der Stolz unserer Eltern sein, so wie die Eltern die Freude unserer Großeltern sind.

So wollen auch wir uns immer in Dankbarkeit unserer Eltern, Großeltern und Urgroßeltern erinnern. Wir wollen sie nie vergessen. Dazu helfe uns dies Büchlein. Forsche nach deinen Ahnen und zeige dich ihrer würdig!

Heinrich Friedmann

Bayreuth, im Ostermond 1934.

Abb.: Ahnenbuch 1934 Vorwort Blatt 2

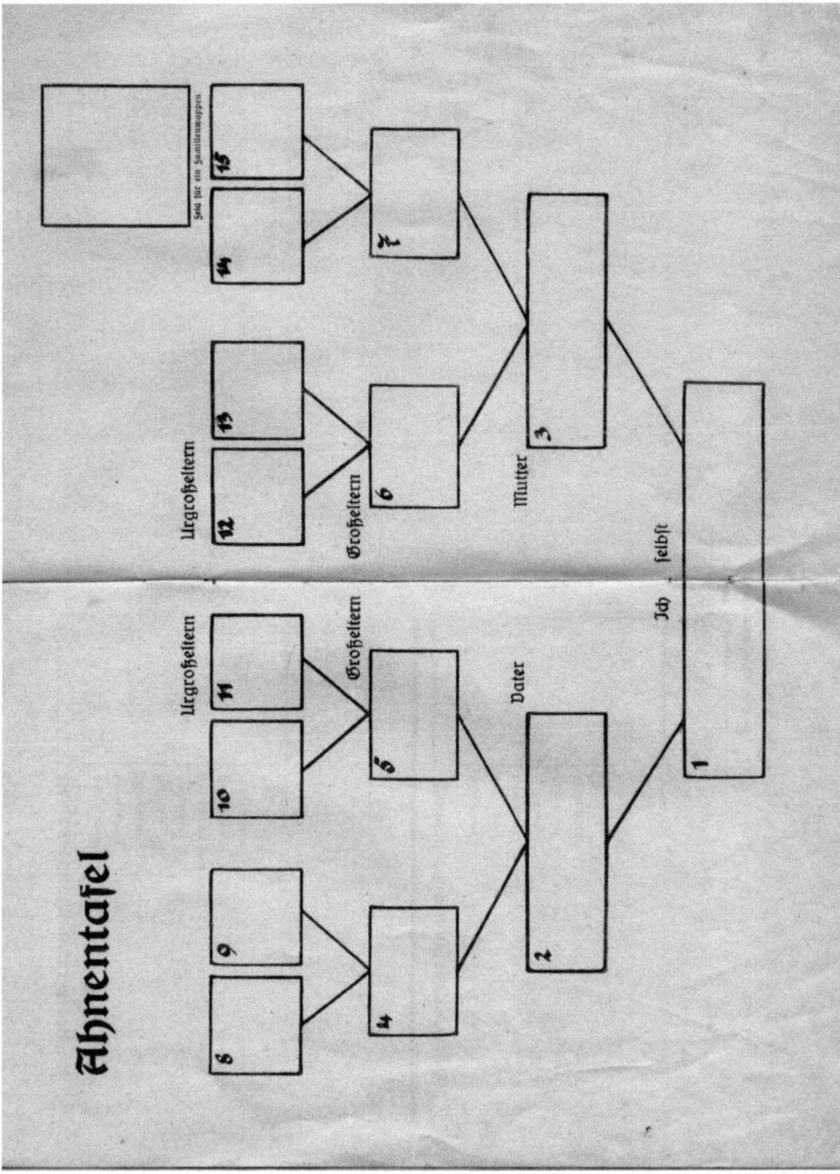

Abb.: Ahnenbuch 1934 Blatt 3 Ahnentafel

Die

Lebens-Versicherung

bringt die versicherte Summe zur Auszahlung beim vorzeitigen Tod, spätestens bei Erreichung des festgelegten Endalters. Sie ist deshalb unentbehrlich für das Alter und zur Versorgung von Frau und Kindern.

Die Töchter-Versorgungs-Versicherung

stellt die Aussteuer bereit für die Hochzeit, spätestens für das 25. Lebensjahr. Bei vorzeitigem Tode des Ernährers wird die Versicherung beitragsfrei; beim Tode der Tochter werden die Beiträge zurückvergütet

Die Söhne-Versorgungs-Versicherung

sorgt für die Selbständigmachung des Sohnes in ähnlicher Weise, wie es die Töchterversorgungsversicherung für die Töchter tut.

„BAYERN"

Öffentliche Anstalt für Volks- und Lebens-Versicherung

München

Karolinenplatz 5

Gemeinnützige Einrichtung des öffentl. Rechts unter unmittelbarer Staatsaufsicht.

Abb.: Ahnenbuch 1934 Blatt 4 Werbung

Publikation im jüdischen Gemeindeblatt

Jüdisches Gemeindeblatt

für das Gebiet der Rheinpfalz

Organ des Verbandes der israelitischen Kultusgemeinden der Pfalz

Herausgeber: Verband der israel. Kultusgemeinden der Pfalz, Landau/Pfalz. Verlag: Heinrich Wildmann, Philippsburg. Verantwortlich f. d. Inhalt: Kurt Metzger, Landau, Glacisstr. 9

Angemeldet beim Sonderbeauftragten des Reichsministers für Volksaufklärung und Propaganda betr. Ueberwachung der geistig und kulturell tätigen Juden im deutschen Reichsgebiet

Erscheint monatlich — 1. November 1938 / יום ו מרחשון תרצ״ט — 2. Jahrgang / Nr. 3

An die Mitglieder der isr. Kultusgemeinden der Pfalz.

Jüdische Winterhilfe in der Pfalz.

Unterm 6. Oktober 1938 empfingen Sie die Mitteilung, daß die jüdische Winterhilfe in der Pfalz eröffnet ist, mit dem Hinweis, daß die Verantwortung von Jahr zu Jahr gegenüber unseren Armen größer wird. Währenddessen hat der Verband wie alljährlich so auch dieses Jahr per 1. Oktober 1938 die Seelenzahl der Juden der Pfalz ermittelt:

Am 1. Oktober 1936 mit 4953 Seelen; am 1. Oktober 1937 mit 4294 Seelen;
am 1. Oktober 1938 mit 3302 Seelen,

also gegenüber dem 1. Oktober 1937 eine weitere Abnahme **von 992 Seelen** oder **23,1** % der jüdischen Bevölkerung. Dieses Zahlenbild muß all denjenigen Spendern klar vor Augen führen, daß wir **mehr wie unsere Pflicht** zu erfüllen haben. Ich weiß, daß Sie trotz großer Abwanderung und Verarmung nicht hören wollen, daß es in der Pfalz hungernde und frierende Glaubensgenossen gibt. Die wird es nicht geben im Winter 1938/39, wenn man in Stadt und Land **statt viele Worte, sofort die Tat sprechen läßt.**

Albert Joseph.

Zur Bevölkerungsbewegung der Juden in der Pfalz.

Wie in den beiden Vorjahren so hat auch in diesem Jahr der Verband der isr. Kultusgemeinden der Pfalz eine Zählung der jüd. Bevölkerung der Pfalz veranstaltet. Am 1. Oktober 1938 gab es in der Pfalz 3 302 Juden, während ihre Zahl am 1. Oktober 1937 noch 4 294 betragen hatte. Die Abnahme in einem Jahr belief sich also auf 992 = 23,1 % oder knapp ¼ der Gesamtzahl. Sie hatte im Vorjahr ⅐ der Gesamtzahl betragen. Sie muß daher als ungewöhnlich groß bezeichnet werden.

Die Bevölkerung verteilt sich auf die 4 Rabbinatsbezirke folgendermaßen:

Frankenthal	1338	(Sitzgemeinde Ludwigshafen Rh. 547)
Landau	777	(Sitzgemeinde Landau 315)
Zweibrücken	623	(Sitzgemeinde Pirmasens 312)
Kaiserslautern	564	(Sitzgemeinde Kaiserslautern 295).

Außer den 4 soeben genannten Gemeinden haben noch weitere 4 Gemeinden mehr als 100 Seelen:

Neustadt/Weinstr.	171	Rülzheim	119
Speyer/Rhein	139	Frankenthal	111

Zweibrücken ist unter 100 Seelen herabgesunken.

In der Zeit vom 1. Oktober 1937 bis zum 1. Oktober 1938 wurden 10 Kinder geboren. Auf 1000 Seelen kamen also 2,6 Geburten (in Palästina etwa 35).

Die Zahl der Familien hat sich in der Zeit vom 1. Oktober 1937 bis zum 1. Oktober 1938 von 1555 auf 1165, also um 390 = 25,1 % vermindert. Die Zahl der Familien hat sich also etwa im gleichen Verhältnis vermindert wie die Zahl der Einzelpersonen. Im Vorjahr war die Abnahme bei den Familien erheblich geringer als bei den Einzelpersonen. Wir mußten damals aus dieser Tatsache den Schluß ziehen, daß die Familien durch Abwanderung von Familiengliedern ausgehöhlt wurden. In diesem Jahr ergibt sich die Schlußfolgerung, daß die Abwanderung immer mehr vollständige Familien ergreift, sich also auf die jüngeren und jüngsten Glieder der Familie nicht mehr beschränkt. Diese Tatsache wird auch durch die nachfolgende Betrachtung deutlich, in welcher die Bevölkerung nach Altersklassen aufgegliedert ist. Die Aufgliederung zeigt auch, daß diejenigen Familien, die nur oder fast nur aus älteren Leuten bestehen, von der Wanderungsbewegung weniger ergriffen werden.

Aufgliederung nach Altersklassen:

Die eingeklammerten Zahlen geben die Ziffern für 1937).

Gruppe	I	II	III	IV	V	VI
unter	10	10—20	20—40	40—60	60—70	über 70 Jahre
	216	347	523	1245	561	410
	(322)	(440)	(872)	(1562)	(634)	(464)

Von der Gesamtzahl gehören also 2216 Personen = 67 % den Altersklassen über 40 Jahren an und nur 1086 Personen = 33 % den Altersklassen unter 40 Jahren. Im Vorjahr war das Verhältnis noch 62 zu 38 %. Die Ueberalterung ist bereits sehr bedeutend. Es bestehen übrigens bemerkenswerte örtliche Verschiedenheiten. So beträgt das Verhältnis in Neustadt (wegen des Altersheims) 84 zu 16 % und in Landau 77 zu 23 %. Es ist interessant die im alten Jahre erfolgte Verschiebung im Einzelnen zu betrachten.

Es betrug die Abnahme in

Gruppe I	106 = 32,9 %	Gruppe IV	317 = 20,3 %
Gruppe II	93 = 21,1 %	Gruppe V	73 = 11,5 %
Gruppe III	349 = 40,0 %	Gruppe VI	54 = 11,6 %

Die stärkste Abnahme war also wiederum bei den 20—40 Jährigen zu verzeichnen, die geringste Abnahme bei den 60—70 Jährigen. In den Altersklassen unter 40 Jahren betrug die Abnahme 548 = 33,5 %, in den Altersklassen über 40 Jahren 444 = 16,7 %. Bemerkenswert ist folgendes: Während bei den Gruppen III und IV zusammen die Abnahme im Vorjahre 58,4 % betragen hatte, beträgt sie in diesem Jahre 67,1 %, ebenfalls ein Beweis dafür, daß die Abwanderung die Schichten in den mittleren Jahren stärker ergriffen hat. 29,4 % der Bevölkerung bestehen aus Leuten über 60 Jahren, während diese Gruppe vor einem Jahr nur erst 25,5 % ausgemacht hatte.

Zum Schluß sollen sämtliche Gemeinden (einschließlich Filialgemeinden) mit ihrer Seelenzahl 1936, 1937 und 1938 verzeichnet werden:

	1936	1937	1938		1936	1937	1938		1936	1937	1938
Albersweiler	41	36	15	Dahn	29	26	13	Geinsheim	20	20	17
Alsenz	16	12	12	Edenkoben	56	52	41	Germersheim	13	12	11
Altenbamberg	37	36	27	Eisenberg	24	21	16	Göllheim	26	30	16
Bad Dürkheim	111	98	40	Erlenbach	22	22	18	Gommersheim	17	12	11
Bergzabern	37	34	22	Essingen	7	7	5	Großbockenheim	39	30	17
Billigheim	23	14	16	Frankenthal	158	131	111	Grünstadt	63	33	19
Böchingen	40	36	33	Fußgönheim	15	18	12	Hagenbach	23	21	15
Busenberg	17	17	2	Gauersheim	38	27	23	Haßloch	42	34	29

Abb.: Jüdische Bevölkerungsentwicklung 1938 in der Rheinpfalz[537]

[537] http://sammlungen.ub.uni-frank-furt.de/cm/search/quick?query=Jüdisches+Gemeindeblatt+für+das+Gebiet+der+Rheinpfalz

Seite 2 JUDISCHES GEMEINDEBLATT FÜR DAS GEBIET DER RHEINPFALZ Nr. 3

	1936	1937	1938		1936	1937	1938		1936	1937	1938
Herxheim	17	17	16	Münchweiler A.	17	15	10	Rülzheim	143	117	119
Hochspeyer	20	14	1	Mutterstadt	77	80	63	Schifferstadt	26	24	17
Höheinöd	19	13	14	Neustadt Weinstr.	214	174	171	Schwegenheim	24	23	20
Homburg Saar	36	34	26	Niederhochstadt	24	18	17	Speyer a. Rh.	190	154	139
Iggelheim	15	15	14	Niederkirchen	21	16	13	Steinbach Dsbg.	21	19	18
Ingenheim	95	92	57	Oberlsutadt	26	25	20	Steinbach Glan	66	48	41
Kaiserslautern	477	395	295	Obermoschel	40	34	23	St. Ingbert	16	15	10
Kirchheim a. Eck	33	28	27	Odenbach a. Gl.	34	28	23	Teschenmoschel	21	14	12
Kirchheimbolanden	47	38	30	Pirmasens	481	444	312	Thaleischweiler	8	7	5
Kusel	70	63	54	Rheingönheim	27	25	25	Venningen	36	34	27
Lambsheim	33	25	20	Rockenhausen	70	62	24	Wachenheim	12	9	9
Landau	444	385	315	Rodalben	64	51	39	Wallhalben	38	35	23
Landstuhl	54	47	34	Roxheim	12	8	6	Winnweiler	27	20	19
Leimersheim	23	19	17	Ruchheim	7	7	3	Zweibrücken	117	114	86
Ludwigshafen	797	710	547								

Ein großer Teil dieser Gemeinden ist bereits aufgelöst. Es erschien aber aus Gründen der vergleichenden Statistik zweckmäßig das bisherige Gemeindeverzeichnis beizubehalten.

Dr. Rosenberg.

Aus dem Reich.

Kennkarte, Vornamen, Pässe.

Aus der C.-V.-Zeitung Nr. 42 entnehmen wir unter Ergänzung einiger wichtiger Tatsachen folgendes System einer der für die Juden wesentlichen Bestimmungen aus den Verordnungen betr. Kennkarte, Vornamen und Pässe, um die Unterrichtung aller Interessenten zu erleichtern.

I. Kennkarte.

1. Gesetzliche Grundlage.

Verordnung über Kennkarten vom 22. Juli 1938 (RGBl. 913).

Dritte Bekanntmachung über den Kennkartenzwang vom 23. Juli 1938 (RGBl. 922). Vgl. Jüdisches Gemeindeblatt für das Gebiet der Rheinpfalz vom 1. 8. 38, Seite 4.

2. Personenkreis.

Juden deutscher Staatsangehörigkeit mit Wohnsitz oder dauernden Aufenthalt im Reichsgebiet.

3. Zuständige Behörde.

Antrag auf Ausstellung unter Hinweis auf die Eigenschaft als Jude ist bei der zuständigen Polizeibehörde persönlich zu stellen.

Bei geschäftsunfähigen oder in der Geschäftsfähigkeit beschränkten Personen ist der Antrag vom gesetzlichen Vertreter zu stellen. Bei Antrag auf Ausstellung der Kennkarte und auf amtliches Verlangen alle Angaben zu machen und alle Nachweise zu erbringen, um seine Person und seine deutsche Staatsangehörigkeit einwandfrei festzustellen.

Nichtselbständige unverheiratete Jugendliche müssen eine Geburtsurkunde vorlegen.

Hinsichtlich der Größe der für die Kennkarte nötigen Bilder sind genaue Vorschriften ergangen, die unter allen Umständen zu beachten sind. Bei dem Antrag auf Ausstellung der Kennkarte sind 5 Lichtbilder vorzulegen. Die Bildgröße beträgt 52×74, Kopfhöhe 30×35. Die Bilder sind ohne Kopfbedeckung und im Halbprofil nach rechts schauend so aufzunehmen, daß das linke Ohr mit seinen Erkennungsmerkmalen sichtbar ist. Wir empfehlen beim Photographen ausdrücklich darauf hinzuweisen, daß es sich um Bilder für die Kennkarte handelt.

Dauer der Kennkarte 5 Jahre: Ausstellungsgebühr 3 RM, kann bei Bedürftigkeit ermäßigt oder erlassen werden.

4. Fristen.

Antrag ist in die Zeit vom 1. Okt. bis 31. Dez. 38 zu stellen.

Für diejenigen, die nach dem 26. Juli 1938 geboren werden, ist der Antrag innerhalb von drei Monaten nach der Geburt zu stellen.

Rückgabe der Kennkarte bei Aenderung des Namens, der Berufsart, bei Verlust der deutschen Staatsangehörigkeit oder wenn sich herausstellt, daß man die deutsche Staatsangehörigkeit nicht besitzt.

Die Kennkarten werden erst nach dem 1. 1. 39 ausgegeben, da die Aenderung der Vornamen berücksichtigt wird. Es ist zu empfehlen, den neuangenommenen bzw. den zusätzlich zu führenden Vornamen bei dem Antrag auf Ausstellung der Kennkarte anzugeben, damit spätere Nachmeldung sich erübrigt.

5. Besondere Bestimmungen.

Juden über 15 Jahren haben sich, sobald sie eine Kennkarte erhalten haben, auf amtliches Anfordern jederzeit über ihre Person durch die Kennkarte auszuweisen.

Juden haben, sobald sie eine Kennkarte erhalten haben, bei Anträgen, die sie an amtliche oder parteiamtliche Stellen richten, unaufgefordert auf ihre Eigenschaft als Jude hinzuweisen sowie Kennort und Kenn-Nummer ihrer Kennkarte anzugeben oder, falls die Anträge mündlich gestellt werden, unaufgefordert ihre Kennkarte vorzulegen. Das gleiche gilt für jede Art von Anfragen und Eingaben, die Juden an amtliche oder parteiamtliche Stellen richten, sowie bei der polizeilichen Meldung.

Wird ein Jude vertreten, so hat der Vertreter auf die Eigenschaft des Vertretenen als Jude mit Kennkarte und Kenn-Nummer hinzuweisen.

II. Vornamen.

1. Gesetzliche Grundlage.

Vgl. Jüdisches Gemeindeblatt für das Gebiet der Rheinpfalz vom 1. 9. 38, Seite 5.

2. Personenkreis.

Juden deutscher Staatsangehörigkeit, gleichgültig, ob sie ihren Wohnsitz im Inland oder Ausland haben, und staatenlose Juden im Inland.

3. Zuständige Behörde.

Wer verpflichtet ist, einen zusätzlichen Vornamen anzunehmen (siehe 2 und 5) hat hiervon dem Standesbeamten, bei dem seine Geburt oder Heirat beurkundet, sowie der für seinen Wohnsitz oder gewöhnlichen Aufenthaltsort zuständigen Polizeibehörde schriftlich Anzeige zu erstatten.

Bei Geschäftsunfähigen oder in der Geschäftsfähigkeit beschränkten Personen trifft die Anzeigepflicht den gesetzlichen Vertreter. Bei Wohnsitz oder gewöhnlichem Aufenthalt im Ausland ist die Anzeige an Stelle der Ortspolizeibehörde dem zuständigen deutschen Konsul zu erstatten.

Ist die Beurkundung der Heirat oder Geburt bei einer diplomatischen oder konsularischen Vertretung erfolgt, so ist die dem Standesbeamten zu erstattende Anzeige an das Standesamt I Berlin zu richten.

4. Fristen.

Die Anzeigen sind zu erstatten in der Zeit vom 1. bis 31. Jan. 1939. Vom 1. Januar 1939 ab ist der zusätzliche Vorname zu führen.

5. Besondere Bestimmungen.

Vom 19. August 1938 ab dürfen Juden nur die in dem vom Reichsminister des Innern aufgestellten Verzeichnis (Jüdisches Gemeindeblatt für das Gebiet der Rheinpfalz vom 1. Sept. 38) enthaltenen Vornamen beigelegt werden.

Soweit sie andere als in dem Verzeichnis enthaltenen Vornamen führen, müssen sie einen weiteren Vornamen annehmen, und zwar: männliche Personen den Vornamen Israel, weibliche Personen den Vornamen Sara.

Sofern es im Rechts- oder Geschäftsverkehr üblich ist, den Namen anzugeben, müssen Juden stets auch wenigstens einen ihrer Vornamen führen. Bei Führung des zusätzlichen Vornamens Israel oder Sara ist auch dieser Vorname zu führen.

Die Vorschriften über Führung einer Handelsfirma werden hierdurch nicht berührt.

Steuertermine nicht vergessen; Nachzahlungen begleichen.

III. Pässe.

1. Gesetzliche Grundlage.

Verordnung über Reise-Pässe von Juden vom 5. Okt. 1938 (RGBl. 1342).

Vgl. C.-V.-Zeitung, Nr. 41 vom 13. Oktober 1938.

2. Personenkreis.

Juden deutscher Staatsangehörigkeit.

Besondere Regelung für Juden deutscher Staatsangehörigkeit, die ihren Aufenthalt im Ausland haben, bei Einreise nach Deutschland (Vgl. Nr. 4).

3. Zuständige Behörde.

Die Paßbehörde im Inland, in deren Bezirk der Paßinhaber seinen Wohnsitz oder, mangels Wohnsitzes, seinen Aufenthalt hat.

4. Fristen.

Sämtliche Pässe (auch österreichische) von Juden deutscher Staatsangehörigkeit, die sich im Reichsgebiet aufhalten, sind am 7. Oktober 1938 ungültig geworden. Die Pässe sind in der Zeit vom 7. bis 21. Oktober 1938 einzureichen. Juden, die sich am 7. Oktober 1938 im Ausland aufhalten, haben die Pässe binnen einer Frist von zwei Wochen vom Tage der Einreise in das Reichsgebiet ab gerechnet, abzugeben. Auf das Ausland ausgestellte Pässe können durch die Paßbehörde wieder gültig gemacht werden.

5. Besondere Bestimmungen.

Mit Haft und mit Geldstrafe bis zu einhundertfünfzig RM oder mit einer dieser Strafen wird bestraft, wer vorsätzlich oder fahrlässig der im § 1 Abs. 2 umschriebenen Verpflichtung nicht nachkommt.

Abb.: Jüdische Bevölkerungsentwicklung 1938 in der Rheinpfalz[538]

538 http://sammlungen.ub.uni-frankfurt.de/cm/search/quick?query=Jüdisches+Gemeindeblatt+für+das+Gebiet+der+Rheinpfalz

Heimatwissenschaftliche Arbeit 1938

Die Heimatwissenschaftliche Arbeit von Michael Ohlmann, publiziert in den Heimatblättern des Bad Kreuznacher Geschichtsvereins, zeigt, dass der Geist und das Gift des Nationalsozialismus auch die wissenschaftlichen Arbeiten beeinflusste und prägte.

Nationalblatt Nr. 296 vom 17. Dez. 1938.

26572

2

Die Juden in Sobernheim.

Von M. Ohlmann, Bad Kreuznach.

Für die vollständige Darstellung einer Geschichte der Juden der Nahegegend ist erst die Zeit gekommen, wenn der Aufenthalt der Fremdlinge in unserer Heimat der Vergangenheit angehört. Das augenblickliche Interesse der gesamten Oeffentlichkeit an der Judenfrage rechtfertigt schon jetzt eine Veröffentlichung der Nachrichten, die als Bausteine zu einer Geschichte der jüdischen Niederlassungen in der Nahegegend gedacht sind. Sie bringen uns zum Bewußtsein, daß wir gegenwärtig im letzten Stadium eines Kampfes stehen, der mit kürzeren und längeren Unterbrechungen schon über 500 Jahre andauert.

In Sobernheim saßen schon vor 600 Jahren Juden. Die damalige Zugehörigkeit des Amtes Böckelheim zu Mainz brachte es mit sich, daß sie hier schon festen Fuß gefaßt hatten, bevor für die anderen Nahestädtchen die kaiserliche Genehmigung erwirkt war. Das war um das Jahr 1300. Als der Ritter Emich von Sponheim im Jahre 1341 das Amt Böckelheim in Pfandbesitz nahm, blieben die Juden daselbst Eigentum des Mainzer Erzstiftes (Hahn, Gesch. d. Amtes Böck. S. 25). Ihr Wohnsitz war in Sobernheim, dem Vorort des Amtes. Genauere Nachrichten über Sobernheimer Juden beginnen im Jahre 1365. Urkundliche Angaben nennen Wolf, Koppelin und Lemich als Geldgelber verschiedener Adeligen der Nahegegend, namentlich der beiden rheingräflichen Brüder Johann II. von Dhaun und Hartrad vom Rheingrafenstein. Ersterer konnte sein Darlehen nicht rechtzeitig zurückzahlen, sodaß zwei Bürgen schwere Wucherzinsen — für ihn bei Wolf und einem Kreuz-

ses Jahres sagt hierüber, es sei nicht mehr als billig, daß die Judenschaft dazu einen Beitrag leiste. Da die Sauvegarde aber hauptsächlich der Fouragierung gedient und die Juden bekanntermaßen weder Land noch Sand, auch gar wenig Vieh und gar kein Heu und Stroh hätten, so seien sie etwas gelinder zu traktieren als die Bürger, die Ackerbau und Wiesen hätten. Demnach sollten sie mit 15 Gulden herangezogen werden. (Stadtratsprot. St. A. Koblenz.)

Zahlenmäßig ist die Judenkolonie zu Sobernheim niemals bedeutend gewesen. Durchschnittlich betrug sie vier Familien. Zur genaueren Angabe greifen wir einige Jahre heraus:

Im Jahre 1721 waren es 5 Familien mit 15 Personen,
1736 waren es 4 Familien mit 24 Personen,
1771 waren es 3 Familien mit 19 Personen.

Ueber die Vermögensverhältnisse der 4 Familien des Jahres 1736 liegen folgende Angaben vor: Nur 2 von ihnen besaßen eigene Häuser sowie ausstehende Kapitalien in Höhe von je 200 Gulden. Sie entrichteten ein Schutzgeld von 7 Gulden 30 Kreuzern, während die beiden letzteren nur 3 Gelden 45 Kreuzer zu zahlen hatten in Rücksicht auf ihre geringere Leistungsfähigkeit. (St. A. K. 642/177.)

Geldgeschäfte waren auch noch in diesem Zeitraum neben dem Handel eine Einnahmequelle der Juden. Die Höhe des Zinsfußes wurde im Jahre 1765 durch Kurpfalz einheitlich festgesetzt. Der „Erläuterung der Conzession für die Land-Judenschaft in der Pfalz“ entnehmen wir folgende Bestimmungen:

1. Wenn das Kapital nicht mehr als 25 Gulden betrug und kein Faustpfand, kein Wechsel oder sonstige Sicherheit gegeben wurde, durften 10 vom Hundert als Zinsen berechnet werden.

2. Bei einem Kapital von 25—50 Gulden bei ebenso wenig Sicherheit konnten 8 v. Hundert genommen werden.

3. Betrug das Kapital 50—100 Gulden oder mehr, und es bestand keine Sicherheit, waren 7 vom Hundert gestattet.

4. In Fällen dagegen, wo die Summe von 50—100 und mehr Gulden durch Pfand oder obrigkeitliche Sicherheit gedeckt war und der Schuldschein kein Wechsel war, durften nur die reichsüblichen 5 vom Hundert berechnet werden.

Zum Abschluß unserer kurzen Darstellung soll noch mitgeteilt werden, wie der Räuberhauptmann Schinderhannes zu Sobernheimer Juden in Beziehung trat. Die Gerichtsakten enthalten zwei Ueberfälle auf solche. Der erste geschah in der Nähe von Meddersheim. Als Schinderhannes den ihm begegnenden Juden mit vorgehaltener Pistole und den Worten: „Geld oder Leben!“ zur Herausgabe seiner Barschaft aufforderte, rief dieser verzweifelt aus: „Wer mir mein Geld nimmt, nimmt mir das Leben!“ Die materialistische Denkart der Juden kommt in diesen Worten ganz treffend zum Ausdruck.

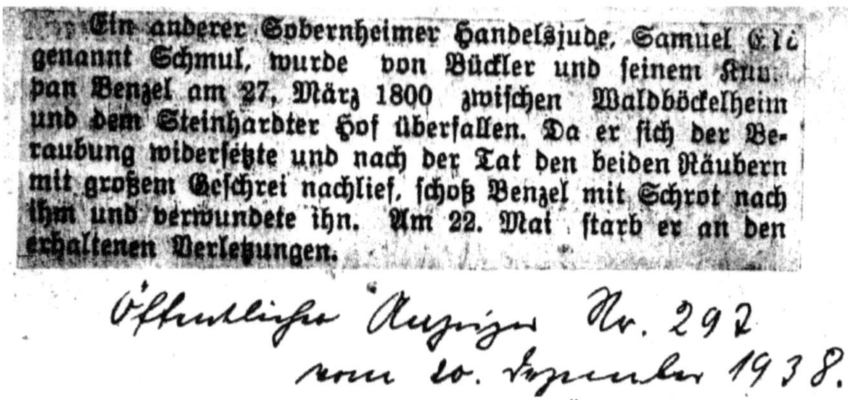

Ein anderer Sobernheimer Handelsjude, Samuel Eli genannt Schmul, wurde von Bückler und seinem Kumpan Benzel am 27. März 1800 zwischen Waldböckelheim und dem Steinhardter Hof überfallen. Da er sich der Beraubung widersetzte und nach der Tat den beiden Räubern mit großem Geschrei nachlief, schoß Benzel mit Schrot nach ihm und verwundete ihn. Am 22. Mai starb er an den erhaltenen Verletzungen.

Öffentlicher Anzeiger Nr. 292 vom 20. Dezember 1938.

Abb.: Artikel von Michael Ohlmann erschienen im Öffentlichen Anzeiger Nr. 292 vom 20. Dezember 1938[539]

[539] HWZB Bad Kreuznach Signatur Hn 23

Übersicht über die Verordnungen, Maßnahmen und Gesetze gegen Juden von 1933-1943

Nr.	Jahr	Datum	Verordnung, Gesetze, Maßnahmen
1	**1933**	März	Erste lokale Ausschreitungen der SA gegen Juden
2		1. April	Boykott jüdischer Geschäfte
3		7. April	Gesetz zur Wiederherstellung des Berufsbeamtentums durch den Arierparagraphen werden die jüdischen Beamten (11.April), Arbeiter und Angestellte bei den Behörden (4.Mai) und jüdische Honorarprofessoren, Privatdozenten und Notare entlassen
4		21.April 22. April	Verbot des rituellen Schächtens Jüdische Ärzte dürfen nicht mehr für Krankenkassen arbeiten, die Versorgungsverträge werden gekündigt
5		25.April	Gesetz gegen die Überfüllung deutscher Schulen und Hochschulen Begrenzung der Anzahl jüdischer Schüler und Studenten entsprechend dem Bevölkerungsanteil von 1,5% der Jüdischen Bevölkerung gegenüber der Gesamtbevölkerung
6		14.Juli	Gesetz über den Widerruf von Einbürgerungen und die Aberkennung der deutschen Staatsangehörigkeit. Das Gesetz richtete sich gegen Juden aus Osteuropa sog. Ostjuden
7		29. Sept.	Reichserbhofgesetz; Bauer kann nur sein, wer deutscher Staatsbürger, deutschen oder artverwandten Blutes und ehrbar ist.
8		28. Dez.	Jährliche Begrenzung der Neuaufnahme jüdischer Studenten an den deutschen Hochschulen auf 15000
9	**1934**	5. Febr.	Ausschluss jüdischer Studenten von Staatsexamen für Ärzte und Zahnärzte
10		22. Juli	Jüdische Studenten werden nicht mehr zu Prüfungen beim Jurastudium zugelassen
11		18. Aug.	Einschränkung der Zahl jüdischer Berufsschüler
12		8. Dez.	Juden werden nicht mehr zu den Apothekerprüfungen zugelassen
13	**1935**	13. Febr.	Zulassungsbeschränkungen für jüdische Zahnärzte
14		Mai-Aug	Boykottpropaganda gegen Juden, gewaltsame Ausschreitungen in verschiedenen Städten, lokale Verbote verbieten Juden den Zutritt zu Kinos, Schwimmbädern, Parkanlagen, Kurorte, Gaststätten etc.
15		21.Mai	Arierparagraph für Offiziere
16		26 Juni	Juden ist der Eintritt in den Reichsarbeitsdienst verboten
17		8.Juli	Ariernachweis wird notwendig für die Aufnahme in die Reichsschaft der Studierenden

18		25.Juli	Nichtarier werden vom Wehrdienst ausgeschlossen
19		6. Aug.	Jüdische Künstler werden im Reichsverband jüdischer Kulturschaffender zwangserfasst
20		10.Sept.	Verordnung des Reichserziehungsministers Rust: Im Schuljahr 1936 soll eine möglichst vollständige Rassentrennung durchgeführt sein
21		15.Sept.	Auf dem NSDAP Parteitag, der unter dem Motto: "Parteitag der Freiheit" stattfand werden die sog. Nürnberger Gesetze verkündet, das Reichsbürgergesetz, das Gesetz zum Schutze des deutschen Blutes und der Ehre und das Reichsflaggengesetz.
22		14.Nov.	Erste Verordnung zum Reichsbürgergesetz: Juden werden aus dem Staatsdienst und öffentlichen Ämtern „entfernt"
23	**1936**	11. Jan.	Juden dürfen nicht mehr als Steuerhelfer arbeiten
24		24. März	Keine staatlichen Beihilfen mehr für kinderreiche jüdische Familien
25		26.März	Juden sind nicht mehr als Leiter oder Pächter von Apotheken zugelassen
26		15.Okt	Jüdische Lehrer dürfen keinen Unterricht mehr an deutschblütige Schüler erteilen
27	**1937**	15. April	Juden dürfen nicht mehr promovieren
28		2.Juli	Runderlass des Reichserziehungsministeriums ordnet Sonderklassen für jüdische Schüler in öffentlichen Schulen an
29		4.Nov	Juden wird der deutsche Gruß verboten
30	**1938**	28.März	Jüdische Gemeinden wird die Anerkennung als Körperschaft öffentlichen Rechts abgesprochen. Die Gemeinden werden zu privaten Vereinen herabklassifiziert
31		22.April	Verordnung, die sich gegen die Tarnung jüdischer Betriebe durch arische Geschäftspartner richtet.
32		26. April	Juden müssen Vermögen über 5000 RM anmelden
33		19.Mai	1. Verordnung zum Personenstandsgesetz; frühere Zugehörigkeit zur jüdischen Religion ist zu vermerken
34		9.Juni	Zerstörung der Münchner Synagoge
35		14.Juni	Die 3. Verordnung zum Reichsbürgergesetz schreibt die Kennzeichnung jüdischer Betriebe als solche vor
36		15.Juni	„Juni-Aktion" ca. 1500 jüdische Bürger werden, da sie als vorbestraft gelten, hierzu zählten auch Verkehrsdelikte, verhaftet und in Konzentrationslager verbracht
37			Juden und Nichtjuden müssen in Krankenhäusern getrennt werden
38		6.Juli	Juden bekommen Berufs- und Gewerbeverbot für folgende Gewerbe: Auskunfteien, Maklergeschäfte, Bewachungsbetriebe, Heiratsvermittlungen, Hausverwaltungen, Fremdenführungen und Wandergewerbe.

39		23.Juli	Einführung einer mit „J“ versehenen Kennkarte für Juden ab dem 1.1.1939
40		25.Juli	Allgemeines Berufsverbot für jüdische Ärzte, Jüdische Ärzte dürfen nur noch Juden behandeln, die Berufsbezeichnung “Krankenbehandler“
41		10.Aug	Zerstörung der Nürnberger Synagoge
42		17. Aug	Juden müssen ab dem 1.1.1939 den zusätzlichen Zwangsnamen „Sahra“ für jüdische Frauen und „Israel“ für jüdische Männer annehmen. Reichserziehungsminister Rust lässt die gesamte jüdische Literatur im Deutschen Reich erfassen.
43		27. Sept	Berufsverbot für jüdische Rechtanwälte und dürfen als Konsulenten nur noch jüdische Klienten vertreten bzw. beraten.
44		5.Okt	Reisepässe von Juden werden eingezogen, Neu ausgestellte Reisepässe sind mit einem „J“ versehen
45		28.Okt	17000 Juden polnischer Staatsangehörigkeit werden ausgewiesen und an die polnische Grenze verbracht.
46		9.Nov	Reichskristallnacht oder Reichspogromnacht
47		10.Nov	Jüdische Zeitungen werden verboten, es erscheint nur das offizielle jüdische Nachrichtenblatt
48		12.Nov	Sühneleistung für die Zerstörungen des 9./10. November deutsche Juden müssen 1 Milliarde RM zahlen. Verbot der Teilnahme an öffentlichen Veranstaltungen
49		15. Nov	Verbot des Besuchs öffentlicher Schulen
50		19.Nov	Juden habe nur noch Anspruch auf jüdische Wohlfahrtsunterstützung
51		21.Nov	Judenvermögensabgabe wird bei einem Freibetrag von 5000 RM auf 20% des Vermögens festgesetzt
52		3.Dez	Führerscheine und Kraftfahrzeugzulassungen von Juden werden eingezogen
53		8.Dez	Verbot des Besuchs von Hochschulen
54		12.Dez	Beschränkungen bei der Ausfuhr von Wertsachen und Devisen bei der Auswanderung
55		21.Dez	Jüdische Kinder sind weiterhin Schulpflichtig, Es ist nur noch der Besuch jüdischer Privatschulen erlaubt
56		28.Dez	Juden wird der Besuch öffentlicher Veranstaltungen verboten, die Fahrt in Schlaf- und Speisewagen mit der Deutschen Reichsbahn wird für Juden verboten
57		31.Dez	Jüdische Verlage und Buchhandlungen werden geschlossen
58	**1939**	1.Jan	Verbot aller jüdischen Organisationen
59		17.Jan	Jüdischen Zahn- und Tierärzten sowie Apothekern wird die Zulassung entzogen
60		24.Jan	Eichmann organisiert eine Reichzentrale für jüdische Auswanderung, der Leiter der wird der Chef der Sicherheitspolizei Reinhard Heydrich.

61		21.Feb	Juden müssen Schmuck und Edelmetalle abgeben
62		4.März	Arbeitslose Juden werden zu Zwangsarbeiten verpflichtet und müssen Zwangsarbeit verrichten
63		24.März	Die zerstörten Synagogen sind durch die Kultusvereinigungen abzutragen
64		30.April	Juden müssen arische Wohnhäuser räumen und in „Judenhäuser“ ziehen
65		16.Juni	Heilbäder und Kurorte sind nur noch mit Sondergenehmigung und bei strikter Rassentrennung für Juden betretbar
66		1.Sept	Beginn des 2. Weltkriegs; Ausgangsbeschränkung für Juden ab 20:00Uhr, im Sommer ab 21:00 Uhr
67		20.Sept	Juden müssen ihre Radioapparate abliefern
68		12-17.Okt	Erste Deportationen von Juden aus Österreich und dem Protektorat Böhmen und Mähren nach Polen
69		19.Okt	Als Sühneleistung wird die Vermögensabgabe der Juden von 20% auf 25% erhöht
70	**1940**	23.Jan	Juden erhalten keine Reichskleiderkarte, die Lebensmittelkarten werden mit einem „J“ versehen
71		12-13. Febr.	Erste Deportationen von Juden aus dem Reichsgebiet nach Lublin
72		Juni	Juden ist das Einkaufen erst ab 15:30 Uhr erlaubt
73		Jun- Aug	Plan des Auswärtigen Amtes, die europäischen Juden auf der französischen Insel Madagaskar zu deportieren.
74		29.Juli	Juden werden die Telefonanschlüsse gekündigt
75		22-23 Okt	Bürkel/Wagner Aktion Juden aus Baden, Saarpfalz und Elsaß werden ins unbesetzte Frankreich, in das Lager Camp de Gurs, deportiert
76		24.Dez	Juden müssen neben der Einkommensteuer noch eine 15% ige Sozialausgleichsabgabe entrichten
77	**1941**	7.Jan	Juden müssen eine Sondersteuer in Höhe von 15% entrichten
78		7.März	Juden werden zur Zwangsarbeit herangezogen
79		1.Sept	Juden ab dem 6. Lebensjahr müssen den gelben Stern tragen
80		18.Sep	Juden benötigen eine Sondererlaubnis für Fahrten mit öffentlichen Verkehrsmittel
81		1.Okt	Verbot der Auswanderung für Juden aus dem Deutschen Reich
82		14.Okt	Befehl zur Deportation von Juden aus dem Reichsgebiet, die Transporte dauerten bis Januar 1942 an
83		25. Nov	Den Deportierten Juden wird die deutsche Staatsangehörigkeit aberkannt, ihr Besitz fällt an das deutsche Reich
84		30. Nov	10000 deutsche und einheimische Juden werden bei Riga erschossen
85		12. Dez	Juden ist es verboten öffentliche Fernsprecher zu benutzen
86	**1942**	20.Jan	Wannsee Konferenz, es werden Maßnahmen zur Endlö-

			sung der Judenfrage beschlossen
87		15.Feb	Juden dürfen keine Haustiere halten
88		17.Feb	Juden dürfen keine Zeitungen und Zeitschriften mehr erhalten, Kündigung von Abo`s usw.
89		13.März	Juden müssen ihre Wohnungen kennzeichnen
90		Ende März	Erste Transporte aus dem Deutschen Reich und Westeuropa auch nach Auschwitz
91		12.Mai	Juden dürfen keine arischen Friseure aufsuchen
92		11.Juni	Juden erhalten keine Rauch- und Eierkarten mehr
93		12.Juni	Juden müssen alle elektrischen und optischen Geräte, Fahrräder und Schreibmaschinen abliefern
94		Juni	Beginn der Massenvergasungen in Auschwitz- Birkenau, Deportationen nach Theresienstadt
95		1.Juli	Unterrichtsverbot für jüdische Schüler
96		30.Juli	Jüdische Gemeinden müssen jüdische Kultusgegenstände aus Edelmetall abliefern
97		19.Sep	Juden erhalten keine Fleisch und Milchmarken mehr
98		5.Okt	Himmler befielt die Deportation aller Juden aus Konzentrationslagern im Reich nach Auschwitz
99		9.Okt	Juden dürfen nicht mehr in arischen Buchhandlungen Kaufen
100	**1943**	27.Febr	Juden aus Berliner Rüstungsbetrieben nach Theresienstadt und Auschwitz deportiert
101		30.April	Juden wird die deutsche Staatsbürgerschaft entzogen
102		19.Juni	Reichspropagandaminister Goebbels erklärt Berlin für „Judenrein“
103		1.Juli	Juden im Deutschen Reich verlieren den Rechtsschutz durch die Justiz und unterstehen nur noch der Willkür der Polizei

[540],[541],[542]

[540] Broszat, Martin; Frei, Norbert(Hrsg.): Das Dritte Reich im Überblick. Chronik, Ereignisse, Zusammenhänge;München1992

[541] Graml, Hermann: Reichskristallnacht. Antisemitismus und Judenverfolgung im Dritten Reich; München 1988

[542] Juden, Christen, Deutsche; Bd.1; Stuttgart 1990; Bd. 2/1, 2/2, 3/1, 3/2; Stuttgart 1992

Literatur und Quellen

Amtsblatt des französischen Oberkommandos in Deutschland, 14.11.1947

Arnold, Hermann: Von Juden in der Pfalz, Speyer,1967,

Broszat, Martin; Frei, Norbert (Hrsg.): Das Dritte Reich im Überblick. Chronik, Ereignisse, Zusammenhänge; München1992

Böhn, Georg Friedrich: Zur rechtlichen Situation der Juden im 18. Jahrhundert, **Editha Bucher:** Die Juden in der französischen Zeit von 1798/1801 bis 1814, Band 1, Selbstverlag der Landesarchivverwaltung Rheinland- Pfalz, Koblenz 1982

De Vries, S. Ph.: Jüdische Riten und Symbole; Hamburg 1999; S: 15

Dipper, Christof: Deutsche Geschichte 1648-1789, Frankfurt/Main 1991

Dittmeier, Heinrich: Rheinische Flurnamen; Bonn, Röhrscheid 1963

Dörr, Wolfgang, Zur Geschichte der Juden in Meisenheim und Umgebung, Meisenheim 1991

Doll, Anton, Schmidt, Hans-Josef, Wilmanns, Manfred: Der Weg zur Gleichberechtigung der Juden, Selbstverlag der Landesarchivverwaltung Rheinland- Pfalz, Koblenz 1979

Donnersberg Jahrbuch 2010, S:58-61; Hrsg.: Donnersbergkreis Kirchheimbolanden 2010

Engelmann, Bernt: Wie wir die Nazizeit erlebten, Frankfurt am Main, Olten, Wien 1984

Esperstedt, Joachim, Knopp, Werner, Watschke, Kurt, Werner, Kristina: Die Juden in ihrem gemeindlichen und öffentlichen Leben, Selbstverlag der Landesarchivverwaltung Rheinland- Pfalz, Koblenz 1972

Fliedner, Hans- Joachim: Die Judenverfolgung in Mannheim 1933 – 1945, Stuttgart 1971

Franz, Willy, Menschen unserer Heimat. Juden an der Nahe, im Westrich und am Glan, in: Heimatkalender Birkenfeld

Friedmann, Cacilie: Gurs, Deportation und Schicksal der Mannheimer und anderer badisch- pfälzischer Juden 1940-1945, Mannheim 1985

Gauverlag Bayrische Ostmark GmbH, Hrsg.: Meine Ahnen, Bayreuth 1934

Glatz, Joachim: Synagogen und Denkmalpflege in Sachor Nr.: 10; Sonderheft 1; 1997

Graml, Hermann: Reichskristallnacht. Antisemitismus und Judenverfolgung im Dritten Reich; München 1988

Griesang Marcel: Vom Boykott zur Enteignung, Laufersweiler 2010

Grübel,M.: Das Judentum; Köln 1997; S:47

Hermann, H.W., Heyen, F.J., H.Mathy, Wagner, F.L.: Jahrbuch für westdeutsche Landesgeschichte, Hsg. Landesarchivverwaltung, Rheinland Pfalz, 8. Jahrgang, 1982

Herzig, Arno / Rademacher, Cay, Hrsg.: Die Geschichte der Juden in Deutschland, Bonn 2008

Hilberg, Raul: Die Vernichtung der europäischen Juden Band 1; Frankfurt 1990: 10 Auflage 2007; S:12

Hirsch, Leo; Jüdische Glaubenswelt; Gütersloh: Bertelsmann 1966; S: 86

ITS Digital Archive, Bad Arolsen, Alphabetische Liste der Insassen des Lagers Rivesaltes, 1.1.9.13/11187195/

Krehbiel-Darmstädter, Maria: Briefe aus Gurs und Limonest 1940-1943, Heidelberg 1979

Kreutz, Wilhelm: Die pfälzischen Juden der napoleonischen Ära: Bevölkerungsentwicklung, regionale Ausbreitung und Sozialstruktur.(in: Pfälzisches Judentum), 1994

Juden, Christen, Deutsche; Bd.1; Stuttgart 1990; Bd. 2/1, 2/2, 3/1, 3/2; Stuttgart 1992

Jüdische Grabstätten im Kreis Bad Kreuznach, Heimatkundliche Schriftenreihe des Landkreises Bad Kreuznach; Hrsg.: Landkreis Bad Kreuznach S:458; Bad Kreuznach 1995

Kaspar-Holtkotte, Cilli, Juden im Aufbruch, Zur Sozialgeschichte einer Minderheit im Saar-Mosel- Raum, Hannover, 1996

Kneib, Gottfried: Juden in der Kurmainzerischen Stadt Sobernheim während des ausgehenden Mittelalters in Mainzer Zeitschrift Mittelrheinisches Jahrbuch für Archäologie, Kunst und Geschichte, Jahrgang 104, Mainz 2009

Knopp, Werner: Statistische Materialien zur Geschichte der jüdischen Bevölkerung, Selbstverlag der Landesarchivverwaltung Rheinland-Pfalz

Kolatsch, Alfred J.; Jüdische Welten verstehen, sechshundert Fragen und Antworten; Wiesbaden 1996

Kopp, August: ‚Die Dorfjuden der Nordpfalz. Dargestellt an der jüdischen Gemeinde Alsenz ab 1655, Meisenheim, 1967

Krehbiel-Darmstädter, Maria: Briefe aus Gurs und Limonest 1940-1943, Heidelberg 1979

Kuby, Alfred Hans (Hrsg.): Pfälzisches Judentum gestern und heute. Beiträge zur Regionalgeschichte des 19. und 20. Jahrhunderts. 1992

Landesamt für Denkmalpflege: Ein edler Stein sei sein Baldachin, Jüdische Friedhöfe in Rheinland-Pfalz Hrsg: Rheinland-Pfalz, Mainz 1996

Landesamt für Denkmalpflege Rheinland-Pfalz/Staatliches Konservatoramt des Saarlandes/ Synagogue Memorial Jerusalem (Hg.):“...und dies ist die Pforte des Himmels“.

Lahm, Hans in: Odernheimer Geschichte(n) Nr. 8; Unser Handel Gestern und Heute; Odernheim 2012

Laharie, Claude: Le camp de Gurs, Prèsentation succinte, Oloron 1979

Lang von, Jochen: Das Eichmann Protokoll, Tonbandaufzeichnungen der israelischen Verhöre, Frankfurt am Main, Berlin, Wien 1985

Lessing ,Doris: Mit leiser persönlicher Stimme, München 1995

Lewin, Alex, Zur Geschichte der Juden im Kreis Baumholder, in: Westrich Kalender 4, 1929

Lillig, Karl, Die Handhabung des Judenregals im Herzogtum Pfalz-Zweibrücken, in: Saarpfalz. Blätter für Geschichte und Volkskunde, Sonderheft 1989

Löwenstein, Leopold: Geschichte der Juden in der Kurpfalz / Leopold Löwenstein (Beiträge zur Geschichte der Juden in der Kurpfalz), 1895

Luther, Martin : Von den Juden und ihren Lügen; in derselben Werke (Weimarer Ausgabe) Weimar 1920; Band 53;S: 418

Mais, Edgar: Wiedergutmachung. Eine Dokumentation, Birkenfeld, 1992

Mais, Edgar: Die Verfolgung der Juden in den Landkreisen Bad Kreuznach und Birkenfeld 1933-1945: Eine Dokumentation / Edgar Mais. Kreisverwaltung Bad Kreuznach [Hrsg.], 1988

Müller-Wille, Wilhelm, Die Ackerfluren im Landesteil Birkenfeld und ihre Wandlungen seit dem 17. Und 18. Jhd., Bonn, 1936

Ohlmann, Michael: Sammlung des Autors, Veröffentlichungen der Heimatblätter Bad Kreuznach 1938, Signatur der HWZB Bad Kreuznach: Hn 23

Ott, Andreas: Tod und Sterben in den Weltreligionen, unveröffentlichtes Seminarkonzept, Odernheim 2011

Pies Christof: Jüdisches Leben im Rhein-Hunsrück-Kreis, Schriftenreihe des Hunsrücker-Geschichtsvereins e.V. Nr. 40

Rehberger, Reinold: Kerndeutsch : Der Landkreis Rockenhausen in der Nazi-Zeit / Reinold Rehberger, 1989

Reuter, Ursula: Jüdische Gemeinden vom frühen 19. bis zum Beginn des 21. Jahrhunderts / Ursula Reuter, 2007

Rothschild, Th.: Bausteine zur Unterhaltung und Belehrung aus jüdischer Geschichte und jüdischem Leben; Frankfurt am Main 1927

Röhrich, Ludwig: Das große Lexikon der sprichwörtlichen Redensarten. Bd. I+II,

Freiburg im Breisgau, 1991-1992

Rutkowski, Adam: Le camp d` internement de Gurs. In:Le Monde Juif", Heft 100 1980

Saalfeld, Dietrich: Ländliche Bevölkerung und Landwirtschaft Deutschlands am Vorabend der französischen Revolution, in ZfAA 37, Heft 2, 1989,S. 101-125

Salomon, Udo, Meisenheim, Eine kleine Stadt und ihre Bewohner in den Spannungsfeldern der europäischen Geschichte, Meisenheim, 2015

Sauer, Paul: Die Schicksale der jüdischen Bürger Baden- Württembergs während der nationalsozialistischen Verfolgungszeit 1933-1945, Stuttgart 1969

Simmert, Johannes: Die nationalsozialistische Judenverfolgung in Rheinland-Pfalz 1933-1945, Koblenz, 1974

Schaab, Meinrad: Geschichte der Kurpfalz Band 2: Neuzeit, Stuttgart, Berlin, Köln 1992

Saalfeld, Dietrich: Ländliche Bevölkerung und Landwirtschaft Deutschlands am Vorabend der französischen Revolution, in ZfAA 37, Heft 2, 1989,S. 101-125

Schoeps, J.H. (Hrsg.): Neues Lexikon des Judentums, S: 593f. ,Gütersloh 2000

Scholl, Rochus: Juden und Judenrecht im Herzogtum Pfalz-Zweibrücken, Frankfurt/Main 1996

Schwarz, Stefan: Die Juden in Bayern im Wandel der Zeiten, München 1963

Schramm, Hanna,: Menschen in Gurs. Mit einem biografischen Beitrag zur französischen Emigrantenpolitik 1933-1945, Worms 1977

Schworm, Karl et al: Odernheim am Glan und Disibodenberg; Hrsg.: Ortsgemeinde Odernheim; Koblenz 1984.

Stern, M., Was ist Judentum? S:116

Synagogen in Rheinland-Pfalz und dem Saarland. Mainz 2005. S. 304.

Tribüne: Zeitschrift zum Verständnis des Judentums"; 39. Jahrgang Heft 153, 1. Quartal 2000

Uri, Kaufmann: Jüdische und christliche Viehhändler in der Schweiz 1780-1930, Zürich, 1988

Weber, Otmar: Die Synagogen in der Pfalz von 1800 bis heute. Unter besonderer Berücksichtigung der Synagogen in der Südpfalz. Hrsg. von der Gesellschaft für Christlich-Jüdische Zusammenarbeit Pfalz in Landau. 2005. S. 132-133.

Zacharias, S.: Synagogengemeinden 1933, Ein Wegweiser zu ihren Spuren in der Bundesrepublik Deutschland, Teil 1, Berlin 1988; S:109

Ziwes, Franz- Josef: Voraussetzungen und Entwicklung jüdischer Siedlungstätigkeit im spätmittelalterlichen Naheraun, in Sobernheimer Gespräche II, Das Land an der Nahe – Kultur und Struktur, Dr. Klaus Freckmann im Auftrag des Freilichtmuseums Sobernheim, Sobernheim 1994

Internet

http://www.**alemannia-judaica**.de/index.htm

https://**www.ancestry.de:** Genealogische Datenbanken

http://www.**archivdatenbank.lha-rlp.de**: Archivportal für den Südwesten

http://www.**bundesarchiv.de**/gedenkbuch/directory.htm

http://www.**christen-und-juden**.de/html/kukatz2.htm

https://**digi.bib.uni-mannheim.de:** Digitale Bibliothek

http://**digi.ub.uni-heidelberg.de:** Digitale Bibliothek

https://**www.familysearch.org:** Genealogische Datenbanken

https://**www.historisches-lexikon-bayerns.de**/Lexikon/Königtum_Ruprechts_von_der_Pfalz, Abruf 29.4.2018

http://www.**igl.uni-mainz.de**/forschung/digitales-flurnamenlexikon/

https://www.**museenkoeln**.de/archaeologische-zone/default.asp?s=2981

http://**monasterium.net**/mom/home?_lang=deu: Urkunden, Sammlungen

https://**opac.jmberlin.de**/aDISWeb/app?service=direct/0/Home/%24DirectLink&sp=Sopac:

http://**rpb.lbz-rlp.de**/cgi-bin/wwwalleg/maske.pl?db=rpb: Rheinland-Pfälzische Bibliografie

http://**sammlungen.ub.uni-frankfurt**.de/cm/search/quick?query=Jüdisches+Gemeindeblatt+für+das+Gebiet+der+Rheinpfalz

https://**www.yadvashem.org/**

Archive

Gemeindearchiv Odernheim:

Akte A III / 96 a: *Verschiedenes, jüdische Angelegenheiten umfasst den Zeitraum 1832 – 1892 und enthält die Vermögensverhältnisse (Ein- und Ausgaben der Israelischen Cultusgemeinde Odernheim, weiterhin Mitteilungen der königlich bayrischen Regierung über Verfahrensweisen der Vermögensaufstellung und Bewertung des Gemeindevermögens inklusive eines Inventariums, indem der Grund und Immobilien angegeben ist. Schriftverkehr mit der Rabbinatsverwaltung Kaiserslautern, der israelischen Kultusgemeinde Staudernheim und Obermoschel sowie dem zeitweise zuständigen Bezirksrabbinat Kirchheim (bolanden).*
Landesarchiv Speyer Akte Bestand H43 Nummer 248*; 1854-1900: In dieser Akte ist der Schriftwechsel zur Auflösung der israelischen Kultusgemeinde Odernheim enthalten. Mit Korrespondenz München, Meisenheim, Bad Sobernheim, Staudenheim, Kirchheimbolanden und Obermoschel. Weiterhin enthält die Akte die Schadensfeststellung nach dem Brand der Synagoge 1898 und die Regulierung des Schadens. Des weiteren Schriftwechsel aus den Jahren 1854-1900 die Gemeinde betreffend. Die Nummerierung der Akten spricht dafür dass es sich um die Fortsetzung der Akte Gemeindearchiv Odernheim AIII / 96 a handelt. Ebenso ist die Behördenakte, in der die Behördlichen Vorgänge protokolliert sind enthalten. Die behördliche Akte der Königlichen Kammer des Innern Bayern, die Odernheimer Juden betreffend.*

Akte A II / 4: *Judenfeindliche Maßnahmen.* Die Akte umfasst Runderlässe, Verfügungen, die sich gegen Juden richteten.
Akte R / 1 Bürgermeisterrechnungen 1538-1558
Akte VIII / 2 Bürgerregister 1720
Akte VIII / 1 Bürgerregister 1770 – 1815
Akte VIII / 6 *Schutzbriefe für Juden, Schutzjuden, 1634- 1800, Eigentumsübertragung von Juden, Übertragung, Verleihung des Schutzrechtes, Urkunden, Protokolle, Schriftwechsel, Beschwerdebrief Odernheimer Bürger wegen zu vielen Juden in Odernheim etc.*
Gewerberegister ab 1900
Akte B / 1 *Gerichtsakten*
Akte II / 46 *Vereins und Versammlungsrecht, politische und unpolitische Vereine, Umzüge, Versammlungen, Verbote 1860- 1937 (Originale Gründungsurkunde: Kriegerverein, Casino Verein, Satzung Fußballverein, Gesangverein usw.)*
Akte B / 2 *Gerichtsakten*
Akte B 20 *Band I Rathprotokolle 18.10.1853- 28.11.1864*
Akte B 20 *Band II Rathprotokolle 15.12.1864-29.12.1877*

Akte U / 84 *Kaufurkunde Jude Mändel*
Ratsprotokolle 1899-1900
Akte VIII b3 Nr. 271: Die Abhaltung von Krämer und Viehmärkten in Odernheim von 1839 - 1862

Landeshauptarchiv Koblenz: Bestand 922 Nr. 10060
Rückerstattungsakte Familie Maier/Neu. Inhalte: Kläger: Erben der Neu, Anna Maria bzw. Welsch, Karl in Kaiserslautern als gerichtlich bestellter Abwesenheitspfleger -Wohnhaus in Odernheim, Dr.-Frick-Straße 126 und weitere Grundstücke in Odernheim sowie Grundstücke in Staudernheim - früherer Eigentümer: Maier, Ludwig und Neu, Anna, Witwe des Neu, Theodor (Witwe Neu, Anna, geb. Falkenberg),früher in Odernheim wohnhaft - Finanzamt Obermoschel (Amt für Wiedergutmachung und kontrollierte Vermögen) Enthält nur: Verwaltungsakten, u.a.: Verzeichnis der "in den Wohnung der evakuierten Juden" festgestellten Gegenstände, 02.06.1941; Versteigerung vom 07.03.1941 (Gegenstand; Name des Versteigerers; Erlös); Mietverträge vom 09.10.1941 (Mieter: Wagner, Richard und Wagner, Magdalena, geb. Schöffel und Witwe Weidner, Anna, geb. Kraft); Hinweis auf weitere Klagen bezüglich des gleichen oder anderen Grundbesitzes (Kläger: 1. Meyer, Hertha, geb. Neu, jetzt in Frankreich wohnhaft, Az. 4 Or 2141/50 (Finanzamt Bad Kreuznach) bezüglich eines Ackers (Grundbuch von Staudernheim, Bd. 21. Art. 1017), früherer Eigentümer laut Grundbuch: Neu, Theodor; 2. Neu, Werner, früher in Odernheim, jetzt in USA, vertreten durch Dr. Mayer in Saarbrücken); Zeitungsausschnitt (Rheinpfalz-Zeitung, Nr. 32) vom 25.10.1947 "Seltsamer Fund", ein Papiergeldfund von einigen Tausend Mark in einem Spiegel aus dem ehemaligen Besitz der Familie Maier/Neu.
Bestand 572,002 Nr. 16398 und 16399: *Bestand des Finanzamtes Bad Kreuznach zwei Akten zu Theodor Neu Erben: Rückgabe der Grundstücke in Staudernheim.*

Landeshauptarchiv Koblenz:

Bestand 652 Nr. 382 Gerichtsbuch Odernheim 1470-1598
Bestand 655.024 Nr. 446 Judenangelegenheiten Oberamt Meisenheim 1625-1654
Bestand 467 Nr. 1534 Judenschaft zu Staudernheim 1891- 1907
Bestand 655.024 Nr. 1253 Erweiterung des Judenfriedhof Meisenheim im Bauwald 1885

Landesamt für Finanzen RLP, Amt für Wiedergutmachung Aktz.: VA 481987 und VA 481988,

Wiedergutmachungsverfahren Herta Maier

Landesarchiv Speyer:

Landesarchiv Speyer Bestand 91 Nr.: 3634 Gestapoakte Johannes Höhn

Landesarchiv Speyer Bestand: J 7 Nummern: 705,782-791,1307-1309,1592,1593,1687,1688,875,880,882, 885-888 (Landgericht Kaiserslautern)

Landesarchiv Speyer Bestand: R 19 Nummern: 10629,10647,273,439,571,572,922,1009,1294,1295,1609,2053, 2731,2740,2781,3276,3369,3726,3786,3788,4159,4523,4524,4687,4816,5036, 6920,6975,6983 (Restitutionsverfahren)

Landesarchiv Speyer Bestand: L56 Nr.: 1013,1014,1015

Landesarchiv Speyer, Bestand H42/395: Deportationsliste 1940 aus der Pfalz

Bayrisches Staatsarchiv München

Bayrisches Staatsarchiv: BayHstA: Grafschaft Sponheim 598, 603

Index

J